HET DRAMA AHOLD

JEROEN SMIT

HET DRAMA AHOLD

2004
UITGEVERIJ BALANS

Dit boek werd mede mogelijk gemaakt door een bijdrage van het Fonds
Bijzondere Journalistieke Projecten

Uitgeverij Balans 2004
Copyright © 2004 Jeroen Smit
Ontwerp omslag Studio Jan de Boer
Foto omslag Bram Budel
Grafische vormgeving Jos Bruystens
Druk Drukkerij Wilco

Verspreiding voor België Libridis, Sint-Niklaas

ISBN 90 5018 732 3
NUR 791
www.uitgeverijbalans.nl

INHOUD

WOORD VOORAF

Vertrouwen, daar draait het om in de economie en in het bedrijfsleven. Zolang mensen vertrouwen hebben in een bedrijf kan het groeien. Ahold was de afgelopen vijftien jaar een kampioen als het om vertrouwen ging. Geen bedrijf kreeg zoveel vertrouwen van klanten, werknemers en beleggers. Nederland hield van het voormalige familiebedrijf. Na de ellende bij ondernemingen als Fokker en DAF hadden we bovendien eindelijk weer eens een multinational die de wereld veroverde. Iets om trots op te zijn.

Bestuursvoorzitter Cees van der Hoeven werd op het schild gehesen. Overal waar hij kwam hingen de mensen aan zijn lippen; werknemers, analisten, journalisten, beleggers, concurrenten bejubelden de Ahold-voorman en slikten zijn woorden voor zoete koek.

Met die grote berg vertrouwen kocht Ahold voor zo'n 19 miljard euro tientallen bedrijven. In de tien jaar dat Van der Hoeven de scepter zwaaide vervijfvoudigde de omzet zo naar 65 miljard euro en werd Ahold een van de grootste supermarktconcerns ter wereld.

Maar op 24 februari 2003 was het sprookje voorbij. In de Verenigde Staten was voor bijna een miljard euro gefraudeerd, de externe accountant liet weten moedwillig te zijn misleid en de operaties in Azië, Zuid-Amerika en grote delen van Europa bleken te zijn mislukt. De financiële controle bleek een onbetrouwbaar rommeltje. En Albert Heijn, het familiebedrijf waar het allemaal mee was begonnen, verloor in rap tempo marktaandeel.

De organisatie en strategie van Ahold hadden gefaald. Vele miljarden gingen verloren en het vertrouwen van miljoenen mensen werd ernstig geschaad.

Hoe heeft dit kunnen gebeuren? Waarom heeft niemand het op tijd gezien? Dit boek is een reconstructie van het drama dat Ahold heet, en gaat op zoek naar de eerste scheuren in het bastion; de allereerste weeffouten. Onderzocht wordt waarom waarschuwende signalen niet werden gehoord of opgepikt. De gemaakte fouten en de mensen die ze in stand hielden worden vervolgens tot in januari 2004 gevolgd.

Een combinatie van dreigende rechtszaken en schaamte hield vele deuren dicht. Ook Ahold wilde formeel niet meewerken. Maar geleidelijk aan groeide de behoefte om te analyseren en te verklaren.

Gelukkig realiseerden veel hooggeplaatste Ahold-medewerkers zich dat een bedrijf nauwelijks aan een nieuwe toekomst kan beginnen als het verleden niet eerst zo goed mogelijk wordt verwerkt. Vanuit dat besef bleken velen bereid te helpen. Tussen april 2003 en januari 2004 heb ik het overgrote deel van de direct betrokkenen gesproken. In totaal heb ik 93 uitvoerige gesprekken gevoerd met 66 bestuurders, commissarissen, directeuren, leveranciers, bankiers, accountants, advocaten en andere experts.

Omdat ze zichzelf of anderen niet willen beschadigen in de talloze rechtszaken die nog lopen of gaan lopen, eisten de meeste gesprekspartners dat de gesprekken *off the record* zouden zijn.

Van advocaten kregen enkele betrokkenen het advies helemaal niets te zeggen. Ze gingen er meestal toch mee akkoord om mijn bevindingen op hun correctheid te checken.

De afspraak was steeds dezelfde: de informatie mocht worden gebruikt maar de sprekers wilden niet geciteerd worden. Dat brengt voor de schrijver dilemma's met zich mee, omdat verschillende betrokkenen verschillende percepties op de werkelijkheid hebben. Ik heb mijn uiterste best gedaan al deze percepties zo goed mogelijk mee te laten wegen in de beschrijvingen van personen en situaties, die soms een analyserend karakter hebben. De betrouwbaarheid van deze analyses steunt op het feit dat ik in veel gevallen meerdere direct betrokkenen heb gesproken. De belangrijkste bevindingen zijn altijd op minimaal twee maar meestal op drie of meer verschillende bronnen gebaseerd. Bronnen die erbij waren. De belangrijkste bevindingen en stellingen, inclusief de rode draad van de reconstructie, zijn aan tientallen (voormalige) bestuurders voorgehouden en hebben hun instemming gekregen. Verschillende betrokkenen hebben stukken van het boek gelezen. Desondanks sluit ik niet uit dat op onderdelen sommige betrokkenen bepaalde feiten zullen missen.

Er is een aantal mensen dat ik wil bedanken: in de eerste plaats al mijn gesprekspartners voor hun grote openheid. En vooral: voor het overwinnen van hun angst.

Ik wil Marc Josten bedanken voor zijn uitnodiging om samen met Jos Slats voor het programma Reporter de documentaire 'Keizer Cees' te maken. De inspirerende samenwerking met onderzoeksjournalist Jos Slats van mei tot augustus is de basis geweest waarop ik in juli aan het boek ben begonnen.

Jos was zo goed om, evenals mijn goede vriend Hans Horn, een eerste versie van dit boek stevig van commentaar te voorzien. Veel dank daarvoor.

Zonder de hulp van het Fonds Bijzondere Journalistieke Projecten had ik onmogelijk mijn gesprekpartners kunnen opzoeken of uitnodigen.

En dan is er natuurlijk Doret, mijn allerliefste vrouw. Steeds moedigt zij me aan om mijn dromen te leven en dit soort dingen gewoon te doen. Terwijl ik zwanger was van dit boek, was zij zwanger van ons kind. Aan hen draag ik dit boek op.

REDDING?

(12 februari-24 februari 2003)

'How big is this baby?' vragen ongeruste bankiers zich af als ze over de groeiende fraude bij US Foodservice praten.

Woensdag 12 februari 14.45 uur

De president van Koninklijke Ahold zit midden in een vergadering met de commissarissen van ABN Amro als zijn telefoon gaat. Het is niet gebruikelijk om je te laten storen tijdens dit soort bijeenkomsten maar Cees van der Hoeven wil dit gesprek nu voeren. Hij moet dit gesprek voeren.

Van der Hoeven excuseert zich en stapt uit de vergadering. Aan de telefoon is Jim Miller, lid van zijn Raad van Bestuur en baas van US Foodservice, de grootste Ahold-dochter. Accountants zijn bezig met de controle op de jaarcijfers van de Amerikaanse voedseldistributeur. Een dag eerder had Miller nog vertrouwenwekkend geklonken. De goedkeuring van de cijfers zou niet lang op zich laten wachten, zo voorspelde hij.

Nu klinkt de 54-jarige Miller een stuk minder ontspannen. Het gesprek met de accountants is net voorbij en de goedkeuring is er nog niet. Nog lang niet. Er is 50 tot 200 miljoen dollar zoek. Geld dat in de boeken staat in de vorm van nog te ontvangen kortingen. Geld dat niet is binnengekomen.

Van der Hoeven schrikt. Hij weet meteen dat het fout zit. Sinds de overname van US Foodservice begin 2000 zijn er vraagtekens gezet bij de manier waarop het bedrijf de cijfers controleert. Hij is er drie jaar lang van verschillende kanten op gewezen en voor gewaarschuwd. Maar steeds als hij het onderwerp bij Miller ter sprake bracht, wist deze hem ervan te overtuigen dat het goed zat. Dat het nu eenmaal andere business was dan Van der Hoeven gewend was, dat hij zich echt geen zorgen hoefde te maken.

Van der Hoeven vindt het jammer dat hij weg moet, dit is een van zijn laatste vergaderingen bij ABN Amro. Twee maanden geleden heeft hij besloten afscheid te nemen van twee grote commissariaten, hier en bij KPN: om zich op de groeiende problemen bij Ahold te kunnen richten. Hij laat Aarnout Loudon, president-commissaris van ABN Amro, weten dat hij met een dringende kwestie zit en de vergadering voortijdig moet verlaten.

Een uur later is hij op het hoofdkantoor in Zaandam en roept hij zijn financieel directeur Michiel Meurs, de directeur Adminstratie Bert Verhelst, bestuurslid Jan Andreae en enkele juristen, onder meer van het Amerikaanse kantoor White & Case bij elkaar. Gezamenlijk houden ze een *conference call* met Jim Miller. Het is een heftig gesprek, waarbij steeds meer seinen op rood springen. Na afloop is het voor alle betrokkenen duidelijk dat het probleem bij US Foodservice niet snel kan worden weggepoetst.

Van der Hoeven belt met zijn president-commissaris Henny de Ruiter. Ze besluiten meteen om een onderzoek in te laten stellen door de advocaten van White & Case. Het allerbelangrijkste is nu de vraag of de bestaande kredietfaciliteiten in gevaar komen. Als voorwaarde voor het bestaande krediet van 2 miljard euro is met de banken afgesproken dat Ahold minimaal 2,5 keer de rente uit het resultaat moet kunnen betalen. Zodra dit niet meer lukt blijft Ahold in gebreke. Niet alleen bij dat krediet, een groot aantal andere leningen wordt dan ook direct opeisbaar. Bovendien gaan leveranciers dan strengere voorwaarden stellen.

Vrijdag 14 februari

De Raad van Commissarissen van Ahold heeft een bijeenkomst belegd om te praten over het vertrek van de financieel directeur Michiel Meurs. Meurs heeft verzuimd een geheim document aan de externe accountant te geven. Het opstellen van zogenaamde *sideletters* is niet ongebruikelijk, maar ze niet aan de controlerend accountant geven, is onvergeeflijk. Die zet zijn handtekening onder een jaarverslag in de veronderstelling dat hij over alle relevante informatie beschikt.

Een voor een druppelen de commissarissen de zaal in Zaandam binnen. Henny de Ruiter maakt een gespannen indruk, hij steekt de ene na de andere Silk Cut sigaret op. Er is duidelijk iets ernstigs aan de hand. De Ruiter vraagt aan zijn medecommissarissen of ze het al gehoord hebben over US Foodservice. Hij vertelt wat er speelt. Ze schrikken, dit lijkt op fraude, een fraude waarvan de omvang nog niet duidelijk is. In de Verenigde Staten vinden de accountants steeds meer leugens over bonussen. Steeds meer leveranciers ontkennen dat ze de kortingen die US Foodservice in de boeken heeft gezet daadwerkelijk aan het bedrijf schuldig zijn.

Vooral Bob Tobin, de Ahold-commissaris die zijn vriend Jim Miller in het najaar van 1999 bij Ahold heeft geïntroduceerd, begrijpt er niets van. Deloitte & Touche heeft in de zomer van 2001 toch een confirmatiesysteem gebouwd, zodat al die kortingen gecontroleerd konden worden? Daarvoor is 850.000 dollar betaald, dat weet hij nog goed, wat is er mis gegaan?

De commissarissen besluiten unaniem dat ze de zaak direct bij de Amerikaanse beurswaakhond, de *Securities and Exchange Commission (SEC)*, zullen melden en volledige medewerking zullen verlenen bij de onvermijdelijke onderzoeken. Over Michiel Meurs wordt nauwelijks meer gesproken.

Dinsdagochtend 18 februari

De Raad van Commissarissen en Raad van Bestuur willen gaan praten over de recente pogingen van Van der Hoeven om het conflict over de *sideletters* met Deloitte & Touche uit de weg te ruimen. Opnieuw wordt dit agendapunt overschaduwd door de steeds verder oplopende tekorten bij US Foodservice. Het bankkrediet dreigt te worden opgezegd.

Verder is er een heel actuele kwestie. Deloitte & Touche heeft een dag eerder een rapport over de fraude bij de Zuid-Amerikaanse dochter Disco gepresenteerd. In de zomer van 2002 zijn facturen van verdachte transacties aangetroffen bij Disco. In totaal is voor bijna 30 miljoen dollar aan steekpenningen betaald. Het onderzoek van de Interne Accountantsdienst van Ahold werd begin december al afgerond met de constatering dat er sprake is geweest van verdachte transacties. Omdat niet duidelijk werd in hoeverre het management daarbij betrokken is geweest, voelde Van der Hoeven de baas van de Argentijnse operatie, Eduardo Orteu, flink aan de tand. Hij liet de RvC daarop weten dat Orteu zijn rol heeft kunnen verklaren en kan blijven zitten. Maar in dit vervolgonderzoek worden toch ook grote vraagtekens bij het handelen van Orteu, de baas van Disco Argentinië Gustavo Papini en andere leidinggevenden gezet. In overleg met de voor Zuid-Amerika verantwoordelijke man in de Raad van Bestuur, Theo de Raad, wordt besloten dat ze worden ontslagen. Orteu en Papini wordt opgedragen zo snel mogelijk naar Nederland te komen.

Woensdagochtend 19 februari

De Argentijnen arriveren in Nederland en hebben een eerste gesprek met Theo de Raad over hun ontslag. Ze zijn het er niet mee eens. Ze vechten de conclusie van Deloitte aan. Die hebben vastgesteld dat de heren niet altijd de waarheid hebben verteld. Het zijn verhitte gesprekken.

Een paar kamers verderop wordt vastgesteld dat de 50-200 miljoen van Miller inmiddels is opgelopen tot een gat in het resultaat van 340 miljoen dollar. En ook de hoogte van dat bedrag staat nog niet vast. Ahold zal door de geëiste ratio zakken: de continuïteit van de onderneming is acuut in gevaar.

Van der Hoeven en zijn *chief financial officer* Michiel Meurs willen dat de belangrijkste betrokken bankiers de volgende ochtend naar Zaandam komen. De dringende toon van de uitnodiging zet de agenda's van deze topbankiers op hun kop.

Donderdagochtend 20 februari

Een handvol leidinggevende bankiers van ABN Amro, Goldman Sachs en JP Morgan zitten bij elkaar. Deze banken hebben de afgelopen jaren veel voor Ahold gewerkt. Met stijgende verbazing luisteren ze naar Cees van der Hoeven en Michiel Meurs.

In tweeëneenhalf uur tijd worden ze op de hoogte gebracht van de dramatische ontwikkelingen van de afgelopen dagen. De Ahold-president steekt de ene na de andere sigaret op terwijl hij ze vertelt over het probleem bij US Foodservice. Het was voor hemzelf ook een grote verrassing geweest, zegt hij. Hij vertelt ze over het *forensic* onderzoek en het snel groeiende gat in de winst van de grootste Ahold-dochter. Groot genoeg om te weten dat het bestaande krediet moest worden vernieuwd en de banken meteen moesten worden uitgenodigd.

Wilco Jiskoot, lid van de Raad van Bestuur van ABN Amro, voert nadrukkelijk het woord. Deze invloedrijke door de wol geverfde *investment banker* oppert dat het nu vooral belangrijk is om de tijd te nemen voor het organiseren van een nieuw krediet. Instemmend knikken collega-bankiers, zoals de directeur-generaal Global Clients van ABN Amro Rob Meuter en *investment bankers* als Pieter Maarten Feenstra van Goldman Sachs en Klaas Meertens van JP Morgan.

Ze adviseren Ahold om de bekendmaking van deze koersgevoelige informatie over het weekeinde heen te tillen. Indringend wijzen ze op de enorme risico's: wat zouden beleggers, leveranciers en klanten doen als zo'n bericht nu naar buiten komt? De paniek zou enorm zijn. Paniek die de ruimte voor de onderhandelingen over een nieuw krediet aanzienlijk zou beperken. Als zij zich nu massaal van het bedrijf afkeren, dan er misschien niets meer te redden.

De boodschap van de bankiers is helder: we houden het nog even onder ons, dan gaan wij vanaf morgenochtend voor jullie aan de slag om te kijken wat we kunnen doen. Cees van der Hoeven, die het nieuws die donderdag naar buiten had willen brengen, laat zich overtuigen. Hij beperkt zich die middag tot een telefoontje met de Autoriteit Financiële Markten. Daar wordt begrip getoond: de AFM informeert de Amsterdamse beurs, de Euronext, niet. Met de banken wordt afgesproken dat hun delegaties de volgende ochtend onder de grootst mogelijke geheimhouding naar Zaandam zullen afreizen.

Die middag wordt de staf op het hoofdkantoor geïnformeerd. In de wandelgangen is al het een en ander vernomen. Ze vinden het moeilijk om de gevolgen in te schatten. Drie weken eerder heeft Meurs bekendgemaakt dat hij terugtreedt. Maar wat betekent dit? Directeur strategie en planning, Ronald van Solt, vraagt aan Van der Hoeven wat hij gaat doen. Van der Hoeven laat weten dat hij blijft. Ook Jim Miller mag blijven zitten.

Ze vragen zich hardop af wat dit voor hun skivakantie betekent, de krokusvakantie begint dit weekeinde. Sommigen laten weten toch te gaan. Van der Hoeven zegt dat hij het zijn vrouw Annita ook beloofd heeft.

Vrijdag 21 februari 09.00 uur
Normaal gesproken is het op vrijdagochtend relatief rustig bij de directieingang van het Ahold-hoofdkantoor in Zaandam. Maar nu is het druk.

Vanaf negen uur is het een komen en gaan van donkergekleurde BMW's en Mercedessen. In een klein uur tijd schrijven zich zeker vijftien in dure pakken gestoken heren en een enkele dame als bezoekers in. Een voor een worden de bankiers aangemeld en mogen ze na een bevestiging van de stem aan de andere kant door de zware glazen deuren naar binnen.

De meesten zijn in gedachten verzonken en zeggen niks. Soms praten ze zachtjes met elkaar, meestal in het Engels. Pogingen om met dergelijke gasten in contact te komen, een praatje te maken, doen de portiers al lang niet meer. Eenmaal binnen worden ze opgewacht en meteen naar de derde verdieping, de directieverdieping, gebracht.

Boven in het net voor miljoenen verbouwde hoofdkantoor worden de bankiers door een secretaresse opgevangen. Rechts van de lift zijn de kamers van de Nederlandse leden van de Raad van Bestuur van de multinational: Jan Andreae, Theo de Raad, Cees van der Hoeven en Michiel Meurs. Links bevinden zich twee vergaderruimtes, een kleine en een grote. De leden van de Raad van Bestuur hebben trouwens hun eigen ingang op het hoofdkantoor. Na de ontvoering en moord op Gerrit Jan Heijn in 1987 zijn de veiligheidsmaatregelen voor bestuursleden verscherpt. Zij rijden hun auto direct een aparte garage in en nemen daar hun eigen lift naar boven.

Het bezoek wordt in de grote vergaderzaal bij elkaar gezet. Daar staat een grote kan koffie klaar. Links en rechts worden handen geschud. De verschillende aftershaves en eaux de toilettes vechten om voorrang. Het gezelschap is opvallend goed gekleed. Dure donkerblauwe of donkergrijze pakken, veel met *pinstripe*, vrijwel zonder uitzondering gecombineerd met klassieke zwartleren schoenen. De overhemden zijn overwegend donkerblauw met hier en daar zo'n opvallende witte boord. De meeste aanwezigen beperken de persoonlijke statements in hun outfit vooral tot dure manchetknopen of een opvallende das.

De meeste van de zeventien bankiers van ABN Amro, JP Morgan Chase en Goldman Sachs kennen elkaar. Ze hebben bedrijven naar de beurs gebracht, fusies en overnames begeleid of zoals hier: een poging gedaan om een bedrijf voor de ondergang te behoeden.

Allemaal kennen ze hun gastheer Ahold. De bankiers van ABN Amro voorop. Samen met Goldman Sachs deed ABN Amro de afgelopen tien jaar de belangrijkste aandelenemissies voor Ahold: vele miljarden hebben ze bij beleggers opgehaald. En samen met JP Morgan hebben de mensen van *De* Bank de nu dichtgegooide kredietlijn ter waarde van 2 miljard euro voor het supermarktconcern voor een belangrijk deel gearrangeerd. Ze hebben hier veel geld aan verdiend.

De meeste bankiers zijn die ochtend vroeg uit Londen vertrokken. Sommigen zijn de avond ervoor zelfs uit New York overgevlogen. Een bankier is nog in een trui gehuld en laat half grappend weten dat hij gisteren nog op de ski's stond. Zijn bazen hebben hem van die gelukzalige helling geplukt. 'Nee ik kan niet, ik ben hier met vrouw en kinderen', was geen optie. Want dit is *serious business.*

De mannen weten dat ze de komende dagen, dag en nacht, tot elkaar veroordeeld zullen zijn. Ze zullen een grote ingewikkelde klus moeten klaren. Zal dit weekeind een succes worden, zullen ze straks een team vormen en tot een nieuwe lening komen? Ze hebben in eerste instantie drie dagen om de verschillende agenda's te overbruggen. Voor maandagmorgen 08.00 uur moeten ze op een lijn zitten, dan gaan de beurzen open en moet er een bericht naar buiten. Nu zijn ze allemaal nog geprogrammeerd door verwachtingen en eisen van hun eigen hoofdkantoren, die naar aanleiding van de ontmoeting 24 uur eerder een eerste inschatting van hun mogelijke rol hebben gemaakt.

Ook voor iedere bankier persoonlijk is dit weekeinde belangrijk. Er wordt goed op ze gelet. Ahold heeft een hoog profiel en het gaat om veel geld. Ze weten dat hun collega-bankiers op de hoofdkantoren hun verrichtingen nauwlettend zullen volgen en er straks een oordeel over zullen hebben. Het lijkt alsof ze deze ochtend in Zaandam een podium betreden, waarbij hun bazen en collega's in de zaal zitten te kijken. Kritisch zitten te kijken. Welke voorwaarden, welke rente en welke *fee* worden hier afgesproken? Welke risico's gaat hun bank lopen?

De uitkomsten van zo'n aansprekende deal zullen door de hele bank worden uitgekauwd en doorgenomen. Als ze het hier goed doen, dan krijgen ze misschien een extra bonus. JP Morgan bijvoorbeeld organiseert ieder jaar een groot gala waarbij de collega's die een topprestatie hebben geleverd nadrukkelijk in het zonnetje worden gezet. Een grote zaak als deze leent zich daar uitstekend voor. Mensen die daar gelauwerd worden, hoeven zich voorlopig geen zorgen meer te maken in deze beroerde tijden waarin de ene na de andere ontslagronde zich aandient.

Vrijdag 09.45 uur
Terwijl de zaal langzaam voldruppelt praten de bankiers elkaar bij met de stukjes informatie die ze hebben. De gesprekken gaan vooral over die fraude met de kortingen. Hoe is het mogelijk dat zoveel geld er niet blijkt te zijn? Ongeveer een derde van de voorspelde concernwinst over 2002 is opeens verdwenen. Nu is het krediet op slot en kan Ahold niet meer trekken op de bestaande leningen. Voor een bedrijf dat dagelijks zo'n 200 miljoen euro omzet is dat dramatisch. Het risico is groot dat leveranciers niet meer op krediet willen leveren. Dan kan Ahold zo maar failliet gaan.

Naast het fraudeverhaal bij de groothandel in de Verenigde Staten hebben de bankiers ook iets gehoord over een hoogoplopende ruzie met accountant Deloitte & Touche over het wel of niet mogen meetellen van de omzet van een joint venture. Ook weten ze inmiddels dat de man met wie ze de afgelopen jaren zoveel zaken hebben gedaan, Michiel Meurs, daarop is gesneuveld. De financieel directeur heeft zijn ontslag ingediend. Hoe deze affaire in elkaar steekt, weten ze nog niet.

Op het hoofdkantoor weten ze dat wel. Meurs en Van der Hoeven zijn al bijna een half jaar met de controlerend accountant Deloitte & Touche aan het ruziën over de wijze waarop het concern de joint venture in Scandinavië in de boeken heeft verwerkt. Ze zijn er niet uit gekomen. Ahold wil de cijfers van ICA Ahold helemaal bij de eigen cijfers optellen. Alleen de nettowinst wordt voor het ontbrekende belang gecorrigeerd. Accountants gaan hier alleen mee akkoord als Ahold kan aantonen dat het daar de baas is, de doorslaggevende stem heeft.

Ahold overtuigde de accountant op basis van een *sideletter*, de zogenoemde *control letter* uit begin 2000 dat het in Scandinavië echt de baas is. Maar halverwege oktober 2002 is Deloitte & Touche opeens geconfronteerd met een *sideletter*, een tweede brief die de inhoud van de eerste brief finaal onderuit haalt. Ahold is dus niet de baas bij ICA. Van der Hoeven en Meurs claimen desondanks de zeggenschap in Scandinavië.

De accountants voelen zich belazerd. Ze hebben de controle stilgelegd en laten weten die taak pas weer op te pakken als er duidelijkheid is. De relatie met hun belangrijkste gesprekspartner, *cfo* Michiel Meurs, is hierdoor onhoudbaar geworden.

Een hoofdrol in deze knallende ruzie is weggelegd voor Roger Dassen. De 38-jarige Dassen is sinds het najaar van 2002 de leidende accountant vanuit Deloitte & Touche. Zijn voorganger John van den Dries is plotseling van het Ahold-account afgehaald. Van den Dries was sinds 1996 de *leadmanager* van Ahold en nogal close met Meurs en Van der Hoeven. Hij trekt zich de hele gang van zaken enorm aan en bleek niet in staat de kar verder te trekken.

In accountantskringen wordt de hoogleraar Dassen gezien als een van de meest getalenteerde controlerende accountants van Nederland. Zijn studenten leren van hem dat hun handtekening een maatschappelijke betekenis heeft. Een boodschap die vooral eind jaren negentig niet erg populair was in accountantsland. De hand bijten die je voedt, kan commercieel vervelende gevolgen hebben. Dassen is diep onder de indruk van de boekhoudschandalen die zich de afgelopen anderhalf jaar in de Verenigde Staten hebben voltrokken bij Enron en Worldcom. Met name het Enronschandaal en de dubieuze rol die concurrent Andersen daarbij heeft gespeeld kent hij van dichtbij. Deloitte & Touche heeft in de zomer van 2002 de failliete boedel van deze voormalige concurrent overgenomen en weet nu dus hoe zo'n gerenommeerd accountantskantoor kan omvallen op een paar extreem onhandige collega's. Sindsdien ligt hun geloofwaardigheid als onafhankelijke experts onder vuur. Ze zijn een schietschijf geworden. Voor het grote publiek, maar vooral voor allerlei mensen en partijen die hen aansprakelijk willen stellen. En dus luisteren ze heel goed naar hun eigen juristen. Die zogenaamde *Risk Audit* (Vaktechnische) afdeling bij Deloitte & Touche is ontzettend belangrijk geworden. Als ze daar zeggen dat de risico's van een goedkeurende verklaring voor de maatschap te groot zijn, dan wordt er niet getekend. Dan maar ruzie met de klant.

En bij Deloitte weten ze een ding zeker: als Andersen kan omvallen op Enron dan kan Deloitte omvallen op Ahold. Niet in de laatste plaats omdat de media Ahold al bijna een jaar verwijten onvoldoende transparant te zijn en 'Enron-achtige' trekjes te vertonen. Hun handtekening staat bovendien onder de jaarverslagen van 2000 en 2001. Jaren waarin Ahold naar hun overtuiging de ICA Ahold-cijfers heeft geconsolideerd. Als zou blijken dat de accountant hier te meegaand is geweest, of misschien zelfs een oogje heeft dichtgeknepen, dan is de ramp niet te overzien.

Zo goed ingevoerd zijn de bankiers die vrijdagochtend niet. Dat gedoe met de accountant, wel of niet consolideren, vinden ze niet bijster interessant. Iedereen kan in het jaarverslag lezen dat Ahold maar 50 procent in die bedrijven heeft en dus kan iedereen zelf de cijfers met die 50 procent corrigeren. Dit probleem is 'niet materieel'.

Natuurlijk wordt het vertrek van Meurs wel besproken. Ze begrijpen het niet. Meurs is nog niet zo oud en leek stevig op zijn stoel te zitten. Het lijkt daarom niet waarschijnlijk dat hij al wil gaan rentenieren, meer tijd voor zijn gezin wil hebben of zoals ze in de Londense City grappend stellen als iemand gedwongen wordt te vertrekken en er een mooi verhaal van probeert te maken: *he has to spent more time with his money.*

Nee, dat is niks voor de voormalige bankier Meurs die sinds 1997 financieel directeur bij Ahold is. Er moet echt iets helemaal mis zijn gegaan. Maar ja, topmensen komen en gaan, daar zijn ze inmiddels wel aan gewend, daar kan je als bankier ook niet teveel bij stil staan. Hun aandacht is vooral bij US Foodservice, daar is veel geld verdwenen. En de grote vraag is: hoeveel? Het is een *black box*, een diepe put waarvan ze de bodem nog niet kunnen zien. Daar moeten ze veel meer over weten. Dit soort bedragen heeft de neiging snel groter te worden. Daar kennen ze voorbeelden van. Als zo'n tekort in een week tijd van 50 naar 340 miljoen kan groeien, is eigenlijk maar een vraag belangrijk: *How big is this baby?*

Vrijdag 10.00 uur

Om tien uur precies stapt de financieel directeur van Ahold de vergaderzaal binnen. Sommige bankiers herinneren zich dat Michiel Meurs nog
maar acht maanden eerder, in juli 2002, door zijn collega's was uitgeroepen tot *cfo* van het jaar. Vreemd. Nu tikken zijn laatste dagen hier weg. Het
is niet aan hem te zien. Ingetogen glimlachend maakt Meurs een rondje
langs zijn gasten. De meeste handen die hij schudt, kent hij natuurlijk. De
afgelopen jaren heeft hij zoveel zaken met ze gedaan, vele miljarden heeft
hij bij ze geleend en daarna samen met hen weer via de beurs bij beleggers
opgehaald.

Alleen de junior-bankiers kent Meurs niet. De opgewonden koppies van
die net uit het ei gekropen bankiers stralen een mengeling van opwinding
en nervositeit uit. Ze mogen meedoen aan het grote werk, het spel waarin
met miljarden wordt geschoven. Meurs heeft in de vijftien jaar dat hij voor
ABN Amro heeft gewerkt, zelf ook in dat spel gezeten. Hij kent die enorme
druk, dagenlang rekenen aan tientallen scenario's en plannetjes die door
de grote bazen zullen worden bedacht.

Met een 'fijn dat jullie er zijn' heet Meurs iedereen welkom. In tien minuten zet hij de situatie vakkundig op een rij. Hij gaat kort in op de consoli-
datiediscussie met Deloitte & Touche en zijn vertrek. Hij zet de feiten over
de fraude bij US Foodservice op een rij, en stelt vast dat Ahold een nieuwe
kredietfaciliteit nodig heeft. De schade wordt nu inderdaad op 340 miljoen
dollar geraamd, maar Meurs waarschuwt dat de hoogte van dit bedrag nog
niet vaststaat.

Hij wijst erop dat het bedrijf het vertrouwen van de banken nodig heeft
voordat op maandagochtend de beurzen weer open gaan. Hij denkt dat een
kredietfaciliteit van ongeveer 3,6 miljard euro nodig is om de nodige klappen op te vangen en het vertrouwen in de toekomst niet al te erg te beschadigen. Hij sluit af met de mededeling: 'Jullie weten waar ik zit, ik ben
beschikbaar voor vragen.'

Als Meurs is vertrokken neemt Rob Meuter, directeur-generaal *Global
Clients* van ABN Amro, het woord. Hij stelt voor van iedere bank twee
mensen af te vaardigen om in klein comité een plan te maken. De leiders
van de delegaties, Klaas Meertens van JP Morgan Chase, Pieter Maarten
Feenstra van Goldman Sachs en Rob Meuter van ABN Amro, trekken zich
met drie secondanten terug in de lunchkamer van de Raad van Bestuur.

Daar worden de koppen koffie nog eens ingeschonken. De zes bankiers
kijken elkaar aan en concluderen dat dit *major* is. Zelfs voor deze *senior*

bankiers is dit spannend. Het gaat om een *glamour stock,* een groot zichtbaar bedrijf waarin heel veel partijen veel geld hebben gestopt. Zonder een nieuw krediet gaat Ahold in ieder geval kapot. Ze hebben de toekomst van een bedrijf met 400.000 werknemers wereldwijd in hun handen!

Als maandag niet meteen duidelijk is dat het bedrijf over voldoende liquide middelen beschikt, dan zullen leveranciers en klanten het spel niet meer meespelen. Met dramatische gevolgen. Dit weekeinde moeten ze eruit komen. Of ze bouwen een nieuwe kredietfaciliteit of ze liquideren (delen van) het bedrijf, verkopen de gezonde stukken en lossen zo de bestaande schulden zo goed mogelijk af.

Al bij deze eerste gedachtewisselingen wordt duidelijk dat er twee kampen zijn. Vooral Klaas Meertens van JP Morgan vindt het belangrijk dat ook goed wordt gekeken naar de mogelijkheden om onderdelen te verkopen. Op de balans van JP Morgan is een lening van een miljard euro aan het wankelende Ahold geen leuk gezicht. De Ahold-droom is kapot, hoe kan een nieuw krediet hier nieuw leven in blazen? Het verkopen van waardevolle onderdelen, de *assets,* is de kortste weg naar het afdekken van hun posities. Zo kunnen ze zonder al te grote risico's de zaak afhandelen.

De bankiers van ABN Amro en Goldman Sachs schudden het hoofd, zij vinden dat de continuïteit van het hele bedrijf het streven van dit weekeinde moet zijn. Ze geloven in een tweede kans voor Ahold, ze geloven in het ondernemerschap. Het is de bankiers met de paplepel ingegoten: juist door ondernemerschap te stimuleren, door ondernemers te laten groeien, profiteren ze zelf. Dat willen ze hier ook voorop stellen.

Ze benadrukken dat het ook hun morele plicht is om voor de continuïteit te gaan. Ze brengen de reputatie van Meurs en Van der Hoeven in herinnering. Heel even dwalen de gedachten af naar andere tijden, betere tijden. Toen Ahold een zogenoemde *wallet* van 100 miljoen dollar per jaar had. En een van de grootste *corporate* vissen was die er op aarde rondzwommen. In tien jaar tijd spendeerde het concern voor zeker 19 miljard dollar aan overnames. De banken vierden dat feestje uitbundig mee. Als Ahold zelf geen ideeën voor nieuwe over te nemen bedrijven had, waren ze niet te beroerd er zelf een paar voor te stellen. Ze verdienden aan de leningen, de adviezen bij de overnames en bij de emissies die nodig waren om die overnames uiteindelijk te financieren: gemiddeld was Ahold zo dus goed voor 100 miljoen dollar aan fee. Die verdwenen voor een groot deel in de zakken van de banken. Een van de aanwezige bankiers stelt: dat we ons best doen is het minste dat ze hebben verdiend.

Terwijl ze dit zeggen, denken ze ook aan al die keren dat hun collega's de afgelopen jaren met veel enthousiasme grote hoeveelheden obligaties en aandelen Ahold hebben verkocht. Voor vele miljarden hebben ze aangeprezen. Een faillissement van Ahold zou die klanten bepaald niet blij maken en hun eigen geloofwaardigheid geen goed doen.

De bankiers van JP Morgan zwichten voor het Nederlandse standpunt, althans voorlopig. En op basis van dat uitgangspunt, de continuïteit van Ahold, praten ze verder. 'Als we geld geven moet dat geld wel veilig zijn', stelt een bankier. Zijn vijf collega-bankiers knikken instemmend. Hier moeten ze op hun hoede zijn. Als het bedrijf overeind blijft zullen gedupeerden er straks alles aan doen om hun schade gecompenseerd te krijgen. En als er sprake is van fraude, als de ruzie met de accountant verder escaleert, als er sprake is van een of andere vorm van mismanagement zal een horde aan boze schuldeisers zich op Ahold storten.

En op de partijen daar omheen. Door de beursnotering in de Verenigde Staten valt het bedrijf ook onder Amerikaans recht en kunnen gedupeerde aandeelhouders via een *class action*-zaak van alles eisen ook van banken, accountants en bestuurders. Bovendien zou de Amerikaanse beurswaakhond, de SEC, hier wel eens werk van kunnen maken.

De zes kijken elkaar nog eens indringend aan. Een van hen vat de eerste gezamenlijke conclusie samen: 'We lopen hier grote risico's. We hebben een goede advocaat nodig.' Meuter laat weten goede ervaringen te hebben met Ian Powell, een van de toppers van de Amsterdamse vestiging van het topkantoor Allen & Overy. Die wordt gebeld. De boodschap: '*Drop your pencil and come over here*', is voldoende om hem direct naar Zaandam te dirigeren.

Het zestal probeert ondertussen tot een werkbare aanpak van de zaak te komen. Niet iedereen is even goed in de Ahold-materie ingevoerd. Ze zitten er primair voor hun eigen specialisme. Daarvoor zijn hun verantwoordelijkheden ook veel te breed. Jim Karp van Goldman Sachs en Ronald de Leeuw van ABN Amro zijn echte krediet-experts, zij weten precies wat geld moet kosten en hoe je als bank ervoor zorgt dat je voldoende zekerheden krijgt in ruil voor het geleende geld. Terwijl mensen als Feenstra, Meuter en Meertens meer klassieke brede *investment bankers* zijn, zij moeten de relaties goed houden. Al pratend spreken de heren af: het geld dat we geven moet veilig zijn en we moeten het afgesproken krediet kunnen doorplaatsen bij andere banken. De lening moet verkoopbaar zijn, zodat andere banken ook een deel van de lening voor hun rekening nemen. Toby Redford van JP Morgan is de enige echte retail-expert. Hij is vroeger analist geweest en kent deze bedrijfstak goed.

Ze kijken naar de bestaande faciliteit van 2 miljard euro. Van die beschikbare ruimte heeft Ahold op dat moment ongeveer 500 miljoen euro gebruikt. De lening is doorgeplaatst bij 21 verschillende banken, over de hele wereld verspreid. De zes zijn het opnieuw snel eens: het is onmogelijk om al die banken nu te bellen en te vragen of ze akkoord willen gaan met het verhogen van de limiet op het bestaande krediet. Zo'n *waiver* is geen haalbare kaart in de drie dagen die hun gegeven is. En dus is ook hier de conclusie eensgezind: wij zullen al die banken moeten afbetalen en hun belangen moeten overnemen.

Maar is die 3,6 miljard waar Meurs om vraagt niet aan de hoge kant? 'Mensen moeten het geloof in Ahold behouden, dat is een voorwaarde', stelt een van hen. En weer zijn ze het, voorlopig, eens: hoe meer geld er op tafel komt, hoe groter het vertrouwen dat mensen in het overleven van Ahold zullen hebben, hoe kleiner het risico van de banken. Want als het vertrouwen er niet is, zullen de onderpanden snel veel minder waard worden, met alle dramatische gevolgen van dien.

Op dat moment lijken de neuzen van de bankiers in dezelfde richting te staan. Ze denken aan de 400.000 werknemers, de miljoenen beleggers en de 40 miljoen klanten die het concern wereldwijd heeft: al die mensen moeten vertrouwen in Ahold houden, daar draait het nu om. De taak ligt op hun schouders om in de voor hen liggende 69 uur met een vertrouwenwekkende regeling te komen.

Hoe gaan ze dit aanpakken? Besloten wordt om de aanwezige collega's over drie werkgroepen te verdelen. De eerste werkgroep gaat antwoorden zoeken op de vraag: wat zijn de feiten? De tweede groep richt zich op de vraag: wat betekenen die feiten voor de structuur van het nieuwe krediet. De laatste werkgroep onderzoekt de opties voor de banken om, als ze het geld eenmaal hebben gegeven, ook terugbetaald te worden.

Vrijdag 11.15 uur

De zes bankiers nemen de trap naar beneden. In de grote zaal neemt Rob Meuter het woord. Hij legt uit dat iedere werkgroep wordt geleid door een tweetal uit de groep van zes en vraagt wie waarin wil participeren. De drie groepen die zo tot stand komen, trekken zich direct in aparte kamers terug. Vooral om heel veel vragen op papier te zetten.

De daarop volgende uren zwermen de bankiers uit over het gebouw. Vaak beginnen ze met hun vragen bij Michiel Meurs op dezelfde verdieping, of bij een van de andere leden van de Raad van Bestuur: zoals Jan Andreae (Europa), Bill Grize (USA) en Theo de Raad (rest van de wereld). Soms bij Cees van der Hoeven. Ze zijn er allemaal behalve Jim Miller.

Op de tweede verdieping zitten controllers, treasurers, interne accountants, bedrijfsjuristen en andere experts; een heel leger van Ahold-medewerkers en adviseurs staat klaar om de bankiers van dienst te zijn. Voorlopig hebben die alleen maar heel veel vragen. Tijd voor een rustige lunch is er niet. Tussen de vergaderruimtes in staan schalen met broodjes.

In groep twee wordt lang gepraat over de structuur van de nieuwe lening. Ze concluderen dat het grootste deel van het geld op dit moment bij een paar goedlopende dochtermaatschappijen wordt verdiend. De winst die daar wordt gemaakt wordt in de vorm van dividend naar de holding doorgesluisd. De bankiers zijn er op gespitst zo dicht mogelijk bij die *cashflow* terecht te komen. Daardoor kunnen ze hun risico's verkleinen, als het gaat om de terugbetaling. Een claim op een holding brengt in ieder geval te grote risico's met zich mee, want daar zit te weinig geld om de schulden mee af te kunnen lossen, mocht het toch mis gaan.

De betrokken bankiers besluiten dat ze de enige financier willen zijn, zodat verder niemand aan het geld kan komen dat in de werkmaatschappijen wordt verdiend, dat moet van hen zijn, mocht de nood aan de man komen.

Ze formuleren de basis voor het nieuwe krediet: het nieuwe geld moet veiliger zijn uitgeleend dan het oude geld, dat gewoon aan de holding was geleend. Overigens: de bijna negen miljard die Ahold uit heeft staan bij obligatiehouders loopt ook via de holding. De obligatiehouders zitten met een claim op de holding dan dus duidelijk op de tweede rang. Die zullen niet blij zijn als dit mis gaat. En wat zullen ze ervan vinden dat de banken voor hun neus de belangrijkste zekerheden opeisen?! Voer voor juristen. Ze moeten er maar even niet aan denken, het gaat nu vooral om de overleving van het concern. *First things first.*

Ze spreken af dat ze, voordat het geld aan de dochters kan worden geleend van de holding nieuwe zekerheden zullen vragen: de aandelen die de holding in die dochters heeft. Het zal een hele klus worden om die juiste omvang van die zekerheden in een paar dagen tijd vast te stellen.

Vrijdag 14.00 uur

Op een heel andere plek in het gebouw heeft Theo de Raad weer een moeilijk gesprek met de leiding van de Argentijnse dochter. Eduardo Orteu, Gustavo Papini en nog twee collega's krijgen te horen dat hun ontslag toch echt onvermijdelijk is. De Argentijnen zijn teleurgesteld.

Bij het gesprek is ook de directeur juridische zaken Ton van Tielraden. Orteu vraagt Van Tielraden naar het juridische kader van de *Foreign Corrupt Practices Act,* een Amerikaanse wet waar Ahold mee te maken heeft omdat het aandeel aan Wallstreet is genoteerd. Daarin staat onder meer dat het moederbedrijf in moet staan voor de boeken van de dochters. Ze hebben het over de relatie tussen Ahold en Disco. Sinds de zomer van 2002 is Disco een 100-procentsdochter, daarvoor niet. Als die periode ter sprake komt, vertelt Orteu dat er toen een *sideletter* was waarin stond dat Ahold de baas was.

Tielraden en De Raad schrikken, dit wisten zij niet. Na afloop van dit gesprek besluit De Raad deze informatie door te geven aan Thijs Smit, de directeur van de Interne Accountantsdienst. Die is ook druk bezig met de gevolgen van de Scandinavische *sideletters.*

Het is stil en rustig op de derde verdieping in Zaandam. Die hele vrijdag zijn de bankiers in touw. Heel af en toe vangen de bezoekers een flits op van de president van Ahold. Cees van der Hoeven loopt rond, over zijn verdieping, maar heeft de aandacht nog niet op zichzelf gericht. Hij oogt ontspannen.

Er wordt hard gewerkt. En vrij veel gerookt, maar daar klaagt niemand over. Om de twee tot drie uur roepen de leiders van de werkgroepen de overige bankiers bij elkaar in de grote ruimte, om te kijken hoever iedereen is. Alle nieuwe bevindingen worden continu teruggerapporteerd. Dit voorkomt dat de drie werkgroepen dubbel werk verrichten en zorgt ervoor dat iedereen vrijwel constant over dezelfde informatie beschikt. Die bijeenkomsten duren maar vijftien minuten en zijn efficiënt ingericht. Steeds rapporteren de leiders van de werkgroep over hun nieuwste bevindingen.

Daryl Cohen van Goldman Sachs zit daarbij centraal achter een laptopcomputer om alle nieuwe informatie in te voeren. Het is zijn taak om op basis van de boven tafel gehaalde feiten een beeld te schetsen van de geldstromen en van de waarde van het nieuwe Ahold, het Ahold na de crash. Alles moet opnieuw worden gewaardeerd.

Aan het eind van die vrijdagmiddag is er nog een grote tegenvaller. De banken vragen Deloitte & Touche te helpen. Zij kennen het bedrijf door en door en kunnen helpen de informatiehonger van de bankiers te stillen. In een bijeenkomst die nog geen drie kwartier duurt maken de accountants duidelijk dat ze weigeren mee te werken. Ze hebben hun controlerende werkzaamheden niet voor niets stil gelegd. Straks ligt er een nieuw krediet op basis van de toch door hen geleverde cijfers. Cijfers waar ze zich nu al niet veilig bij voelen. Als het dan mis gaat, zullen de banken zeker bij Deloitte aankloppen. Nee, hier hebben ze geen zin in, tot grote teleurstelling van de banken.

Aan het begin van de avond brengt een koerier een grote stapel pizza's. De 'laffe lappen' worden zonder er bij na te denken naar binnen gewerkt. De dassen gaan af, de manchetknopen uit. Sommigen hebben een plek waar ze zich even kunnen terugtrekken: enkele Hollandse bankiers hebben nog een huis hier, anderen een hotelkamer. Zij komen opgefrist en meestal in vrijetijdskleding terug.

In de loop van de avond constateren de drie groepsleiders dat er weinig vooruitgang is geboekt. Er is bepaald nog geen vertrouwen dat er daadwerkelijk nieuw geld op tafel gaat komen. Vooral JP Morgan blijft hameren op het alternatieve scenario: waarbij delen van het bedrijf meteen in de etalage worden gezet. Ze hebben het over de aantrekkelijke onderliggende waarde van de verschillende Ahold-dochters. Ze geloven niet dat het bedrijf deze klap kan overleven en wijzen op het totale gebrek aan vertrouwen waar het concern mee kampt. Ze herhalen de bepaald niet florissante geschiedenis van de afgelopen tien maanden, het aanhoudende gebrek aan transparantie, het geldverslindende drama in Argentinië, de twee winstwaarschuwingen.

De Nederlanders verwijten hun collega's dat ze geen gevoel voor de geschiedenis hebben. Dat het hier om een cultuurgoed gaat. Maar de 'Amerikanen' blijven morren. Voor de bankiers van Goldman Sachs en die van JP Morgan is deze deal alleen interessant als het commercieel klopt. En vooral Klaas Meertens is hier nog niet van overtuigd.

Vrijdag 22.15 uur
De bankiers van ABN Amro hebben dit de hele dag al een beetje voelen aankomen. Ze vrezen dat ze er niet uit gaan komen met hun Amerikaanse collega's. De twijfel blijft.

Als de beurs in Amerika dicht is belt Rob Meuter met zijn baas Wilco Jiskoot. Misschien moet er een *back-up scenario* worden bedacht: een Hollandse oplossing. Ze nemen een belangrijk besluit. In het grootste geheim bellen ze met Hans ten Cate, lid van de Raad van Bestuur van de Rabobank Nederland en Jan Zegering Hadders, bestuurslid van ING Bank Nederland. Met de cryptische mededeling: we zitten hier in Zaandam met een probleem, kunnen jullie morgen komen, worden de twee banken uitgenodigd op het hoofdkantoor van Albert Heijn, dat ligt op een 300 meter lopen van het hoofdkantoor van Ahold. Want de Amerikanen mogen ze niet zien.

Sommige bankiers zoeken in de loop van die nacht voor een paar uur rust hun hotel op. Vooral de juniors werken door. Hier en daar worden bureaustoeltjes bij elkaar getrokken om een paar uurtjes op te slapen. Sommigen leggen het hoofd even voor het toetsenbord neer voor een *power nap*. Anderen gaan ergens in een hoekje op de grond liggen en trekken hun jasje over zich heen. Gelukkig heeft Ahold de verwarming aan gelaten.

De hele nacht wordt er doorgewerkt. Er worden broodjes besteld en koffie. Heel veel koffie. Minutieus werken de bankiers aan de verschillende opdrachten. De spanning is om te snijden, de ski's van de verschillende teams glijden nog steeds niet parallel in de richting van een gezamenlijk krediet.

Zaterdag 22 februari 12.00 uur

Rob Meuter loopt met Cees van der Hoeven en Michiel Meurs naar het indrukwekkende hoofdkantoor van de grootste Nederlandse dochtermaatschappij, het bedrijf waar het allemaal mee begonnen is: Albert Heijn. Daar zitten Ten Cate en Zegering Hadders al klaar. Drie Nederlandse topbankiers in het geheim bij elkaar. Een Hollands onderonsje.

Ten Cate en Zegering Hadders hebben allebei een paar collega's meegenomen. De heren kennen elkaar. Meurs en Ten Cate kennen elkaar zelfs vrij goed. Ze moesten in 1990 in Rotterdam opeens gaan samenwerken toen ABN en Amro, waar Ten Cate werkte, gingen fuseren. Ze begroeten elkaar als oude bekenden.

De gezichten gaan snel op serieus, de gasten zijn nieuwsgierig en voelen de spanning. Wat is hier aan de hand? Ze hebben in de kranten gelezen over aanhoudende problemen bij Ahold. Maar wat betekent dit allemaal?! Vooral de ING-bankiers zijn nieuwsgierig, met een belang van 7,4 procent is de bank-verzekeraar een van de grootste aandeelhouders in Ahold.

Ten Cate en Zegering Hadders moeten eerst een geheimhoudingsverklaring tekenen. Alleen op basis van die handtekening mogen ze de details horen. Als getekend is, wordt de koffie ingeschonken en doet Cees van der Hoeven het verhaal. Hij legt in tien minuten uit dat Ahold dringend nieuw geld nodig heeft. Kort en efficiënt passeren de verschillende issues de revue. De 340 miljoen die mist bij Foodservice, het gedoe met de accountant en het vertrek van Michiel Meurs.

Nadat de twee Ahold-bestuurders de kamer hebben verlaten, neemt Rob Meuter het woord. Hij legt uit dat hij twijfelt over de bereidheid van de Amerikanen om mee te doen. Die hebben het wat hem betreft te vaak over het in stukken knippen van Ahold. De Nederlandse bankiers praten over het imago van ondernemend Nederland en de schade die een eventueel faillissement kan aanrichten.

De bankiers van ING en Rabo vinden het eigenlijk helemaal niet leuk dat ze hier in het geheim bij elkaar zitten. ABN Amro maakt zo duidelijk op twee paarden te willen wedden: of een triootje met de Amerikanen of als dat niet lukt eentje met de Nederlandse banken. Zegering Hadders en Ten Cate hebben geen zin zich te laten lenen voor zo'n 'achter de hand-scenario'. Nu ze hier zijn willen ze ook meedoen. Ze nemen een duidelijk standpunt in: het bestaat niet dat je het met z'n drieeën redt. En een puur Hollandse oplossing vinden ze ook niet optimaal. Het is juist voor de redding van dit ook in de VS aan de beurs genoteerde bedrijf belangrijk dat er in ieder geval een grote Amerikaan meedoet. Hun boodschap is duidelijk: we doen het met z'n vijven. Allemaal een even groot stuk van de koek, zeg maar zo'n 600-700 miljoen euro per bank. De klap zal enorm zijn: we moeten de markten laten zien dat het bancaire establishment er achter staat, is hun boodschap. Maar ABN Amro kiest niet.

Met de mededeling 'nou we zien het maandagochtend wel', trekken de bankiers van Rabo en ING hun jas weer aan. Meuter vindt dit niet leuk. Hij ziet zijn alternatief in rook opgaan. In een hoekje van de kamer pleegt hij snel een paar telefoontjes. Maar kennelijk zijn ze er op het hoofdkantoor van ABN Amro nog niet van overtuigd dat ze deze deal door vijf banken moeten laten dragen, waardoor de opbrengsten door vijf moeten worden gedeeld.

Op dat Ahold-hoofdkantoor rapporteren de werkgroepen trouw de laatste resultaten, de broodjes staan weer op tijd klaar. Een grote vraag is vooral in welke mate de leverancierskredieten zullen verslechteren. Leveranciers zullen enorm schrikken van de problemen bij Ahold en de mogelijkheden om krediet te leveren gaan beperken. Maar hoever zullen ze hun krediet-faciliteit gaan terugschroeven? Bij een bedrijf dat 200 miljoen euro per dag omzet betekent een verslechtering van 10 dagen dat er vele honderden miljoenen euro's beschikbaar moeten zijn om die klap op te vangen.

Na wat hulp uit Genève, waar om belastingtechnische redenen een deel van de financiële staf van Ahold zit, durven de banken uit te gaan van een verslechtering van het leverancierskrediet van ongeveer 5 dagen. Daardoor kan het door Meurs gevraagde bedrag van 3,6 miljard met een half miljard omlaag naar 3,1 miljard.

Langzaam maar zeker beginnen de vergaderruimtes een beetje te stinken. Overal liggen pizzadozen, staan lege kopjes met sigarettenpeuken erin. Veel tanden blijven ongepoetst. Om 19.00 uur staat er weer een koerier voor de door met een stapel lauwwarme dozen. De pizza's worden mechanisch weggewerkt. Iedereen heeft zo zijn eigen manier om wakker te blijven. De een zweert bij heel veel water, de ander drinkt vooral veel cola. De meesten hebben hun hoop op grote hoeveelheden caffeïne gevestigd.

Zaterdag 14.00 uur
Thijs Smit krijgt de bevestiging dat er in Argentinië en in Brazilië enkele jaren geleden, toen Ahold daar ook 50%-joint ventures had, ook twee *side-letters* zijn opgesteld. Een waarin stond dat Ahold de baas is, zodat de cijfers van de joint ventures konden worden geconsolideerd. En een waarin stond dat Ahold niet de baas was. Die laatste hebben de accountants nooit gezien. Smit vraagt aan Meurs of dit waar is. Die bevestigt. Van der Hoeven schrikt als hij met de nieuwe brieven wordt geconfronteerd.

De directeur van de Interne Accountants Dienst is diep teleurgesteld. Hij bespreekt de situatie met Ton van Tielraden, de directeur juridische zaken en *compliance officer*. De twee stafdirecteuren speelden eind vorig jaar een hoofdrol bij de ICA-affaire. Meurs en Van der Hoeven hadden na het boven tafel komen van dat geheime ICA-briefje hun management, de accountant en de Raad van Commissarissen bezworen dat er niet meer van die nare verrassingen zouden zijn. Ze hadden uitgelegd dat die ene ICA-brief nou eenmaal onvermijdelijk was geweest om de Zweden te vriend te houden. Nu blijkt dat dit helemaal geen incident was.

Onder in ieder geval één van de Bompreço-brieven staat de handtekening van Van der Hoeven, onder die van Disco die van Meurs. Meurs en Van der Hoeven zijn er kennelijk van uitgegaan dat deze brieven geen risico meer vormden omdat de betreffende joint ventures inmiddels voor 100 procent van Ahold zijn. Ze worden nu door de geschiedenis ingehaald. Meurs heeft zijn ontslag al ingediend. Van der Hoeven maakt zich nu grote zorgen: wat betekent dit voor hem? Hij stelt die vraag aan Van Tielraden.

Zaterdag 23.00 uur

Samen met advocaat Maureen Brundage van White & Case zit Van Tielraden bij Van der Hoeven. Vooral Brundage doet het woord, zij legt uit dat de consequenties van het boven tafel komen van deze nieuwe geheime brieven zeer ernstig zijn, dat dit duidt op valsheid in geschrifte, dat dit niet alleen zakelijk maar ook privé grote gevolgen kan hebben. Op het bedriegen van de accountant staat in de VS een gevangenisstraf van 20 jaar. Als Van der Hoeven dit hoort, houdt hij het niet meer. Hij weet dat dit zijn einde is. Woedend schreeuwt hij: *This is it, I quit.*

De Ahold-president is de afgelopen weken druk aan het schaken geweest met de Scandinaviërs over een nieuwe controlebrief. Eentje die voor alle partijen, ICA, Ahold en de accountants van Deloitte & Touche aanvaardbaar zou zijn. Dat heeft hij afgelopen donderdag voor elkaar gekregen. En nu dit. Dat Ahold sinds de zomer van 2002 100 procent van de aandelen in Disco heeft, maakt nu niets meer uit, realiseert hij zich. Deze nieuwe tegenstrijdige brieven gaan ook over de jaren daarvoor. De accountants zullen dit nooit pikken. Toen ze bij de ontdekking van de ICA-brieven in oktober 2002 aan hem vroegen of er nog andere brieven waren, had hij ontkend. Gedesillusioneerd verlaat Van der Hoeven het pand. Hij rijdt naar zijn vriend Karel Vuursteen. Hij kent de voormalige bestuursvoorzitter van Heineken goed, Vuursteen is sinds een klein jaar commissaris bij Ahold.

Zondag 23 februari 00.30 uur

Er is geen ontkomen meer aan: hij zal zijn functie moeten neerleggen. Het is midden in de nacht als Van der Hoeven vanuit het huis van Vuursteen met zijn president-commissaris belt. Henny de Ruiter zit bij zijn dochter in Engeland en volgt van daaruit per telefoon het circus in Zaandam. De Ruiter constateert dat Van der Hoeven tegen hem heeft gelogen; er waren toch niet meer *sideletters*!? De man die hem een half jaar geleden nog de hemel in prees met de woorden: ik zou hem willen klonen, reageert afgemeten: hij moet weg.

'Genoeg is genoeg', is de sfeer van het gesprek. In tranen belt Cees van der Hoeven met commissaris Bob Tobin en vertelt hem dat zijn rol is uitgespeeld.

Zondag 02.00 uur

De in het hoofdkantoor van Ahold achtergebleven bankiers hebben hier allemaal geen weet van. Die zijn met hun eigen worsteling bezig. De bankiers van JP Morgan blijven dwarsliggen. Als duidelijk wordt dat ze de handen bij de anderen niet op elkaar krijgen voor een verkoop van onderdelen, beginnen ze weer hardop te twijfelen over de haalbaarheid van de kredietfaciliteit.

Ze blijven vragen stellen over de door Ahold te verstrekken zekerheden. Ze geloven niet in de onderliggende waarde. Ze vinden de *deal* te risicovol, het gevraagde bedrag te hoog en de condities waaronder het bedrag verstrekt moet worden te mager. Ze hebben nog steeds het gevoel in een dikke mist te zitten. Ze vinden dat hun bank ook een verantwoordelijkheid heeft naar de eigen beleggers en dat ze aan hen zo'n risicovol verhaal niet kunnen verkopen. Hun collega's van Goldman Sachs houden hun mond, terwijl de bankiers van ABN Amro verwoede pogingen doen om ze van het tegendeel te overtuigen.

Dat lukt niet. Na overleg met het hoofdkwarier in New York gooit Klaas Meertens van JP Morgan om drie uur 's ochtends de handdoek in de ring. Ze zien het niet zitten en vinden dat er onvoldoende basis is om verder te praten. De delegatieleider gaat naar zijn huis in het Gooi. Hij baalt ervan, maar laat wel een paar junior bankiers achter om het proces verder niet te verstoren. Andere JP Morgan-bankiers fantaseren al over een vrije zondag met de familie thuis. ABN Amro maakt bij Michiel Meurs en Goldman Sachs duidelijk dat ze nog een potje op het vuur hebben staan. En vertellen dat ING en Rabo wellicht trek hebben om mee te doen. Meurs en Goldman Sachs zijn blij met het bericht en geven Rob Meuter meteen het groene licht om de twee banken uit te nodigen.

Weer is de derde verdieping van het prestigieuze hoofdkantoor in Zaandam een nacht lang bezaaid met bankiers die links en rechts proberen een klein beetje te slapen.

Zondag 06.30 uur

Meuter belt opnieuw met de collega's van Rabo en ING. Of ze kunnen komen?! Ze hebben in eerste instantie niet veel trek. Waarom twee keer voor niks naar Zaandam rijden? Bovendien liggen hun tickets voor de finale van het ABN Amro-tennistoernooi klaar: een ontspannen zondag lonkt. Ze vragen nadrukkelijk aan ABN Amro of ze nu wel welkom zijn op het echte hoofdkantoor van Ahold. Pas als dat antwoord bevestigend is, stappen ze onder de douche.

Om negen uur zitten de vier banken bij elkaar: in een van de smerigste vergaderzaaltjes van Nederland. Maar daar hebben ze dan geen aandacht voor. Eerst moet duidelijk worden op welke basis de nieuwkomers mee gaan doen. Dat blijkt nu geen struikelblok meer. Ze spreken meteen af dat ze op basis van gelijkwaardigheid aan de deal zullen deelnemen. Opgelucht gaan ze aan de slag.

Zondag 10.30 uur
De leiders van de vier banken worden plotseling uitgenodigd om in de kleine vergaderzaal te komen. Daar zit Cees van der Hoeven, hij ziet er afgepeigerd uit. De Ahold-president maakt duidelijk een compleet andere indruk dan de dag ervoor. Hij rookt een sigaret. Zijn linkerhand speelt met het pakje Marlboro Lights. Als ze zitten, schraapt Van der Hoeven zijn keel.

'Ik heb er gisteravond nog eens goed over nagedacht, ik stap ook op.' Zonder namen te noemen refereert hij impliciet aan de situatie met de Argentijnen de avond ervoor en dat hij eigenlijk al heel lang van plan was om te vertrekken.

De woorden zijn eruit voordat de betrokkenen er erg in hebben. De man die tien jaar lang een van de meest bejubelde bestuursvoorzitters van Europa was, haakt af. De man heeft zo ongeveer iedere prijs gewonnen die er te winnen valt in de *corporate* wereld. Ze geloven hun oren niet. Maar ze zien dat hij is uitgespeeld. Van der Hoeven zit er door heen.

Een bankier vraagt waarom, wat er de afgelopen 20 uur is gebeurd. Van der Hoeven mompelt dat hij er misschien toch meer van wist dan hij kan verantwoorden. Verder gaan ze er niet op in. Er is nog veel werk te doen. Kennelijk is voor Van der Hoeven deze berg te hoog geworden.

Hoe nu verder? De betrokken Nederlandse bankiers besluiten hun bazen te bellen. Die laten weten om 12.00 uur op het hoofdkantoor in Zaandam aan te schuiven om de ontstane situatie te bespreken. Geconcentreerd bereiden ze die bijeenkomst voor. Het op de laptop van Daryl Cohen ontstane beeld van de *cashflow*-situatie wordt op scherp gesteld. De waarde van het totale onderpand is ondertussen bepaald. Ook de prijs van de lening wordt dan ongeveer duidelijk. Ahold zal het niet leuk vinden. Nog niet zo lang geleden had het bedrijf een *single A-status,* een teken dat het een zeer betrouwbare partner was en dat leningen goedkoop waren. Na alle tikken die het concern in 2002 heeft opgelopen is die waardering snel verslechterd. Nu zit het bedrijf in de hoek van de *junkbond-status.* In geld betekent dit het verschil tussen Libor-plus-1,25 procent en Libor-plus-4 of 5 procent. Met andere woorden: deze lening wordt bijna twee keer zo duur als de vorige.

In een half uur tijd worden de bovenbazen zoals Wilco Jiskoot van ABN Amro en Hessel Lindenbergh van ING gebrieft. Een belangrijk hoofdstuk is de liquiditeitsprognose, een Goldman Sachs-bankier heeft geïnventariseerd of de verplichtingen die tot en met 2004 op het bedrijf afkomen binnen het voorgestelde krediet zullen blijven. Dat ziet er relatief goed uit.

Verschillende bankiers maken zich in deze bijeenkomst zorgen over de korte termijn. Ze vinden het vertrek van én de *ceo* én de *cfo* wel een heel slecht signaal. Er gaat wat hen betreft teveel kennis verloren. Ze vragen zich af of Van der Hoeven en Meurs toch niet wat langer kunnen blijven. Per telefoon laat president-commissaris Henny de Ruiter weten dat hij met het tweetal heeft afgesproken dat ze nog twee weken 'ter beschikking zullen staan als er een beroep op hun kennis moet worden gedaan'.

Vervolgens worden de kerncijfers voor de nieuwe lening doorgenomen. De bovenbazen weten genoeg en geven het groene licht voor een *deal.* In totaal zal het consortium 3,1 miljard (deels in euro's, deels in dollars) ter beschikking stellen. Die lening komt op de plek van het opgezegde krediet van 2 miljard. Het overgrote deel van het geld, zo'n 2,4 miljard kan worden gebruikt om de terugval van leverancierskredieten bij Albert Heijn en Stop & Shop op te vangen.

Als die middag de thee bijna op tafel staat, laat Klaas Meertens van JP Morgan weten toch ook mee te willen doen. Het gevraagde bedrag is fors verlaagd, er zijn extra zekerheden gevonden en ook het nieuws dat ING en Rabo meedoen, geeft Meertens vertrouwen. Het had trouwens niet veel langer moeten duren, verschillende medewekers van JP Morgan zijn al vertrokken en moeten worden teruggeroepen. Een juriste is op Schiphol de douane al gepasseerd als ze wordt gebeld met de opdracht onmiddellijk terug te komen.

Opnieuw aanschuiven is voor Meertens trouwens de enige manier om hier geld te verdienen. Alles bij elkaar gaat het om een afsluitprovisie voor de banken van ongeveer 80 miljoen euro. Bovendien staat vast dat Ahold in nieuwe vorm straks toch weer emissies gaat doen of/en onderdelen gaat verkopen etc. En de banken die nu meedoen zitten dan op de eerste rij.

De vijf bankiers, die op dat moment gemiddeld misschien vijf van de verstreken 50 uur hebben geslapen, staan voor een nieuwe uitdaging. Samen met een horde juristen moeten ze alle onderliggende stukken gaan verzamelen en het fiatteringsproces in. Niets mag ontbreken, alleen zo kunnen de hoofdkantoren straks hun toestemming geven voor het naar buiten brengen van een principeakkoord voor een nieuwe lening.

De advocaten zijn vooral nodig om alle onzekerheden zo goed mogelijk waterdicht te maken voor het geval hun klant, de bank, voor een rechter komt te staan. Als andere schuldeisers zoals bijvoorbeeld obligatiehouders vinden dat ze tekort zijn gedaan, zullen ze er straks alles aan doen om de banken juridisch aan te pakken. Ze moeten bepalen wat meer gewicht heeft. Een *sideletter*, een contract... De details kunnen de komende dagen worden uitgewerkt, als de grote onzekerheden maar ongeveer zijn benoemd.

Die zondagmiddag wordt de omvang van de deal per bank berekend. Er lopen dan zeker 80 bankiers en adviseurs rond. Een stuk of tien *senior* bankiers bewaren het overzicht, de rest bestaat vooral uit hardwerkende *juniors* die alle details moeten checken en dubbelchecken. Het fiatteringsproces kan beginnen.

De Nederlandse banken zijn snel klaar. Het commitment is groot en de lijnen zijn kort: om 15.30 zijn ze rond met hun hoofdkantoren. Maar de Amerikanen hebben meer tijd nodig. Door het tijdsverschil kunnen ze pas vanaf 18.00 tempo maken. Bovendien zijn nog lang niet alle zekerheden boven tafel.

Advocaten worden weer op grote schaal ingeschakeld om de eerste afspraken goed op papier te krijgen. Dat valt niet mee. Over de hele wereld moeten kluisjes en kastjes open om de waardepapieren eruit te halen, ze te kopiëren en te faxen naar Zaandam. Er moet een gigantische berg informatie worden verwerkt. Dat gaat niet altijd even soepel. In de VS is de sleutel van een kast met essentiële waardepapieren zoek, maar wat erger is: de man die weet waar de sleutel is, is ook zoek. Het zal de hele zondagnacht duren voordat dit kastje opengaat.

De bankiers die langs de kamer van Goldman Sachs wandelen, worden er even aan herinnerd hoe de zondag er ook uit had kunnen zien. Daar vangen ze een glimp op van het ABN Amro-tennistoernooi in Rotterdam Ahoy. Op de VIP-tribune zijn nogal wat lege stoelen zichtbaar. Ook de stoel van Karel Vuursteen is leeg. Normaal is hij ieder jaar wel te vinden op dit prestigieuze tennistoernooi, het is immers een ideale plek om te netwerken. Nu zal hij pas later op de middag aanschuiven.

Zondag 15.00 uur
Tijdens een drie uur durende telefonische vergadering van de Raad van Commissarissen maakt De Ruiter bekend dat ook Van der Hoeven op zal stappen. Hij laat weten dat Van der Hoeven en Meurs op verzoek van de banken nog twee weken beschikbaar zullen blijven. Maar dan? De Zweed Roland Fahlin stelt voor dat Bob Tobin, de enige echte retailer in de Raad, tijdelijk aan het roer gaat staan. Tobin vindt dit geen goed idee. Hij vindt dat het iemand moet zijn met een meer financiële achtergrond, bij voorkeur een Nederlander die naast de banken ook de media goed kan benaderen. Tobin zegt best op de achtergrond te willen ondersteunen. De Ruiter oppert dat misschien Karel Vuursteen of Lodewijk de Vink het bedrijf tijdelijk kan leiden. Uiteindelijk komen ze toch uit bij de voorzitter zelf. Aarzelend zegt Henny de Ruiter toe.

Het is een bizarre telefonische discussie waar vooral advocaten het hoogste woord voeren. Voor Ahold en Henny de Ruiter zijn dat vooral Peter Wakkie van het kantoor De Brauw Blackstone Westbroek Linklaters & Alliance en Larry Byrne van White & Case.

De advocaten wijzen de commissarissen erop dat ze mogelijk ook persoonlijk aansprakelijk zullen worden gesteld. Vooral als ze niet snel genoeg afstand nemen van mensen als Michiel Meurs en Cees van der Hoeven. Ze brengen de strenge nieuwe Amerikaanse wetgeving van Sarbanes Oxley in herinnering. Vooral Larry Byrne voert het hoogste woord. Sinds Ahold een week eerder zelf met de US Foodservice-zaak naar de toezichthouder op de Amerikaanse beurs, de SEC, is gestapt zijn de Amerikaanse advocaten dominant. Zij zijn experts als het om de gevreesde SEC gaat en zorgen ervoor dat iedereen luistert naar hun waarschuwingen over wat de SEC allemaal van het concern eist en zal eisen. Aan Ahold-zijde zijn ze overrompeld. Het drama is al zo groot en dan worden ze ook nog eens geconfronteerd met zaken waar ze te weinig van afweten.

Tijdens deze bijeenkomst wordt nu ook door de commissarissen gesteld: dit is niet houdbaar. Van der Hoeven en Meurs moeten allebei gaan, ze volgen de redenering van de Amerikaanse advocaten. Maar de banken zijn hier tegen. Zonder de hulp van de accountant is de kennis die in de top van het bedrijf zit onontbeerlijk geworden. Ze willen dat de twee mannen beschikbaar blijven. Het is een moeizame discussie. Totdat ABN Amro-bestuurder Wilco Jiskoot het standpunt van de banken kort en bondig samenvat: zonder de inzet van de kennis van Michiel Meurs komt er geen nieuw krediet. Dat is duidelijk. Hier kunnen advocaten en commissarissen niet omheen. Betrokkenheid van Van der Hoeven is voor de advocaten in ieder geval onbespreekbaar. Die moet per direct worden vervangen door De Ruiter. En die moet hem dat ook gaan vertellen de volgende ochtend.

Als De Ruiter de telefoon neerlegt, realiseert hij zich dat hij de halve zondag vanuit Londen aan de telefoon heeft gezeten. Zijn kleinkinderen vragen zich af waar hun opa is. Hij voelt zich schuldig en biedt zijn dochter aan de telefoonrekening te betalen.

Het flink aangezwollen protest tegen de laffe pizza's die in de dagen ervoor de honger moesten stillen, sorteert tot opluchting van velen eindelijk effect. Die avond wordt in het Zaanse bedrijfsrestaurant een Indische hap geserveerd. Er hangt een vreemde sfeer. Omringd door getrouwen zit Cees van der Hoeven ook aan tafel. Niemand weet precies wat hij moet zeggen. Hij is president af. Het lijkt een bijna onvoorstelbaar einde voor zo'n grote bewierookte man. Als een betrokken bankier hem vraagt hoe hij zich voelt onder dit persoonlijke drama, reageert hij terughoudend. Nee, het is vooral een drama voor de company.

De dan al gewezen president Van der Hoeven is verder de hele nacht aanwezig om de resterende vragen te beantwoorden. Als iemand de feiten kent, is hij het.

Maandag 24 februari 03.00 uur

Dan is er opnieuw grote opwinding. Vijf uur voor de deadline verstrijkt laat een advocaat van White & Case tijdens een tussentijds overleg weten dat de schade bij US Foodservice nog hoger uit zal vallen dan de verwachte 340 miljoen dollar. Het bedrag zou meer in de richting van de 500 miljoen dollar gaan. Dat is slecht nieuws, heel slecht nieuws. Meteen wordt iedereen weer bij elkaar geroepen. Hier zitten de uitgeputte bankiers niet op te wachten. De Amerikanen slaan meteen op tilt: we kunnen de situatie niet vertrouwen. Dit wordt niks.

ABN Amro, ING en Rabobank laten weten het risico wel aan te durven. Ze sussen en overtuigen de rest. Het moet maar. Op een aantal punten wordt het *term sheet,* het overzicht van afspraken, nog wat verder aangescherpt. Vooral ook om de Amerikanen het gevoel te geven dat de risico's niet veel groter worden. Ze maken duidelijk dat de lening comfortabel is gedekt door gezonde onderpanden. Zelfs als het bedrijf als nog zou omvallen zouden de leningen zijn gedekt. Eerder heeft Ahold met het mes op de keel ingestemd met de eis van het syndicaat van banken dat zij alle deals mogen doen die Ahold de komende twee jaar te vergeven heeft: van leningen en emissies tot de verkoop van bedrijfsonderdelen. Dus ook een eventuele *break up.*

Maandag 06.00 uur

De nieuwe president-directeur meldt zich voor het eerst op het hoofdkantoor. Henny de Ruiter weet niet wat hij ziet. Hij schrikt van de uitgewoonde puinhoop. Half afgekloven kroketten, pizzadozen, volle asbakken. De directieverdieping is in een zwijnenstal veranderd.

In een bijeenkomst met alle direct betrokkenen legt De Ruiter een verklaring af waarin hij zegt over niet meer informatie te beschikken dan de informatie die de banken nu hebben. Dit is een belangrijke verklaring, de basis waarop van alle kanten het groene licht kan worden gegeven. Het persbericht krijgt nu alle aandacht.

Daarbij lijkt het soms alsof de advocaten de macht hebben overgenomen. Er is een woordenwisseling tussen Peter Wakkie, de advocaat van Ahold en Larry Byrne over het persbericht. Wakkie wil wat veranderen in het persbericht. Maar Byrne laat op hoge toon weten dat dit uitgesloten is. Wakkie vraagt: wie zegt dat dit niet kan?! Waarop Byrne antwoordt: wij van White & Case , wij beoordelen of het persbericht voldoet aan de eisen van de SEC. Het is 06.30 uur, het persbericht moet over een uur klaar zijn. Wakkie trekt aan het kortste eind.

Maandag 07.00 uur

Cees van der Hoeven is even naar huis gegaan om een schoon shirt aan te trekken. Enigszins opgefrist stapt hij zijn kantoor in. Hij heeft ideeën voor het persbericht en wil graag het personeel toespreken om uit te leggen wat er is gebeurd. Maar hij kan nergens meer bij. Zijn kasten, zijn computer; alles is verzegeld op last van de Amerikaanse advocaten.

De Ruiter vraagt de Ahold-president even naar een andere ruimte te komen. Hij laat Van der Hoeven weten dat hij niet welkom is, dat hij het woord niet meer mag voeren. Dat al zijn spullen in beslag zijn genomen. En dat hij alleen iets mag doen als de banken hem daarom vragen.

Van der Hoeven vindt dit onbegrijpelijk. Hij vindt het in het belang van de onderneming dat iemand het woord voert die de feiten kent. Hij kan zich gewoon niet voorstellen dat De Ruiter daartoe in staat is. De discussie is kort en hevig.

Van der Hoeven realiseert zich dat hij niet meer welkom is. Dat hij ontslagen is. Opnieuw zijn er tranen. Hij laat weten geen zin te hebben om er verder voor spek en bonen bij te blijven zitten. Hij zegt tegen Henny de Ruiter dat die hem kan bellen.

Om acht uur in de ochtend verlaat Van der Hoeven het hoofdkantoor van Ahold. Als hij buiten staat belt hij met vrienden. In de war, emotioneel: wat moet ik doen? Ze adviseren hem zijn vrouw achterna te reizen. Zij zit met hun zoontje en enkele vrienden in Lech, voor de al lang geleden geplande wintersport. Op vier dagen na is Cees van der Hoeven tien jaar de president van Ahold geweest. Wat een jubileum, wat een afscheid.

Maandag 08.00 uur

Ondertussen kunnen alle betrokkenen op de derde verdieping eindelijk voor de laatste keer dit weekeinde met elkaar om de tafel. Om tien voor acht wordt het *term sheet* getekend: het persbericht is klaar en kan naar buiten. Van enige euforie is geen sprake. Iedereen is doodop. Links en rechts worden wat bemoedigende schouderklopjes uitgedeeld. Er wordt nog een kop koffie gedronken. Ze hebben de afgelopen 72 uur bijna non-stop gewerkt aan de redding van Ahold. Het bed lonkt.

Terwijl de bankiers vertrekken komen de eerste nietsvermoedende Ahold-medewerkers juist binnen. Ze weten niet wat ze zien. Snel worden ze apart genomen door wel ingevoerde collega's. Verbijstering, ontreddering en tranen. Het bericht gaat snel de wereld over. Aan de andere kant van de oceaan krijgt mevrouw Audrey Tobin huilende medewerkers van de Ahold-dochter Stop & Shop aan de telefoon. Haar man is lang de grote baas van dit bedrijf geweest. Ze denken dat ze hun baan kwijtraken en smeken haar om haar man te vragen iets voor ze te doen.

Zelden stuurde een onderneming zo'n dramatisch persbericht de wereld in. Met het vertrek van Cees van der Hoeven en Michiel Meurs is de leiding van het bedrijf onthoofd. Niet eerder in de Nederlandse geschiedenis keurde een accountant met terugwerkende kracht twee jaarrekeningen (over 2000 en 2001) af. Bovendien is er dus voor minimaal 500 miljoen gefraudeerd. Er is nog geen enkel zicht op een jaarrrekening over 2002, vooral omdat de accountants van Deloitte & Touche pas weer aan het werk gaan als precies duidelijk is waar voor hoeveel is gefraudeerd en hoe het nou met die *sideletters* zit. Beleggers reageren geschokt, de koers daalt met 70 procent tot onder de 3 euro. In een paar uur tijd verdampt zo'n 8 miljard euro.

Interim-president Henny de Ruiter schrikt die maandagochtend nog een keer als hij in de gaten krijgt dat het bedrijf door een acuut gebrek aan cash wordt bedreigd. Er zit maar 80 miljoen euro in kas. Het nieuwe geld van de banken is nog niet beschikbaar. Bovendien kan het nu getekende *term sheet* pas de komende week worden uitgewerkt tot een concreet contract.

De Ruiter moet er de komende dagen voor zorgen dat leveranciers en klanten gewoon blijven leveren en kopen. Alleen als dat lukt, heeft het bedrijf een kans. Maar als ze wegblijven is het afgelopen. Voor Henny de Ruiter, Michiel Meurs, Peter Wakkie en de genoemde bankiers en advocaten komen er nog een paar slapeloze nachten aan.

Cees van der Hoeven zit de dagen erop met zijn vrouw en een club vrienden in het Oostenrijkse skioord Lech en probeert te begrijpen wat er gebeurd is. Toen hij aantrad was het bedrijf ongeveer 3 miljard euro waard. Na vijftien jaar hard werken, in 2001, was het bedrijf na Wal-Mart het grootste supermarktconcern ter wereld met een beurswaarde van bijna 40 miljard euro. En nu is Ahold, waarvan de geconsolideerde omzet onder zijn leiding verzevenvoudigde tot ruim 70 miljard euro, nauwelijks meer dan 3 miljard euro waard.

Zijn strategie is mislukt. Hij denkt aan al die honderdduizenden werknemers en beleggers die hij heeft teleurgesteld. Kunnen zijn opvolgers na zo'n klap de boel opruimen en opnieuw beginnen? Of is het einde van dit extreem succesvolle 117 jaar oude bedrijf nu in zicht? Waar is het in godsnaam misgegaan?

2

FAMILIEBEDRIJF
(1959-1974)

'Kijk, daar ligt nou een mooie erwt.'
(Jan Heijn als hij vlak voor de oorlog met zijn zoons Albert en Gerrit Jan voor de sorteertafel staat)

Het is geen makkelijk sollicitatiegesprek, bovendien heeft zijn vader tegen hem gezegd dat hij de grootste fout van zijn leven maakt als hij bij die zuinige kruideniers gaat werken. Maar de 37-jarige Hans van Meer is toch nieuwsgierig. Hij weet dat Albert Heijn een rijk bedrijf is, dat er mogelijkheden zijn om iets op te bouwen. De bankierszoon wil bovendien weg bij het Centraal Sociaal Werkgeversverbond (de voorloper van het VNO), waar hij ruzie heeft gekregen.

De directie van het supermarktbedrijf van Albert Heijn heeft een nieuwe secretaris nodig. De 32-jarige Ab Heijn, directeur van de supermarkten, is onder de indruk van de man die tegenover hem zit. Van Meer heeft in Joegoslavië met Tito tegen de Duiters gevochten en lijkt voor niemand bang te zijn.

Het bewijs daarvan levert zijn gast als tijdens hun gesprek oom Gerrit binnenkomt. De oom van Ab is dan, in 1959, al 37 jaar de grote baas van het bedrijf. Samen met Ab's vader Jan Heijn en de financiële man Jaap de Vries vormt hij de Raad van Bestuur van het bedrijf. Er is er trouwens maar één die besluiten neemt: Gerrit Heijn. Hij duldt geen tegenspraak. Ab is bang voor zijn oom. Jarenlang heeft hij gezien hoe zijn eigen vader door diens broer in een te klein hoekje werd geduwd. Oom Gerrit laat ook geen mogelijkheid onbenut om zijn neef Ab te laten merken dat hij het maar niks vindt dat niet een van zijn eigen kinderen op die directiepost in het familiebedrijf zit.

Ook Van Meer moet meteen weten wie hier de baas is. Gerrit vraagt zich hardop af of 'dit' hier moet komen werken en laat hem weten wat hij kan verdienen. Het is een laag bedrag, minder dan Van Meer op dat moment verdient. Eigenlijk is het een belediging. Van Meer snuift en laat Gerrit Heijn weten dat hij daar spijt van zal krijgen. Dat hij het salaris dat hij zelf in zijn hoofd heeft, zal verdienen. En snel ook. Het klinkt Ab Heijn als muziek in de oren: iemand die niet bang is voor zijn oom, die moet hij aannemen.

De toon is gezet. Oom Gerrit zegt tegen zijn neef dat zolang hij het voor het zeggen heeft die Van Meer nooit directeur zal worden, laat staan lid van de Raad van Bestuur. Maar Ab Heijn is blij met deze versterking in de oorlog tegen zijn oom.

De derde generatie Heijnen, Ab (geboren in 1927) en zijn vier jaar jongere broer Gerrit Jan, staat te trappelen om het roer bij het familiebedrijf over te nemen. De jonge directeuren zijn het gemopper van hun autoritaire en impulsieve oom beu. Ze zijn bovendien erg kritisch over de koers die hij volgt. Ze vinden dat hij zich te veel op de productie van levensmiddelen richt, terwijl volgens hen de toekomst van het bedrijf juist afhangt van een snelle modernisering en uitbreiding van de supermarkten.

Hun vader Jan Heijn heeft al duidelijk gemaakt over zijn pensioen na te denken. Voor Ab en Gerrit Jan is dat het startsein om steeds nadrukkelijker naar de macht te lonken en over de toekomst van hun familiebedrijf na te denken. Jan Heijn vindt dat het tijd is dat zijn zonen de leiding krijgen. Hij is er trots op dat ze in het bedrijf werken. Hij heeft zijn uiterste best gedaan om zijn jongens te infecteren met zijn liefde voor het kruideniersvak. Toen ze nog klein waren nam hij ze regelmatig mee naar een van de Albert Heijn-fabrieken aan de Zaan. Daar kon hij ze dan vol overgave het verschil uitleggen tussen Afrikaanse en Zuid-Amerikaanse koffiebonen. Of hij liep met ze langs een sorteertafel, wees op een erwt en zei: ' Kijk, daar ligt nou een mooie erwt.'

De zachtmoedige Jan Heijn heeft altijd genoten van zijn vak. Legde er eer in en werd niet moe te benadrukken dat het allemaal om de klant draait en dat je die aandacht voor klanten eigenlijk alleen maar kan opbrengen als je echt van mensen houdt. Hij vertelde zijn zoons graag verhalen over hun gedreven grootvader Albert Heijn, die in 1887 het bedrijf startte.

Natuurlijk hadden Ab en Gerrit Jan als kinderen eerst hun eigen toekomstdromen, waarom zouden ze goed willen worden in een vak waar hun vader al goed in was? Ab wilde liever bij de marine, hij houdt wel van discipline. Maar daar kon alleen al vanwege het feit dat hij op dertienjarige leeftijd polio krijgt, geen sprake van zijn. Ab voelt zich een wereldburger. Amerika is zijn land: als hij niet in deze familie was geboren had hij in Amerika gezeten.

Zijn broer Gerrit Jan droomde lang over een leven als architect. Hij is dol op zijn gezin, huiselijk ingesteld. Hij is creatief, houdt van schilderen en wil goed 'bluesy' piano leren spelen. In zijn werk is hij veel behoudender en beschouwender dan zijn oudere broer. Voor beiden blijft het bij dromen, de gang naar het familiebedrijf is vanzelfsprekend. Daar groeien ze mee op. Langzaam maar zeker eist dat bedrijf steeds meer van hun aandacht op. Ze worden er als het ware ingezogen. De plicht roept.

Uiterlijk lijken de twee broers erg op elkaar. Ze hebben dezelfde lach en spraak. Maar qua manier van doen zijn ze totaal verschillend. Ab is druk en vooral communicatief sterk. Hij geniet van aandacht. Maar hij kan ook heel driftig worden. Gerrit Jan lijkt meer op zijn vader, is een stuk gereserveerder, bijna verlegen, een Pietje Precies die over een fenomenale dossierkennis beschikt. Het zijn zeker geen boezemvrienden maar samen beschikken ze over een goede combinatie van kwaliteiten die van pas komen als ze het bedrijf moeten gaan leiden.

Een onderneming die ze van binnenuit kennen. Na hun opleiding op het vooral op de praktijk van de handel gerichte Nijenrode-instituut, hebben ze al op verschillende plekken in het bedrijf gewerkt. Beiden zijn achter de toonbank van een filiaal begonnen. Ab stond in 1949 in de Amsterdamse PC Hooftstraat en is er trots op dat hij daar enige tijd bezig is geweest eindeloze hoeveelheden suiker af te wegen en zo in zakken te verpakken dat ze heel bleven als ze op de stapel werden gegooid. Halverwege de jaren vijftig is hij in de Verenigde Staten verliefd geworden op de dan zeker in Nederland nog zeer omstreden 'ZB': zelfbediening.

Zijn oom Gerrit vindt dat maar niks. Als hij zelf in Amerika is geweest, is zijn conclusie dat het bedrijf op winkelgebied niets van de Amerikanen kan leren. Ab Heijn doet verwoede pogingen zijn oom van het tegendeel te overtuigen. Na een aantal jaren als onderdirecteur te hebben gewerkt wordt hij in 1958 directeur van het winkelbedrijf. Gerrit Jan werkt dan als directieassistent bij de melkproductiepoot van het bedrijf: Sterovita.

Beiden broers geloven nadrukkelijk in de kracht van het familiebedrijf. Alle grote supermarktbedrijven worden in die tijd door families gerund. Die families vergelijken zichzelf steeds met elkaar. Het steekt de Heijnen al jaren dat ze kleiner blijven dan die eeuwige concurrent uit Den Bosch: De

Gruyter. Als die naam in Zaandam valt is het met afgunst. Deze concurrent heeft in de eerste helft van de vorige eeuw de toon in het kruideniersvak gezet. Albert Heijn is groot, maar nummer twee. En dat is iets wat de familie al decennia steekt.

In die concurrentie vinden de broers dat er veel nadrukkelijker moet worden gekozen voor de supermarkten. Tussen 1954 en 1960 stijgt de omzet in Nederlandse supermarkten van 50 miljoen naar 765 miljoen gulden. Het marktaandeel van deze moderne manier van winkelen vertienvoudigt tot 32 procent. Natuurlijk: de meeste mensen doen hun boodschappen nog gewoon bij een vertrouwde kleine winkelier die vanachter zijn toonbank de gevraagde spullen afgemeten in zakjes giet, maar met 365 kleine supermarkten is Albert Heijn toch al goed voor 7 procent van alle levensmiddelenverkopen in Nederland. Dat biedt perspectief, vinden ze.

Maar oom Gerrit concentreert zich de laatste jaren juist op de productiekant van het bedrijf en begint zich tot ergernis van zijn neefjes steeds meer als een industrieel te gedragen. In 1960 investeert hij nog 10 miljoen gulden in een nieuwe melkfabriek. De verticale prijsbinding zorgt ervoor dat fabrikanten veel macht hebben. Gerrit Heijn wil daarom onafhankelijk blijven van de grote producenten. Hij wijst zijn neven er vaak op dat je op de eigen productie van koffie, koekjes, limonade en allerlei andere zaken, een veel hogere marge kan maken. Hij vindt dat de winkels gewoon moeten verkopen wat de fabrieken maken. Die klant moet niet zeuren.

Oom Gerrit kent de recepten van veel spullen uit zijn hoofd. Maatstaf zijn de oude receptenboekjes van zijn vader Albert Heijn die door hem worden gekoesterd en gecheckt. Hoogstpersoonlijk koopt hij Zaanse koeken, proeft ze en laat de directeur van de productiebedrijven bij zich komen, als hij ze niet lekker vindt.

Als manager stelt Gerrit Heijn niet veel voor. Hij is een meester in het manipuleren en intrigeren en regeert met harde hand. Hij is ouderwets in zijn rechtlijnige opvattingen: het is mijn geld, mijn bedrijf en ik ben de baas. Als in een van de winkels een voorraadverschil optreedt, reist hij daar persoonlijk naar toe om de chef te ontslaan. En ziet er dan op toe dat diens huis boven de winkel onmiddellijk wordt ontruimd.

De grilligheid van Gerrit breekt de jonge ambitieuze neven steeds vaker op. Diens groeiende aversie tegen de supermarkten begint bedreigend voor hun ambities te worden. Omdat de winkels in Rotterdam minder opleveren wil Gerrit de activiteiten daar opeens staken. Gelukkig komt Hans van Meer, die zich in korte tijd tot de rechterhand van Ab Heijn heeft ontwikkeld, in opstand. Hij wijst erop dat als het bedrijf in een grote stad als Rotterdam geen geld kan verdienen, het nergens geld kan verdienen. Hij stelt voor te onderzoeken wat het bedrijf niet goed doet in Rotterdam en dat probleem aan te pakken.

Oom Gerrit vindt dat allemaal maar onzin. En hij waarschuwt voor die Van Meer. Zijn wantrouwen is zelfs zo groot dat hij op een gegeven moment stelt dat Van Meer door De Gruyter is ingehuurd om Albert Heijn veel te dure winkels te laten openen en zo kapot te maken.

Ondanks de moeizame samenwerking groeit de invloed van het jonge team. Van Meer zorgt ervoor dat vergaderingen voortaan goed worden voorbereid en genotuleerd. Hij ergert zich aan de ongrijpbare informele sfeer die het familiebedrijf kenmerkt. En pakt deze aan door afspraken op papier te zetten. Terwijl met die kennis zijn macht en dadendrang groeit, vergeet Van Meer nooit om het in bijzijn van de Heijnen te hebben over 'jullie bedrijf'. Dat vindt hij wel zo netjes. Langzaam maar zeker krijgt de jonge garde greep op de besluitvormingsprocessen.

Samen met een andere jonge directeur, Willem Eggers, stelt de directiesecretaris een jaar na zijn komst voor om met het directieteam zo af en toe bij elkaar te gaan zitten om over andere zaken dan de omzet van die dag te praten. Van Meer is een fervent lezer van bladen als de *Harvard Business Review*, bladen waarin woorden vallen als strategie en structuur. Geïnspireerd door deze Amerikaanse teksten vindt hij dat ze eens goed naar de toekomst van Albert Heijn moeten kijken.

Denkvergaderingen: zo noemen ze deze bijeenkomsten in hotel Duin en Kruidberg in Santpoort. Vanaf maart 1960 trekken ze zich regelmatig terug in een van de klassieke vergaderzalen van dit in 1895 ooit als 'grootste woonhuis van Nederland' gebouwde hotel. Ze nemen de tijd, soms een halve dag, om met elkaar te praten over de toekomst.

Oom Gerrit, die het allemaal maar geldverspilling vindt, is zelf niet bij die vergaderingen van de jonge directieleden. Hij gaat ervan uit dat zijn oude klasgenoot en voor de Albert Heijn-filialen verantwoordelijke Dirk ter Wee die vreemde bijeenkomsten wel voor hem in de gaten houdt. Dat valt tegen. Ter Wee vindt die op de toekomst gerichte discussies juist prachtig en laat de jonge neven weten dit nou te hebben gemist.

De bijeenkomsten in het prachtige in het nationaal park Zuid-Kennemerland gelegen hotel inspireren de jonge Heijnen. Ondersteund door de ook relatief jonge mededirecteuren: Jo Legerstee, Piet Bomli, Willem Eggers en vooral Hans van Meer formuleren ze enthousiast allerlei nieuwe ambities.

Van Meer introduceert daarbij een paar nieuwe spelregels. Het is voor sommigen even wennen, Van Meer zorgt ervoor dat er een agenda is. En wat nog meer wennen is: zaken die niet op de agenda staan, worden niet besproken. Bovendien maakt en verspreidt hij notulen, zodat voor iedereen duidelijk is wat ze met elkaar hebben afgesproken.

Natuurlijk is het aanpakken van de concurrentie hun eerste doel: de marktleider De Gruyter en in minder mate de buurman in Zaandam Simon de Wit. Maar hoe? Al analyserend stellen ze vast dat de Bossche concurrent meer winkels heeft (465) en zelfs al iets meer zelfbedieningszaken, maar tegelijkertijd kampt met een veel te klein assortiment aan eigen producten. Daar moeten ze eigenlijk een beetje om lachen.

Het katholieke De Gruyter, groot geworden met slogans als 'én betere waar en tien procent' en 'het snoepje van de week en tien procent' houdt strikt vast aan ongeveer 500 artikelen van eigen fabrikaat. Dit terwijl Albert Heijn in de supermarkt in Zaandam al 3000 artikelen voert, waarvan meer dan twee derde door anderen wordt gemaakt.

Tijdens een van die eerste denkbijeenkomsten worden de jonge directeuren het snel met elkaar eens: ons succes wordt bepaald door een combinatie van prijs en kwaliteit, een breed assortiment en een progressieve uitstraling. Ze besluiten rigoreus afscheid te nemen van de kleine traditionele bedieningszaken. Die zullen worden vervangen door 180 supermarkten van 200 vierkante meter en 120 supermarkten van 500 vierkante meter. Om de bouw van nieuwe supermarkten te kunnen betalen, willen ze enkele fabrieken gaan verkopen.

Ze leggen hun ambities vast in een tienjarenplan. Het eerste strategische plan voor Albert Heijn, waarschijnlijk een van de eerste in Nederland, is daarmee geboren. Dat plan is niet vrijblijvend. Afgesproken wordt dat het concern in 1970 een marktaandeel van 14 procent moet hebben, een verdubbeling van de zeven procent die ze op dat moment hebben.

Twee onderwerpen domineren verder de agenda met 'denkpunten' in Santpoort: een optimale distributie en de beste locaties. Verpakking en distributie zijn kostbaar en goed voor 50 procent van de consumentenprijs. Die kosten moeten dus omlaag. Van Meer gaat bijvoorbeeld in gevecht met Unilever om de vleeswaren goedkoop verpakt te krijgen. Maar die hebben geen zin hun om best te doen voor een simpele kruidenier. Van Meer zorgt ervoor dat Albert Heijn het dan zelf kan gaan doen; goedkoper.

Goede locaties zijn ook essentieel. Hoe kunnen ze ervoor zorgen dat Albert Heijn in Nederland op de beste plekken terecht komt. Die zijn per definitie schaars en dus ook erg begeerlijk in de ogen van andere dominante winkeliers als Anton Dreesmann van Vroom & Dreesmann en Jacques Bons van de Bijenkorf. De Heijnen weten dat het moeilijke gevechten worden omdat kruideniers nog duidelijk als een lagere kaste worden behandeld. De branche wordt zeker door deze warenhuisgiganten toch vooral geassocieerd met relatief kleine en onbelangrijke winkeltjes.

In de Raad voor het Filiaal- en Grootwinkel bedrijf is die neerbuigende houding constant voelbaar: de non-foodmensen zitten pontificaal voor in de zaal en vatten de discussie graag samen met teksten als: 'wij als grote drie (naast Vroom & Dreesmann en de Bijenkorf, C&A) hebben besloten dat...' Zo besluiten ze bijvoorbeeld om gezamenlijk winkelcentra buiten de stadscentra neer te gaan zetten. Het irriteert Ab Heijn dat hij niet bij die besprekingen wordt uitgenodigd. Vooral omdat Albert Heijn qua omzet dan al groter is dan de Bijenkorf.

Hoewel Ab Heijn zelf in zijn paspoort onder beroep 'kruidenier' heeft laten zetten, heeft hij een grondige hekel aan de badinerende toon die om dit begrip hangt. Hij realiseert zich dat het concern op allerlei manieren last heeft van dit imago. Het kost hem bijvoorbeeld grote moeite om academici aan te nemen. Die zien de kruidenier niet staan.

Het jonge directieteam besluit zich assertiever op te stellen. In 1961 bemachtigt Van Meer een supermarkt van 1000 vierkante meter in het eerste *shopping centre* van Nederland: in Amstelveen. Een jaar later kan in Rotterdam-Hoogvliet een supermarkt van 1500 vierkante meter worden geopend. In 1963 volgt Osdorp met een vloeroppervlakte van 3100 vierkante meter en 7400 artikelen. Vroom & Dreesman en de Bijenkorf geloven niet dat ze daar voldoende geld kunnen verdienen en Van Meer slaat toe. De klanten weten niet wat hen overkomt. Zo'n overdaad aan spullen hebben ze nog nooit gezien.

Het is trouwens niet zo dat Albert Heijn al meteen weet wat ze met die enorme ruimtes moeten doen. Om de supermarkt in Osdorp vol te laten lijken, wordt voor een meter of acht aan slaolie uitgestald. Het bedrijf lijkt daarmee vooral een lange neus naar de grote non-foodjongens te willen trekken: hoezo, kruideniertje?!

Om tempo te kunnen maken, vindt met name Ab dat het in 1962 hoog tijd wordt voor een wisseling van de wacht. Er is alleen één probleem: oom Gerrit denkt nog niet aan zijn pensioen. Door geen aandacht te schenken aan zijn vijfenzestigste verjaardag hoopt hij dat ze hem laten zitten.

Die opzet mislukt als zijn twee jaar jongere broer Jan laat weten op 27 juni 1962 met pensioen te gaan en over te stappen naar de Raad van Commissarissen. Omdat het derde lid van de Raad van Bestuur, Jaap de Vries, daarop besluit hetzelfde te doen, wordt Gerrit eigenlijk gedwongen om ook zijn positie te bepalen.

Daar heeft de oude baas grote moeite mee. Vier man staan klaar om de Raad van Bestuur te versterken. Maar voor Gerrit is het onaanvaardbaar dat deze 'jongelui' naast hem worden benoemd tot volwaardige leden van de Raad van Bestuur. Voor hem is het helemaal onbespreekbaar dat de door Ab Heijn inmiddels op handen gedragen Hans van Meer in de Raad van Bestuur komt.

Het lijkt hem wel een aardig idee om nog een jaar in z'n eentje de Raad van Bestuur te vormen en de rest als 'plaatsvervangers' op de achtergrond te houden. De Raad van Commissarissen, onder aanvoering van professor Gerard Verrijn Stuart (die deze functie op verzoek van de familie vervult sinds de dood van oprichter Albert Heijn vlak na de oorlog), vindt dit helemaal geen goed idee. Het bedrijf is in zijn ogen te groot voor een eenkoppige leiding. Hij stelt Gerrit voor om hem met de titel 'voorzitter van de Raad van Bestuur' te tooien. Als deze dat ook als te min van de hand wijst, kan hij eigenlijk geen kant meer op. Uiteindelijk volgt Gerrit zijn broer naar de Raad van Commissarissen.

Een maand nadat het concern zijn vijfenzeventigste verjaardag heeft gevierd, komt de derde generatie Heijnen aan de macht. Op 28 juni 1962 promoveren Ab en Gerrit Jan Heijn samen met de twee voormalige verzetshelden Dirk Vethaak (financiën) en Hilko Glazenburg (productie) naar de Raad van Bestuur. Oom Gerrit's boycot van Hans van Meer blijft van kracht. (In datzelfde jaar, aan de andere kant van de Oceaan, opent de jonge ondernemer Sam Walton in Rogers Arkansas zijn eerste winkel. Walton legt daarmee de basis voor wat dertig jaar later verreweg het grootste winkelconcern ter wereld zal worden: Wal-Mart.)

De vijfendertigjarige Ab wordt president. Hij is ambitieus en ervan overtuigd dat er in de hele wereld maar één goed voorbeeld is als het om de toekomst van supermarkten gaat: de Verenigde Staten. Steeds weer refereert hij aan wat hij daar gezien heeft. Watertandend zat hij naast de kassa's van Dorothy Lane Market en zag hoe de klanten maar een of twee keer per week naar een supermarkt afreisden, maar dan wel meteen enorme hoeveelheden levensmiddelen insloegen. Opgewonden zag hij 'winkelwagens met hele koppen erop' voorbij schuiven en bedacht zich dat dit alleen maar kon omdat de mensen thuis de spullen koelen.

Amerikanen hebben dan al op grote schaal koelkasten, terwijl in Nederland rond 1960 nog geen tien procent van de huishoudens over zo'n apparaat beschikt. Samen met mededirecteur Jo Legerstee wordt een plan gesmeed. Ze bedenken het spaarsysteem: de 'Premie van de Maandclub'. De klanten kunnen vrijwillig sparen voor moderne spullen. De eerste premie is natuurlijk een koelkast. Deze Liebherr-koelkasten biedt Albert Heijn tegen kostprijs aan. Omdat de klanten in termijnen kunnen betalen, zijn de koelkasten niet aan te slepen. Op de eerste dag, 15 mei 1962, vliegen 5000 koelkasten de winkels uit. Op het moment dat Ab Heijn president wordt, heeft het bedrijf al 20.000 koelkasten verkocht. In totaal zal het bedrijf in een paar jaar tijd 145.000 koelkasten slijten. Het progressieve imago van Albert Heijn vaart er wel bij.

Om nog meer in de supermarkten te kunnen investeren besluit Ab Heijn in 1963 om twee fabrieken (Patria en Sterovita) te verkopen. Maar oom Gerrit, die nog bijna iedere dag op het hoofdkantoor rondstapt, doet er alles aan om dit te voorkomen. Hij houdt vurige pleidooien waarin hij uitlegt dat het handhaven van deze productiebedrijven juist een ideale vorm van risicospreiding met zich meebrengt.

Gerrit gedraagt zich nog steeds als de grote baas. Hij gaat regelmatig op bezoek in winkels en vraagt aan de bedrijfsleiders hoe 'de jonge directie' het doet. Zo is hij constant op zoek naar munitie om de nieuwe leiding dwars te zitten.

De broers worden gek van het aanhoudende getraineer en gezeur van hun oom. De kwestie over de verkoop van de fabrieken loopt hoog op en de jonge president weet niet hoe hij zijn lastige oom kan overtuigen. Dan stelt Hans van Meer, inmiddels directeur van Albert Heijn, voor om het net vanuit Londen naar Amsterdam overgevlogen McKinsey in te schakelen. Albert Heijn wordt een van de eerste klanten van een op dat moment voor Nederland nog vrijwel onbekend fenomeen: organisatieadviseurs.

McKinsey-voorman Max Geldens wordt een belangrijke sparringpartner voor de jonge directie. Hij luistert, vat samen en levert zo de argumenten om de nieuwe weg in te slaan. Geldens stelt in een overtuigend rapport dat het beter is om afscheid te nemen van Patria en Sterovita. Een-nul voor de neven. En een warm welkom voor de adviseurs van McKinsey, een club die de daarop volgende decennia regelmatig bij Albert Heijn op de stoep staat, op cruciale momenten.

Maar oom Gerrit geeft zich nog niet gewonnen. Naarmate zijn neef steviger op de stoel van president zit, gaat hij harder tegen hem tekeer. Hij kan het zich niet voorstellen dat zijn neefjes het ooit beter zullen weten. Dagelijks loopt hij zijn opvolgers voor de voeten. Hij neemt medewerkers op het hoofdkantoor apart om ze te waarschuwen voor zijn neven: 'Trek je maar niets van ze aan, want die begrijpen er niks van.' Ab Heijn wordt constant geconfronteerd met de uitspraak: ja maar oom Gerrit zegt...

De ruzie escaleert, er zijn teveel vervelende aanvaringen. Bovendien zorgt oom Gerrit ervoor dat zijn neef Ab door een bezorgde president-commissaris wordt ontboden. Die vraagt zich af of de productiekant van het bedrijf wel voldoende aandacht krijgt van de jonge president. Om afstand te bewaren tot zijn oom die zich vooral over de productiebedrijven druk blijft maken, waren die bedrijven gaan lijden onder de ruzie van de twee Heijnen.

Dat is de druppel. Ab Heijn neemt het vliegtuig naar het Zwitserse Arosa waar zijn ouders op vakantie zijn en laat zijn vader weten er geen zin meer in te hebben. Hij gooit de handdoek in de ring. Zijn moeder springt voor hem in de bres, dat haar man door zijn broer klein werd gehouden is tot daar aan toe maar haar zwager moet niet aan haar kinderen komen. Jan Heijn stapt naar zijn broer om het voor zijn zonen op te nemen.

Het is een dramatisch moment voor de familie. Ab Heijn weet niet wat zijn vader toen tegen oom Gerrit heeft gezegd, maar het heeft in ieder geval het beoogde effect. Gerrit bindt in. De twee broers die bijna veertig jaar lang het bedrijf samen hebben geleid, betalen een hoge prijs voor dit conflict.

Tegen *Elseviers Weekblad* zei oom Gerrit ooit: liever had ik dat de zaak naar de bliksem ging, dan onenigheid te krijgen met mijn broer. Maar nu zegt hij tegen zijn neef: ik heb nog nooit ruzie met mijn broer gehad en nu heb ik het dankzij jou. Het komt ook niet meer goed tussen de twee broers. Ze krijgen ook niet echt de kans om het bij te leggen: Jan Heijn overlijdt in 1964.

Voor Ab en Gerrit Jan wordt de band met hun bijdehante en sociaalvaardige moeder nu nog belangrijker. Daar komen hun twee totaal verschillende karakters tot rust, tot overeenstemming. Als het om moeilijke beslissingen gaat, komen deze op het familieberaad dat regelmatig op zondagochtend wordt gehouden aan de orde. Hun moeder zal op de achtergrond een belangrijke rol blijven spelen tot haar dood in 1984.

Dat leden van de familie zich met het concern bemoeien is onvermijdelijk. Begin jaren zestig hebben ze nog de meerderheid van de aandelen. Het bedrijf is overigens al sinds 1948 genoteerd aan de beurs. Dat was toen een zeer progressieve stap voor een familiebedrijf. Op 24 februari van dat jaar werden 4000 aandelen Albert Heijn van 1000 gulden per stuk op de beurs te koop aangeboden. Daarmee behielden de Heijnen ongeveer twee derde van de zeggenschap en de oprichtersbewijzen waarmee ze het recht hadden om bindende voordrachten te doen, voor zowel de directie als de commissarissen. Ze hadden er twee goede redenen voor. Er moest een ijsfabriek worden gekocht en daar was geld voor nodig. Maar er was nog een andere zeer pragmatische reden om externe aandeelhouders voor het bedrijf te interesseren. Oprichter Albert Heijn had de aandelen in het bedrijf aan zonen Gerrit en Jan gegeven, maar hij was bang dat zijn vijf dochters kapitaal uit het bedrijf zouden halen. Via de beursgang konden Jan en Gerrit een lening van 2,5 miljoen gulden krijgen die nodig was om Trijntje, Immetje, Antje, Neeltje en Alberdina hun erfdeel te kunnen geven. Van de opbrengst werd de auto-importeur Riva gekocht, zodat de mannen van deze vrouwen ook iets om handen hadden en zich niet met het familiebedrijf zouden bemoeien.

Nadat de machtsstrijd met oom Gerrit is gestreden gaat het hard met Albert Heijn. Het bedrijf profiteert enorm van de welvarende jaren zestig. De economie groeit hard, er is werk voor iedereen. In 1961 schaft het kabinet De Quay de geleide loonpolitiek af, waardoor de lonen een jaar later met 15 procent stijgen. Tussen 1960 en 1970 stijgen de lonen jaarlijks met gemiddeld ruim 9 procent.

Het kan allemaal niet op: in 1961 wordt voor ambtenaren de vrije zaterdag ingevoerd. Twee jaar later wordt het aardgas in Groningen ontdekt en kan een begin worden gemaakt met de bouw van een systeem van sociale zekerheid.

Nederland voelt zich rijk. Er is steeds meer geld en dat moet rollen. Om te beginnen om lekker te eten. Talloze nieuwe supermarkten worden geopend, vooral door Albert Heijn. Dat doet het bedrijf op ludieke wijze. Ab

Heijn, die wel van show houdt, laat daarbij vaak min of meer Bekende Nederlanders opdraven: Floris en Pipo de Clown verdienen een zakcentje bij met het knippen van linten. Heijn claimt graag dat Joop van den Ende zijn carrière bij één van die openingen is begonnen: verkleed als Batman.

De zeer op zijn klanten gerichte Ab Heijn floreert. Hij wordt zelf een Bekende Nederlander. Hij staat in alle kranten en bladen met die karakteristieke grote zwarte bril en dito grijns. In de *Elsevier* van mei 1966 wordt hij neergezet als een moderne harde zakenman met een leren attachékoffer en een in 'stijl gesneden pak met juist wel die onmisbare nonchalance'.

In het gevecht met de concurrentie, de al genoemde De Gruyter, in mindere mate Simon de Wit en vooral ook de vele kleine zelfstandige kruideniers die dan nog driekwart van de markt bedienen, hamert de nieuwe president op de noodzaak van een progressief imago. Zijn winkels moeten vooruitgang uitstralen. Voor 8000 gulden laat hij een nieuw logo ontwikkelen, dat dit imago moet onderstrepen. Een goede investering want dat beeldmerk is nog steeds te vinden boven de ingang van iedere winkel.

Het 'niet goed geld terug'-principe wordt ingevoerd. En slaat aan. Uit een onderzoek uit die tijd blijkt dat het publiek Albert Heijn als: 'Progressief, groot, schrander geleid en dynamisch beschouwt. Maar op het punt van service en vriendelijkheid ontbreekt er toch iets.' De kritiek komt volgens Ab Heijn waarschijnlijk van klanten die de overdaad van de winkels nog niet aankunnen en hun karretjes veel te vol stouwen met dingen die ze eigenlijk niet nodig hebben. Regelmatig klaagt het bedrijf in die tijd over de groeiende hoeveelheid boodschappen die vlak voor de kassa nog snel even worden gedumpt.

Ondertussen is het bedrijf bezig om nieuwe behoeften te creëren en deze vervolgens zo goed en profijtelijk mogelijk in te vullen. Nederland maakt kennis met exotische zaken zoals knoflook en meloen. Chicosinaasappelen (die voor het eerst per trein naar Nederland werden gehaald, een week sneller dan per boot) en grote hoeveelheden Pinard-wijn (op een moment dat wijn nog echt iets voor de rijken is) waren grote hits. In 1966 zorgt een met veel media-aandacht omgeven 'aardbeienluchtbrug' vanuit Italië ervoor dat het imago van vers en vooruitstrevend opnieuw een duw in de gewenste richting krijgt.

Albert Heijn-president Hans van Meer zit er bovenop. Winkels bezoekt hij om half acht 's ochtends, als het goed is, is iedereen er dan. Hij probeert alles te zien. Een vieze vloer, een scheefhangend schap, geen detail mag hem ontgaan, want dan krijgt de bedrijfsleider het idee dat hij er mee weg kan komen. Van Meer is een winkelbeest. Hij luistert naar wat er leeft maar gelooft ook in het constant overhoren van zijn ondergeschikten. Ze moeten weten dat de baas er bovenop zit. Iedere zaterdagavond bellen de bedrijfsleiders hem thuis om de omzet van de week door te bellen. Zijn grote voorbeeld is de baas van Marks & Spencer: Lord Marcus Sieff. Als Van Meer in de avonduren een paar van de M&S winkels in Londen bezoekt, blijken alle winkelkarretjes op hun kop te staan. De uitleg maakt indruk: Marcus Sieff vindt een schone vloer het allerbelangrijkste in een winkel en kan zomaar op een avond besluiten dit ergens te gaan checken. Maar de Britse Lord houdt er niet van om zich te bukken en dus eist hij dat alle wagentjes na sluiting op hun kop worden gezet. Dan kan hij met zijn vingers over de wieltjes gaan.

1966 is het jaar waarin een belangrijk, in de Denkvergaderingen geformuleerd, doel wordt bereikt: het marktleiderschap. Met een marktaandeel van 9 procent is Albert Heijn eindelijk groter, 1 procent maar toch, dan De Gruyter. Het Brabantse bedrijf kan de snelle ontwikkelingen niet meer bijbenen; ze zijn te lang met de productie van de eigen goederen bezig gebleven.

De winkels van Albert Heijn zijn dan al veel moderner dan die van de concurrenten. Albert Heijn laat studies doen om tot een optimale inrichting te komen. Tijdens de Denkvergaderingen komen zaken aan de orde als schapdiepte, productformaat en afleverfrequentie. De brutowinst per strekkende meter doet zijn intrede. Veel van die kennis komt natuurlijk uit de Verenigde Staten. In 1966 ontwikkelt Albert Heijn het WORP-systeem, een afkorting die staat voor: winst door optimale ruimteverdeling en productiviteit. Het WORP-denken wordt binnen twee jaar in alle filialen doorgevoerd. De 'gouden plank' wordt geïdentificeerd. Deze schappen bevinden zich op ooghoogte van de meeste klanten, ze verkopen het beste en dus worden daar de artikelen met meer marge neergezet. In de 'bukzone' komen voortaan alleen nog maar loodzware en goedkope zaken te staan.

Om dit allemaal voor elkaar te krijgen, is gemotiveerd personeel nodig. Hier zijn de gebroeders Heijn erg mee bezig. Ze willen het personeel ook het gevoel geven onderdeel uit te maken van de familie. In 1966 heeft Albert Heijn 7000 werknemers in dienst. Om het winkelpersoneel te trainen, iets waar veel werkgevers op dat moment nog nauwelijks over nadenken, stuurt het bedrijf bijvoorbeeld een bus door het land. Op de plaats van stoelen staan kassa's om op te oefenen. Omdat de cassière vaak de enige medewerker is die met de klant contact heeft, wordt ze tot gastvrouw gebombardeerd. De dames krijgen adviezen van een visagiste en les in het creeëren van een goede sfeer. Om het belang van een goed gastvrouwschap te benadrukken wordt vanaf 1961 steeds een verkiezing van 'cassière van het jaar' gehouden.

De klanten stromen toe. Ze worden collectief verliefd op die enorme hoeveelheid mooi uitgestald voedsel. Ze genieten van het gemak: van levensmiddelen én groenten/fruit én kaas en vleeswaren allemaal onder één dak. Albert Heijn is toegankelijk.

In zekere zin draagt Albert Heijn in die jaren zelfs bij aan ontzuiling. Vroeger bepaalde de achtergrond van de katholieke, protestantse of socialistische kruidenier zijn clientèle, maar bij Albert Heijn is de rol van de kruidenier vervangen door een neutrale formule. En dus kan iedereen daar naar toe.

De familie Heijn komt in de tweede helft van de jaren zestig steeds meer op afstand te staan, financieel. De enorme groei wordt voor een belangrijk deel gefinancierd door verkoop van nieuwe aandelen. Omdat de familie niet over de middelen beschikt om ook nieuwe aandelen te kopen, verwatert haar belang tot onder de 50 procent. Albert Heijn vindt dit eigenlijk wel best en zegt in een interview: 'Anders kan je in de verleiding komen om voor je eigen portemonnee te werken, waardoor noodzakelijke investeringen achterwege blijven.'

Aan het einde van het eerste tienjarenplan, in 1970, constateert de Raad van Bestuur trots dat het marktaandeel bijna is verdubbeld van zeven naar 12,7 procent. De omzet is in diezelfde periode gestegen van 300 miljoen naar het magische cijfer van een miljard gulden. De nettowinst is vervijfvoudigd naar ruim 17 miljoen gulden. Bovendien heeft rekenmeester Dirk Vethaak, 'de man die weet waar ieder dubbeltje zich in dit bedrijf bevindt', ongeveer 70 miljoen aan kapitaalreserves klaar liggen.

In 1967 wordt oom Gerrit 70 jaar en moet hij volgens de statuten zijn lidmaatschap van de Raad van Commissarissen opgeven. Als Hans van Meer hem op de afscheidsreceptie de hand drukt zegt Gerrit verbaasd te zijn over zijn komst, hij herinnert hem eraan dat hij mede door het 'vlerkerige gedrag' van Van Meer zijn macht is kwijtgeraakt. Die trekt een grote grijns en laat de oude Heijn weten dat het niet zo vreemd is dat hij hier voor de oude baas staat: op dit moment heeft hij lang gewacht.

Helemaal weg is oom Gerrit dan nog niet. Hij heeft er voor gezorgd dat hij als speciaal adviseur van de Raad van Commissarissen aan mag blijven. Tot ver in de jaren zeventig houdt hij een eigen kamer op het hoofdkantoor. Als de neven dat beu zijn, zet hij zijn werkzaamheden gewoon voort vanuit zijn appartement in Heemstede. Om op de hoogte te blijven nodigt hij op kwartaalbasis een hele club door hem zelf geselecteerde managers bij hem thuis uit. Hij hoort ze uit, legt ze alle cijfers voor, en vraagt deze managers, steevast aangesproken als 'jongeman', wat ze ervan vinden. Hij overhoort ze als het ware. Als ze een fout maken, krijgen ze de wind van voren. Na een uurtje wordt nog een borreltje geschonken.

Met het vertrek van Gerrit uit de Raad van Commissarissen kan Van Meer eindelijk formeel in de Raad van Bestuur worden opgenomen. Dat sorteert meteen effect. Van Meer vindt opnieuw dat het tempo moet worden opgevoerd. Van Meer, die volgens Ab Heijn een liter whisky kon drinken en de volgende ochtend frisser was dan wie ook, stelt zijn baas keer op keer dezelfde vraag: 'Ab, wat is ons ambitieniveau?'

Tijdens een bijeenkomst in een hotel in Noordwijk stelt het nieuwe lid van de Raad van Bestuur het nog wat scherper, hij wil weten wat de persoonlijke ambities van de overige bestuursleden zijn. Op aandringen van Ab Heijn trapt hij zelf af. Hij stelt dat Nederland te klein is geworden voor Albert Heijn, en vindt dat het bedrijf de grens over moet. Ab en Gerrit Jan, die de oriëntatie op het buitenland in zijn portefeuille heeft, maar ook Hilco Glazenburg en Dirk Vethaak reageren afhoudend. De discussie levert niet veel op.

Maar als ze een paar weken later bij Ab Heijn thuis weer op het onderwerp terugkomen vraagt Gerrit Jan zich opeens hardop af of Hans van Meer misschien van portefeuille zou willen ruilen. Onder de voorwaarde dat de broers akkoord gaan als hij met een zinnig plan komt, stemt Van Meer daarmee in. Ze besluiten meteen de volgende ochtend te ruilen. Gerrit Jan wordt de baas van Albert Heijn en Hans van Meer stort zich op het buitenland.

McKinsey wordt uitgenodigd om een en ander in goede banen te leiden. Na in augustus 1969 enkele dagen in een Alkmaars motel te hebben vergaderd, presenteert de Raad van Bestuur vier nieuwe doelstellingen: verbetering van de bestaande activiteiten, opbouw van een *general merchandise* (non food), ontwikkeling van nieuwe activiteiten en de overname van een buitenlandse levensmiddelenketen.

Voor wat betreft het laatste hebben ze onder leiding van de McKinsey-adviseurs een stevige lijst voorwaarden opgesteld: de expansie moet via overnames of joint ventures gebeuren, de over te nemen partij moet nummer 1 of 2 in die markt zijn en over goed management beschikken.

Voor het eerst wordt nu dus serieus over een overname of uitbreiding in het buitenland nagedacht. Naar aanleiding van verzoeken tot samenwerking was er tien jaar eerder wel eens lacherig over gesproken, nu wordt openlijk en vrij serieus gefantaseerd over de overname van Tesco of Sainsbury in Engeland. Maar ook het overnemen of opzetten van een eigen warenhuis in Nederland wordt vaak besproken. Diversificatie is op dat moment een toverwoord, het zou bedrijven minder kwetsbaar maken.

De eerste helft van het nieuwe decennium verloopt echter een stuk minder florissant dan de jaren ervoor. Het bedrijf krijgt zelfs te maken met stevige kritiek, op verschillende fronten. Ab Heijn kan dan wel steeds beweren dat door de opkomst van zijn bedrijf de markt democratischer is geworden omdat de macht van de grote leveranciers is gebroken, in de media, en in de politiek, vindt een groeiend leger critici Albert Heijn vooral te dominant.

Ze wijzen op het toenemende aantal faillissementen onder de kruideniers. Tussen 1960 en 1970 gaan zo'n 6000, ongeveer een kwart van het totaal, kleine kruideniers op de fles. Dat wordt de marktleider kwalijk genomen. Omdat het bedrijf zo duidelijk een gezicht heeft gekregen in de persoon Ab Heijn krijgt hij een nieuwe bijnaam: de Reuzendoder van de middenstand. Zelf gaat hij er in de media laconiek mee om. Hij is wel wat gewend. Op 44-jarige leeftijd, in 1971, maakt hij volgens journalisten van de krant *De Tijd* een studentikoze haast jongensachtige indruk.

In die jaren gaat Ab als de 'opperkruidenier' van Nederland door het leven. Dat bevalt hem best, het is een rol die hij graag speelt. Keer op keer laat hij in de kranten weten dat het grote publiek niet moest zeuren en juist blij moest zijn met grote supermarkten. Onvermoeibaar wijst hij op de lage prijzen en het gegroeide assortiment. Maar zijn vaak wat nonchalante optreden helpt niet altijd. En werkt soms zelfs averechts.

Tegenover een journalist van *De Tijd* zegt Ab Heijn: 'Triest hoor al die sluitingen, maar laat ik het zo zeggen: hebt u de laatste jaren nog een lataarnopsteker in Amsterdam gezien? Je houdt een bepaalde ontwikkeling nu eenmaal niet tegen.' En in Het Parool: 'Koffie scheppen uit een grote zak is enig, maar wel te duur.'

Ook in de persoonlijke levenssfeer krijgt Ab Heijn te maken met de keerzijde van bekendheid en rijkdom. Op 8 december 1972 stopt zijn zeventienjarig zoon, en enige kind Ab, op de oprijlaan van hun huis in Bloemendaal omdat hij iemand om hulp hoort roepen. Hij wordt met een mes bedreigd en verderop in het bos vastgebonden en met repen plakband over ogen en mond neergelegd. Als de dader even niet oplet, weet Ab junior zich los te wurmen en naar huis te vluchten. Ze zullen nooit meer iets van de man horen. Maar de familie Heijn weet nu dat ze kwetsbaar is.

Iedereen moet er aan wennen dat het bedrijf echt groot wordt. De directie wordt daarbij ondersteund door een Raad van Commissarissen die de Heijnen in belangrijke mate zelf samenstellen. In het begin met enige nonchalance waardoor ze niet goed opletten bij de benoeming van ene Voute. Waardoor ze er na de benoeming achterkwamen dat ze eigenlijk een andere Voute hadden willen benoemen. In de familie is dit het verhaal over de 'foute Voute', sindsdien letten de Heijnen beter op.

Begin jaren zeventig is vooral president-commissaris Jan de Vries dominant. Een moeilijke man die om de haverklap bromt dat hij 'hier geen chocola van kan maken'. De bestuursvoorzitter van vastgoedconcern Bredero cijfert zichzelf bepaald niet weg. Grappend zegt hij tegen Ab Heijn: dit voorzitterschap kost mij geld, vroeger deden we nog wel eens wat projecten voor jullie, maar sinds ik hier zit...

De kracht van Albert Heijn maakt slachtoffers, ook onder de grote concurrenten. Met Simon de Wit ging het eind jaren zestig al snel bergafwaarts. Nadat in 1971 hun distributiecentrum in brand is gevlogen, belt Ab Heijn vanuit een gloednieuw achttien verdiepingen tellend hoofdkantoor met zijn oude concurrent en biedt hem tijdelijk ruimte in zijn distributiecentra aan. Van het een komt het ander en op 10 april 1972 neemt Albert Heijn voor ongeveer 30 miljoen gulden de activiteiten (en 2300 werknemers) van de tien jaar eerder nog zo gevreesde concurrent over. Hetzelfde gebeurt met het Eindhovense Etos (Eendracht, Toewijding, Overleg en Samenwerking). Deze in 1919 door Philips opgerichte coöperatie komt ook in de problemen. Voor 23 miljoen gulden koopt Albert Heijn op 8 oktober 1973 deze drogisterijketen en krijgt zo een flinke positie in het zuiden. Mede door deze overnames verdubbelt het aantal werknemers in vijf jaar tijd tot bijna 16.000.

En dat gaat pijn doen. Want na zeven vette jaren breken de zeven magere aan. Door de enorme loonexplosie en de daaraan gekoppelde inflatie zijn de prijzen flink gestegen. Nederland komt in de greep van de beruchte loon-prijsspiraal. Werkloosheid en inflatie eisen hun tol. Het zijn onzekere tijden. De spanning in het Midden-Oosten loopt op (Jom Kippoer-oorlog) en de daarop volgende oliecrisis in 1973 zorgt voor snel oplopende prijzen van grondstoffen. De regering kondigt naast de autoloze zondag ook een prijsstop af. Door een forse verhoging van het minimumloon voor jongeren schieten de salarissen omhoog.

In het jaarverslag over 1973 meldt een duidelijk chagrijnige Ab Heijn dat het bedrijf 16,7 procent meer kwijt is aan personeelskosten (terwijl het aantal werknemers maar met 6 procent toeneemt). De combinatie van stijgende grondstofprijzen, stijgende lonen en het tegelijkertijd niet mogen verhogen van de prijzen mist zijn uitwerking niet. Over de eerste helft van 1973 maakte het concern verlies, voor het eerst in zijn geschiedenis.

Aan de andere kant zijn de Heijnen zich ook bewust van de groeiende democratiseringsbehoefte in alle lagen van de bevolking. Maar hoe leid je die behoefte in goede banen, zonder opstanden, zonder gedoe. Ook binnen Albert Heijn eisen werknemers een grotere zeggenschap. De Heijnen geloven dat vooral een modernisering van het management nodig is en investeren verder in de opleiding en begeleiding van mensen.

Een belangrijke rol hierbij is weggelegd voor de baas van de Zaanse Stichting voor Personeelsbeleid & Bedrijfspsychologie: Piet Colijn. Colijn wordt in de jaren zestig en zeventig veel door Ab Heijn ingeschakeld bij het uiteindelijke oordeel over een kandidaat voor een bepaalde baan en bij het opleiden van mensen. Heijn weet dat een goede selectie van managementtalent niet zijn sterkste kant is en vaart bijna blind op de adviezen van Colijn. Als Colijn bijvoorbeeld zegt: 'goede vent voor Verkade maar bij jullie komt hij niet uit de verf', dan wordt de betrokkene niet aangenomen.

Talloze cursussen worden verzorgd, blikken 'deskundologen' worden opengetrokken om de staf te trainen: ze uit te leggen hoe ze medezeggenschap in hun winkels kunnen organiseren. Een deel wordt zelfs uitgenodigd om aan de dan razend populaire sensitivity-training deel te nemen.

Niet alleen de werknemers worden kritischer. De kritische houding van de consument stelt Albert Heijn regelmatig voor problemen, hoewel hij het zelf liever heeft over uitdagingen. De macht van de Consumentenbond groeit in die jaren snel en zorgt er bijvoorbeeld voor dat het bedrijf in 1973 de 'uiterste houdbaarheidsdatum' introduceert.

Nieuw is de eis van consumenten dat de detaillist zich verantwoordelijk gaat voelen voor de wijze waarop de door hem verkochte producten worden geproduceerd. Albert Heijn leert een les door een enorme aanvaring met het Angola-Comité in augustus 1973. In dat land wordt een guerrilla-oorlog gevoerd tegen kolonisator Portugal. Albert Heijn verkoopt koffie uit dat land, iets wat volgens het Comité het best kan worden samengevat met de slogan: 'AH, er is weer bloedkoffie te koop.'

De rustige Gerrit Jan neemt in de media het voortouw in de verdediging van het liberale standpunt van het familiebedrijf. In een interview met *NRC Handelsblad* op 15 september van dat jaar legt hij uit: 'Het winkelbedrijf heeft een economische doelstelling, geen politieke of ethische doelstelling. We zijn niet tegen maatschappijverandering, maar men mag niet verlangen dat ze van ons uitgaat. Onze rol is de kosten van het levensonderhoud zo laag mogelijk te houden, goede levensmiddelen te leveren. Angola-koffie is goede, goedkope koffie. We zijn geen kille padden... Maar wat is moreel verantwoord en onverantwoord?!'

Het Angola-Comité onder leiding van Sietse Bosgra is niet onder de indruk en verhevigt de aanval op Albert Heijn. Als de vakbond zich achter de actievoerders schaart is het pleit beslecht en besluit het concern eieren voor zijn geld te kiezen.

De Zaanse zorgen over samenleving en politiek nemen toe als PvdA-partijleider Joop den Uyl een steeds grotere stem in het Haagse krijgt. Eén boodschap staat centraal bij de socialisten: ondernemers zijn uitbuiters. Gerrit Jan oppert al snel dat het misschien helemaal niet zo onverstandig is om als ondernemer op zoek te gaan naar een omgeving waar het ondernemerschap wel wordt gewaardeerd, de Verenigde Staten bijvoorbeeld.

De grote politiek wordt het concern op meer terreinen noodlottig. De zo populaire diversificatiegedachte (iedere zichzelf respecterende directeur las het boek *Corporate Strategy* van Igor Ansoff) is in 1970 snel in de praktijk gebracht als het Amerikaanse McDonald's aan Ab Heijn vraagt of hij de Europese hamburger-primeur wil hebben. Vooral broer Gerrit Jan, die speciaal belast is met het onderwerp diversificatie, heeft dan al berekend dat met de groeiende welvaart een steeds groter deel van de voeding buitenshuis zal worden genuttigd en dus lijkt dit een logische stap. Augustus 1971 wordt in Zaandam de eerst hamburgertent geopend, in geheime stukken wordt dan al gefantaseerd over 100 restaurants. De eerste McDonald's-filialen worden, net als in de VS, in buitenwijken neergezet. Maar dat blijkt een grote misrekening. Simpelweg omdat, in tegenstelling tot de VS, in Nederland het sociale uitgaansleven zich in de centra van de grote steden afspeelt. Bovendien mist de Nederlander zijn appelmoes. Waarschijnlijk is de slechte timing van dit project de grootste tegenvaller. De oorlog in Vietnam zorgt voor een enorme anti-Amerika-stemming. In 1975 stopt Albert Heijn met de hamburgerzaken.

Er zijn meer 'uitstapjes' zoals Ab Heijn ze noemt. De Alberto-drankenwinkels (1969), AH Reizen (1971), Jobby doe-het-zelfwinkels (1974). Verreweg het grootste diversificatieproject zijn de Miro's. Opnieuw is de logica dwingend. Gerrit Jan, die er prat op gaat dat hij alle dossiers zelf in zijn lades organiseert en niet aan een secretaresse geeft, heeft weer zitten rekenen. Hij stelt vast dat de behoefte aan duurzame goederen twee keer zo snel groeit als de behoefte aan levensmiddelen. En dat deze twee ontwikkelingen de komende jaren alleen maar verder uit elkaar zullen lopen. Hij vindt dat Albert Heijn zich sneller op de zogenoemde *non-food* moet gaan richten. Broer Ab is vlug om en zegt in een interview: 'Gingen mensen vroeger een paar keer naar een zaak toe om over de aanschaf van een radio te palaveren, nu kopen ze in één keer zo'n ding.'

De snelste manier om een plek te verwerven tussen de grote warenhuizen is natuurlijk via een overname. De heren ondernemers snuffelen flink aan elkaar in die jaren, ze zien elkaar regelmatig in de Raad voor Filiaal en Grootwinkelbedrijf. Langzaam maar zeker is het daar tot die arrogante 'non-foodjongens' doorgedrongen dat die Zaanse kruidenier toch wel iemand is waar rekening mee moest worden gehouden.

Na afloop van zo'n bijeenkomst, begin 1970, neemt Jacques Bons, de directeur van de Bijenkorf, Albert Heijn apart en vraagt hem of hij niet wil fuseren. Heijn is meteen enthousiast en vraagt zijn adviseurs van McKinsey om een onderhandelingsplan op te stellen. Bij een volgende ontmoeting legt een doortastende Ab Heijn de cijfers op tafel. Maar de wat fijner besnaarde Bons schrikt van de zakelijke directheid. De chemie tussen de heren werkt duidelijk niet. En dus is het einde oefening voor de fusieplannen zijn uitgewerkt.

Vier jaar later, onderweg naar Hongkong met een groep ondernemers, wordt Ab Heijn nog een keer het hof gemaakt. Anton Dreesmann begint op het bovendek van een Boeing 747 over de mogelijkheid van overname door Albert Heijn. Zo kan het veel grotere maar nog zeer door de familie gedomineerde Vroom & Dreesmann aan de beurs genoteerd raken. Ab Heijn heeft al snel in de gaten dat dit een omgekeerde overname is, dat het veel grotere V&D snel met de scepter zal gaan zwaaien. Het zal nog twintig jaar duren voordat Vendex naar de beurs gaat.

Ondertussen bouwt Albert Heijn onder leiding van Hans van Meer die wel veel over het buitenland nadenkt maar nog geen concrete plannen heeft, driftig aan een eigen formule: de Miro. Naar Frans en Duits voorbeeld moeten deze zogenaamde 'weidewinkels' buiten de steden worden neergezet. Met voldoende parkeergelegenheid en een benzinepomp. De eerste opent zijn deuren in 1971 in Vlissingen. Maar de kritiek is groot en komt van allerlei kanten: je doet de binnenstad concurrentie aan, je doet de detailhandel concurrentie aan, etc. Bovendien komen de winkels, vooral als gevolg van slepende ruzie's met overheden over vestigingsvergunningen, veel minder snel van de grond dan gehoopt. Zelfs Den Haag vindt dat grote winkels buiten de stadscentra zoveel mogelijk moeten worden geweerd. Jarenlang zullen allerlei pogingen worden gedaan, maar de Miro zal geen succes worden.

Hamburgers, reizen, hobbywinkels, warenhuizen en restaurants: het concern groeit in de eerste helft van de jaren zeventig uit tot een onoverzichtelijke kerstboom met zeer uiteenlopende activiteiten. De behoefte aan duidelijkheid is groot. Een mooie aanleiding is er in 1972 als de minister van Justitie Dries van Agt (1971-1977) een wettelijke regeling voor de besloten vennootschap met beperkte aansprakelijkheid tot stand brengt. Op 1 januari 1973 heeft Albert Heijn alle dochtermaatschappijen tot BV's omgevormd. Maar die hebben in toenemende mate klachten dat ze steeds zo nadrukkelijk met het supermarktbedrijf in relatie worden gebracht. Bovendien is er bij het grote publiek verwarring over wat Albert Heijn is. Tussen de beursgenoteerde NV en de supermarkt BV zit feitelijk maar een letter verschil.

Gerrit Jan bedenkt de oplossing: Ahold. Een slimme naam want de intialen van AH zitten erin, de holdingstructuur wordt genoemd, hij is goed uit te spreken in het buitenland en de A zorgt voor een notering bovenaan de lijst bedrijven aan de beurs. Op 27 augustus 1973 wordt Ahold geboren.

Het jaar ervoor is het concern vanwege zijn omvang al een structuurvennootschap geworden. In de uit 1971 stammende wet op structuurvennootschappen is na lang bakkeleien een bijzondere regeling bedacht voor de samenstelling van het machtigste bestuursorgaan: de Raad van Commissarissen. Na een eindeloze discussie in de Sociaal Economische Raad over de samenstelling van dit machtige instituut is tot een typisch Hollandse oplossing besloten. De RvC stelt zichzelf samen en hanteert daarbij als criterium dat de leden onafhankelijk, onpartijdig en deskundig moeten zijn.

Het is even schrikken voor bedrijven als Ahold. De familie Heijn krijgt als aandeelhouder opeens een stuk minder te zeggen. Benoeming en ontslag van bestuurders en commissarissen en het recht van vaststelling van de jaarrekening zijn nu overgeheveld van de aandeelhoudersvergadering naar de Raad van Commissarissen.

Alle aandeelhouders, ook de kleintjes hebben het zwaar. Halverwege de jaren zeventig is de beurs sowieso uitgestorven. Er is nauwelijks interesse om te beleggen in bedrijven, ondernemen is niet populair. Door de dalende rendementen en de verslechterde balansverhoudingen is het vrijwel onmogelijk om nieuwe aandelen uit te geven. Sommige banken overwegen zelfs om hun effectenafdelingen maar helemaal dicht te gooien. De koers van Ahold onttrekt zich niet aan deze malaise en daalt snel.

Bij Albert Heijn groeit de omzet, maar daalt de winst. Ab Heijn weet dat hij moet ingrijpen. Weer wordt McKinsey erbij gehaald. Nu om te doen waar de adviseurs in de jaren erna berucht om zullen worden: een saneringsoperatie voorstellen. Ze laten hun Overhead Waarde Analyse op het bedrijf los om de productiviteit te vergroten. In moeilijke tijden is de kortste weg naar meer productiviteit en meer winst natuurlijk heel simpel: mensen ontslaan. Op het hoofdkantoor verdwijnen in korte tijd 100 van de 1000 arbeidsplaatsen.

Het bedrijf kraakt in zijn voegen. In vier jaar tijd is de omzet van 1 naar 2,5 miljard gestegen maar is de winst bijna gehalveerd naar een schamele 10 miljoen gulden. Zelfs het marktaandeel staat onder druk en daalt met 0,5 procent naar 12,1 procent.

In *Het Parool* van 5 februari 1975 wordt duidelijk dat de inmiddels 48-jarige president zucht onder de zwaarte van zijn verantwoordelijkheid. 'Op elke gulden omzet maken we nog een dikke halve cent winst. Ik heb in mijn nieuwjaarsrede ook eerlijk tegen onze mensen gezegd, dat als die ontwikkeling nog enkele jaren zo was door gegaan het voortbestaan van de onderneming heel concreet zou zijn bedreigd. Maar we zijn wat gaan doen.

In zo'n situatie moet je als ondernemer gaan wieden. Dat is een heel onaangenaam proces, impopulair werk. Er lopen hier mensen rond die voortijdig grijs zijn geworden. En andere mensen lopen hier niet meer rond.'

Gelukkig keer het tij het jaar erop, voorzichtig. Als de eerste oliecrisis een beetje is verwerkt, neemt de bestedingslust toe. Albert Heijn merkt dit meteen en profiteert. De winst van Ahold neemt met 50 procent toe (van 0,43 cent per gulden omzet naar 0,65 cent) en het zelfvertrouwen groeit mee. Maar waar moet die nieuwe daadkracht naartoe? Het concern zit in Nederland op een snel gestegen marktaandeel van bijna 14 procent en dat lijkt dan het hoogst haalbare. Er is bovendien nauwelijks ruimte voor nieuwe winkels in het overvolle landje.

Het buitenland lonkt. De media krijgen lucht van de grensoverschrijdende ambities. Onder de kop ' Saoedi-Arabie, Turkije, Spanje?' speculeert *de Volkskrant* van 16 april 1976 hierop. Ahold, een afkorting die in de media steevast wordt gevolgd door de tussen haakjes geplaatste belangrijkste dochters Albert Heijn, Simon, Miro, Alberto, Etos, houdt de kaken verder op elkaar en laat alleen maar weten dat er ook in de Verenigde Staten wordt gekeken.

Ondertussen heeft Van Meer de zaken op een rijtje gezet. Hij wil twee stappen zetten met een verschillend risicoprofiel: Spanje en de Verenigde Staten. In het eerste land loopt Ahold weinig economische risico's maar wel politieke en in het tweede land geen politieke maar vooral economische risico's. De Raad van Bestuur is enthousiast. Maar ze spreken wel af dat dergelijke avonturen overzichtelijk moeten blijven. Ook als ze mislopen mag de balans van Ahold er geen schade van ondervinden.

De grauwe sluier van de magere eerste helft van de jaren zeventig wordt afgeschud. Ab Heijn lijkt zijn oude opgewekte toon weer te hebben hervonden. Tijdens een persconferentie in 1976 laat hij weten dat: 'men creatief zal doorploeteren'. Heel voorzichtig laat hij doorschemeren dat de fantasieën van het bedrijf de grens over gaan. Nederland is nu te klein geworden voor Albert Heijn, voor Ahold.

3

DE GRENS OVER

(1975-1984)

*'Als voorzitter van de Raad van Bestuur moet je voor één ding oppassen: dat
mensen je gaan ontzien en je niet langer slecht nieuws of nieuwe plannen komen
vertellen.'*
(Ab Heijn, president van Ahold 1962-1989)

Veel ondernemers houden hun hart vast: de dreigende taal van de socialisten doet het ergste vermoeden. Ondernemers zijn kapitalisten en die zijn
niet erg populair.

Onder het motto 'spreiding van inkomen, kennis en macht' is op 11 mei
1973 het eerste kabinet van Joop den Uyl aangetreden. En dat is niet onop-
gemerkt gebleven, Nederland maakt kennis met een regering die de
samenleving ingrijpend wil hervormen. In het regeerakkoord zijn allerlei
grote ambities geformuleerd. Meer zeggenschap voor werknemers in
bedrijven en overwinsten van bedrijven zouden naar een fonds moeten
voor vakbonden. De Koude Oorlog is op dat moment erg koud, maar Den
Uyl vindt dat Nederland vooral een 'kritisch lid' van de NAVO moet zijn.

De Heijnen zijn er ook niet gerust op. Tijdens een bijeenkomst met het
topmanagement komen de mogelijke gevolgen van een eventuele natio-
nalisatie van het bedrijf zelfs aan de orde. In dergelijk soort ontmoetingen
wordt steeds nadrukkelijker gesteld dat het misschien tijd wordt om de
risico's wat te spreiden en op zoek te gaan naar andere plekken om te
ondernemen. Een overtuiging die wordt gesterkt door de gedachte dat het
bedrijf met een marktaandeel van zo'n 14 procent al aan de grote kant is in
een land waar grote bedrijven duidelijk uit de gratie zijn.

Bij Ahold komen in die jaren verschillende nieuwe jonge managers binnen. In 1972 treedt de Zweed Frits Ahlqvist aan. Hij wordt via een head-

hunter weggehaald bij luierfabrikant Mölnlycke. Hij heeft leren boekhouden in de ijzerwarenwinkel van zijn vader in Göteborg, leerde Spaans omdat hij naar Zuid-Amerika wilde, maar blijft in Zaandam hangen. Hij is eigenlijk de eerste professionele marketingman binnen Ahold.

Een jaar later verhuist de socioloog Peter van Dun van de Steenkolen Handels Vereniging (SHV) naar Albert Heijn om directeur Sociale Zaken te worden. De Brabander studeerde organisatieleer in Utrecht. In 1976 komt de econoom Leon Coren van Intradal voor de post van directeur financiële zaken. In 1977 haalt Ahlqvist zijn voormalige tweede man bij Mölnlycke, Rob Zwartendijk, over om de productiebedrijven bij Ahold te gaan leiden.

Het viertal krijgt uitzicht op een zetel in de Raad van Bestuur. De combinatie van het jonge ambitieuze bloed en de veranderende sfeer in Nederland zorgt ervoor dat avonturen over de grens in Zaandam steeds nadrukkelijker op de agenda komen te staan. In Spanje en in de Verenigde Staten jaagt Hans van Meer, die ondertussen verschillende trainingen heeft gedaan op zijn geliefde Harvard Business School, op interessante projecten.

'We zijn uitgekeken in Nederland, we zien geen mogelijkheden voor de groei die we denken nodig te hebben', aldus Van Meer in *Elseviers Weekblad*. 'Bovendien hebben we een stel hooggespecialiseerde mensen in dienst die we de kans willen geven door te denken. Je kan die mensen niet op een zacht pitje zetten.'

Van Meer laat zijn oog vallen op een kleine succesvolle supermarktketen in Valencia. De Raad van Bestuur is enthousiast, het lijkt op het voorzichtige begin waar ze voor hebben gepleit. Vol enthousiasme en bravoure legt Van Meer zijn plannen uit. Hij kan het, net als Ab Heijn, uitstekend vinden met president-commissaris Jan de Vries. Die is recht door zee. Van Meer houdt van die duidelijkheid. Maar zijn presentatie aan de Raad van Commissarissen loopt toch fout. Spanje is dan nog ver weg en er worden vragen gesteld over de wijze van betaling. Van Meer legt uit dat een deel van het geld onder tafel zal moeten worden betaald. Het is het einde van dit project. De Raad van Commissarissen vindt dat Ahold zich dit niet kan permitteren.

Een teleurgestelde Van Meer kiest een alternatieve route en stelt voor dat Ahold dan maar voor zichzelf iets moet beginnen in Spanje. Na lange discussies wordt begin augustus 1976 de knoop doorgehakt. Ondanks de persoonlijke afkeer van Ab Heijn ('een matador bij een stierengevecht is voor mij een onbegrijpelijk specimen van de menselijke soort; hetzelfde geldt voor tangoënde dames en heren') besluit het concern in Spanje een eigen keten winkels te gaan bouwen. Er wordt zes miljoen gulden gestoken in nieuwe winkels met de naam: Cada Dia: Iedere Dag.

In Spanje herkent Ahold het Nederland van 15 jaar geleden: het land staat na vele jaren onder de dictator Franco aan de vooravond van een expansieperiode. Maar makkelijk is het niet. De democratisering van het land na de val van Franco zorgt voor bureaucratisering en trage besluitvorming. De benodigde vergunningen voor nieuwe winkels komen maar niet door, de expansie verloopt stroef. Door het ontbreken van schaal, blijft Cada Dia in de rode cijfers hangen.

Ahold wordt op lokaal niveau vooral als een lastige indringer beschouwd. Gemeentebesturen vinden dat het bedrijf de mogelijkheden van de lokale middenstand bedreigt. In het jaarverslag over 1978 vat Ab Heijn het moeizame gevecht samen: 'Het jaar werd gekenmerkt door pogingen om de ambtelijke molens wat sneller te laten werken. Maar de gemeenteraadsverkiezingen worden steeds maar uitgesteld en dus nemen de Spaanse autoriteiten een afwachtende houding aan. In plaats van 12 kan maar 1 vestiging worden geopend.'

Twee dagen na de start in Spanje wordt een onderzoek begonnen naar overnames in de Verenigde Staten. Dat is tenminste een land waar ze niet zo'n last zullen hebben van regelzucht. Bovendien wordt de dollar goedkoper en zijn Amerikaanse supermarktbedrijven een stuk winstgevender, vooral omdat de loonkosten relatief laag zijn. Het aantrekken van kapitaal is eenvoudiger en de structuur van de kapitaalsmarkt is doorzichtig.

McKinsey-consultant Max Geldens voegt hier in een ontmoeting met Ab Heijn nog een argument aan toe: als je je eigen Amerikaanse keten hebt, hoef je geen mensen meer naar je Amerikaanse supermarktvriendjes te sturen om ze op te leiden. Dan heb je je eigen opleidingsinstituut.

Met hulp van het bureau R.A. Weaver & Associates maakt Van Meer een analyse van de markt. Ze stellen vast dat met name de *Sun belt* ten zuiden van de lijn California en Virginia groeipotentie heeft. Hier komen steeds meer migranten uit het Noorden waardoor de levensstandaard toeneemt. Weaver selecteert 18 bedrijven en Van Meer maakt een ronde. De interesse is groot. Veel supermarktbedrijven worden bedreigd door overname door een levensmiddelenfabrikant. Die zijn niet erg geliefd, omdat ze het zittende management vaak meteen op straat zetten. Het aanbod van Ahold, waarbij het management juist moet blijven zitten en gewaardeerd wordt, klinkt ze als muziek in de oren.

De keuze valt uiteindelijk op BI-LO. Van Meer komt bij de weduwe van oprichter Frank Outlaw terecht. Die heeft na zijn terugkeer uit de Tweede Wereldoorlog in Zuid- en later ook Noord-Carolina een supermarktketen opgezet die nu 93 winkels telt en met 6000 werknemers 370 miljoen dollar omzet. Toch 20 procent van de omzet van Albert Heijn.

De weduwe zit met de successierechten in haar maag en biedt haar belang in de zaak te koop aan. Het Amerikaanse advocatenkantoor White & Case krijgt de opdracht een contract op te stellen. Dat is een nieuwe ervaring. De advocaten werken dag en nacht om een vuistdik en volgens Van Meer 'uitbundig moeilijk' contract op te stellen. Ahold wordt voor het eerst geconfronteerd met een belangrijke Amerikaanse spelregel: wat niet op papier is vastgelegd, is niet afgesproken.

Op 21 mei 1977 wordt bekend dat AH in Amerika BI-LO gaat overnemen. Ahold betaalt 150 miljoen gulden, ruim zeven keer de winst. Aan *de Volkskrant* legt Van Meer de voordelen uit: De Amerikaanse winkels zijn niet gewend de producten direct bij de bron te halen zoals wij dat doen. Wij zijn veel meer koopman en beschikken over betere inkoopkanalen. De feiten vertellen de rest: BI-LO is per omgezette gulden twee keer zo winstgevend. Hetzelfde geldt voor de gemiddelde omvang van de Amerikaanse winkels: 1800 vierkante meter.

Om alle Amerikaanse lessen goed op te kunnen zuigen en alvast uit te kijken naar nieuwe overnamekandidaten zit Van Meer vanaf dat moment twee weken per maand in de VS, een week in Spanje en een week in Zaandam. Hij zit in de board van BI-LO en introduceert daar ook een aantal zaken die in Nederland goed hebben gewerkt. Zo gaat BI-LO opeens reclame maken. Hij zorgt ervoor dat er flink geïnvesteerd wordt in de winkels en koopt 75 gloednieuwe trucks om de distributie te verbeteren.

De Hollander kweekt veel goodwill en vertrouwen. Dat is nodig want hij krijgt te maken met een uiterst kerkelijke BI-LO-president Harold Kelly; *a man of very strong principle*, die zaken als de verkoop van alcohol en de opening op zondag niet wil toestaan. Maar de supermarktmanagers steunen Van Meer die ervan overtuigd is dat deze zaken snel moeten worden gerealiseerd voordat de oprukkende concurrentie BI-LO heeft ingehaald. Kelly verloochent zijn geloof niet, maar wil het bedrijf verder niet in de weg zitten en maakt plaats.

In Nederland wordt het Amerikaanse avontuur met wantrouwen gevolgd. Tijdens de aandeelhoudersvergadering in oktober 1977 legt Ab Heijn uit dat het concern op zoek gaat naar een manier om de Nederlandse en de buitenlandse activiteiten zo onafhankelijk mogelijk van elkaar te maken: het consumentengedrag in verschillende landen loopt zo sterk uiteen, dat het onmogelijk is een detailhandelsbedrijf vanuit een ander land te leiden. De nationale directies moeten de grootst mogelijke zelfstandigheid en slagvaardigheid hebben.

Geïnspireerd door Philips presenteert hij een Stichting Ahold International op de Antillen. Hierin worden alle buitenlandse belangen van Ahold ondergebracht. Zo komen de buitenlandse dochters op afstand van de holding te staan, met als belangrijkste voordeel dat onderling geen winsten en verliezen kunnen worden overgeheveld. De winst die op de Antillen wordt gemaakt mag als winst uit buitenlandse onderneming belastingvrij worden ingevoerd. Dat geldt trouwens ook voor de winst uit de VS. Bovendien wil Ahold zo voorkomen dat de via ondernemingsraden oprukkende democratisering van het Nederlandse bedrijf overslaat naar de overzeese activiteiten.

De kranten staan vol met verontwaardigde commentaren over het vluchtende grootkapitaal. De bonden zijn boos. Ahold winkelt in de VS met geld dat hier is verdiend, vinden ze. Ze vinden dat de Nederlandse werknemer het morele recht heeft om te eisen dat dit geld ook weer in Nederland wordt geïnvesteerd. De bonden zijn bang dat de grotere winstgevendheid in de VS in de toekomst voor een nog grotere overheveling van geld naar de VS zal zorgen. De omzet is in Nederland verviervoudigd in tien jaar tijd, terwijl het personeelsbestand slechts verdubbeld is. Waarom gaat Ahold niet meer geld investeren in buurtwinkels bijvoorbeeld?! Bovendien praten de bonden sinds kort niet meer met de top van het concern, maar slechts met de directie van Albert Heijn. En ook dat vinden ze niet leuk.

Ahold laat het allemaal over zich heenkomen en stoomt rustig verder. Trots meldt Ab Heijn: 'in 1969 waren we voor het eerst omzetmiljardair. Vier jaar later was de verdubbeling een feit en zaten we op 2 miljard. Weer vier jaar later zijn we opnieuw verdubbeld naar 4 miljard.'

Onder dit enthousiasme schuilt zorg, over de toekomst houdt hij zich dan ook op de vlakte. Het is duidelijk dat er weer een periode van matiging aanbreekt. Maar nu met mondige klanten. Mondig en kritisch. Met als spreekbuis de snel groeiende belangenorganisaties als Konsumenten Kontakt en de Consumentenbond. In koor stellen zij grimmiger vast dat Albert Heijn veel te duur is. Dat steekt Ab Heijn.

1 kilo suiker, een half pond koffie, 80 gram aan theezakjes, drie stukken zeep, een tube gangbare tandpasta, een blik zeer fijne doperwten, een groot pak lucifers, een pakje tomatensoep, een pakje bouillonblokjes, een pot aardbeienjam, een komkommer, een trosje bananen, een blik appelmoes en een pond zout. Met de opdracht deze spullen 'in gelijksoortige supermarkten' te kopen zet Albert Heijn op 16 augustus 1977 negen huisvrouwen op evenveel KLM-vluchten naar Europese hoofdsteden. De 'willekeurig uit winkels geplukte dames' hebben nog nooit gevlogen, ze weten niet wat hen overkomt. Wel weten ze dat ze aan het einde van de dag weer op Schiphol zullen zijn om het verzamelde journaille op de hoogte te brengen van de resultaten van hun spannende ontdekkingsreis.

Met rode koontjes op de wangen doen ze die avond verslag. De zak boodschappen blijkt in Oslo het adembenemende bedrag van 61,41 gulden te kosten, in Parijs 29,04 gulden, in Madrid 26,62 gulden en in Amsterdam, bij Albert Heijn, jawel: slechts 22,66 gulden.

De gezamenlijke publiciteitsstunt waarmee de KLM duidelijk wil maken dat vliegen ook iets voor gewone mensen kan zijn, is belangrijk voor Albert Heijn. Maar de boodschap komt niet over, wordt zelfs met grote scepsis ontvangen. Journalisten wijzen erop dat het eigenlijk maar een raar lijstje is: welke Engelsman eet nou fijne doperwten en kopen Franse huisvrouwen echt zoveel thee?! Bovendien: om te bepalen of iets nou duur is of niet, is de hoogte van de lokale lonen toch belangrijk?! Ze leggen het lijstje op basis van lonen nog eens naast elkaar en stellen vast dat Zürich ondanks de 24,57 gulden de goedkoopste is.

Deze ludieke actie is een reactie op een felle aanval van Konsumenten Kontakt op Albert Heijn eerder diezelfde maand. Het concern had begin 1977 beloofd de prijzen substantieel en blijvend te verlagen, maar uit onderzoek van de belangenvereniging blijkt dat dit maar gedeeltelijk is gelukt. Sterker nog, de bewaker van consumentenbelangen beticht het concern van prijsopdrijving. Een doodzonde in deze tijd van crises. De kranten staan er vol mee. En dat doet pijn.

Geflankeerd door een volgens de journalist 'van ingehouden woede sidderende directeur marketing Frits Ahlqvist' zegt Ab Heijn tegen zijn lijfblad *Elsevier*: 'Ik zit me nu af te vragen of we niet duidelijker hadden kunnen maken wat we met "blijvend" bedoelen. Hoe blijvend is blijvend. Als de prijzen voor grondstoffen op de wereldmarkt stijgen, dan moet je mee. Anders staan we straks op een ander lijstje in de krant: dat van de faillissementen. En trouwens, al die jongens die zo hard roepen om ontwikkelingshulp moesten eerder blij zijn... in plaats van te klagen dat de koffieprijzen zo de lucht in schieten.'

Hier steekt meer achter. De gemoederen zijn duidelijk verhit op het hoofdkantoor in Zaandam. Eerder dat jaar heeft een Canadese hoogleraar marketing in samenwerking met de interfaculteit Bedrijfskunde in Den Haag onderzoek gedaan naar de marktpositie van een aantal supermarktketens in Nederland. Onder de titel: 'The coming crisis for Albert Heijn in the Netherlands', waarschuwen de wetenschappers voor de opmars van de discounters. Ze voorspellen dat het te dure AH mogelijk gedwongen zal worden een derde van zijn supermarkten dicht te doen. Ahold schrikt zich kapot en zorgt ervoor dat het rapport binnenskamers blijft. Naar buiten toe wordt gemeld dat het concern grote kritiek heeft op de onderzoeksmethode van een telefonische enquête onder 1050 mensen. Dit in de VS beproefde aantal zou voor de Nederlandse situatie niet nauwkeurig genoeg zijn. Ruimhartig biedt Albert Heijn de Interfaculteit geld voor een nieuw onderzoek aan.

Het zit de kruidenier duidelijk niet lekker. De in totaal 569 winkels hebben iedere dag een miljoen klanten en zetten over 1977 4,1 miljard om (de supermarkten van Albert Heijn zijn dan goed voor 2,5 miljard gulden), maar de grote groei is eruit. In 1959 besteedde een gezin nog 40 cent van iedere gulden aan voeding. In 1969 is dat gedaald naar 32 cent, in 1977 is het nog maar 26 cent. Als het besteedbaar inkomen met 1 procent stijgt, gaat nog maar een half procent naar meer levensmiddelen. Verschillende tekenen wijzen er bovendien op dat het marktaandeel van bijna 14 procent stagneert.

Tot dusver kon Albert Heijn groeien door modern te zijn, progressief. Door het welvarende Nederland te verrassen met nieuwe producten en mooie moderne winkels. De man die zelf het liefst 'capucijners met alles er op en eraan' eet, stelt trots in een interview in *Vrij Nederland* dat Nederland door zijn bedrijf is gegroeid 'van een rodekoolmetgehakt volk naar... nou ja... alleseters... artisjokken, kiwi's, verse ananas.'

Maar na de oliecrises en de autoloze zondagen gaan steeds meer mensen op hun portemonnee letten. In de tweede helft van de jaren zeventig wordt dat grote publiek onder aanvoering van allerlei Consumentenclubs assertiever. De prioriteiten veranderen. De vooruitstrevende Albert Heijn wordt steeds minder begrepen. Als het bedrijf op 10 januari 1977 het eerste geautomatiseerde afrekensysteem introduceert, waarschuwen de bonden voor banenverlies. Albert Heijn roept dat dit onzin is, de kassa's zullen bemand blijven. Maar de FNV zorgt voor grote onrust met de wetenschap dat er in de VS al kassa's zijn zonder cassières. Van een concurrent krijgt Albert Heijn zelfs het verwijt grotere winkelkarretjes te hebben geïntroduceerd zodat ze minder vol lijken.

Uit allerlei onderzoeken blijkt steeds weer dat AH altijd duurder is. De klanten laten het bedrijf vaker links liggen. Dat is onvermijdelijk, want de economie verslechtert snel vanaf 1978. De tweede oliecrisis in 1979 hakt er diep in en zorgt voor een snelle stijging van de werkloosheid naar 14 procent. Na de jaren van potverteren onder de PvdA'er Joop den Uyl grijpt de nieuwe regering onder leiding van Dries van Agt hard in: hij kondigt een bezuiniging van 4 miljard gulden in de sociale zekerheid aan.

De bonden zijn woedend. Wim Kok, voorzitter van de FNV, organiseert een grote demonstratie. Journalisten wijzen er dan al op dat Ab Heijn en Wim Kok beiden (met een paar jaar ertussen) op het elitaire Nyenrode hebben gezeten. De eerste kan het niet laten om de dan tamelijk militante voorzitter van de grootste bond een beetje pesterig de schouder te kloppen: 'Ik ben blij dat we een gezamenlijk referentiekader hebben. Ik zou me ook kunnen voorstellen dat hij een goed directeur van Philips zou kunnen zijn.'

Maar in die jaren heeft de vakbondsman nog een andere agenda. Op vier maart 1980 gaan honderdduizenden de straat op om te protesteren tegen een loonmaatregel. De dag erna besluit het kabinet-Van Agt om voor het hele jaar de loonsverhoging te maximeren tot 0,5 procent. Het land is in rep en roer. Er wordt op grote schaal gestaakt. Vooral in het openbaar vervoer. De overwegend linkse media doen mee. Een aantal kranten komt zelfs een paar dagen niet uit en het ANP brengt tijdelijk alleen actienieuws op het net. Op 20 maart is de apotheose met een landelijke 24-uursstaking, 150.000 mensen doen er aan mee.

Het laat Ab Heijn allemaal niet onberoerd. De van nature snel driftige Ahold-president maakt zich in die tijd druk. Heel erg druk. Hij vindt dit weinig verheffende momenten. In een openhartig interview zegt hij daarover: 'Ik heb gewoon aarzeling om iemand onaangename dingen te zeggen. Dat is zo onaardig. Dat betekent in de praktijk dat je opzout, totdat iemand op een gegeven moment de hele lading krijgt.'

Veel medewerkers krijgen van tijd tot tijd met een woedende baas te maken. Als Ab Heijn in die jaren pleit voor een grote cao voor het Albert Heijn-bedrijf en directeur Sociale Zaken Peter van Dun hem duidelijk probeert te maken dat dit niet verstandig is, explodeert de baas. Van Dun legt hem, en de rest van de Raad van Bestuur uit, dat het juist verstandig is om met de marxistische Voedingsbond steeds een aparte cao voor het personeel in de productiebedrijven af te sluiten. De bond waar het bedrijf mee te maken heeft voor het winkelpersoneel, de Dienstenbond, is in die tijd veel gematigder en zou als de boel op een hoop wordt gegooid overvleugeld worden door de agressieve onderhandelaars van de Voedingsbond. Per saldo voorspelt Van Dun dan een enorme explosie van de loonkosten.

Maar Ab Heijn eist van Van Dun dat hij ook voor één Ahold-cao gaat. Als die weigert wordt de directeur personeelszaken ter plekke ontslagen. Van Meer en Vethaak hollen achter Van Dun aan om hem in zijn kantoor ervan te overtuigen dat hij zijn ontslag niet moet accepteren. Ze wijzen op het driftige karakter van de president en voorspellen dat hij er niet meer op terug zal komen. Ze waarschuwen ook: een Heijn zal nooit zijn excuus aanbieden, maar ze hebben wel berouw. Van Dun blijft zitten en Ab Heijn komt er inderdaad nooit meer op terug.

Heijn windt zich over van alles op. Als hij ergens op bezoek komt en de ontvangende partij is vergeten een paar aparte traptreetjes te installeren dan kan hij woedend naar ze uitvallen: je weet toch dat ik polio heb gehad. Een gebrek aan service achter balies en telefoongesprekken waar tegenwoordig niet meer goedemorgen wordt gezegd: alles maakt hem kwaad.

Natuurlijk krijgt de in die tijd overal aanwezige overheid er flink van langs. In talloze interviews hekelt hij de aanhoudende regelzucht. Hij gaat regelmatig in op allerlei concrete zaken. Zoals het Haagse voornemen om het BTW-tarief met een half procent te verhogen. Hij is boos over plannen om een winkeldiefstal tot 50 gulden voortaan niet meer te vervolgen en wijst erop dat in zijn bedrijf ieder jaar voor ongeveer 0,9 procent van de omzet wordt gestolen, dat komt dus overeen met de totale winst. Hij is boos over een nieuwe winkelsluitingswet in 1978 waardoor de winkels op zaterdag om 17.00 uur dicht moeten. Maar ook het autootje pesten zit hem dwars. Hij laat uitrekenen wat de files zijn 300 trucks met opleggers kosten en komt uit op 350.000 tot 400.000 gulden per jaar. En zorgt ervoor dat dit de krant haalt.

Albert Heijn maakt zich te druk en wordt ziek. In een interview met *Elseviers Weekblad* 6 juli 1980, vertelt de dan 53-jarige Ahold-president dat hij in het begin van het jaar halsoverkop naar het ziekenhuis in Haarlem moest. Hij blijkt een kleine beroerte te hebben gehad. 'Daar hebben ze mij gezegd, dat ik het wat rustiger aan moest doen. Die doktoren zeiden; zoals jij je druk kan maken... Ik ben er erg van geschrokken. Nu kan ik me minder boos maken.'

Heijn herkent de situatie als de bekende gele kaart en gaat aan de slag met zijn gezondheid. Met een dieet van dr. Tarnower valt hij in korte tijd 23 kilo af. Hij stopt subiet met het roken van 60 sigaretten per dag.

De president weet nu hoe hij zelf gezond kan blijven, maar zijn bedrijf heeft de goede weg naar boven nog niet gevonden. De 'prijsopdrijver' verliest voor het eerst in zijn bijna honderdjarige geschiedenis marktaandeel. De slag met de discounters zoals Edah (onderdeel van Vroom & Dreesmann), Dirk van den Broek en Vomar is moordend. Tussen 1977 en 1980 zakt het marktaandeel van 13,7 naar 12,9 procent.

De oorzaak is glashelder. De populaire Consumentenbond maakt met grote regelmaat prijsvergelijkingen tussen de verschillende supermarkten. In augustus van 1980 staat volgens de Consumentenbond Dirk van den Broek op 100 en scoort AH een 117, de klant is dus 17 procent duurder uit. Een vernietigend oordeel. Zou die Canadese professor dan toch gelijk krijgen?!

Onder de Raad van Bestuur zit de tot president-directeur van Albert Heijn benoemde Frits Ahlqvist zich al enige tijd te verbijten. Hij wil tempo maken. De Zweedse marketeer zit nu zes jaar bij het bedrijf en wil het ingrijpend moderniseren, vooral wat betreft de marketing. Hij is de man van de harde doelstellingen, van duidelijke *targets*. Maar daarvoor is het vooral belangrijk dat helder wordt wat dingen kosten en wat ze opleveren. Bij Albert Heijn zorgt hij ervoor dat de verantwoordelijkheid voor inkoop en verkoop wordt gesplitst.

Het is een revolutie. Krijn Dorsman wordt verantwoordelijk voor de verkoop. Onder leiding van deze 'commercieel directeur' gaat een vijftal jonge honden in 1978 in informele sfeer aan de slag om een antwoord te formuleren op de oprukkende discounters. Dag en nacht zijn ze bezig. Al snel wordt duidelijk dat Albert Heijn veel geld verliest op de verse waren en dat de prijzen van de kruidenierswaren veel te hoog liggen.

De jonge marketeers stellen vast dat het hoog tijd is voor een groot offensief. De aanval van de discounters kan alleen worden afgeslagen als de prijzen fors omlaag gaan. Maar dat is niet zonder risico. Financieel directeur Hille Bosma rekent uit dat de noodzakelijke prijsverlaging bij een gelijkblijvend marktaandeel ruim een derde (30 mln gulden) van het bedrijfsresultaat kan kosten. Dat kan. Want hij verwacht ook dat door die prijsverlaging de omzet zo snel zal groeien dat er onder de streep niet zoveel hoeft te veranderen. Sterker nog dat het bedrijf in de jaren erna wel eens winstgevender zou kunnen worden.

Ze hebben haast. Maar die 30 miljoen die onder de streep zou kunnen verdwijnen zit Frits Ahlqvist dwars. Hij heeft niet zo'n heel goede relatie met de familie Heijn. Ab Heijn vindt dat Ahlqvist zijn geliefde Albert Heijn teveel van hem weg houdt, dat hij teveel op eigen houtje doet. Ahlqvist is introvert en spreekt geen perfect Nederlands. Hij ziet er tegenop de Heijnen met zo'n ingrijpende maatregel te confronteren. Hij vreest dat het hem zijn kop kan kosten. Geen lekker idee, vooral niet omdat hij net een duur huis heeft gekocht in Aerdenhout.

De beste manier voor een topmanager om goedkeuring voor een plan te krijgen van de Heijnen, betekent voor alles: twee afspraken maken. Eerst één met de wat toegankelijker Ab en dan een paar dagen later één met Gerrit Jan. Het ideale moment voor een goede presentatie van het verzoek of plan aan Ab ligt tegen het einde van de middag. In een relatief gemoedelijke sfeer schenkt hij er dan graag een of twee glaasjes *single malt* whisky bij. Maar er wordt geen besluit genomen. Als de betreffende manager dan een paar dagen later de smaakvol ingerichte kamer van Gerrit Jan binnenkomt, hebben de broers het al met elkaar besproken. En wordt meteen duidelijk hoe de vlag ervoor hangt.

Maar Ahlqvist pakt hier niet door, tot grote onvrede van de jonge honden. Hans van Meer waarschuwt de directeur van Albert Heijn: je zult je prijzen moeten verlagen. Ahlqvist twijfelt: dan zet ik de winst van Albert Heijn op het spel. Waarop Van Meer weer antwoord: dat zou ik toch maar doen.

Via Van Meer krijgen de Heijnen lucht van de plannen en nodigen ze Ahlqvist en Bosma uit hun verhaal te presenteren. Tot hun grote verrassing blijkt het een hamerstuk. Ondanks de enorme behoefte om verder te investeren in de dan kwakkelende Amerikaanse en Spaanse avonturen realiseert ook de Raad van Bestuur zich dat als het bedrijf geen marktaandeel wil verliezen, er maar één ding op zit: mee ademen met de portemonnee van zijn klanten. Kortom: de club jonge honden krijgt het groene licht voor een ingrijpende prijsverlaging.

Alles staat vanaf dat moment in het teken van omzet. Hoge omzet, lage winstmarges; dat moet, opnieuw, de kern van het succes worden. De vijf jonge marketeers weten dit omdat ze allemaal in de winkels hebben gestaan. Ze weten dat het winkelpersoneel alleen maar naar de omzet kijkt, dat is wat ze stimuleert. Iedere dag, ieder uur, kunnen ze zien wat ze hebben omgezet. Dan zien ze of het meer of minder is dan gisteren of vorige week. Als de omzet groeit is de sfeer goed in een winkel. Een groeiende omzet zorgt voor een *winning mood*. Ab Heijn verwoordt het zo: elke dag wordt in deze branche een soort verkiezing gehouden. De uitslag staat 's avonds op het kasregister.

Ze gaan onmiddellijk aan de slag. Grote prijsverlagingen zullen tot een grotere vraag leiden. Ze onderzoeken wat ze aankunnen. Op basis van bijvoorbeeld de maximale hoeveelheid gehakt die in de vier centrale slagerijen kan worden gemaakt, wordt bepaald wanneer in welke regio reclame voor een aanbieding gehakt kan worden gemaakt. Want nee-verkopen, dat kan niet.

Er komt nog een andere kreet bij: een eiland van verlies in een zee van winst. Het flink gegroeide assortiment biedt mogelijkheden om én meer omzet te maken én, op bepaalde producten, meer winst. Albert Heijn biedt sommige zaken spotgoedkoop aan en zorgt ervoor dat daaromheen volop lekkere producten liggen met een flinke marge. Die zijn er inmiddels volop: gourmet, allerlei lekkere kazen, noten, wijnen, verschillende soorten ham. Als geen ander beschikt de supermarkt over lekkere dingen. Allemaal 'verborgen verleiders' die er voor moeten zorgen dat de omzet fors stijgt.

De ingrijpende koerswijziging waarbij op 1 januari 1981 de prijzen rigoureus en 'blijvend' omlaag gaan, is goed voorbereid. Voor wat betreft de gewone boodschappen, de artikelen zonder toegevoegde waarde, wil Albert Heijn op dezelfde prijs gaan zitten als de discounters. Als gevolg van het veel ruimere assortiment van AH zal het bedrijf dan nog altijd zo'n 5 procent duurder zijn, maar de experts geloven dat de loyale klant daar wel over heen zal stappen.

In *de Volkskrant* van 3 januari 1981 blijft Ab Heijn koel als dat dreigende margeverlies van 30 miljoen aan de orde komt: 'We moeten rekenen op minder marge, maar hopen dat te compenseren met een grotere omzet. Voor de continuiteit van de onderneming is deze krachtige actie nodig.'

Aan het externe reclamebureau FHV wordt eind 1980 gevraagd te bedenken hoe de nieuwe boodschap het beste kan worden uitgedragen. FHV-topman Giep Franzen legt snel en effectief een link tussen wat er in de samenleving leeft en hoe 's lands grootste kruidenier daar op kan inspelen.

Albert Heijn deelt een mokerslag uit. Op 31 december 1980 staat in alle grote kranten een paginagrote advertentie met als kop: 'Hoe wordt 1981? Wat ons betreft goedkoper.' Met daaronder de vette tekst: 'We moeten met z'n allen wat meer op de kleintjes gaan letten. De broekriem moet aangehaald. Matigen, is gezegd. Oké, daar gaan we dan.' Om vervolgens een zorgvuldig door de directie opgestelde waslijst met blijvend lage prijzen te presenteren. En: 'Als u het ergens anders goedkoper kunt krijgen zegt u het ons dan.'

Het wordt een 'bloedig' voorjaar. De Edah gaat onmiddellijk in de tegenaanval en maakt advertenties met twee kassabonnen met dezelfde producten waaruit blijkt dat AH nog steeds niet de goedkoopste is. Albert Heijn reageert weer onderkoeld: ach ergens kan je altijd stunten met een paar producten. Het bedrijf krijgt hulp van de Consumentenbond. In april stelt deze vast dat Albert Heijn ten opzichte van de goedkoopste supermarkt nog maar 1 procent duurder is.

Opnieuw is het de Edah die heftig reageert. Zo heftig dat de vakbonden er bij beide partijen op aandringen toch te stoppen met de prijzenslag. Ze constateren dat sommige producten onder de kostprijs worden aangeboden en bedenken zich dat de afnemende winsten ingrijpende bezuinigingen tot gevolg zouden kunnen hebben. Ze vrezen een verlies aan banen. Ze krijgen een klein beetje gelijk. Om tot kostenbesparingen te komen, besluit AH dat de filialen voortaan automatisch moeten bestellen. Op het hoofdkantoor verdwijnen 50 banen. Over 1980 daalt het personeelsbestand van Albert Heijn in Nederland voor het eerst in de geschiedenis met 200 tot 30.456, zonder gedwongen ontslagen overigens.

De jonge honden krijgen gelijk. Nog geen drie maanden in het nieuwe jaar blijkt de omzet met 5 procent te zijn gestegen. Wat later blijkt de omzet per week te zijn gestegen van 55 miljoen naar 60 miljoen. Een jaar later blijkt uit uitgebreid prijzenonderzoek dat AH woord heeft gehouden: de prijzen zijn dit keer niet gestegen. Over heel 1981 stijgt de omzet van Albert Heijn van 2,9 naar 3,4 miljard gulden, waardoor de weggegeven marge van 30 miljoen ruimschoots is terugverdiend. Mede ook door de gestegen verkopen van het enorme assortiment van luxere artikelen. De filosofie van 'een eiland van verlies in een zee van winst', blijkt te werken.

En het marktaandeel groeit van 12,9 naar 14,3 procent. Leek het grote publiek de laatste drie jaar te twijfelen aan zijn liefde voor Albert Heijn, door helemaal in de huid van zijn klanten te kruipen en vooral goed in hun portemonnee te kijken is de crisis bezworen.

In de prijzenoorlog valt overigens wel één slachtoffer: Simon (de Wit). De in 1972 overgenomen concurrent werd al die tijd apart van Albert Heijn gerund. De laatste jaren was vooral gepoogd om Simon een antwoord te laten formuleren op het verwijt dat Albert Heijn steeds kreeg: dat het de kleine buurtwinkels om zeep had geholpen. De 158 winkels van Simon moesten zich als buurtwinkels profileren. Maar de prijzen kwamen te hoog te liggen. De recessie en prijzenslag deden de rest. Simon wordt opgeheven. De bonden constateren dat de enorme door moeder Albert Heijn gestarte prijzenslag een schot in de rug van de Simon-winkels is geweest. Op 18 november 1981 maakt Albert Heijn bekend dat 71 winkels zullen worden omgebouwd naar AH's, dat er 23 gesloten zullen worden en de rest verkocht. De bonden wordt beloofd dat er geen baan verloren zal gaan. Met het integreren van de Simon-winkels groeit het marktaandeel van AH snel: naar 16,1 procent in 1982 en 18,7 procent het jaar erop.

Ondertussen wordt in hoog tempo afscheid genomen van de productiebedrijven. In 1981 heeft Ahold nog steeds zo'n 1500 mensen aan het werk in vijf fabrieken. Die productiebedrijven waren nodig in een tijd dat de leveranciers veel machtiger waren dan de kruideniers. Door zelf te produceren konden ze een antwoord geven op de macht van de leveranciers, en met prijzen stunten bijvoorbeeld. Maar dat is nu niet meer nodig, vooral omdat de verticale prijsbinding eind jaren zeventig is afgeschaft.

Rob Zwartendijk krijgt de opdracht de productie af te bouwen. In de loop van 1981 wordt Albro Tilburg (koek en diepvriesgebak) aan Jamin verkocht, gaat de chocoladeproductie van Marvelo naar Verkade en wordt Sterovita overgedragen aan de Melkunie. Alleen de vleeswarenfabriek Meester Wijhe en de broodfabriek Albro in Zwanenburg blijven over.

De boodschap die Ab Heijn sinds zijn ruzies met oom Gerrit uitdraagt, legt hij nu nog een keer uit in het jaarverslag over 1981: alleen als onze pro-

ducten zich onderscheiden door kwaliteit of kostprijs dan wel eigen fabri-
cagemogelijkheden of/en van strategisch belang zijn, mogen ze blijven.
Anders: weg ermee. Verderop in hetzelfde jaarverslag laat de Raad van
Commissarissen weten dat de heer G. Heijn (oom Gerrit) zich genoodzaakt
heeft gezien zijn adviseurschap van de Raad van Commissarissen te beëin-
digen. We zijn hem dankbaar dat we nog zo lang van zijn ervaring en kwaliteiten gebruik hebben kunnen maken.

Ab en Gerrit Jan leiden het bedrijf nu al weer bijna 20 jaar en denken steeds
vaker na over de periode waarin het bedrijf niet meer door een Heijn zal
worden geleid. Ze praten daar openlijk over. Zo vanzelfsprekend als ze het
vonden om als zoons van een Heijn in de top te belanden, zo vanzelfsprekend vinden ze het nu om op zoek te gaan naar de beste manager. En die
hoeft niet Heijn te heten.

Ze zitten zelf dan nog diep in het bedrijf, beschikken zelfs nog over
oprichtersbewijzen die hun recht geeft op een deel van de overwinst.
Bovendien kunnen ze bindende voordrachten doen voor de hele Raad van
Bestuur en een commissaris. Ze willen hier wel vanaf. Ab Heijn schrijft
hier later over: vooral die overwinst vonden we te gortig; het leek wel alsof
wij nog steeds de eigenaren waren. In 1979 komen de twee broers in
samenspraak met de commissarissen een afloopregeling voor die overwinst overeen. Ze krijgen nieuwe oprichtersbewijzen die slechts een uit-
kering beloven bij volledige liquidatie van de vennootschap. Het recht op
voordracht leveren ze in. Een groots gebaar in de richting van het nieuwe
jonge management.

Hiermee worden belangrijke stappen gezet om het concern verder los te
maken van de invloed van de familie en plaats te maken voor management van buitenaf. Want met het helemaal wegvallen van de tweede generatie en het op leeftijd komen van de derde staat het concern voor een
nieuwe grote uitdaging: de continuïteit van het management.

Vooral ook op aandringen van Hans van Meer wordt de Raad van Bestuur
in 1981 en 1982 flink uitgebreid. Ab Heijn stelt in het jaarverslag vast dat
het aantal zaken dat de aandacht vraagt van de topleiding is toegenomen
en dat daarom is besloten de Raad van Bestuur uit te breiden tot een team
van zeven leden. Deze uitbreiding betekent de intrede van een nieuwe
generatie – de vierde – in ruim 90 jaar waarin het oorspronkelijke familiebedrijf uitgroeide.

Psychologisch is dit een belangrijk moment. Tot dan toe hadden de twee Heijnen een zeker overwicht in de RvB. Dat verwatert nu snel. In twee fasen vindt de uitbreiding plaats. Met Peter van Dun en Leon Coren treden op 16 april 1980 de eerste doctorandussen toe tot de Raad van Bestuur, de eerste voor sociale zaken, de tweede voor de financiën. Coren volgt Dirk Vethaak op die begin 1980 met pensioen gaat. Tegen de enthousiaste Ondernemingsraad wordt over de benoeming van Peter van Dun gezegd, dat dit niet betekent dat het hoogste college voortaan altijd een directeur Sociale Zaken zal hebben. Van Dun wordt benoemd omdat ze de mening van Peter van Dun appreciëren.

Op 1 januari 1981 worden ook Frits Ahlqvist en Rob Zwartendijk beloond. Ahlqvist voor de manier waarop hij Albert Heijn leidt en Rob Zwartendijk voor de manier waarop hij de productiebedrijven aan het reorganiseren is. Ahlqvist vervult vanaf nu trouwens een dubbelrol, hij blijft ook de baas van Albert Heijn.

Om oom Gerrit-achtige praktijken te voorkomen, wordt afgesproken dat leden van de Raad van Bestuur op hun zestigste met pensioen mogen en op hun tweeënzestigste met pensioen moeten.

Coren stelt voor een centrale financiële administratie te gaan bouwen. Hij weet ook wel wie dat kan gaan doen: zijn voormalige rechterhand bij Intradal: Cor Sterk. Deze begint in januari 1982 aan de opbouw van een sterke stafdirectie. Die is hard nodig om de wirwar aan cijfers van de verschillende onderdelen bij elkaar te halen, op één lijn te zetten en te controleren.

De complexiteit is groot. De relatie met de familie is in beweging, de relatie tussen Ahold en Albert Heijn is onduidelijk. Het bedrijf bestaat uit een wirwar van activiteiten, die allemaal op hun eigen manier aan de Raad van Bestuur rapporteren. Het overzicht ontbreekt. Had het concern in 1970 acht dochters nu zijn het er meer dan dertig. Het aantal personeelsleden groeide van 10.000 naar 40.000.

En dan is er nog dat energievretende gedoe in Spanje. Het eerste buitenlandse avontuur is geen succes. Na jaren van verlies wordt de hele zaak in januari 1983 driftig gereorganiseerd. Van Meer laat weten dat er een einde aan het Spaanse avontuur komt als er niet snel winst wordt gemaakt. Die winst komt niet en in het jaar erop wordt Cada Dia verkocht. Het is een dure maar belangrijke les: in het opzetten van winkels is Ahold een stuk minder goed dan in het overnemen ervan.

Het heeft allemaal zijn weerslag op de resultaten. De omzet groeit tussen 1979 en 1981 met dertig procent naar ruim 7 miljard gulden maar onder de streep blijft er steeds ongeveer hetzelfde bedrag over: 50 miljoen. Er zijn talloze vragen en onduidelijkheden: Wat moeten we met Simon de Wit en met de Miro en met restaurants en vakantiehuisjes? En wat doen we met de Dick Wissink Caravanhandel bv?

Ab Heijn overlegt met Van Dun over hulp van buiten. Die heeft goede dingen gehoord over Hans van Londen. Deze consultant werkt op dat moment bij het adviesbureau Horringa en De Koning. Samen met oprichter professor Dirk Horringa inventariseert Van Londen de problemen. Ze hebben meteen een belangrijk advies: als je wil reorganiseren moet je aan de top beginnen. Een kerstboom tuig je ook van bovenaf op. De Raad van Bestuur stemt er mee in om ook het eigen functioneren te onderzoeken.

De consultants voeren in de loop van 1981 vele vertrouwelijke gesprekken met een relatief nieuwe Raad van Bestuur die er uiterlijk harmonieus uitziet, maar waarvan de leden elkaar de waarheid niet zeggen. Conflicten worden gemeden. Eén ding valt in ieder geval op: Ab Heijn representeert het bedrijf volop in het buitenland en Gerrit Jan, die niet van reizen houdt, beschikt over een grote kennis van de binnenkant van het bedrijf. Bij deze gesprekken speelt op verzoek van Ab Heijn huispsycholoog Jan van der Voort, de opvolger van Colijn, een belangrijke rol. Net als bij Colijn hecht Ab Heijn sterk aan zijn oordeel.

In samenspraak met de consultants wordt het idee geboren om de verschillende kwaliteiten van de twee broers beter te gebruiken door de eindverantwoordelijkheid, die nu helemaal bij Ab ligt, in twee stukken te knippen. Zodat Ab Heijn zich als president vooral op de buitenkant van het bedrijf richt en Gerrit Jan als bestuursvoorzitter de vergaderingen gaat leiden.

Professor Horringa mag de boodschap brengen. Horringa vertelt Ab dat er kritiek is op zijn functioneren als voorzitter. Hij probeert de boodschap voorzichtig te brengen. En benadrukt dat Ab Heijn met zijn onkreukbare reputatie van grote waarde is als president, als de grote man die het concern representeert, maar dat het wellicht beter is dat zijn jongere broer voortaan de bestuursvergaderingen leidt.

Die boodschap komt hard aan. In zijn boek *De memoires van een optimist* laat een woedende Ab Heijn weten Horringa nog te kunnen aanvliegen: 'Hij wist met slijmen en stoken in *no time* een afschuwelijke sfeer te creëren, waarin wij als Raad van Bestuur elkaar nauwelijks in de ogen durfden te kijken. Hij vervolgt: 'Horringa stelde voor om van Gerrit Jan een soort *chief operating officer* te maken en van mij een *president* die voor de gezelligheid meedraait.' Maar Ab Heijn krijgt ook in de gaten dat de overige leden van de Raad van Bestuur er wel blij mee zijn. Ze vinden dat zijn jongere broer het bedrijf beter in de vingers heeft.

Ab erkent dat later zelf ook: Mijn broer was zeer punctueel en ordelijk en had een fenomenale dossierkennis: als hij thuiskwam liep hij vaak direct door naar zijn studeerkamer. Maar hij constateert ook: 'Gerrit Jan heeft altijd van zichzelf verklaard dat hij het liefst de tweede viool speelde. Hij kon de eerste viool zeker aan, maar in de relatie die wij met elkaar hadden, ging het goed zoals het ging.'

De hele gang van zaken raakt Ab Heijn diep. Gerrit Jan laat zijn broer weten dat het wel praktisch zou zijn als hij formeel de man op de achtergrond werd, met alle controle van dien en Ab de man op de voorgrond. Ab maakt een lange boswandeling met zijn moeder, 'bij wie ik me even kon laten gaan' en gaat vervolgens akkoord. Als Ab zijn jongere broer voor het eerst met de voorzittershamer ziet moet hij slikken: 'Als president ga ik niet de rest van de tijd zitten *doodelen*. Ze zullen merken dat ik nog een rol te spelen heb.'

Dat blijkt. In 1981 is hij Lee Javitch tegen het lijf gelopen. De twee kennen elkaar van het Food Marketing Institute. Javitch heeft Heijn verteld dat hij zijn bedrijf Giant Food Stores met 28 supermarkten in vooral Pennsylvania, wil verkopen.

Onder leiding van Hans van Meer wordt het bedrijf gedurende acht maanden helemaal doorgelicht. De hele Raad van Bestuur gaat er kijken. Ze snuffelen rond in de omgeving van de winkels. Is dit een goede locatie, of ligt er een begraafplaats om de hoek?! In de winkels kijken ze hoe de groente eruit ziet, dat zegt veel over een winkel. Ab Heijn vraagt zich af of hij zin krijgt in de appeltjes die daar liggen. Ze kijken vragend naar het personeel en wachten dan af of ze worden geholpen.

Javitch heeft het management van zijn bedrijf net versterkt met Allan Noddle en Joe Harbor. Die twee denken dat ze het bedrijf verder uit gaan bouwen. Maar zes maanden na hun komst zitten ze tot hun grote verbazing opeens met Hans van Meer, Rob Zwartendijk, Peter van Dun en Albert Heijn om de tafel.

Vooral van de arrogantie van Hans van Meer schrikken ze. Intern wordt Van Meer 'Rommel' genoemd, naar de roemruchte Duitse generaal in de Tweede Wereldoorlog. Ze weten niet dat deze bijnaam juist bij deze verzetsheld weinig toepasselijk is. Noddle en Harbor vrezen voor hun nieuwe baan en adviseren Javitch vooral niet aan die agressieve Hollanders te verkopen. Natuurlijk roepen overnemende partijen altijd dat het management kan blijven zitten, maar in de praktijk is de inkt van de handtekening onder het overnamecontract nog niet droog als het zittende management eruit wordt gegooid. Ze vertrouwen het niet.

Maar die trein rijdt al. In Zaandam zijn ze enthousiast en Javitch wil ervan af. Op 13 november 1981 wordt bekend dat Ahold 87,5 miljoen gulden betaalt voor een bedrijf met een omzet van 265 miljoen dollar en een winst van 3,6 miljoen dollar. Tegen het *Algemeen Dagblad* zegt Van Meer dat een verdere expansie komend jaar er niet in zit: 'We moeten deze overname eerst consumeren.' Noddle en Harbor werken tot hun grote verrassing opeens voor een Nederlands bedrijf.

Na die overname hebben Leon Coren en de financiële directeur van Albert Heijn, Hille Bosma, een discussie. Bosma vraagt zich af waarom Ahold zich na een overname helemaal uitlevert aan de mensen die het net heeft overgenomen. Hij vindt dat risicovol. Bosma heeft jaren voor Philips gewerkt en vraagt zich af waarom Ahold niet net als deze multinational bij iedere buitenlandse club een paar Hollandse controllers neerzet. Om zich er zo van te verzekeren dat die controle meteen op orde is. Coren stelt dat Ahold dat niet nodig vindt en liever met lokale mensen werkt.

Maar die moeten af en toe nog flink aan Ahold wennen. De top van het bedrijf wordt ieder jaar uitgenodigd voor de verjaardag van Ahold, het Dies. Ook de managers van Giant en hun partners. Op de uitnodiging voor hun eerste Dies op de Zaanse Schans een halfjaar later staat dat smoking niet verplicht is. De Amerikanen vragen aan Van Meer wat dit betekent. Die laat weten dat niemand in smoking zal komen. Ze besluiten daarop dat alleen hun *chairman* Javitch het 'apenpakje' aan zal trekken. Maar als ze bij het feest arriveren blijken ze samen met de collega's van BI-LO als enigen niet in smoking te zijn. Hun vrouwen, die nu ook allemaal ernstig *underdressed* zijn, zijn woedend. Ze voelen zich enorm vernederd en hebben het idee dat dit de manier van Van Meer is om die buitenlanders hun plek te wijzen. Javitch is zo boos dat het bijna tot een vuistgevecht met Van Meer komt.

Degelijkheid is in de werkverhoudingen in de Raad van Bestuur op dat moment ver te zoeken. De heren moeten erg wennen aan de nieuwe rolverdeling tussen de twee broers. Ab Heijn heeft zich vol overgave gestort op de representatie van het bedrijf in allerlei internationale clubs. Hij is veel op pad, erg veel. De president heeft het in het begin van de jaren tachtig privé bovendien niet gemakkelijk. Zijn gezondheid is matig en de relatie met zijn tweede vrouw Loes Keller loopt fout. Heijn komt erachter dat hij met Loes is getrouwd omdat hij van zijn eerste vrouw Herma Schipper wilde scheiden. In zijn 'memoires' schrijft hij openhartig dat Loes geen kinderen van hem wilde: 'Loes was van 's ochtends vroeg tot 's avonds laat met de paarden bezig. Net als mijn eerste vrouw wilde ze niet graag met mij ergens naar toe en als ze dat deed moest ik haar uitvoerig instrueren over hoe ze iedereen hoorde te bejegenen en welke gespreksonderwerpen ze aan kon kaarten.' De relatie verslechtert snel. In 1981 wordt Ab Heijn verliefd op een Ahold-collega, directeur Communicatie: Olga van der Poel. Als hij Loes vertelt dat hij wil scheiden, stort haar wereld in. In augustus 1981 pleegt ze zelfmoord.

Ab Heijn is in de jaren '81-'83 weinig betrokken bij het Zaandamse. Er is sprake van enige verwijdering tussen de president en de rest van de Raad van Bestuur. Die vormt de oorzaak voor steeds meer vragen en problemen. Er ontstaat een gat in de communicatie. Ab klaagt over het gebrek aan overzicht, hij heeft af en toe het idee dat hem informatie wordt onthouden. Hij voelt zich buitengesloten.

Aan de andere kant zijn er mensen die zich afvragen waar de president nou precies mee bezig is. De naamgever van het bedrijf kan in zijn communicatie met Zaandam wel eens vergeten dat de verhoudingen enigszins zijn gewijzigd. Ook hij moet goed afstemmen wat hij allemaal doet.

Naar aanleiding van deze communicatieproblemen wordt in de herfst van 1983 aan Jan van der Voort gevraagd een ronde gesprekken met de leden van de Raad van Bestuur te hebben en te inventariseren wat er aan de hand is. Van der Voort bemiddelt als mensen niet samen door een deur kunnen, hij test het hogere management. Aan de integriteit van het oordeel van Van der Voort wordt niet echt getwijfeld, hij ligt bovendien goed bij de Ondernemingsraad. Ook anderen beoordelen hem als zeer bekwaam en integer. Maar sommigen zijn ook bang voor hem. Hij zit heel erg dicht tegen Ab Heijn aan. Het vertrouwen van Heijn in Van der Voort is zo groot dat hij in die jaren ook veel van zijn privé-aangelegenheden met hem bespreekt.

Het worden desondanks openhartige soms zelfs emotionele gesprekken waarin van alles aan de orde komt, ook de afstemmingsproblemen in de Raad van Bestuur. Ze spreken af dat Ab Heijn voortaan met grote regelmaat zal worden gebrieft door de overige leden van de Raad van Bestuur over de lopende zaken. In die gesprekken kan hij ze dan op de hoogte brengen van zijn bewegingen. Deze 'agenda-gesprekken' moeten het gat dichten dat was ontstaan tussen de president en zijn Raad van Bestuur. Het blijkt een goede zet te zijn. Met een direct resultaat. De dreigende gaten die de komende jaren in de Raad van Bestuur gaan vallen worden aan de orde gesteld.

Leon Coren heeft een hartaanval gehad en werkt eind 1983 nog maar voor 50 procent. Hij gelooft zelf niet dat hij weer op volle sterkte terug zal keren. Ze besluiten stap voor stap aan zijn opvolging te gaan werken en ondertussen de staf onder leiding van Cor Sterk nog verder te verstevigen. Ook wordt afgesproken dat de opvolger van Hans van Meer, die in 1985 met pensioen zal gaan, van buiten het bedrijf moet komen.

En dan is er de opvolging van Ab Heijn zelf. Ook voor hem geldt: op zijn zestigste mag hij met pensioen op zijn tweeënzestigste moet hij; in 1989 dus. De Raad van Bestuur is het er snel over eens dat er op dat moment op basis van ervaring en kwaliteiten maar één logische opvolger is: Gerrit Jan.

Op het moment dat deze kogel door de kerk is en de Raad van Bestuur duidelijk weet waar hij aan toe is, keert de rust terug. Maar niet voor lang.

4

JONG BLOED

(1985-1988)

President-commissaris Kreiken is onder de indruk van de kennis van Van der Hoeven, vindt hem 'een leuke vent', maar constateert vol afgrijzen dat hij 'kwastjes aan zijn schoenen heeft'.

Mei 1985 krijgt Arnold Tempel een telefoontje. De baas van het gerenommeerde *headhunters*-kantoor Spencer Stuart kent de stem aan de andere kant van de lijn. Hij heeft al eerder voor Ahold mensen gezocht. Peter van Dun, directeur Sociale Zaken, heeft nu een mooie grote opdracht voor hem: zoek twee nieuwe leden voor de Raad van Bestuur.

In de top van het bedrijf gaan gaten vallen, grote gaten. De financiële man Leon Coren is al enige tijd flink ziek, daarnaast zal Hans van Meer na bijna een kwart eeuw trouwe dienst over een jaar met pensioen gaan.

Bij grote gevestigde multinationals als Shell en Unilever is het in die tijd al ondenkbaar dat zulke belangrijke posities door buitenstaanders worden ingevuld. Die bedrijven hebben krachtige *management development*-afdelingen waar ze uit kunnen putten. Leden van de Raad van Bestuur zijn vaak twintig jaar eerder al geïdentificeerd als *high potentials* en langzaam maar zeker via verschillende banen klaargestoomd voor het hoogste bestuursorgaan. Deze bedrijven gaan er ook vanuit dat het constant creëren van perspectief op een plek in de top cruciaal is bij het vasthouden van talent. Dat moet uitzicht houden op het pluche.

Ahold is duidelijk nog niet zover. Eigenlijk staat het bedrijf pas een paar jaar op het lijstje van potentiële werkgevers voor academici. Binnen het bedrijf is de behoefte aan nieuw managementtalent dan ook groot. Ab Heijn zal in 1989 op z'n tweeënzestigste stoppen. Zijn broer Gerrit Jan volgt hem dan op maar gaat vier jaar later ook met pensioen.

Zowel binnen de Raad van Bestuur als binnen de Raad van Commissarissen zijn de heren het er snel over eens dat de noodzakelijke versterking van buiten moet komen. Vooral ook omdat van de nieuwe mensen wordt verwacht dat ze internationale ervaring hebben. Die is op dat moment nog dun gezaaid in Zaandam.

Binnen de hoogste bestuursorganen is de afgelopen jaren de overtuiging verder gegroeid dat de toekomstige expansie van het concern buiten Nederland zal liggen. Ze hebben het afgelopen jaar wel gekeken of er binnen het concern kandidaten zijn die hier leiding aan kunnen geven. De enige man die eventueel in aanmerking zou kunnen komen voor de plek van Coren is de getalenteerde financieel directeur van Albert Heijn: Hille Bosma. Die heeft er zin in en staat vooral hoog op het lijstje van zijn baas Frits Ahlqvist. Maar vanwege het ontbreken van die internationale ervaring wordt hij niet uitgenodigd om verder te praten. Want ook van de nieuwe financiële man wordt verwacht dat hij de wereld van het grote geld kent. Bosma is diep teleurgesteld.

Arnold Tempel mag op zoek naar een nieuwe *chief financial officer* en een nieuw lid van de Raad van Bestuur die zich op het buitenland richt. Voor de nieuwe collega's zijn lijstjes met eisen opgesteld. Dit is in nauw overleg gedaan met een sollicitatiecommissie die bestaat uit drie commissarissen: de president-commissaris professor Jan Kreiken, Amro-topman Roelof Nelissen en KLM-president Jan de Soet. Het zijn vanzelfsprekende eisen. De nieuwe financiële man moet bijvoorbeeld een stevige financiële achtergrond hebben, internationale werkervaring en managementkwaliteiten. Verder is genoteerd dat hij open en communicatief moet zijn en in ieder geval enthousiast over de detailhandel moet zijn.

Tempel presenteert tien namen. Twee namen staan bovenaan: Jan Michiel Hessels en Cees van der Hoeven. De eerste werkte als bankier in Londen bij Warburg, daarna bij McKinsey en nu bij Akzo, waar hij de tweede man is in de Verenigde Staten. Van der Hoeven werkte na zijn Groningse studie economie sinds 1970 op verschillende plekken voor Shell, onder meer als de financiële man bij de Nederlandse Aardolie Maatschappij (NAM).

De gesprekken met Hessels lopen op niets uit. Hij heeft geen interesse meer in een rol als *cfo*. Met Hans van Meer en Gerrit Jan Heijn praat hij over de eventuele opvolging van Van Meer in de VS. Maar tegelijkertijd krijgt hij een aanbod waar hij veel meer zin in heeft. Hij kan bestuursvoorzitter worden van Deli-Maatschappij, een beursgenoteerde Rotterdamse tabaksproducent. Het is een kleiner bedrijf maar hij kan er wel de eindverantwoordelijkheid krijgen en daar is de latere bestuursvoorzitter (vanaf 1990) van Vendex op dat moment aan toe.

Van Dun schakelt snel door. Naar Cees van der Hoeven, Cornelis Harry van der Hoeven om precies te zijn. De dan nog net zevenendertigjarige Van der Hoeven, hij is van 9 september, is na vijftien jaar Shell ook klaar voor de volgende stap. Op zijn curriculum vitae staat dat hij in Den Haag is geboren, opgroeit op Curaçao en pas zestien jaar is als hij in 1964 in Groningen economie gaat studeren. Zes jaar later studeert hij cum laude af. Hij levert het studiejaar '66-'67 in als praeses van het Commissiebestuur van het Groninger Studentencorps Vindicat. Daar hangt hij flink de beest uit en staat hij een jaar lang iedere nacht tot 's ochtends vroeg op 'De Kroeg' om erop toe te zien dat de orde gehandhaafd blijft en iedereen te drinken heeft. Hij ontmoet er zijn latere vrouw: de psychologiestudente Maria Couperus.

Bij Shell is de briljante student vervolgens van harte welkom en komt hij in het *management development*-programma. Hij werkt onder meer op de interne accountantsdienst van de NAM, is twee jaar verantwoordelijk voor de *Investor relations* van de oliegigant in Londen, wordt in 1980, pas 33 jaar oud, de financiële man van de NAM en zit nu ruim een jaar voor Shell in Oman.

Hij wil graag ergens de baas worden en windt daar geen doekjes om. Van der Hoeven zit bij Shell op het steilste pad naar boven, maar dat geldt voor minstens nog enkele honderden leeftijdsgenoten. De competitie is groot en haast wordt bij Shell bovendien niet erg op prijs gesteld. Van der Hoeven is verrast dat ze hem bellen voor deze baan bij Ahold. Hij weet niet wat hij ermee moet, weet eigenlijk niet eens wat Ahold is. Maar gaat toch praten.

De één-op-één-ontmoetingen met de leden van de Raad van Bestuur verlopen goed. Ze vinden Van de Hoeven intelligent en ambitieus. Zijn papieren zien er goed uit en sommige bestuurders vinden het fijn dat hij zo lang bij een bedrijf heeft gewerkt dat ook een duidelijke ziel heeft. Net als Ahold. Ze merken op dat hij zich goed heeft voorbereid.

In die eerste gesprekken wordt meteen duidelijk dat deze plek niet een eindstation is voor Van der Hoeven. Daarvoor stelde hij duidelijk te veel vragen over de strategie en ambities van het concern.

Op het Amsterdamse kantoor van de Amrobank, het kantoor van Roelof Nelissen, spreekt Van der Hoeven aan het eind van de sollicitatieprocedure met de drie commissarissen van de sollicitatiecommissie. Het gesprek duurt nog geen 45 minuten. De mannen proberen een beetje gevoel voor elkaar te krijgen. Ze vinden Van der Hoeven meteen slim, op het pedante af en een tikje teveel met zichzelf ingenomen misschien. Ze vragen zich af waarom hij de heilige hallen van Shell wil inruilen voor een kruidenier. In die tijd speelt Shell zeker nog in een andere *league*. Van der Hoeven maakt de commissarissen duidelijk dat zij zich daar geen zorgen over hoeven te maken.

President-commissaris Kreiken is onder de indruk van de kennis van Van der Hoeven, vindt hem 'een leuke vent', maar constateert vol afgrijzen dat hij 'kwastjes aan zijn schoenen heeft'. Als Van der Hoeven dat later hoort, zal hij er nog jarenlang grappen over maken.

Na alle mooie verhalen hebben de Ahold-bestuurders eigenlijk maar één prangende vraag: kan deze man wel goed boekhouden. Commissaris Dirk Vethaak, de man die alle grote rekensommen kon reduceren tot de achterkant van een sigarendoosje, wordt overgehaald om eens een stevig gesprek met Van der Hoeven over dit onderwerp te hebben. De overhoring loopt goed af. Van der Hoeven slaagt, met een kleine voldoende en wordt de nieuwe *cfo* van Ahold.

De opvolger van Hans van Meer wordt in de opdracht aan de headhunter omschreven als een 'Amerikaanse Europeaan'. De nieuwe man moet er in ieder geval voor gaan zorgen dat de zo succesvol opgebouwde activiteiten in de Verenigde Staten verder worden uitgebreid.

Ook hier staan een paar door de wol geverfde mannen boven aan het door Spencer Stuart gepresenteerde lijstje: Klaas Westdijk en Pierre Jean Everaert. Westdijk was organisatieadviseur bij Horringa en de Koning en ging daarna bij Furness werken. Dat werd verkocht aan Pakhoed (waar hij later bestuursvoorzitter wordt).

De sollicitatiecommissie wordt het snel eens over Pierre Everaert. De bourgondische Belg is een enorme prater. Een fascinerende figuur, die op alle gebieden een expert lijkt te zijn. Iemand die de andere kant van de tafel snel het gevoel kan geven: dit komt wel goed.

Aan internationale ervaring heeft hij in ieder geval geen gebrek. Vierentwintig jaar oud en tot ingenieur opgeleid vertrekt Everaert in 1960 naar de Verenigde Staten. Zijn opa en vader zijn dan partners bij het import- en distributiebedrijf van bandenfabrikant Goodyear, hij kan voor ze in de VS aan de slag. In 1978 stapt hij over naar General Biscuit. Hij krijgt daar de opdracht in Japan, Hongkong en de VS nieuwe activiteiten te ontwikkelen. In Nederland is Albert Heijn al een grote klant van General Biscuit. Voor General Biscuit ontwikkelt Everaert zich als een overname- en acquisitie-expert. En schept daar graag over op. Tegen een krant zegt hij: ik heb veertig overnames gedaan en nog eens aan dertig mislukte pogingen meegedaan.

In de verschillende gesprekken die de leden van de Raad van Bestuur met hem voeren, maakt Everaert duidelijk dat hij eigenlijk een marketingman is. En dat hij gefascineerd is door de relatie met de klant. Hij ziet ernaar uit om zich verder te verdiepen in de relatief korte levenscyclus die producten in een supermarkt hebben en de snel meetbare effecten van allerlei marketinginspanningen.

Het gaat om de opvolger van Hans van Meer en dus neemt deze uitgebreid de tijd om de Belgische Amerikaan (of is het een Amerikaanse Belg), beter te leren kennen. Hij is meteen onder de indruk van de verhalen van Everaert. Of het nou over klassieke muziek gaat of over voetbal, hij boeit zijn gehoor. En, wat belangrijker is, als ze door een supermarkt lopen, lijkt hij alle prijzen uit zijn hoofd te kennen en die van de concurrent erbij. Maar ook is er verwarring: hoe kan een man zoveel weten?

Klopt het allemaal wel? Trots vertelt Everaert aan een lid van de Raad van Bestuur bijvoorbeeld dat hij uitsluitend met de supersnelle en vooral ook peperdure Concorde de Atlantische Oceaan over vliegt. Everaert laat een stapel nog te gebruiken Concorde-tickets zien on duidelijk te maken dat Ahold zich over die kosten geen zorgen hoeft te maken. Op dat soort momenten gaan de wenkbrauwen bij de Ahold-bestuurders wel even omhoog maar meteen daarna zijn ze weer verkocht. Nee, ze zijn betoverd. Everaert is van harte welkom.

Everaert en Van der Hoeven krijgen allebei een gesprek met psycholoog Jan van der Voort. Van der Voort heeft inmiddels zijn eigen bedrijf in Amsterdam en werkt nog veel voor Ahold. Hij test Everaert en Van der Hoeven, kijkt naar hun 'mentale make-up' en onderzoekt of de nieuwe mensen in het team passen. In een geheim advies, dat ze van tevoren zelf mogen inzien, worden hun sterke en zwakke (natuurlijk uitgedrukt als 'nog te ontwikkelen') vaardigheden opgesomd. Van der Voort vindt ze geschikt voor Ahold en de Heijnen geven het groene licht.

Augustus 1985 treden Pierre Everaert en Cees van der Hoeven in dienst. In dezelfde maand krijgt het concern een nieuwe, ook van Shell afkomstige commissaris: Jan Choufoer. Van der Hoeven en Choufoer zijn elkaar wel eens tegengekomen op Curaçao in hun Shell-tijd, maar ze kennen elkaar niet echt. Behalve natuurlijk dat ze verbonden zijn door het Shell-gevoel. Ze kennen allebei de gang van zaken 'bij dat andere bedrijf' en dat schept een band.

Even is er in die tijd binnen de Raad van Bestuur discussie over het moment waarop Hans van Meer nou gaat aftreden. Van Meer is van juni 1923 en voelt zich nog fit, hij wil helemaal nog niet weg. Maar Ab is streng en zegt: 62 is 62. Maar wanneer moet je dan precies weg: bij de jaarlijkse aandeelhoudersvergadering, of op de dag dat je jarig bent, of op de laatste dag van het jaar waarin je 62 wordt? Ze maken er nog wat grappen over. Van Meer weet zijn verblijf uiteindelijk nog iets te rekken omdat hij zijn opvolger goed wil inwerken. Hij verlaat het bedrijf in juli 1986, maar dan heeft hij zijn functies al aan Everaert overgedragen.

Van der Hoeven wordt op 1 januari 1986 als volwaardig lid van de Raad van Bestuur benoemd, als opvolger van de op 16 december overleden Leon Coren. Everaert schuift dus een paar maanden later aan bij Ab en Gerrit Jan Heijn, Rob Zwartendijk, Frits Ahlqvist en Peter van Dun.

In de Raad van Bestuur ontstaan zo eigenlijk drie tandems: de Heijnen, de van Mölnlycke afkomstige Ahlqvist en Zwartendijk en de nieuwe jongens: Van der Hoeven en Everaert. Peter van Dun, de directeur Sociale Zaken, een man met een goede sociale antenne, onderhoudt intensieve contacten met iedereen.

In de Raad van Bestuur stellen de twee nieuwelingen zich in eerste instantie timide op. In de lagen daaronder stappen ze in korte tijd al op flink wat tenen. Met name Van der Hoeven wordt als behoorlijk arrogant ervaren.

De nieuwkomers worden expliciet uitgenodigd om hun bevindingen na een kennismakingsronde op schrift te stellen. Die zijn niet mals. Everaert vindt het assortiment te klein en er worden wat hem betreft te weinig duidelijke doelen gesteld. Hij vindt het allemaal te schraal bij Ahold. Ook qua behuizing van het hoofdkantoor. Van der Hoeven vindt de Albert Heijn-organisatie te dominant. Hij vindt dat het tijd wordt voor een meer internationale oriëntatie. Het gaat ze duidelijk allemaal te traag.

Tijdens de ieder jaar door Frits Ahlqvist georganiseerde eindejaarsborrel bij hem thuis in de kelder loopt het even uit de hand tussen de teleurgestelde Hille Bosma en Cees van der Hoeven. Na wat borrels begint Van der Hoeven de financiële man van Albert Heijn op een studentikoze manier af te zeiken. Het gaat over niets, maar het doet wel pijn. En dus blaft Bosma hard terug. Zo hard dat Van der Hoeven boos wordt en hij en zijn vrouw de borrel vroegtijdig verlaten.

Van der Hoeven wil snel zijn stempel zetten. Hij vindt nadrukkelijk dat het rendement te laag is. Sinds 1975 is de omzet van 2,9 naar 11,6 miljard gulden gestegen en de nettowinst van 18 naar 122 miljoen. Een magere 1 procent van de omzet, terwijl in de VS op dat moment 2 procent normaal is en in het Verenigd Koninkrijk 4 procent wordt gemaakt.

Van der Hoeven laat geen gelegenheid onbenut om dat pijnlijke verschil te benoemen. Als ze begin 1986 met de voltallige Raad van Bestuur op bezoek gaan bij BI-LO, waar Everaert en Van der Hoeven worden voorgesteld, gaat het goed mis. Nadat de Amerikaanse Raad van Bestuur een presentatie heeft gehouden, neemt de nieuwe *cfo* als eerste het woord: die winst is te laag, als die volgend jaar niet hoger ligt dan moet ik jullie misschien wel verkopen. De rest van het gezelschap schrikt op en Van Meer praat er overheen. Maar de toon is gezet. Na afloop laat een woedende Van Meer aan Van der Hoeven weten dat dit niet verstandig was.

Het enigszins kakkineuze taalgebruik van Van der Hoeven is iets nieuws in de top van het bedrijf. Sowieso zorgen de twee nieuwkomers voor een flinke verandering van de sfeer in de Raad van Bestuur. De toon waarop ze hun ambities formuleren is nieuw: brutaler. Ze zijn er ook duidelijk op uit om de lege plekken die de Heijnen straks achter gaan laten, in te vullen.

Ab Heijn vindt de rijzige nog vrij jonge Van der Hoeven op het gebied waarvoor hij is ingehuurd meteen zeer bedreven. Hij is onder de indruk van zijn 'fabelachtige financiële kennis'. Van der Hoeven is duidelijk gewend om met grote bedragen om te gaan. Hij maakt er geen geheim van dat hij bij de NAM op dertigjarige leeftijd al cheques van één miljard gulden tekende. In dat soort bedragen wordt bij Ahold nog niet gedacht. Heijn is ook enthousiast over de affiniteit die Van der Hoeven al snel met het bedrijf lijkt te hebben en denkt dat die samenhangt met de juwelierszaak waar Van der Hoeven senior eind jaren vijftig op Curaçao voor heeft gewerkt.

Net als de anderen is ook Ab Heijn gebiologeerd door de mooie verhalen van Pierre Everaert. Tien jaar later zegt Heijn daarover: het was een onrustige lekkerbek: ik had soms het idee dat hij bij ons was gekomen om zijn maag te plezieren. Maar hij straalde ook een zeldzame allure uit: hij sprak zeven talen, had een vliegbrevet en kon in gezelschap uiteenzettingen geven waar iedereen stil van werd.

Het is ook vooral Everaert die ervoor zorgt dat tijdens de lunches zomaar opeens een fles bourgogne naast de traditionele melkkan staat. Van der Hoeven troeft zijn gehoor volgens Heijn af met gespreksonderwerpen als 'multicurrency syndicated revolving credit arrangements'.

De nieuwe financiële man zet de toon. Hij zorgt ervoor dat binnen de Raad van Bestuur meer aandacht komt voor de winstgevendheid van het bedrijf. Hij zorgt ook voor meer focus op de externe aandeelhouders, iets wat voor de Heijnen gezien hun positie en geschiedenis per definitie moeilijker is.

Van der Hoeven is streng. Hij geeft de maat aan voor de groei van het concern. Daarbij hanteert hij strenge stelregels: de solvabiliteit mag niet onder de 20 procent komen. Hij is in die eerste jaren planmatig erg voorzichtig en druk met het verder aanscherpen van de organisatie, die na de moeizame start begin jaren tachtig en de ziekte van Coren aan onderhoud toe is.

Dat Van der Hoeven niet in iedere omgeving zo overmatig overtuigd van zichzelf is, zo 'cock-sure' is, blijkt pijnlijk snel. Als hij de kamer overneemt van Leon Coren is er een beperkt budget om die kamer naar eigen smaak in te richten. Dat doet Van der Hoeven ook, hij kiest voor een zwart-wit inrichting en alle leden van de RvB krijgen voor een vrijdagmiddag een uitnodiging om zijn nieuwe kamer met een borrel in te wijden. Maar een uur voordat de borrel zal worden gehouden krijgen ze een belletje: het gaat niet door. Mevrouw Maria van der Hoeven-Couperus is zich wild geschrokken van de wansmaak van haar man en vindt dat hij dit niet aan zijn collega-bestuurders kan laten zien. De kamer wordt opnieuw ingericht.

Everaert is opvallend goed met computers, een apparaat dat binnen de Raad van Bestuur op dat moment vooral tot wazige blikken leidt. Ze weten allemaal dat automatisering belangrijk is, maar hebben eigenlijk geen idee hoe het werkt. De tot Amerikaan genaturaliseerde Belg wel. Hij heeft altijd de laatste modellen aan draagbare of nog net versjouwbare personal computers bij zich en koketteert ermee. Hij kan de afdeling automatisering een advies geven over het beste type printer. Dat advies blijkt ook vaak te kloppen.

Everaert is overigens een stuk minder zichtbaar op het Zaanse hoofdkantoor. Hij zit vooral in de Verenigde Staten. Met een duidelijke opdracht: zoek nieuwe over te nemen bedrijven. De afstand maakt hem enigszins ongrijpbaar. Onderdirecteuren die bij hem op bezoek gaan in de Verenigde Staten zijn snel onder de indruk van het kosmopolitische karakter van die ontmoetingen. Als Everaert zijn gasten meeneemt naar een New Yorks restaurant staan de obers als knipmessen voor hem klaar en laat hij meteen een aantal heel goede flessen wijn aanrukken en geopend klaar zetten. Het valt de bezoekers op dat hij liever niet teveel over zaken praat. Wel over het leven in het algemeen. Hij is meer de man van de grote lijnen, waarbij hij zich steeds hardop afvraagt waarom bepaalde zaken niet zijn geregeld. De gesprekspartners moeten trouwens wel op hun hoede blijven: opeens kan Everaert over een klein detail in de cijfers van zes maanden eerder beginnen. Niet altijd een belangrijk detail, maar daarmee wordt toch duidelijk dat Everaert alle cijfers in zijn hoofd heeft zitten. Dat lijkt in ieder geval zo, en dat jaagt schrik aan.

In de loop van 1985 constateert Gerrit Jan Heijn weer dat de groei van de voedselconsumptie buitenshuis harder gaat dan daarbuiten en hij vraagt zich af of Ahold daar niet in moet investeren. In Nederland wordt dan al 15 procent van al het voedsel buiten de deur genuttigd, in de Verenigde Staten meer dan het dubbele.

Ze besluiten de voedseldistributeur Kok-Ede van SHV te kopen. Rob Zwartendijk wordt verantwoordelijk. Vlak na de overname krijgt hij een controller op bezoek met een bijzonder document in zijn handen. In een van de laden van Kok-Ede zijn de documenten gevonden die samenhangen met het merk De Gruijter (SHV kocht het zieltogende familiebedrijf in 1971 en stopte er mee in 1974). Zonder het in de gaten te hebben is Ahold eigenaar geworden van de bedrijfsnaam die de familie Heijn jarenlang zo heeft gefrustreerd.

Tot grote teleurstelling van Ab Heijn kampt president-commissaris Jan Kreiken met een slechte gezondheid. Hij is een grote fan van deze professor-ondernemer. Al in 1986 moet Jan Choufoer regelmatig invallen om de vergaderingen voor te zitten. In mei 1987 wordt Choufoer president-commissaris, en daarmee het belangrijkste aanspreekpunt voor de Raad van Bestuur. Er is meteen veel vertrouwen in deze imposante Shell-man. Choufoer zit er duidelijk niet voor de gezelligheid, aan *smalltalk* heeft hij een broertje dood. In ontmoetingen met de bestuurders van het bedrijf wil hij meteen naar de kern van de zaak. En hij dwingt dat ook af. Choufoer kijkt zijn gesprekspartners graag strak aan.

Kreiken heeft Choufoer bij zijn aantreden ingefluisterd dat Ab Heijn eerder heeft aangegeven, na zijn pensionering als bestuursvoorzitter in 1989, president-commissaris te willen worden. Kreiken stelt hem gerust. De Raad van Commissarissen vindt dit geen goed idee en de Raad van Bestuur ook niet. Ze zijn bang dat de grote man van de afgelopen veertig jaar dan toch te dominant wordt. Heijn heeft zich daar inmiddels bij neergelegd. Die kwestie is afgekaart en zal ook niet meer aan de orde komen. Choufoer kan zijn voorzitterschap onbedreigd oppakken.

Het concern groeit en groeit. Begin 1987 is het bedrijf op de beurs ruim twee miljard gulden waard. De Heijnen hebben dan nog een belang van onder de tien procent. Voorzichtig onderzoekt de familie de eigen toekomst in relatie tot het bedrijf. Is er na 100 jaar Heijnen ruimte voor een vierde generatie bestuurders uit deze familie?

De twee broers zijn het daar eigenlijk snel over eens: nee. De kinderen van Gerrit Jan zijn te jong en de zoon van Ab Heijn is dierenarts. In zijn 'memoires' zegt hij: 'Ik vind het normaal dat mijn zoon het niet doet, die studeert nu diergeneeskunde. Dat vind ik prachtig. Stel je voor, dat ie het wel gewild zou hebben. Wat dan. Dan had hij gestudeerd en gesolliciteerd bij Ahold. Had hij dan een eerlijke kans gekregen? Misschien voel ik iets van opluchting.'

Als enige komt de oudste zoon van oom Gerrit in aanmerking. Na zijn studie economie in Groningen besluiten Ab en Gerrit Jan dat deze Albert zijn sporen maar beter eerst buiten Ahold kan verdienen. Hij werkt in de VS bij McKinsey en werkt later bij bank Mees & Hope en TNO. Maar deze neef zit met een lastig probleem: steeds als hij ergens aanklopt denken ze dat hij alleen maar even komt voor de ervaring, want het 'familiebedrijf' zal wel aan hem trekken?!

Begin jaren tachtig klopt neef Albert, veertig jaar oud, bij zijn ooms aan met de vraag hoe zijn kansen bij het familiebedrijf liggen. De twee broers vinden hem aardig, intelligent en eerlijk maar constateren ook dat hij nergens directeur heeft kunnen worden. Ze vinden dat hij alleen bij Ahold kan komen werken als hij binnen de Raad van Bestuur een plek moet kunnen krijgen. En dus zeggen ze: nee.

Oom Gerrit, dan 89, is woedend en diep teleurgesteld. Hij overlijdt kort daarop. Neef Albert gaat in de kunsthandel. De geschiedenis waarbij een oom Heijn het leven van een jonger neefje Heijn zuur maakt, herhaalt zich niet. Met dat besluit is het ook duidelijk dat in 1993, als Gerrit Jan 62 jaar wordt en met pensioen moet, het bedrijf door een niet-Heijn zal worden geleid.

Langzaam maar zeker begint de familie zich te realiseren dat het Heijnloze tijdperk er aan komt. Echt afstand nemen ze nog niet van het bedrijf. Ook financieel niet. De dood van oom Gerrit is aanleiding voor de familie om een fonds op te richten, waarin de 3,8 miljoen Ahold-aandelen, in totaal 7,3 procent, die nog in de familie zijn, worden ondergebracht. Vooral om fiscale redenen: Ahold keert nauwelijks dividend in aandelen uit, zodat de familie steeds voor fikse bedragen door de fiscus wordt aangeslagen.

Bankiers adviseren Ab en Gerrit Jan in die tijd regelmatig om hun geld ook in andere aandelen te stoppen. Het risico wat te spreiden. Ze doen het niet, want deze business kennen ze. En ze zijn voorlopig nog *in charge*. Al honderd jaar.

In mei 1987 viert het 'familiebedrijf' dat honderdjarige bestaan. Het wordt groots aangepakt. In het Stedelijk Museum in Amsterdam worden 100 litho's met als thema 'Dagelijks Leven' tentoongesteld die in opdracht van Ahold zijn gemaakt. Alle medewerkers en gepensioneerden mogen een afdruk uitkiezen. De medewerkers kopen 35.000 stenen waarmee een vakantiewoning voor gehandicapten in Doorn wordt gebouwd, dat later wordt overgedragen aan het Prinses Beatrixfonds.

De koningin opent dit huis zelf en Ab Heijn geeft haar bij die gelegenheid enkele manden met levensmiddelen mee voor Willem Alexander. De kroonprins staat op het punt om in Leiden te gaan studeren. Als hij met een AH-paraplu klaar staat en haar laat weten die graag te overhandigen als ze dan tenminste een beetje reclame voor Albert Heijn wil maken, antwoordt de koningin: 'Mijnheer Heijn, vandaag doe ik alles voor u.'

Sommige trouwe klanten sturen felicitaties. Als dank voor zoveel jaren trouwe dienst aan hem en zijn vrouw stuurt een mijnheer Braat uit Zierikzee een door hem zelf gemaakt beeldje van een huisvrouw met twee gevulde boodschappentassen naar Ab Heijn. Heijn is hier zo van onder de indruk, dat hij het beeld in groot formaat na laat maken en in zijn tuin zet.

Aan de universiteit van Nijenrode wordt een aparte Albert Heijn-leerstoel voor Distributiekunde in het leven geroepen. Op het provinciehuis van Noord-Holland krijgt het bedrijf te horen dat het zich voortaan Koninklijk mag noemen, een eer die alle bedrijven die 100 jaar worden te beurt valt. Ahold organiseert talloze bijeenkomsten en congressen rondom de verjaardag. Alle medewerkers zijn uitgenodigd, gedurende een week in mei worden ze in dertien grote bijeenkomsten in de Irenehal van de Utrechtse Jaarbeurs uitgenodigd om tussen de poffertjeskramen en goochelaars de verjaardag te vieren.

Ook alle nazaten van de oude Albert Heijn, de oprichter van het concern, krijgen van Ahold een feestdag aangeboden. De familie zit te snotteren bij de film ' Albert Heijn 100 jaar', waarin acteur Thom Hofman de grootvader in zijn jonge jaren speelt en met een hondenkar door de Zaanstreek trekt om zijn spullen aan de man te brengen. Die avond gaat de familie naar d'Swarte Walvis voor het diner. Daar neemt Gerrit Jan als laatste het woord. Hij presenteert een familiestamboom met als titel 'Drie Eeuwen Heijn aan de Zaan'. Normaal gesproken zou hij na afloop even achter de piano gaan zitten. Nu niet. Voor veel familieleden is het een van de laatste herinneringen aan Gerrit Jan.

Een paar maanden later, op 9 september stapt Ferdi E. naast de dan 56-jarige Gerrit Jan Heijn in als deze zijn auto 's ochtends vroeg uit de garage rijdt. De ontvoerder dwingt zijn slachtoffer een andere route te nemen. Alleen Ab Heijn heeft op dat moment een auto met chauffeur. Gerrit Jan heeft dat nooit nodig gevonden. Hij let wat dit betreft letterlijk op de kleintjes en hij vindt het bovendien leuk om te rijden.

Ongeveer een uur later krijgt Ab Heijn een telefoontje van Peter van Dun. Die heeft net de tandarts van Gerrit Jan aan de telefoon gehad met de boodschap dat zijn klant niet op de afspraak is gekomen. En dat is opmerkelijk want Gerrit Jan Heijn is punctueel. Ab denkt eerst nog even dat zijn broer misschien een ongeluk heeft gehad, maar als hij zelf de route van het huis van zijn broer in Bloemendaal naar kantoor heeft gereden en niets is tegengekomen schakelt hij de politie in.

Een moeilijke periode breekt aan voor de familie en het bedrijf. Alles wordt overschaduwd door de ontvoering van Gerrit Jan. Heel Nederland leeft mee. De AH-reclames op televisie worden stopgezet. Twee leden van de Raad van Bestuur, Peter van Dun en Rob Zwartendijk, doen dagelijks het woord voor respectievelijk de familie en het bedrijf. Dat is nodig omdat onduidelijk is waar het losgeld vandaan moet komen en wie aansprakelijk gesteld zal worden. Voor Ab Heijn zouden dergelijke vragen enorme dillemma's en problemen met zich meebrengen, want in hem komen beide belangen samen.

Terwijl Ab Heijn, Rob Zwartendijk en Peter van Dun ruim een half jaar vrijwel fulltime met de ontvoering bezig zijn, ontfermen Pierre Everaert en

Cees van der Hoeven zich over die zo lang gewenste derde overname in de Verenigde Staten.

Ze komen uit bij First National Supermarkets (FNS). Het is een grote club. FNS realiseert in 122 winkels een omzet van 1,6 miljard dollar, er werken 15.000 mensen. De meeste vestigingen, onderverdeeld in drie formules: Edwards, Finast en Pick and Pay, bevinden zich in en rond de stad Cleveland in Ohio. In die buurt is FNS marktleider. Daarnaast is FNS stevig aanwezig in Connecticut en heeft het beperkte marktaandelen in New York en Massachusetts. Hoewel Hans van Meer ze het uitdrukkelijk afraadt (hij heeft zeker drie keer uitgebreid naar het bedrijf gekeken en steeds geconstateerd dat het management ver onder de maat is) gaan ze met First National Supermarkets in gesprek.

Everaert en Van der Hoeven bereiden de zaak helemaal voor. Omdat de leden van de Raad van Bestuur als gevolg van de ontvoering van Gerrit Jan in hun bewegingsvrijheid zijn beperkt, kan Van der Hoeven tijdens de zes maanden durende onderhandelingen maar één keer naar de Verenigde Staten. Het is voor het eerst dat niet alle leden van de Raad van Bestuur bij een over te nemen bedrijf gaan kijken. Hun hoofd staat er ook niet naar.

Het eerste contact stamt vanaf het moment dat FNS in april 1986 samen met BI-LO gezamenlijk een goedkoop huismerk begint. De twee ketens liggen geografisch ver genoeg uit elkaar en zijn dus geen concurrenten. Het management heeft het bedrijf dan net overgenomen, en van de beurs gehaald, via een dan vooral in de Verenigde Staten razend populaire *management buy out.* Als gevolg daarvan kampt het bedrijf ook met een enorme schuldenlast van 345 miljoen dollar. In de tussenliggende twee jaar heeft het tweekoppige management al een flinke sanering doorgevoerd en ongeveer de helft van de 254 oorspronkelijke winkels overgehouden. Een '*dirty job*' oordeelt Van der Hoeven.

In eerste instantie onderzoeken FNS en Ahold of ze samen een nog veel groter bedrijf over kunnen nemen. Maar Ahold constateert dat dit 'een te grote en te dure hap is'. Snel wordt tijdens die ontmoetingen duidelijk dat het niet goed gaat met FNS. Door de enorme rentelast, een deel van de schuld is met zogenaamde *junkbonds* gefinancierd, obligaties waar soms 15-20 procent rente op moet worden betaald, zit het Amerikaanse management meer bij de bank dan in de winkels. Ze snakken naar de helpende hand van een risicodragende financier en omarmen Ahold.

De Zaandammers worden geholpen door de enorme koersval tijdens de beurskrach van 19 oktober 1987. Daardoor dalen de koersen van veel bedrijven met gemiddeld een kwart en krijgt de prijs van FNS een acceptabel niveau. Voor 80 procent van de aandelen betaalt Ahold 49 miljoen dollar. Om het management vast te houden krijgen ze uitzicht op een fors hogere prijs voor de resterende 20 procent van de aandelen in april 1992. Ze vinden het in Zaandam wel een beetje eng, zo'n enorme schuld. De kranten staan in die tijd vol met dramatische verhalen over door *junkbonds* gefinancierde bedrijven die onder hun schuldenlast bezwijken. Binnen de Raad van Bestuur en Raad van Commissarissen overheersen gemengde gevoelens. In het Golden Tulip hotel op Schiphol wordt een aparte bijeenkomst georganiseerd om de zaak nog eens kritisch tegen het licht te houden. Verschillende leden van de Raad van Bestuur, onder wie Ab Heijn, vinden FNS een beetje een bij elkaar geraapt zooitje. Hij heeft moeite met het management dat er zit. Die lijken vooral met elkaar overhoop te liggen. Maar per saldo is hij toch positief.

Bovendien kijken de betrokkenen vol bewondering naar de manier waarop Van der Hoeven onvervaard met de financieringsvraagstukken omgaat. De *bottom line* daarbij is steeds: dat Ahold een solide en betrouwbare partij is, die in onderhandelingen met de schuldeisers van FNS een veel lagere rente kan bedingen.

Op 6 januari 1988 wordt het nieuws gepresenteerd. Van der Hoeven en Everaert, toch nog steeds relatieve nieuwkomers in de Raad van Bestuur, zijn apetrots. Ze laten weten samen tweeëneenhalf jaar zeer intensief naar deze derde keten te hebben gezocht. Twaalf keer onderzochten ze een potentieel doel, twee keer werd een bod uitgebracht maar bood een andere partij meer. Maar nu is het dan eindelijk raak. De verdubbeling van de omzet in de VS is een feit.

De drie ketens van Ahold bestrijken samen een groot deel van de oostkust van de VS en bezetten opgeteld een respectabele negende plaats op de lijst van de grootste detailhandelketens in de Verenigde Staten. De totale omzet in de Verenigde Staten verdubbelt naar ruim zeven miljard gulden.

Op 15 maart 1988 presenteert Ab Heijn de cijfers over 1987. Het is een vreemde bijeenkomst. Op de perstafel liggen de foto's van de leden van de Raad van Bestuur. Ook de foto van Gerrit Jan ligt daarbij. Zijn broer zegt daarover in *de Volkskrant*: 'Ik heb daar heel bewust over nagedacht. Als die foto er niet zou liggen, had iedereen gezegd dat mijn broer dood zou zijn. Wel kan ik u melden dat de bestuurstaken van Gerrit Jan inmiddels binnen de Raad van Bestuur zijn verdeeld.' Verder staat hij even stil bij het feit dat het concern in de Verenigde Staten van de 22ste plaats naar de toptien van grootste supermarkten is opgerukt.

Ab Heijn zit zelf de vergaderingen weer voor. Na afloop van het officiële stuk van de persconferentie laat hij weten nog best een tijdje langer aan te willen blijven als eerste man van het concern. Mocht dat nodig zijn.

Drie weken later, op 7 april krijgt Peter van Dun een telefoontje van de officier van justitie dat Ferdi E. van zijn bed is gelicht en heeft bekend de ontvoerder van Gerrit Jan te zijn geweest. Hij wijst ze de plek waar hij vele maanden daarvoor zijn slachtoffer heeft vermoord. De hele familie wordt bij Peter van Dun thuis uitgenodigd, daar vertelt commissaris Brinkman dat de ingenieur de hele ontvoering in zijn eentje had opgezet en dat Gerrit Jan al op de eerste dag was vermoord en in de bossen van Renkum was begraven. Eigenlijk is iedereen dan enigszins opgelucht door deze duidelijkheid. Maandenlang hebben ze in onzekerheid geleefd. Met iedere dag die verstreek werd de kans op het overleven van Gerrit Jan kleiner. Alleen zijn zoon Ronald Jan wil het nog niet geloven.

Ab Heijn voelt zich eenzaam. Het stoort hem dat zo weinig mensen zich realiseren dat het voor hem ook een groot verlies is. Monique Everwijn Lange, een goede vriendin van vroeger, is een van de weinigen die hem condoleert met het verlies van zijn broer. Hij is ook boos op zichzelf, voelt zich toch ook verantwoordelijk voor zijn jongere broer. Hij vindt dat hij had moeten doordrukken, dat hij zijn broer had moeten verplichten een tuinhek en garagedeuren met afstandsbediening te nemen.

Maar Heijn ziet zichzelf toch ook als lid van de 'skeptische generatie', mensen die zich na de oorlog zo snel mogelijk op een maatschappelijke carrière stortten om zo een veilige plek te creëren. Hij houdt veel emoties op afstand. Hij bezoekt het proces tegen Ferdi E. niet en wil hem ook niet ontmoeten.

De net zestigjarige Ab Heijn vindt het zijn plicht om nog wat langer als president van Ahold te blijven. Hij maakt zich zorgen over het alternatief: wie zou het roer nu goed over kunnen nemen? Na 100 jaar Heijn is dit een prangende vraag. In zijn broer had hij vertrouwen. Aan hem zou hij het roer moeiteloos over kunnen geven. Ab Heijn dringt zich niet op maar laat het bestuur weten: als het een oplossing is, dan blijf ik.

Maar de rest van het bestuur vindt dit geen oplossing. Ze willen verder. Binnen de Raad van Bestuur staan een paar man trouwens te springen om de baas te worden, ze hebben haast, vinden dat het tijd wordt dat het bedrijf de familie Heijn achter zich laat.

De Raad van Commissarissen onder leiding van Jan Choufoer ondersteunt dit en laat Heijn weten dat ook hij op zijn tweeënzestigste, in 1989, met pensioen zal moeten. Ook voor hem gelden de spelregels zoals die begin jaren tachtig zijn opgesteld voor de leden van de Raad van Bestuur: op je zestigste mag je weg, op je tweeënzestigste moet je met pensioen. Even wordt nog in herinnering gebracht dat toen Hans van Meer aangaf langer te willen blijven Heijn zelf heel subiet op die grens van tweeënzestig jaar bleef hameren. Besloten wordt dat Ab Heijn op 1 september 1989, de dag dat hij veertig jaar voor het bedrijf werkt, afscheid zal nemen.

Maar wie gaat hem dan opvolgen? De moord op zijn broer brengt een toch al moeilijk proces van afscheid nemen tussen de Heijnen en Ahold in een grote versnelling. Aan kandidaten die zichzelf geschikt vinden is er in ieder geval geen gebrek. Drie mannen vinden dat ze er klaar voor zijn: de 50-jarige Frits Ahlqvist, de 48-jarige Pierre Everaert en de 40-jarige Cees van der Hoeven.

5

MACHTSSTRIJD
(1988-1992)

'Ik heb gewonnen... ik heb gewonnen.'
(Cees van der Hoeven tegen een voormalig adviseur nadat hij tot bestuursvoorzitter benoemd is)

De Raad van Bestuur wil zelf met een voordracht uit zijn midden komen. Ab Heijn en president-commissaris Jan Choufoer hebben daar geen bezwaar tegen. En dus gaan Frits Ahlqvist, Pierre Everaert, Cees van der Hoeven, Rob Zwartendijk en Peter van Dun met elkaar om de tafel.

In het voorjaar van 1988 zitten ze een hele dag op Kasteel de Hoge Vuursche in Baarn. Vooral Van Dun en Zwartendijk stellen de vragen. Zij hebben al duidelijk aangegeven geen ambities te hebben om bestuursvoorzitter te worden en kunnen zich een wat afstandelijker rol permitteren.

De andere drie zijn overtuigd van hun volgende stap. Ahlqvist gelooft tot in zijn tenen dat hij, na jarenlang het belangrijkste bedrijf van het concern te hebben geleid, nu de eerste niet-Heijn aan de top moet zijn. Everaert en Van der Hoeven doen niet voor die overtuiging onder. Zonder enige reserve vinden ze zichzelf de enige juiste keuze. Ze hebben ook allemaal expliciete bedenkingen bij de andere kandidaten.

De heren proeven elkaars nieren. Het gaat hard tegen hard. Het zijn heftige gesprekken die vaak over hun ambities met het bedrijf gaan, maar regelmatig ook persoonlijk worden. In positieve zin wordt de financiële discipline van Van der Hoeven geroemd, evenals het succes van Ahlqvist met Albert Heijn en de kennis van de Amerikaanse markt van Everaert.

Maar ook in negatieve zin. Ze spreken openlijk over het chaotische karakter van Everaert, het gebrek aan retailervaring van Van der Hoeven en het feit dat Ahlqvist niet echt een *peoples*-manager is. Ze praten en praten, maar ze komen er niet uit. Even overwegen ze om dit te melden bij Ab

Heijn en Jan Choufoer. Dat idee wordt meteen weer verworpen, het zal bepaald geen krachtige indruk maken. Een stemming durven ze in eerste instantie niet aan.

Bij een tweede bijeenkomst een paar weken later wordt de psycholoog Jan van der Voort uitgenodigd om de moeizame gesprekken in goede banen te leiden. Opnieuw gaan ze met elkaar in de slag. Om geen centimeter dichter bij een oplossing te komen. Met elkaar besluiten ze de patstelling tussen de drie kandidaten te forceren. Om tot een voordracht te kunnen komen kiezen ze voor een simpele methode. Alle leden stellen hun eigen topdrie op. Daar mogen ze zelf in voorkomen. De nummer een krijgt bij de telling drie punten, de nummer twee krijgt twee punten en de nummer drie krijgt één punt.

De spanning is om te snijden. De vijf leden van de Raad van Bestuur hebben allemaal hun velletje papier met hun drie genummerde namen voor zich liggen. Een voor een lezen ze hun persoonlijke topdrie voor. Iedereen weet nu van elkaar wat ze werkelijk van die topdrie vinden. Ze gaan allemaal met hun billen bloot.

Als de punten zijn opgeteld staat Cees van der Hoeven bovenaan. Hij kan zijn geluk niet op. Het scheelt maar 1 of 2 punten met de nummer twee: Pierre Everaert. Frits Ahlqvist krijgt een geweldige klap: hij eindigt op de derde plek. Everaert en Ahlqvist laten meteen weten dat ze niet voor deze kandidatuur zijn, maar ze leggen zich wel bij de uitkomst neer.

Met die uitkomst in hun achterhoofd moeten Ab Heijn en president-commissaris Jan Choufoer nu een besluit nemen. Ze hebben nooit beloofd dat ze zich zullen houden aan de uitkomst van de gesprekken in de Raad van Bestuur. Ze bespreken wat ze moeten doen. Ab Heijn adviseert Choufoer te gaan praten met Jan van der Voort. Dat doet hij, maar het bevalt hem niet. Choufoer is helemaal niet het type van iedereen laten meepraten, pappen en nathouden. Dat is hem te week. Hij praat liever over dit soort zaken met een paar stevige commissarissen zoals zijn plaatsvervanger, de bankier Roelof Nellissen.

In kleine kring wordt de opvolgingskwestie vervolgens besproken. Heel ingewikkeld ligt het uiteindelijk niet. Zowel Jan Choufoer als Ab Heijn vinden Van der Hoeven nog te jong en te weinig een retailer. Eigenlijk liggen er maar twee opties op tafel: Frits Ahlqvist of Pierre Everaert. Twee mannen die het vak inhoudelijk tenminste beheersen.

Uit de hele gang van zaken heeft Choufoer opgemaakt dat Ahlqvist voor de zittende bestuurders geen optie is: hij is immers op de derde plek geëindigd. Ab Heijn is blij met die uitkomst. Hij en Ahlqvist zijn nooit vrienden geweest. Ab vindt dat Ahlqvist met Albert Heijn teveel zijn eigen gang gaat, dat bedrijf teveel van hem afschermt. Dat steekt hem al jaren. Bovendien vindt hij Ahlqvist geen goede manager. Geholpen door het lijstje dat de Raad van Bestuur heeft ingeleverd komen ze snel tot hun conclusie: Pierre Everaert wordt de nieuwe bestuursvoorzitter.

De rest van de Raad van Commissarissen weet dat er een flinke strijd aan de gang is om het leiderschap, maar wordt hier niet bij betrokken. De schaarse bijeenkomsten van de voltallige RvC zijn over het algemeen rituele dansen waar weinig inhoudelijke zaken aan de orde komen. Als Choefour de keuze voor Everaert aan de rest van de Raad van Commissarissen presenteert zijn deze snel overtuigd. De benoeming van Everaert is een hamerstuk. Er wordt niet meer met de Raad van Bestuur overlegd.

Samen met Ab Heijn nodigt Choufoer de leden van de Raad van Bestuur uit om ze te verwittigen van hun besluit dat Everaert de nieuwe baas wordt. De verbazing slaat bij de meesten ter plekke om in boosheid. Van Dun en Zwartendijk begrijpen er niets van. Choufoer benadrukt nooit te hebben beloofd de voordracht van de Raad van Bestuur te zullen volgen. Dat klopt, maar toch. Het hard overrulen van de uitkomst van hun moeizame worsteling doet pijn.

Ahlqvist is diep teleurgesteld door zijn derde plek. Hij belooft Choufoer zijn uiterste best te doen om loyaal met de nieuwe president te zullen samenwerken. Dat vindt Choufoer belangrijk omdat Ahlqvist de enige andere inhoudelijk goed ingevoerde retailer is.

Cees van der Hoeven is woedend. Hij was toch nummer een!? Het wordt een moeizaam gesprek. Choufoer maakt hem duidelijk dat hij kan vertrekken als hij niet loyaal meewerkt. Dat is olie op het vuur. Eerst word je door je collega's tot hun leider verkozen, vervolgens hoor je van de president-commissaris dat je op kan stappen. Van der Hoeven kan het nauwelijks verkroppen. Hij gaat zelfs verhaal halen bij Heijn. Maar die laat hem weten dat zijn tijd nog wel komt, als hij goed zijn best doet tenminste. Van der Hoeven dreigt daarop met opstappen. Maar Heijn haalt zijn schouders op: dat zien we dan wel weer.

Het is begin juli 1988, over een jaar zal het bedrijf, na 102 jaar, voor het eerst door een niet-Heijn worden geleid. En die man heet: Pierre Everaert.

Ahold-commissaris Rempt-Halmmans de Jongh (lid Tweede Kamer voor de VVD) laat Het Financieele Dagblad weten dat voor Everaert is gekozen omdat hij opvalt door de combinatie van sociale capaciteiten en ondernemingslust. 'Hij is een pur sang ondernemer, altijd bezig met nieuwe dingen. Hij is een echte hardloper, hij wil graag opschieten. Als hij op een paadje zit dat doodloopt, kiest hij een ander pad.' Zij ziet een verregaande parallel met de sociale capaciteiten van Heijn: Everaert heeft dezelfde prettige ontspannen omgangsvormen. Hij neemt evenmin een blad voor de mond, hij is een even open en vrolijke man en heeft dezelfde charme.

De bonden reageren terughoudend. Deze halve Amerikaan op de plek van de zachtaardige Albert Heijn? Ze vrezen een hardere, meer zakelijke aanpak. Het wantrouwen van de bonden wordt versterkt omdat de nieuwe leiding de mond vol heeft over meer winst. Op de omslag van het jaarverslag wordt één zin uit het voorwoord prominent gebracht: 'In de komende jaren zal winstgroei voor Ahold een hoge prioriteit hebben...'

In zijn eerste interviews probeert Everaert dit beeld met zalvende woorden te corrigeren: 'Wij, de nieuwe generatie, moeten hetzelfde gevoel van verbondenheid houden. Wij willen een familiebedrijf blijven. Bij de familie Heijn was de familierelatie een bloedrelatie, bij ons is de familierelatie een economische relatie.'

Intern is er ook twijfel. Sommigen vrezen dat met het vertrek van Ab Heijn de laatste echte kruidenier uit de top van het bedrijf verdwijnt. Met name bij Albert Heijn zijn die zorgen groot. Die nieuwe mannen praten alsmaar over expansie in het buitenland en relatief weinig over de dochter waar het bedrijf op is gegrondvest.

Ook hier formuleert Everaert een geruststellend antwoord. Hij stelt vast dat marktleider Albert Heijn zoveel macht heeft richting leveranciers dat ze geen grutters meer zijn maar marketeers zijn geworden: 'Leveranciers schieten op jaarbasis zo'n 2000 nieuwe producten door onze winkels, wij hebben de kennis en ervaring om te bepalen of een product al dan niet een plaats op ene schap krijgt. In de VS moeten producenten betalen om iets op het schap te krijgen, het is niet onlogisch dat we die stap hier ook een keer gaan zetten.'

Voorzichtig loopt Everaert, altijd met een grote sigaar tussen zijn vingers, zich tussen zomer '88 en zomer '89 warm voor het voorzitterschap. Hij brengt het grootste deel van die tijd in de VS door, zijn gezin komt pas in de zomer van 1989 over om in Aerdenhout te gaan wonen. Zijn voorliefde voor de Concorde kan hij dit jaar botvieren. Hij wordt een grootgebruiker.

Het is waarschijnlijk goed dat Everaert wat verder weg zit, want Ab Heijn heeft het moeilijk met het afscheid. Het bedrijf is zijn leven. Hij is ook teleurgesteld dat hij niet gevraagd is wat langer te blijven. En een gewone plek in de Raad van Commissarissen straks is toch niet hetzelfde. Om ook in de toekomst goed voeling te kunnen houden met wat er in de retailwereld gebeurt neemt hij het initiatief voor een jaarlijkse bijeenkomst met de belangrijkste spelers in de industrie. Op het landgoed Lauswolt in Beesterzwaag, waar een prachtig klassiek hotel staat, zullen ze jaarlijks een keer bij elkaar komen.

Heijn krijgt niet veel tijd om hierover te filosoferen. Hij heeft het druk. Er wordt gevochten om de hand van 'zijn' Ahold. Veel Nederlandse en Europese partijen willen graag met Ahold in zee, op zich natuurlijk een mooi compliment na 40 jaar hard werken.

In de loop van 1988 bouwt Ahold op aansporingen van concurrent Schuitema, een franchiseketen met onder meer de C1000-winkels, een belang in dat bedrijf op van 10 procent. In de loop van het jaar wordt duidelijk waarom. Eric Albada Jelgersma, de grote man van de concurrerende franchiseketen Unigro, is al sinds 1984 bezig om tot een fusie met Schuitema te komen en begint haast te krijgen. Hij vindt dat de franchiseorganisaties samen een vuist moeten maken tegen de oprukkende Albert Heijn. Een combinatie van Schuitema en Unigro zou ongeveer even groot worden als Albert Heijn. Albada Jelgersma fulmineert regelmatig tegen 'monopolistische toestanden van Albert Heijn'. Zijn tegenspeler, Schuitema-directeur Ide Vos (de opvolger van de laatste Schuitema), twijfelt al die jaren tussen twee kwaden: of samen gaan met het dominante Unigro of samengaan met het dominante Ahold.

Albada Jelgersma bouwt ondertussen een belang op van 45 procent in Schuitema. Daar schrikt Vos van. Zo erg dat de sfeer in de onderhandelingen over een samengaan snel verslechterd. Vos biedt Albada Jelgersma aan om zijn aandelen aan een door Vos aan te wijzen partij te verkopen: hij wil de lucht klaren voor eerlijke fusiebesprekingen. Albada Jelgersma gaat daar op in maar wordt voor de gek gehouden. Hij verkoopt zijn belang voor 160 miljoen gulden aan een partij die de aandelen voor die prijs meteen doorverkoopt aan Ahold. Cees van der Hoeven doet de onderhandelingen. Omdat Ahold in de loop van 1988 in het geheim en met hulp van Ide Vos al een belang van 10 procent heeft, is de overnamestrijd beslecht. Albada Jelgersma is woedend.

De afkeer die Vos voor het grootwinkelbedrijf heeft, blijkt kleiner te zijn dan de afkeer voor de manier waarop 'Wilde Eric' zaken wil doen. Voor

Ahold is het een buitenkansje: Ab Heijn gelooft in een combinatie van grote supermarkten en kleine buurtwinkels en kan de ruim 500 wat kleinere zelfstandige winkels van Schuitema hier goed voor gebruiken. Bovendien krijgen ze het belang op deze manier voor een vriendenprijsje. Als ze rechtstreeks met Albada Jelgersma hadden moeten onderhandelen, hadden ze veel meer betaald. Augustus 1988 zitten Ab Heijn en Ide Vos met elkaar 'een weekeindje op een Amsterdams advocatenkantoor te stoeien om de losse eindjes aan elkaar te knopen'.

Vos probeert in die gesprekken de voor bij Schuitema aangesloten winkeliers zo belangrijke onafhankelijkheid zo goed mogelijk vast te leggen. Hij weet dat voor veel leden van zijn achterban Albert Heijn de aartsvijand is. Maar hij hoopt ook dat hij ze kan overtuigen dat ze via een samenwerking tot goedkopere inkoop kunnen komen. Schuitema blijft aan de beurs genoteerd en wordt op armlengte van het Ahold-bestuur geplaatst. Ahold benoemt twee van de vier leden van de toezichthoudende board en mag een voordracht voor de voorzitter doen. Ab Heijn doet een belangrijke belofte: als aandeelhouder mogen we natuurlijk alles zeggen, maar we zullen ons niet met de dagelijkse gang van zaken bemoeien.

Eind oktober 1988 worden Ahold en Schuitema door de commissie fusieaangelegenheden van de SER in het openbaar op de vingers getikt. Ze hebben de fusiecode geschonden omdat ze de bonden niet op tijd hebben ingelicht over hun opzetje. Maar omdat de bonden geen klacht indienen blijft het daarbij. Hoewel hij zelf volgens krantenberichten zo'n 150 miljoen gulden aan deze deal heeft verdiend begint Albada Jelgersma daarop een procedure om de 110.000 aandelen terug te eisen. Die verliest hij uiteindelijk omdat hij in zijn pogingen het vertrouwen van Vos te winnen geen voorwaarden had verbonden aan de verkoop van zijn aandelen. Ahold bouwt het belang in Schuitema in 1991 uit tot 73 procent.

Het is een druk najaar in 1988 want twee maanden later doet Ahold al weer een grote overname. Van Bols koopt het de 20 jaar oude keten Gall & Gall slijterijen. Ze worden samengevoegd met de 90 Alberto-winkels en vormen zo de grootste slijterij van Nederland. De overname is een strategische zet. Albert Heijn is bang dat de overheid de verkoop van drank in supermarkten gaat verbieden, het onderwerp staat regelmatig op de Haagse agenda's. De onderhandelingen worden gevoerd met de financiële man van Bols, Bert Verhelst. Verhelst is een goede bekende van Cees van der Hoeven, ze zitten allebei sinds 1985 in een club van financiële directeuren.

Na vier overnames in de VS waar bovendien de recessie lang aanhoudt, wordt binnen de Raad van Bestuur de aandacht weer wat naar Europa verlegd. De integratie van de Europese markten begint te spelen. In 1988 maakt de Europese Commissie bekend dat er vanaf 31 december 1992 een vrij verkeer zal zijn van kapitaal en goederen tussen de lidstaten. Een harmonisatie van productomschrijvingen biedt vooral grote fabrikanten de gelegenheid hun productie te stroomlijnen en te rationaliseren.

Vooral Frits Ahlqvist, die als grote baas van Albert Heijn binnen de Raad van Bestuur relatief veel met de macht van grote leveranciers te maken heeft, maakt zich zorgen over hun groeiende slagkracht. Hij zwengelt de discussie aan. Moeten wij ook niet wat gaan ondernemen in Europa? Hoe kunnen wij de krachten bundelen?

Na het mislukte Spaanse avontuur met de Cada Dia-winkels is het animo om eigen winkels te beginnen klein. Vanaf de zomer van 1988 wordt daarom de overname van een grote Europese partij onderzocht. Maar de leiding in Zaandam komt al snel tot de conclusie dat de interessante spelers te duur zijn. Ahlqvist neemt daarom het initiatief om met een paar supermarktgiganten in de omringende landen te gaan praten over een Europese samenwerking. Die uitnodigingen vallen in goede aarde: het conservatieve, veelal door families geregeerde supermarktwezen realiseert zich dat het een antwoord moet gaan formuleren op de Europese uitdaging. En waarom zouden ze allemaal op hun eigen markten bezig blijven zelf het wiel uit te vinden?

Met het Franse Casino, het Britse Argyll (eigenaar van de supermarktketen Safeway) en het Duitse Asko worden gesprekken gevoerd over de vorming van een groot Europees samenwerkingsverband. In bedekte termen fantaseren ze zelfs over de vorming van een grote Europese mega-retailer. De besprekingen lopen niet vanzelf. Casino blokkeert in eerste instantie de deelname van de Duitsers omdat deze ook al samenwerken met de Franse concurrent Promodes. De overige drie besluiten daarom zonder Asko te beginnen en kondigen, na een jaar onderhandelen, op 19 mei 1989, de European Retail Alliance (ERA) aan. Om het serieuze karakter van deze samenwerking te onderstrepen geven ze nieuwe aandelen uit ter waarde van 100 miljoen ecu, de Europese rekeneenheid en voorloper van de euro. Via die nieuwe aandelen nemen ze kleine belangen in elkaar: Ahold krijgt een belang in het Franse Casino en het Britse Argyll (eigenaar van Safeway) van respectievelijk 3,4 en 1,5 procent. De Fransen en de Britten nemen allebei een belang van 3,4 procent in Ahold.

De partners beloven met elkaar te gaan samenwerken op gebieden als marketing, inkoop, distributie, kennisuitwisseling over winkelconcepten en ontwikkeling van eigen producten. Een slimme zet, want ze concurreren niet met elkaar en kunnen op deze manier van elkaars expertise gaan profiteren en een vuist maken naar de leveranciers. Allerlei andere Europese bedrijven willen meedoen. Voor deze 'B-leden' wordt een aparte club opgericht: Associated Marketing Services (AMS) geheten. De drie ERA-partners krijgen ieder 20 procent en de nieuwe leden zoals het Zweedse ICA, het Italiaanse Rinascente, het Zwitserse Migros en het Deense Dansk Supermarked, verdelen de rest. Later melden de Noorse Hakon Gruppe van miljardair Stein Eric Hagen, het Ierse Superquinn en het Portugese Jerónimo Martins zich.

De drie ERA-partners gaan voortvarend aan de slag. Ze kopen gezamenlijk computers bij IBM, bundelen hun krachten voor verzekeringspolissen en besparen zo miljoenen. In het AMS-verband wordt het goedkope merk Euroshopper bedacht: het kwalitatieve maar goedkope antwoord op dure A-merken. Zo formuleren deze duurdere fullservice supermarkten een antwoord op de discounters. Daarnaast ontwikkelen ze gezamenlijk ook allerlei nieuwe producten. Voor de eigen pampers wordt bijvoorbeeld een contract met Mölnlycke ondertekend. Dierenvoeding, whisky, wijn: binnen een jaar wordt zo met meer dan 100 fabrikanten een contract getekend.

Met de Duitsers is afgesproken dat Asko eerst lid zou worden van het AMS en dan, in 1990, volwaardig lid van ERA. Maar Asko wil meer: ze melden een 12-procents belang in Ahold van John Fentener van Vlissingen van SHV te hebben gekocht. Die is al sinds 1986 met Ab Heijn in gesprek over samenwerking en diep teleurgesteld dat Ahold voor andere partners heeft gekozen. Asko zwaait nu met een tot 14 procent uitgebouwd pakket aandelen en eist een vergaande samenwerking. Terwijl links en rechts de uitnodigingen voor het afscheid van Ab Heijn op de mat vallen, rinkelen in Zaandam de alarmbellen. De toon van het Duitse verzoek is te agressief.

Ab Heijn is woedend en Ahold grijpt naar een drastisch middel; op 29 augustus haalt het bedrijf zijn beschermingsconstructie uit de kast en plaatst 107.130 preferente aandelen bij de Stichting Ahold Continuïteit. Hiermee wordt het aantal stemmen op de aandeelhoudersvergadering verdubbeld en het is meteen duidelijk waar die stemmen voor en waar ze tegen zullen zijn. Het belang van Asko verwatert. En al zouden ze nog tientallen procenten inkopen: de Duitsers zouden nooit hun zin kunnen krijgen. Via een kort geding eisen de oosterburen alsnog toegang tot het AMS en nieuwe gesprekken met Ahold. Maar de rechter stelt Ahold in het gelijk en Asko staat met lege handen.

Het is een vreemde week. Twee dagen na het dramatische besluit om zijn bedrijf tegen een Duitse overval te beschermen, op 1 september 1989, neemt Ab Heijn afscheid. In de 26 jaar dat hij president is geweest is het bedrijf enorm gegroeid. Onder de streep werd in 1962 3 miljoen gulden genoteerd, nu maakt het bedrijf zeventig keer zoveel winst: bijna 200 miljoen gulden. Bij zijn aantreden werkten er een kleine 1000 man, nu ruim 80.000.

Groot, groter, grootst: de nieuwe president Everaert heeft ook plannen en ventileert deze meteen: we willen in Europa en in de VS nummer 1 of nummer 2 worden. Na het Europese geruzie kijkt Everaert eigenlijk weer liever naar de andere kant van de Atlantische Oceaan. Daar kan je tenminste gewoon een bedrijf helemaal kopen zonder al te veel gedoe. Everaert voorspelt dat er in de VS veel te koop zal komen. Er zijn een paar wilde jaren geweest waarin het mode was voor jonge ambitieuze managers om met veel geleend geld de oude eigenaren uit te kopen en het zittende management te vervangen.

Agressieve bankiers voorzagen deze zogenaamde *leveraged buy outs* (LBO) van leningen, tegen betaling van een superhoge rente. Als *junkbonds* zijn deze leningen doorgeplaatst bij obligatiehouders. Die krijgen ook een hoge rente omdat de obligaties zijn achtergesteld, wat betekent dat ze in geval van een faillissement alles kwijt zijn. Het zijn gevaarlijke gokjes: of het management slaagt erin het verkregen bedrijf te reorganiseren, de winsten op te voeren en de superhoge rentes te betalen, of niet...

Vooral managers van levensmiddelenbedrijven en detailhandelbedrijven werden door deze financiers aangespoord om aquisities te doen. Dit soort bedrijven beschikt over een relatief groot eigen vermogen en een relatief lage waardering van de eigendommen, zoals het onroerend goed, de locaties en vooral: de merknamen. Door dit allemaal goed te managen zouden ze veel winstgevender kunnen worden. Ook managers die geen zin hadden in zo'n agressieve overval, werden er vaak toe gedwongen omdat anders agressieve investeerders, zogenaamde *raiders,* wel eens een overval op hun bedrijf konden doen. En als die zou slagen, zouden ze op straat worden gezet.

Het beruchtste voorbeeld van zo'n dramatische overval is de poging van bestuursvoorzitter Ross Johnson van RJR Nabisco om in de herfst van 1988 zijn bedrijf zo over te nemen. Hij delft het onderspit tegen het nog agressievere bod van Kohlberg Kravis Roberts (KKR). KKR legt na een vijf wekende durende strijd het adembenemende bedrag van 25 miljard dollar voor het bedrijf op tafel. Een jaar eerder keken deze overnamespecialisten van de 'leidende LBO-boutique van de VS' heel even naar First National Supermarkets. Heel even, want wat ze zagen kon ze niet bekoren. In 1988 kopen ze wel de Amerikaanse keten Stop & Shop.

In Zaandam worden deze slimme financiers met een zekere bewondering gevolgd. Ze zien zelf ook kansen. Want de enorme schuldenberg die veel Amerikaanse supermarktbedrijven zo aan gaan zorgt voor steeds meer problemen nu de recessie aanhoudt. Everaert voorspelt dat de komende 2-3 jaar zo'n 5-10 Amerikaanse supermarktketens (met omzetten van 1-2 miljard dollar) in de problemen zullen komen omdat ze het financieel niet meer kunnen bolwerken. Vergezeld van een grote grijns laat hij er in *NRC Handelsblad* geen misverstand over bestaan: 'En dan zijn wij er om ze op te vangen... Ze zullen geld nodig hebben...'

In de Raad van Bestuur wordt de nieuwe president met enig wantrouwen gevolgd. De andere vier leden vinden het moeilijk om onder zijn leiding te werken. Ze zijn door een moeizaam proces gegaan om hem juist niet te kiezen als hun leider. En nu is hij het toch. Ahlqvist, Zwartendijk, Van Dun en niet in de laatste plaats Van der Hoeven gaan zich bovendien steeds meer ergeren aan de ongrijpbaarheid van hun baas. Hij doet misschien niet zo heel veel fout, maar wat draagt hij eigenlijk bij? Everaert is er weinig. Begin 1991 blijkt hij met meer dan 500 vluchten een van de meest frequente gebruikers van de Concorde.

Ze komen er steeds meer achter dat hun baas een grenzeloze fantasie heeft en niet schroomt om fantasie en werkelijkheid met elkaar te vermengen als dat voor het verhaal goed uitkomt. Hij verzint dingen ter plekke. Zo vertelt hij aan een krant dat hij zichzelf bij Ahold heeft gemeld in 1985 omdat hij in begon te zien dat marketing in de retail steeds belangrijker zou worden. Dat past goed in het verhaal, maar het is niet waar. Hij is gewoon aangedragen door headhunter Arnold Tempel.

Zijn passie voor technologie zorgt ervoor dat de vergaderzaal van de Raad van Bestuur wordt volgepakt met elektronica. Er komt een elektronisch vergadersysteem, inclusief een videomuur voor *conference calls.*

Everaert zit graag aan knoppen en zorgt ervoor dat al deze zaken vanuit een paneel naast een stoel, zijn stoel, kunnen worden bestuurd. De rest kijkt hier meewarig naar en waakt ervoor niet per ongeluk in die stoel te gaan zitten.

Everaert gooit zijn collega's in en net onder de Raad van Bestuur dood met allerlei details over van alles en nog wat. Hij probeert ze daarmee de indruk te geven letterlijk een ongelooflijke detaillist te zijn. Want zoals hij zelf ook vindt: *retail is detail.* Maar Zwartendijk, die hem in de Verenigde Staten is opgevolgd als de baas van de Amerikaanse activiteiten, constateert al snel dat die betrokkenheid bij de winkels en de kennis ervan enorm tegenvalt.

Het ergert Ahlqvist dat Everaert veel beslissingen voor de vergaderingen van de Raad van Bestuur probeert voor te koken. De bestuursvoorzitter hoopt door één-op-één-gesprekken met individuele leden, de collectieve weerstand in de vergaderingen tegen hem te breken. Het zorgt volgens Ahlqvist voor langdradige discussies.

In de Raad van Bestuur zaagt Cees van der Hoeven regelmatig aan de poten van de voorzitter. Niet te hard natuurlijk, want Everaert kan hem in principe ontslaan. Maar Van der Hoeven laat geen gelegenheid onbenut om hem in discussies hard aan te pakken. Met name zijn financieel-economische kennis zet hij in om Everaert de oren te wassen en waar mogelijk te corrigeren. Hij steekt zijn ergernis over de overdadige declaraties van de grote baas ook niet onder stoelen of banken. Het gevlieg met de Concorde vindt hij niet passen. Hij vindt dat Everaert niet goed op de centen past.

Van der Hoeven en Everaert liggen constant met elkaar in de clinch. De oudere garde: Ahlqvist, Van Dun en Zwartendijk, proberen voor rust te zorgen. Als 'de jongelui' weer eens met elkaar in gevecht zijn, proberen ze het conflict te sussen.

Naar buiten toe stelt Van der Hoeven zich ondertussen nadrukkelijk op als een consistente en betrouwbare financiële man. Hij richt zich in zijn commentaren regelmatig direct tot beleggers en zegt dingen als: 'goede investor relations houden onder meer in dat je een consistent verhaal vertelt aan beleggers. Dat betekent dat er van de kant van Ahold geen negatieve verrassingen mogen komen, zeker niet als het gaat om de te verwachten winst.'

Hij blaakt van zelfvertrouwen en wil dat ook nadrukkelijk uitstralen naar de mensen die aandelen Ahold bezitten of zouden moeten kopen. Dat blijkt uit zijn opvattingen over het uitkeren van dividend. Tegen *Het*

Financieele Dagblad zegt hij in september 1990: We geven naar keuze een dividend in contanten of in aandelen, waarbij op het aandelendividend een zekere premie wordt gegeven. Het heeft voor de belegger dan ook geen zin om dividend in contanten te vragen, omdat er eerst met de fiscus moet worden afgerekend en vervolgens opnieuw een beleggingsbeslissing moet worden genomen, bijvoorbeeld een belegging in Ahold.' Het afschaffen van dividend gaat Van der Hoeven iets te ver, maar het scheelt niet veel.

Ondanks de interne spanningen zijn Everaert en Van der Hoeven het over een ding eens: een goede communicatie is onontbeerlijk. Ze zijn er allebei van doordrongen dat op de markten van vraag en aanbod veel om vertrouwen draait. Vertrouwen zorgt voor een stevige koersontwikkeling en die is nodig om andere bedrijven over te kunnen nemen. Ze geloven in de wetten van de *self-fullfilling prophecy*. Als je roept dat het goed gaat en de markt gelooft dat, dan gaat het ook goed.

In 1990 wordt Hans Gobes weggehaald bij DSM, waar hij dan nog maar een paar maanden zit, om de communicatie van het bedrijf te stroomlijnen. Op voorspraak van Van der Hoeven, Gobes is zijn buurman in Bloemendaal. Ze kunnen het goed met elkaar vinden. Everaert gaat akkoord. Everaert wil Ahold stevig neerzetten. Buiten Nederland kent niemand het bedrijf. En in Nederland wil hij dat er een duidelijk onderscheid wordt gemaakt tussen Albert Heijn en Ahold.

Gobes en Everaert vinden elkaar in die manier van communiceren. Niet een bedrijf maar vooral ook een persoon moet worden neergezet: de persoon van de bestuursvoorzitter. Op z'n Amerikaans moet het bedrijf een gezicht via de bestuursvoorzitter krijgen. Ze realiseren zich dat dit vooral in Nederland niet mee zal vallen, na al die jaren waarin Ab Heijn zo dominant in het nieuws is geweest. Everaert wil dan ook dat de naam van zijn voorganger zo weinig mogelijk valt in zijn bijzijn. Hij wil ook meer afstand van de Albert Heijn-organisatie. Ook fysiek.

Op 31 mei verhuist de Raad van Bestuur naar een fonkelnieuw hoofdkantoor aan de andere kant van de straat. De Albert Heijn-organisatie en de Ahold-holding worden zo fysiek van elkaar gescheiden. De even nieuwe weg die naar het licht granieten gebouw loopt heet de 'Albert Heijnweg'. In het kader van de veiligheid krijgt de Raad van Bestuur een eigen garage-ingang met lift.

Ab Heijn geeft bij de opening van het nieuwe Ahold-hoofdkantoor het beeld van de huisvrouw met de twee volle boodschappentassen cadeau.

Met als onderschrift 'opdat wij niet vergeten voor wie wij werken' komt het beeld pal voor de ingang te staan. In navolging van AH-woordvoerder Eric Muller noemt het personeel haar al snel Beppie.

Ondanks de moeizame verhoudingen in de Raad van Bestuur loopt het bedrijf goed. In de Verenigde Staten is ondertussen al weer hard gewerkt aan een volgende grote overname. Rob Zwartendijk meldt eind 1990 dat hij na een jaar zoeken een geschikte prooi heeft gevonden. De Raad van Bestuur komt over en gaat een dag met het management van Tops Markets langs de winkels. Ze zijn onder de indruk.

Met een omzet van 1,1 miljard dollar en 11.000 werknemers zit Tops Markets in de top-25 van de grootste supermarkten en Ahold kan via deze overname met stip stijgen naar de negende plek in de VS. En wat belangrijker is: ook deze winkels bevinden zich weer aan de Oostkust van de VS. Dat vindt Zwartendijk belangrijk omdat hij echte synergie wil gaan realiseren met de verschillende ketens. En hoe dichter die bij elkaar liggen, hoe beter dat kan.

Tops heeft in het verleden verschillende prijzen gewonnen als beste supermarkt van de VS, maar heeft daardoor ook de verkeerde aandacht gekregen. Het bedrijf is meerdere keren misbruikt in management *buy-outs*. In 1983 wordt het door managers via een *buy-out* van de beurs gehaald en dat gebeurt in juli 1987 voor de tweede keer: nu voor een kleine 200 miljoen dollar. Het zittende management heeft nu 45 procent van de aandelen, investeringsbanken hebben ook 45 procent en enkele institutionele beleggers de rest. Het bedrijf draait redelijk en boekt een brutowinst van 36,8 miljoen op een omzet van 1,1 miljard: deze marge van 3 procent is toch twee keer zoveel als de gemiddelde marge van de andere drie ketens. Daar zit muziek in.

Aan de andere kant moet het bedrijf over die 325 miljoen dollar een rente van zo'n 15 procent betalen, ongeveer 45 miljoen per jaar. Als gevolg van die dure financiering is de afgelopen jaren te weinig geld in het bedrijf geïnvesteerd. De laatste twee jaren konden maar 3 nieuwe winkels worden geopend, terwijl het eigenlijk ieder jaar minimaal 6 nieuwe winkels wil openen.

Dit financieringsvraagstuk is weer een kolfje naar de hand van Cees van der Hoeven. Hij gaat aan de slag om de dure leningen om te zetten in goedkopere en zo geld vrij te maken voor investeringen. Gecombineerd met een uitgebreid boekenonderzoek dat door de eigen interne accountantsdienst wordt gedaan, kan op 27 maart 1991 de overname bekend worden gemaakt. Ahold betaald 125 miljoen dollar voor de aandelen en neemt de schuld van 325 miljoen over. Na de overname van Tops telt Ahold opeens helemaal mee in de Verenigde Staten. De Amerikanen krijgen in de gaten waar die Hollanders mee bezig zijn: de verovering van de Oostkust, waar ze nu de vierde speler zijn.

Zwartendijk timmert ondertussen driftig verder aan het realiseren van efficiency en besparingen. Alleen langs die weg kunnen de dure overnames worden terugverdiend. Hij stelt 23 'synergie-groepen' samen met mensen uit de verschillende ketens en verplicht hen na te denken over samenwerking en besparing. In 1990 worden de eerste, kleine vruchten van dit moeizame proces geplukt: ongeveer 8 miljoen dollar wordt bespaard. Maar met de overname van Tops neemt de schaalgrootte verder toe en zal het uitzicht op meer besparingen toenemen.

Net als zijn voorgangers kiest Zwartendijk voor de lange weg. Hij laat de bestaande merken en managers min of meer op hun plek. De klanten houden van hun supermarkten en moeten zich daar thuis blijven voelen. Maar aan de achterkant van deze bedrijven moeten ze met elkaar samenwerken. Zwartendijk probeert een gevoel van gemeenschappelijkheid en collectieve verantwoordelijkheid te creëren bij de leiding van de verschillende bedrijven.

De scepsis is aanvankelijk groot. Na de opportunistische jaren waarin aandeelhouders, managers en agressieve bankiers vooral druk bezig zijn geweest hun eigen zakken te vullen, vinden Amerikanen het moeilijk te geloven dat deze Nederlandse eigenaar hen gekocht heeft voor de lange termijn. Dat het de bedoeling is om de komende jaren samen te werken en geld te investeren.

Wantrouwig kijken de voormalige concurrenten naar elkaar, ze proberen in eerste instantie elkaar de loef af te steken. Zwartendijk vliegt drie keer per maand naar de VS en probeert gezamenlijke investeringen en inkopen tussen de vier ketens tot stand te brengen en het woordje 'centraal' zoveel mogelijk te vermijden. Er wordt begonnen met het gezamenlijk opzetten van zaken die ver van de eigenlijke business afliggen: administratie, computersystemen.

Langzaam maar zeker groeit onder de Amerikanen het besef dat werken in een team voordelen oplevert. Vervolgens worden meer gevoelige onderwerpen bespreekbaar gemaakt: de distributie bijvoorbeeld. Ook hier wordt voor een lange omweg gekozen. Eerst worden de gezamenlijke doelen geformuleerd. Wat zou de gewenste levertijd zijn, het ideale niveau van de voorraden. Pas daarna durven ze het aan om te praten over een gezamenlijke inkoop: het terrein waar het meeste geld valt te verdienen. Hier is de competitie tussen de verschillende inkopers, die allemaal hun bonussen willen realiseren, het grootst.

De Amerikanen weten niet wat ze overkomt. Ze zijn een erg op resultaten gerichte top-down benadering gewend. Nu moeten ze opeens over van alles gaan praten, gaan samenwerken. Het is een intensief en tijdrovend proces, maar die Hollandse missie werpt vruchten af.

Tops Markets levert binnen 12 maanden al een flinke bijdrage. Een succes dat naar meer smaakt. Everaert vat de ambities samen: het risico in de VS is veel kleiner, de keuze is er groter en we kunnen er het snelst groeien. We hebben daar nog maar 450 supermarkten op een totaal van 35.000. Hij klaagt over de ingewikkelde Europese regelgeving, de versnippering van de markten. Bovendien dragen de Amerikaanse dochters bij aan groei. Er wordt over 1991 13 procent meer winst gemaakt. De omzet in de Verenigde Staten bedraagt nu ruim 10 miljard gulden en is daarmee groter dan de omzet in Nederland.

Iedere keer als Everaert de mond vol heeft over het succes in de Verenigde Staten krijgen de directieleden van Albert Heijn pijn in hun buik. Want het belang van Albert Heijn wordt zo steeds minder gehoord. Ze krijgen het gevoel er maar een beetje bij te hangen. Met het uitbouwen van de activiteiten buiten Albert Heijn wordt binnen de Raad van Bestuur bovendien vaak gesproken over een duidelijker scheiding tussen de belangen van Ahold en die van Albert Heijn. Albert Heijn heeft Ahold op de wereld gezet, maar nu moet Ahold de sturende en leidende rol gaan spelen en moet Albert Heijn zich als een van de dochters gaan gedragen. Een dochter die vooral veel geld binnen brengt, geld dat nodig is voor buitenlandse avonturen.

Binnen de Raad van Bestuur vond vooral Ab Heijn het al jaren belangrijk dat er een aparte eerste man voor Albert Heijn wordt benoemd. Eentje die niet, zoals Ahlqvist, in de Raad van Bestuur zit. Ahlqvist heeft dit nooit een goed idee gevonden. Hij gelooft juist dat het belangrijk is om de stem van deze grote dochter door te laten klinken in de Raad van Bestuur. Hij heeft trouwens ook geen zin om te moeten kiezen tussen zijn grote liefde Albert Heijn en de macht in de Raad van Bestuur. Het is een keuze die hem verscheurt.

De discussie loopt al lang. Eerst is buiten het bedrijf naar een geschikte man gezocht. Cor Boonstra, toen de baas bij Intradal, was jaren eerder nog op voorspraak van Leon Coren in gesprek geraakt met Ahold. Als de latere Philips-topman bij Ab Heijn laat doorschemeren dat hij ook een plek in de Raad van Bestuur wil, gaat het niet door.

Per 1 januari 1990 lukt het eindelijk om de directe aansturing van Albert Heijn bij Frits Ahlqvist weg te halen. Het argument dat Ahlqvist voor Ahold ook in de rest van Europa aan de slag moet, geeft de doorslag. De agenda van Ahlqvist wordt bijvoorbeeld steeds meer gevuld met afspraken in het voormalige Oostblok, Ahold probeert daar sinds de val van de muur twee jaar eerder voet aan de grond te krijgen.

De dan 41-jarige Jeroen Hunfelt wordt de nieuwe directie-voorzitter van Albert Heijn. Hunfelt werkt al 15 jaar voor het bedrijf en heeft onder meer Etos goed op poten gezet. Hij rapporteert in zijn nieuwe functie alleen wel aan Frits Ahlqvist. Het kost Ahlquist grote moeite om Albert Heijn los te laten en Hunfelt de ruimte te geven. In het voorjaar van 1990 gaat Ahlqvist bijvoorbeeld zelf met de bonden praten als het bedrijf te maken krijgt met stakingen. Hunfelt is boos: wat is nou zijn mandaat?

Ook binnen zijn eigen directieteam heeft Hunfelt het niet makkelijk. De financiële man Hille Bosma en de operationele man Jan Andreae hadden zelf gehoopt dat ze de baas zouden worden. Ook de succesvolle marke- tingman Krijn Dorsman heeft fantasieën in die richting. Ze vinden Hunfelt te licht en laten hem dat ook merken. Hunfelt is tegen hun zin in be- noemd.

Ze testen hun nieuwe baas uit. Ze willen kijken of er in de Raad van Bestuur naar Hunfelt en dus naar Albert Heijn wordt geluisterd. Ze vinden bijvoorbeeld dat het handig zou zijn om samen twee auto's met chauffeur te delen. De hele Raad van Bestuur van Ahold heeft sinds de moord op Gerrit Jan Heijn een auto met chauffeur, verplicht. Dus waarom zouden zij er niet twee kunnen delen? Hunfelt gaat met dit verzoek naar Pierre Everaert, maar die stuurt hem met lege handen terug naar zijn directie.

Ondanks veel politieke toestanden doet Albert Heijn het goed in het eer- ste jaar van Hunfelt: het marktaandeel groeit met een half procent naar 25,7 procent, de omzet bedraagt een kleine acht miljard gulden. Maar goed is een relatief gegeven geworden, Van der Hoeven vindt dat het nog beter kan en wijst regelmatig op de marges in de VS.

De ambitieuze Hunfelt heeft grote plannen met Albert Heijn. Hij vindt het bedrijf te verkokerd en bureaucratisch. Albert Heijn wordt in die tijd uitgelachen om zijn veel te dure inkoop. De marktleider lijkt daar een blinde vlek te hebben en ervan overtuigd te zijn als grootste goede zaken met de leveranciers te doen. Bij samenwerkingsverbanden als de Superunie weten ze wel beter. Albert Heijn vindt het kennelijk niet nodig om zijn prijzen met die van de concurrentie te vergelijken, dan zou het bedrijf namelijk weten dat het helemaal niet optimaal inkoopt. De mensen die in de AH-winkels werken en verantwoordelijk zijn voor de verkoop, klagen al jaren over die arrogante inkopers van het hoofdkantoor. Hunfelt wil daar beter naar kunnen luisteren en de macht van het hoofdkantoor breken, hij wil meer ruimte maken voor de mensen in het veld. Er zitten elf lagen tussen hem en de werkvloer.

Enigszins geïsoleerd in zijn eigen directie besluit Hunfelt in zijn eentje een plan te maken en daar steun voor te winnen binnen de Raad van Bestuur. Met hulp van Jan van der Voort praat Hunfelt om Ahlqvist heen direct met bestuursvoorzitter Everaert. Die moedigt hem aan. Ahlqvist krijgt dit te horen en heeft het idee dat Hunfelt bezig is een mes in zijn rug te steken.

Everaert zit zelf in een lastig pakket met Ahlqvist. De laatste vraagt zich af of hij nog wel gewenst is in deze Raad van Bestuur. Everaert twijfelt daar ook over. Twijfel die nu van twee kanten wordt gevoed. Vanuit de Raad van Commissarissen door Ab Heijn, die nooit een vriend van Ahlqvist is geweest en nu dus ook door Hunfelt.

Everaert lijkt die kritiek te gebruiken in de moeizame ontmoetingen met de introverte Zweed. Daarin wordt gesproken over een mogelijk afscheid. Maar als dat bekend wordt, merkt Everaert dat hij het verkeerde spoor aan het bewandelen is. De andere leden van de Raad van Bestuur kiezen heel nadrukkelijk voor Ahlqvist, ze wijzen op zijn enorme verdiensten voor het bedrijf de afgelopen twintig jaar. En wat belangrijker is: Jan Choufoer vindt ook heel expliciet dat Ahlqvist moet blijven. De president-commissaris stelt nadrukkelijk dat de retail-ervaring van Ahlqvist belangrijk is voor het bedrijf.

De spanning loopt snel op. Er zijn allerlei aantijgingen over en weer van mensen die elkaar beschuldigen van vreemde spelletjes. Jan Andreae en Hille Bosma hebben inmiddels met hun eigen strategische plan bij leden van de Raad van Bestuur aangeklopt en daarmee een motie van wantrouwen aan het adres van Hunfelt ingediend.

Als de gelederen rondom Ahlqvist zich in de Raad van Bestuur hebben gesloten en iedereen zich afvraagt waar het nou eigenlijk bijna is mis gegaan gaan de pijlen niet naar Ab Heijn of Pierre Everaert maar naar Jeroen Hunfelt. Als die op een dinsdag in april 1991 eindelijk zijn plannen in de Raad van Bestuur presenteert, heeft hij echter nog steeds de overtuiging dat hij in ieder geval door Everaert gesteund zal worden. Niets is minder waar. En nadat hij drie uur is doorgezaagd, krijgt Hunfelt nul op rekest. Zijn plannen worden vierkant afgeschoten. Die vrijdag, na 15 maanden de baas van AH te zijn geweest, verlaat Hunfelt Ahold.

De eerste poging tot 'ontkoppeling' tussen dochter en moeder is faliekant mislukt. En Everaert krijgt van de andere leden van de Raad van Bestuur de schuld. Hij had dit opener moeten spelen.

Frits Ahlqvist probeert de Europese ambities gestalte te geven en zorgt ervoor dat de hele Raad van Bestuur op 9 november 1991 wordt uitgenodigd door Stein Erik Hagen. De Noorse miljardair is eigenaar van de Hakon Gruppe. Hagen is op zoek naar een partij om een deel van zijn belang te verkopen. Hij wil andere dingen met zijn geld gaan doen, onroerend goed enzo. Maar Hagen wil de meerderheid in het door zijn vader Odd Hagen opgerichte bedrijf niet opgeven.

Hagen leidt de vijf Ahold-bestuurders enthousiast rond. Ze eten rendiervlees in het Intercontinental Hotel in Oslo en komen allemaal met een grote zalm thuis, maar er worden nog geen zaken gedaan. Een paar weken later bezoekt Hagen Zaandam, maar als blijkt dat Ahold eigenlijk alleen maar in een volledige overname is geïnteresseerd, lopen de gesprekken op niets uit.

De vrijage maakt wel iets los bij de Zweedse buren van Hagen. Een paar weken na zijn bezoek aan Zaandam belt het Zweedse ICA met het aanbod om een belang van 35 procent in Hakon te nemen. Binnen vier dagen zijn de contracten voor de Scandinavische samenwerking getekend.

Het valt in Zaandam ondertussen niet mee een opvolger voor Hunfelt te benoemen. Ook hier zijn er drie kandidaten die graag de baas willen worden: Bosma, Dorsman en Andreae. Het ambitieuze plan van Andreae en Bosma is goed gevallen in de Raad van Bestuur, het tweetal stelt voor de kar samen te trekken. Maar de Raad van Bestuur ziet een tweekoppige leiding niet zitten.

Andreae wordt alom gezien als een goede retailer en een strategisch denker. Hij kan mensen motiveren en is een goed manager zolang hij aan de bal kan zijn. Bosma sluit zich bij Andreae aan. Maar Dorsman en Jacques Voskamp voeren oppositie. Bij Peter van Dun thuis stellen Andreae en Bosma hun baas voor de keuze: zij eruit of wij eruit. Van Dun die binnen de Raad van Bestuur de eerste verantwoordelijke voor Albert Heijn is geworden, kiest voor het tweetal, het bedrijf neemt afscheid van Dorsman en Voskamp.

Het kost acht maanden om het stof te laten dalen en Jan Andreae, tot op dat moment verantwoordelijk voor de operationele zaken van Albert Heijn, tot opvolger van Hunfelt te benoemen. In het Amsterdamse hotel Krasnapolsky komt de top van Albert Heijn bij elkaar en maakt Andreae duidelijk dat hij en Bosma nu samen de leiding van het bedrijf op zich zullen nemen. De Raad van Bestuur vindt dit wat mager. Bij BolsWessanen haalt Andreae versterking weg: Oscar van den Ende gaat op de oude stoel van Andreae zitten. Onder dit drietal wordt een operationele directie opgetuigd met getalenteerde retailers als Ronald van Solt, Harry Bruijniks en Tom Heidman. De functie van de voorzitter wordt verder opgetuigd. Jan Andreae wordt president van Albert Heijn, zijn voorganger was nog gewoon directievoorzitter. En zijn opdracht is ook duidelijk: het opvoeren van de winstmarge van Albert Heijn.

Varend en drinkend op 'Het Zwarte Schaap', de boot van Hille Bosma, bedenken de gastheer en Andreae hoe de strategie van Albert Heijn er uit moet gaan zien. Ze stellen vast dat door de individualisering Albert Heijn in Nederland te maken heeft met 15 miljoen verschillende markten. Ze willen met moderne automatiseringssystemen tot een optimale afstemming op de wensen van de klanten komen. Die moeten gaan bepalen wanneer iets in de winkel ligt. En daar gaat die klant dan natuurlijk ook voor betalen. Ze komen uit op een vijfjarenplan waarin Albert Heijn ieder jaar tien procent meer winst kan maken en, zij het voorzichtig, in marktaandeel kan groeien. Wel spreken ze af dat op het moment dat het marktaandeel meer dan 0,3 procent afkalft, dat dan een deel van de winst moet worden ingeleverd om via lagere prijzen weer op het gewenste peil te komen.

Everaert, die door de hele affaire in de Raad van Bestuur en in de Raad van Commissarissen een flinke deuk heeft opgelopen, laat in een interview trots weten dat Andreae ook aan de slag moet met de winkel van de 21ste eeuw. Hij is helemaal vol van een speciaal door Philips ontwikkeld winkelkarretje met allerlei elektronische snufjes, zoals een *cellular phone*, een scanner en een creditcard.

Jan Andreae heeft geen gemakkelijke start. Over 1991 groeit Albert Heijn, goed voor 45.000 werknemers, nauwelijks. De financiële man, Hille Bosma, waarschuwt in een intern blad: de kostenstijgingen zijn zo groot, dat zonder besparingen de winsten dreigen te dalen. Hij zegt dit ook tegen 550 managers van supermarkten: 'Na jaren van mooi weer komen we met de detailhandel in een minder zonnige periode. Sterker nog: het gaat regenen en in die regen zullen we ook de wind nog tegen hebben.' Van der Hoeven zit in de zaal en geeft Bosma een compliment over zijn verhaal. Dit is taal die nodig is om de interne organisatie te laten voelen dat er ingegrepen moet worden.

Maar beleggers schrikken van deze boodschap, de koers daalt met 3,60 naar 72,50. En dat vinden ze nou weer niet leuk op het hoofdkantoor, ze vragen Andreae om uitleg. Die probeert antwoorden te formuleren: de effectiviteit van het personeel moet omhoog. De uren die hierbij vrijkomen kunnen dan worden gebruikt voor nog meer dienstverlening aan de klant. Hij hoopt op een stijging van het marktaandeel van AH naar 30-35 procent. Dat klinkt ze op het hoofdkantoor als muziek in de oren: Andreae mag 200 miljoen investeren en kondigt aan de komende 5 jaar 20 megasupermarkten te zullen openen van 3500 vierkante meter.

In februari van 1992 presenteert Andreae een innovatie die past bij de tijd. De beurs wordt voor steeds meer mensen belangrijk. Voortaan kunnen klanten en medewerkers deelnemen in het AH Vaste Klantenfonds. De helft van dit geld wordt in aandelen Ahold gestopt, de andere helft wordt aan het bedrijf geleend tegen een vaste rente. Werknemers kunnen geld lenen om deel te nemen in het fonds. De klanten vinden het mooi, de verkoop van spaarzegels stijgt in korte tijd met 7 procent.

Het voorjaar van 1992 zijn Cees van der Hoeven, Pierre Everaert en Rob Zwartendijk met hun gedachten vooral in de Verenigde Staten. Ze hebben een droom. Ze willen Stop & Shop kopen. Dat vinden ze de mooiste supermarktketen in de VS. De winkels sluiten vrijwel naadloos bij de bestaande ketens aan. Bovendien hebben de winkels van FNS last van de concurrentie van Stop&Shop.

Ondersteund door de bankiers van Goldman Sachs en ABN Amro en verschillende advocaten en andere adviseurs oefenen ze de vragen die de huidige eigenaar KKR, toch een van de grootste investeerders/management buyout specialisten in de VS, zou kunnen stellen als ze een bod gaan uitbrengen. De banken hebben daarvoor een fors overbruggingskrediet klaargezet.

In mei is het zover. Goed voorbereid en voorzien van alle mogelijke kennis reizen ze gedrieën af. KKR heeft nu vier jaar aan het bedrijf zitten schaven en poetsen. Het toch een tikje nerveuze drietal denkt dat ze er nu wel vanaf willen.

Het is een imposant gebouw daar aan de 58ste straat, een lift brengt ze naar de 42ste verdieping. Ze kijken uit over Central Park. Henry Kravis ontvangt ze in de *conference room*. Ze rekenen erop dat ze doorgezaagd zullen worden over de talloze onderwerpen die ze zo goed hebben voorbereid; maar Kravis stelt maar één vraag: wat bieden jullie? Ze weten niet zo snel wat ze moeten zeggen, en dus herhaalt Kravis het nog een keer: wat willen jullie betalen?

Everaert schraapt zijn keel en zegt: 23 dollar per aandeel. Het is het einde van het gesprek. Kravis wil 50 procent meer hebben. Het *not enough* galmt nog lang na.

Gedurende 1992 verslechtert het contact tussen Everaert en de rest van de Raad van Bestuur snel. Op de wekelijkse vergaderingen op maandagmiddag is de opkomst steeds minder goed. Iedereen duikt in zijn eigen baan en verantwoordelijkheid en overlegt steeds meer bilateraal met de andere collega's. Het komt ook steeds vaker voor dat ze met elkaar overleggen in afwezigheid van Everaert. Van der Hoeven is diep gefrustreerd en laat mensen op het hoofdkantoor weten dat hij vertrekt als Everaert nog langer blijft.

De bestuursvoorzitter verliest steeds meer het contact met het bedrijf. Hij blijft hangen in ideeën. Managers die aan hem rapporteren, leren dat Everaert het helemaal niet prettig vindt om herinnerd te worden aan de dingen die hij de dag ervoor heeft gezegd. Het valt ook de Raad van Commissarissen op dat de bestuursvoorzitter veel weg is en vooral de leuke klusjes eruit pakt.

In een poging om de sfeer onderling wat te verbeteren, om nader tot elkaar te komen, besluiten de leden van de Raad van Bestuur met elkaar een paar dagen naar de Olympische Spelen in Barcelona te gaan. Ze bezoeken verschillende evenementen. Maar de echte issues komen niet op tafel. Op een avond zitten ze in een restaurant en blijkt verderop Henry Kravis, de grote man van KKR, te zitten. Het contact wordt gelegd. Weer praten ze even over die grote wens van Ahold: de supermarktketen Stop & Shop. En weer is er die opwinding.

In 1992 stelt Cees van der Hoeven een nieuwe directeur financiën voor aan de leden van de Raad van Bestuur: de dan 42-jarige Michiel Meurs. Meurs studeerde economie aan de Erasmus Universiteit in Rotterdam en was daar een actief lid van het studentencorps, lichting '69 die als laatste nog werd kaalgeschoren. Dat verbindt hem in zekere zin met Cees van der Hoeven. In dat opzicht spreken ze eenzelfde taal.

Na zijn studententijd gaat Meurs bij de ABN werken. Hij brengt vele jaren voor de bank in het buitenland door. Die internationale oriëntatie past goed bij hem, zijn vader was diplomaat. Hij maakt een mooie carrière. Als de bank in 1990 fuseert met Amro, is Michiel Meurs verantwoordelijk voor een van de grootste kantoren van de bank: in Rotterdam.

De nieuwe ABN Amro-combinatie wil de integratie bij die grote kantoren snel tot stand brengen. Meurs krijgt te maken met een jaargenoot uit Rotterdam: Hans ten Cate is zijn evenknie bij de Amrobank in Rotterdam. Net eenenveertig jaar oud vraagt Meurs zich af of hij eigenlijk nog wel langer bankier wil zijn. Het perspectief op een snelle carrière binnen de bank is na de fusie met Amro in ieder geval gehalveerd.

Headhunter Rudolf Jordaan van Egon Zehnder benadert hem op verzoek van Cees van der Hoeven. De *cfo* van Ahold wil de financiële staf op het hoofdkantoor verder versterken, en vindt Meurs de goede kandidaat.

Ook Meurs maakt een sollicitatierondje met de Raad van Bestuur. Hij praat met iedereen afzonderlijk. De ontmoetingen zijn plezierig. Ze vinden hem een keurige, aardige jongen. Meurs is in de beleving van de zittende leden een beetje bekakt, maar niet verkeerd bekakt; niet arrogant bekakt.

Hij maakt bovendien een bescheiden eerste indruk. Daarbij wordt gedacht: hij wordt een specialist onder de Raad van Bestuur, Cees zal wel goed naar de technische kennis en kunde hebben gekeken. Bovendien heeft hij ook nog een goed gesprek met Jan van der Voort gehad. Ze worden het snel eens.

Met de financiën gaat het trouwens allemaal wat minder bij Ahold. Vooral als gevolg van de overname van Tops (er moet voor 450 miljoen gulden aan goodwill worden afgeboekt) krijgt de sovabiliteit een flinke tik en daalt van 35 naar 24 procent. De rentelasten verdubbelen in 1991 naar ruim 150 miljoen gulden. Er wordt druk gespeculeerd over een emissie. Maar Cees van der Hoeven schrikt niet van de nieuwe verhoudingen op de balans.

Halverwege 1992 koopt Ahold voor 100 miljoen gulden een 49-procents belang in Jerónimo Martins Retail. De Portugese familie krijgt 51 procent in de joint venture waarin zij de winkelketen Pingo Doce ('Zoete Druppel') inbrengen.

Tot voor kort deden de Portugezen de exploitatie samen met de Belgische keten Delhaize. De Belgen stappen eruit omdat ze geen invloed hebben op het beleid. Ahold bedingt daarop bij de Portugezen dat de besluitvorming alleen bij consensus zal plaatsvinden en stelt daarom dat de zeggenschap gelijkelijk verdeeld is over beide partners. Beide partners krijgen ook een vetorecht.

De Europese Commissie gaat akkoord omdat in de overeenkomst tussen aandeelhouders staat dat ze gezamenlijk controle zullen uitoefenen. De joint venture zal worden geleid door een *board of directors* waarin vier van de zeven leden door de Portugezen zullen worden benoemd en drie door Ahold. Tijdens een persconferentie zegt een enthousiaste Van der Hoeven te verwachten dat Pingo Doce in staat moet zijn het aantal filialen binnen zeven jaar te verdubbelen.

Het succes prikkelt de fantasie van Everaert want in dezelfde maand september gooit hij nog een schepje bovenop de ambities van het concern: 'In 1997 zullen we met een omzet van 40 miljard gulden en een winst van 500 miljoen twee keer zo groot zijn als nu. We hoeven nog maar één grote overname te doen: en die zal in de VS zijn.'

Daar gaat het trouwens niet overal goed. De winst bij First National Supermarkets wordt getroffen door de recessie. Teruglopende omzet en gestegen kosten nekken het resultaat. De andere ketens hebben daar minder last van. Het lukt Ahold niet om grip te krijgen op de vier jaar eerder met veel tamtam gekochte keten. De kwaliteit van het management valt tegen, evenals de kwaliteit van de winkels. FNS is de enige Ahold-keten die nog niet met Aholds beproefde concept van 'every day low prices' werkt. Ze werken nog met het oude Amerikaanse systeem van extreme aanbiedingen en verder relatief hoge prijzen. Langzaam maar zeker realiseert de RvB zich dat FNS toch een miskoop is.

Er is nog een miskoop. Een paar dagen voor Sinterklaas 1992 krijgt Ab Heijn in Bloemendaal opeens bezoek van Pierre Everaert. Hij heeft een belangrijke boodschap. In Heijns studeerkamer vertelt Everaert dat hij naar Philips vertrekt. Hij gaat voor de grotere glorie. Philips is voor Everaert met zijn passie voor technologie een aansprekender bedrijf dan Ahold. En een maatje groter. Hij vertelt dat hij daar de baas kan worden.

Ab is verontwaardigd, beledigd bijna. Diezelfde avond wordt hij door de president-commissaris van Philips, Wisse Dekker, gebeld. Die verontschuldigt zich maar Ab Heijn laat weten er trots op te zijn dat Dekker kennelijk een kruidenier nodig heeft om Philips uit de shit te halen.

De volgende ochtend vertelt Everaert het nieuws aan zijn collega's in de Raad van Bestuur in Zaandam. Het bericht wordt koeltjes ontvangen. Hij krijgt van iedereen een hand en de felicitaties, daarna gaan ze over tot de orde van de dag. Als ze in kleine kring nog even bij elkaar zitten, overheerst de opluchting.

President-commissaris Choufoer wordt ook maar heel even overvallen door het bericht van Everaert, maar dwingt hem nog even te wachten met het informeren van de buitenwacht. Ook de Raad van Commissarissen is ervan doordrongen dat het niet goed gaat met de bestuursvoorzitter. Het laatste jaar zijn ze door de prachtige woordenstroom van Everaert heen gaan prikken. Ze merken dat hij zich niet echt verdiept in de business. Ze krijgen bovendien in de gaten dat Van der Hoeven en Everaert in een onverkwikkelijke machtsstrijd zijn verwikkeld. Ze zijn blij dat Everaert vertrekt. Zijn ongrijpbaarheid, de aanhoudend slechte sfeer in de Raad van Bestuur, het is geen gezonde situatie. Er is *no love lost* hier, luidt de conclusie.

Diezelfde middag belt Choufoer met de overige commissarissen waarbij hij ze laat weten dat hij vindt dat Van der Hoeven nu aan de beurt is. Die heeft laten zien dat hij de zaak financieel goed in de vingers heeft. Hij heeft volgens Choufoer de meeste kwaliteiten getoond. Bovendien heeft de president-commissaris niet nog een keer zin in zo'n circus met een psycholoog enzo. Ab Heijn gaat meteen akkoord. Het besluit om Van der Hoeven te benoemen valt een paar uur nadat Everaert heeft opgezegd. Op 1 maart 1993 mag hij de voorzittershamer overnemen.

De vijfenveertigjarige Van der Hoeven is uitgelaten blij. Eindelijk krijgt hij, waar hij vier jaar eerder voor zijn gevoel al recht op had: de voorzittershamer. Hij geeft diezelfde avond een feestje thuis. Een zeer uitbundig feestje.

Een paar weken nadat het nieuws van zijn benoeming naar buiten is gebracht, tijdens een receptie vlak voor kerst, loopt Cees van der Hoeven een voormalige accountant van het bedrijf tegen het lijf. Van der Hoeven zindert van tevredenheid en laat dat op triomfantelijke toon weten: 'Ik heb gewonnen... ik heb gewonnen.'

6

WEEFFOUT

(1993)

De mimiek, de manier van praten, alles komt ter sprake; spinn-doctor Hans
Gobes haalt de performer uit Van der Hoeven.

Nee, er wordt geen nieuwe *chief financial officer* in de Raad van Bestuur
benoemd. De nieuwe *chief executive officer,* Cees van der Hoeven, doet
zijn oude baan er gewoon bij.

Met z'n vieren filosoferen ze over het ideale bestuursmodel. De leden
van de Raad van Bestuur willen in ieder geval geen puur financiële holding
zonder operationele verantwoordelijkheden. Er wordt gesproken over een
model waarbij de Raad van Bestuur uit operationele mensen bestaat en
portefeuilles als personeelszaken en financiën door ondersteunende staf-
diensten worden gedaan.

Maar ze besluiten toch dat er een nieuwe *cfo* moet komen. Even wordt
overwogen of concerncontroller Cor Sterk daarvoor geschikt is. Sterk is al
twaalf jaar directeur van de financiële administratie. Hij heeft de financiële staf de afgelopen jaren versterkt en uitgebreid. Velen beschouwen hem
als het financiële geweten van het bedrijf. Maar in de Raad van Bestuur vinden ze dat hij niet het juiste profiel heeft om financieel directeur te worden. Te weinig internationale ervaring.

Volgens Van der Hoeven heeft de nieuwe man, Michiel Meurs, wel het
juiste profiel. Maar die is nog maar net een jaartje in dienst. Binnen de Raad
van Bestuur stellen ze vast dat de voormalige bankier zich eerst moet
bewijzen voor hij tot het hoogste bestuursorgaan kan worden geroepen.
Hij moet laten zien dat hij ook een beetje een retailer is.

Ze hebben geen haast. Cees van der Hoeven, Rob Zwartendijk, Peter van Dun
en Frits Ahlquist zijn blij dat ze onder elkaar zijn, dat ze eindelijk hebben

gekregen waar ze bijna vijf jaar eerder om hadden gevraagd. Van der Hoeven was tenslotte de winnaar van hun stemming in het voorjaar van 1988. Aan weer een nieuwe man van buiten moeten ze nu even niet denken. Eerst maar eens rustig met elkaar aan de slag. Die *cfo* moet er natuurlijk wel een keer komen, maar dat kan best nog even wachten.

Grappend constateren ze dat het misschien goed is geweest dat Van der Hoeven niet in eerste instantie Ab Heijn heeft opgevolgd. De geschiedenis van veel grote familiebedrijven laat zien dat het eerste niet-lid van de familie als baas van het bedrijf meestal faalt. Met dank dus aan Pierre Everaert die wat dat betreft de spits heeft afgebeten. De familie staat op afstand, nu kunnen ze vaart maken.

Ook de commissarissen hebben geen haast met de benoeming van een nieuwe financiële man. Ze willen Meurs nog even goed bekijken. Als het gaat om de controle is er groot vertrouwen in de ondersteuning van Meurs door veteraan Cor Sterk. Bovendien is president-commissaris Jan Choufoer zelf ook niet bang voor cijfers. Hij heeft een scherp oog voor de gezonde balansverhoudingen. De afgelopen jaren heeft de oude Shell-man Van der Hoeven op dit punt al vaker in zijn nek gezeten. Regelmatig werd dan hetzelfde grapje gemaakt: 'Zal ik je anders nog eens een sterke balans laten zien...' en dan wisten beide heren over welk bedrijf het ging.

Tenslotte vertrouwt de Raad van Commissarissen erop dat de recente versterking van de Interne Accountantsdienst (IAD) aan een beter toezicht op de financiële controle zal bijdragen. Met name Choufoer heeft zich in de afgelopen jaren sterk gemaakt voor zo'n krachtige IAD. Hij laat Van der Hoeven regelmatig weten dat hij het beste intern de ruimte kan creeëren voor een kritische en onafhankelijke accountantsdienst. Hij hamert erop dat de baas ervan aan de *ceo* moet rapporteren. Een Philipsman, Paul Ekelschot, neemt in 1993 die rol op zich.

Van der Hoeven ziet meteen de voordelen: hoe meer je door een eigen interne accountantsdienst kan laten onderzoeken, hoe minder je die dure externe accountants hoeft in te schakelen. Dat scheelt want met het groeien van de onderneming is de rekening van de accountants van Deloitte & Touche mee gegroeid.

Ahold is dan waarschijnlijk de enige grote beursgenoteerde onderneming zonder *cfo* in de Raad van Bestuur. Het is een gemeenschappelijke overtuiging dat een groot bedrijf een sterke financiële man nodig heeft. Een goede financiële topman is vaak de enige in de Raad van Bestuur die nee durft te zeggen tegen de baas. De cfo heeft meestal geen lijnverantwoordelijkheid en kan op basis van professioneel inhoudelijke overwegingen tegenwicht bieden. Hij zorgt voor controle en bewaakt de financiële uitkomsten van alle mooie strategische plannen en investeringen. Hij let erop dat beloftes over een solide financieel beleid aan aandeelhouders en banken daadwerkelijk worden nagekomen. Als een kamikazepiloot gaat hij desnoods pontificaal voor al te ambitieuze plannen liggen.

Binnen de Raad van Bestuur van Ahold is die discussie nu op een zacht pitje gezet. Er is vertrouwen in de dubbelrol van Van der Hoeven. Hij heeft zich in acht jaar bekwaamd als financiële man, daarin was hij op dat moment binnen Ahold onbetwist de beste, dus waarom zou hij het er niet tijdelijk bij kunnen doen. Er is sowieso enorm vertrouwen in Van der Hoeven. Die naast zijn rationele denkkracht, 'processing power', ook beschikt over een grote overtuigingskracht. Dit gekoppeld aan een schijnbaar oneindig optimisme zorgt ervoor dat hij in vrijwel iedere discussie aan het langste eind trekt.

Hij wordt in de media omschreven als een financieel wonderkind. Juist ook ondersteund door een sterke controller, een ambitieuze en slimme directeur financiën en een stevige interne accountantsdienst moet die dubbelrol voorlopig kunnen. Dat zijn ook de argumenten waardoor er binnen de Raad van Commissarissen nauwelijks over de noodzaak van een snelle benoeming van een nieuwe cfo wordt gesproken, er worden zelfs grapjes over gemaakt in de trant van: nu hebben we er twee voor de prijs van één.

Intern is er grote verwarring nu die twee rapportagelijnen samenkomen. De voormalige cfo gedraagt zich anders nu hij ook ceo is. Soms vond hij dingen als cfo niet goed maar nu als cfo-ceo wel en omgekeerd. Op het hoofdkantoor en daarbuiten moeten velen op zoek naar een nieuwe balans in hun relatie met Cees van der Hoeven. De afspraken die ze met hem hadden toen hij cfo was, moeten als het ware opnieuw worden geijkt.

Operationele managers die nu opeens met Van der Hoeven als ceo te maken krijgen, valt het trouwens op dat hij helemaal geen affiniteit met het retailvak heeft. Ze horen hem wel vaak klagen over de conservatieve wijze waarop door kruideniers met de enorme cashflow wordt omgesprongen, maar hebben nauwelijks inhoudelijke discussies over het vak.

En de baas zelf? Hij geniet van zijn nieuwe rol. In één van zijn eerste televisie-interviews, met de actualiteitenrubriek NOVA, komt hij er ruiterlijk voor uit dat dit ook de bedoeling was: 'Ik heb er als klein jongetje altijd van gedroomd om de baas te worden van een grote club.' Als hem gevraagd wordt naar zijn negatieve eigenschappen kijkt de kersverse president de interviewer minzaam glimlachend aan en zegt: 'Ik vind het belangrijk hoe je eruit ziet en hoe je overkomt. Een andere zwakte is misschien dat ik het te belangrijk vind wat andere mensen van mij vinden.'

Dat oordeel is positief. Van der Hoeven is de baas geworden van een grote multinational. Een bedrijf met een jaaromzet van 22 miljard gulden, 106.000 medewerkers, waarvan de helft in Nederland. Ahold maakt over 1992 een winst van 305 miljoen gulden en is op de beurs ruim 5 miljard gulden waard. Maar Van der Hoeven kan niet op zijn lauweren gaan rusten. Hij moet aan de slag. Een half jaar eerder heeft zijn voorganger aan de aandeelhouders beloofd dat de cijfers de komende vijf jaar zullen verdubbelen.

De uitzonderlijke combinatie van twee functies sorteert meteen een opvallend effect. In het eerste jaarverslag dat in het voorjaar van 1993 onder de *ceo/cfo* Van der Hoeven verschijnt, staat een cryptisch stukje tekst onder het hoofdstuk 'toelichting op de geconsolideerde balans en winst- en verliesrekening'. In een alinea staat dat Schuitema, waarin Ahold een belang heeft van 73 procent, tot en met 1992 niet als groepsmaatschappij kan worden aangemerkt. Vlak daaronder staat in een zinnetje: 'Dat met ingang van 1993 Schuitema in de consolidatie zal worden opgenomen.' Accountants vinden het ongebruikelijk en vreemd dat hier verder geen toelichting wordt verschaft. Maar ze gaan er wel mee akkoord.

Een toelichting is er wel op diezelfde pagina bij Jerónimo Martins. Ook de joint venture met de Portugezen waarin Ahold 49 procent van de aandelen heeft wordt 'op basis van onze bestuurlijke betrokkenheid en tussen aandeelhouders gesloten overeenkomsten' in zijn geheel geconsolideerd. Een bijzonder zinnetje omdat in de bij de Europese Commissie gedeponeerde verklaring wordt gezegd: 'Ahold en Jerónimo Martins hebben gezamenlijk controle en zal worden geleid door een bestuur waarin Jerónimo Martins vier mensen zal benoemen en Ahold drie. Besluiten zullen in unanimiteit worden genomen.'

Voor de accountants van Deloitte & Touche is dit na enige discussie geen probleem. Voor hen geldt vooral dat de consoliderende partij kan aantonen dat het in de praktijk de baas is. 'De facto' de baas zijn is daarbij belangrijker dan 'de jure'. Het gaat er tenslotte om dat richting aandeelhouders een getrouw beeld van de onderneming wordt geschetst.

In Amerika, waar accountants dan al veel meer met precies volgen van regeltjes (de jure) bezig zijn, begrijpen ze weinig van deze pragmatische aanpak. Tegen een verbaasde journalist van de *Wallstreet Journal* zegt Van der Hoeven: 'Of we nou de meerderheid in aandelen hebben of niet, dat is niet het meest relevante punt.'

Het vreemde is dat Van der Hoeven in de tijd dat hij alleen maar *cfo* was kennelijk vond dat de cijfers van Schuitema niet geconsolideerd konden worden. Op basis van dat 73-procents belang wilde de Amerikaanse toezichthouder in 1990 weten waarom Ahold Schuitema niet consolideert. Cor Sterk en de toenmalige Deloitte & Touche-accountant Ruud Veenstra moesten moeite doen om dat uit te leggen. Ze vertelden over de afspraken tussen Ide Vos en Albert Heijn. Ahold gaf de zeggenschap op die aandelen niet terug maar zou zich ook niet met de dagelijkse gang van zaken bemoeien. Het integreren van de twee formules zou onoverkomelijke problemen met zich meebrengen: de Schuitema-winkeliers beschouwden Albert Heijn als hun grootste vijand en omgekeerd. De Amerikanen accepteerden de uitleg.

Maar een paar jaar later wil Van der Hoeven het spel dus opeens anders gaan spelen. Hij vindt het belangrijk om meer met dat belang in Schuitema te doen. Was het tot dan toe zo geweest dat Schuitema ieder jaar netjes ongeveer driekwart van zijn winst afstond en Ahold verder geen vragen stelde, nu wordt de budgetcontrole opgevoerd. Bij Schuitema, zelf ook aan de beurs genoteerd, krijgen ze te horen dat ze hun best moeten gaan doen en voortaan maandelijks moeten gaan rapporteren aan Ahold. In Amersfoort, waar het hoofdkantoor van Schuitema zit, worden deze signalen niet erg enthousiast ontvangen. Naar de eigen winkelhouders toe houdt het bedrijf zich stoer met onomwonden mededelingen over de eigen onafhankelijkheid.

Voor Van der Hoeven is het dan in ieder geval duidelijk dat hij ook Schuitema helemaal gaat consolideren. Vanaf 1993 neemt Ahold dus de hele omzet, het hele bedrijfsresultaat maar ook alle schulden van Schuitema mee in zijn eigen cijfers. Hetzelfde geldt voor het 49-procents belang in Jerónimo Martins.

In één en hetzelfde hoofd winnen de ambities van de *ceo* het hier van het strenge toezicht van de *cfo*. De bestuursvoorzitter legt binnen de Raad van

Bestuur de grote voordelen van consolidatie uit. Ahold wil, als het ergens in deelneemt, de dagelijkse gang van zaken per definitie controleren. Alleen als je controle hebt, kunnen allerlei gezamenlijke besparingen en andere voordelen worden georganiseerd. Zonder die controle heeft een overname geen enkele zin. Het is belangrijk om aan de aandeelhouders te laten zien dat het bedrijf de controle heeft en dus in staat is de zaken naar zijn hand te zetten. Het gaat er tenslotte om een vuist te maken naar de alsmaar groter en sterker wordende leveranciers en fabrikanten. En zo ziet Ahold er in ieder geval al een stuk groter uit.

Bovendien overtuigt hij de collega-bestuurders van de voordelen van transparantie die consolidatie met zich meebrengt. Als een 50-procents belang alleen als deelneming wordt vermeld staat er vrijwel niks over dat bedrijf in het jaarverslag. Zodra dat bedrijf als werkmaatschappij wordt aangemerkt waar ze in Zaandam de baas over zijn en geconsolideerd wordt, ziet de jaarrekening er heel anders uit. Alle bezittingen en schulden worden helemaal bij die van Ahold opgeteld, evenals de hele omzet en operationele winst van de joint venture. Dat moet ook allemaal worden toegelicht in het jaarverslag.

Met andere woorden: de aandeelhouders krijgen zo dus een veel beter beeld van de hele onderneming. Op een andere pagina in het jaarverslag staat voortaan netjes dat Ahold maar 73 procent in Schuitema heeft en maar 49 procent in de Portugese joint venture. Aandeelhouders kunnen dus eventueel zelf de omzet en het bedrijfsresultaat corrigeren. Voor de nettowinst doet het bedrijf dat trouwens al zelf.

Het gaat het ene oor in en het andere oor uit, de overige leden van de Raad van Bestuur geloven het wel, ze zijn druk met hun verantwoordelijkheden. Bovendien veranderen accountants de regels regelmatig en als Van der Hoeven zegt dat het kan dan kan het. Daar twijfelen ze niet aan. Ze hebben het volste vertrouwen in hem.

Consolidatie van de cijfers heeft in het voorjaar van 1993 nog een ander voordeel. Het gaat niet goed met de activiteiten in de Verenigde Staten. Probleemdochter FNS duikt in de rode cijfers. Via een consolidatie van Schuitema en Jerónimo Martins kan over 1993 toch nog een groei van omzet en operationale winst worden gepresenteerd.

Voor Ahold is deze manier van boekhouden profijtelijk als het gaat om het waarmaken van grote beloftes zoals een verdubbeling van de omzet in vijf jaar. Die is op deze manier sneller gerealiseerd.

Dat snel groter worden is belangrijk. De noodzaak om snel groter te worden, wordt door de kersverse *ceo* op allerlei plekken nadrukkelijk uitgedragen. Net een paar weken de baas zegt Van der Hoeven tegen *het Parool*: 'We zien het als onze primaire opdracht een breed assortiment kwaliteitsproducten aan te bieden tegen zo laag mogelijke kosten. In onderhandelingen met leveranciers, in de distributie en dergelijke geldt de macht van het getal. Dat is een internationaal spel geworden, waarin op dit moment de kaarten worden geschud. Je bent erbij of je valt af.'

Tijdens vergaderingen op het hoofdkantoor zegt hij op de rustige zelfverzekerde toon die hem eigen is dat een omzet van 100 miljard mogelijk moet zijn. Hij heeft het er regelmatig over dat Ahold de grootste speler in de wereld moet kunnen worden. Sommigen halen hun wenkbrauwen op, anderen worden er door gestimuleerd.

In verschillende krantinterviews schetst de nieuwe baas vergezichten waar supermarkten via een optimale dienstverlening dichter bij hun klanten komen te staan. Hij gelooft in een zich steeds verder individualiserende consument, die op het moment dat het hem uitkomt wil kopen waar hij zin in heeft, maar wel op zoek is naar een vertrouwd merk en zekerheid over voedselveiligheid.

Prijs is volgens Van der Hoeven op de lange termijn geen issue. Het gaat vooral om kwaliteit en betrouwbaarheid. En Ahold moet er staan als die consument iets wil. Hij benadrukt daarom nog maar eens het belang van het kopen van de beste bedrijven die er zijn: de raspaarden. De nummer een of misschien nummer twee in een regio, maar niet minder. Paarden dus, renpaarden... geen ezels.

Van der Hoeven verwacht daarnaast dat een groot deel van de boodschappen in 2000 via de computer zullen worden gedaan. Hij wijst er trots op dat hij uit een Shell-cultuur komt waar zelfs plannen worden gemaakt voor 2050. Hij voorspelt dat het belang van de VS voor Ahold zal groeien van 50 procent in omzet richting 75 procent en dat het bedrijf in Europa vier groeikernen zal hebben, exclusief Nederland.

Terwijl de leden van de Raad van Bestuur zich weer op hun eigen taken en verantwoordelijkheden richten, ebt de discussie over een nieuwe financiële directeur en de zin en onzin van consolideren snel weg. Ze moeten aan de slag. Er moet ieder jaar 10 procent meer winst worden gemaakt. Maar er verandert wel iets drastisch in de werkwijze van de Raad van Bestuur. Van der Hoeven is *party* en *judge* op hetzelfde moment. Moesten bestuurders voorheen steeds twee handtekeningen halen voor hun plannen, bij de *ceo* en de *cfo*, nu hoeven ze alleen maar naar Cees van der Hoeven. Zijn macht is gigantisch.

Veel operationele zaken delegeert Van der Hoeven aan zijn financiële rechterhand Michiel Meurs. Voor de meeste mensen in de top van het bedrijf wordt dan snel duidelijk dat Meurs ooit die formele rol in de Raad van Bestuur zal krijgen. Niet iedereen is daar blij mee. Sommigen vragen zich af of een zakenbankier die gewend is *deals* te maken en in oplossingen te denken wel een goede en vooral scherp controlerende financiële topman kan zijn?

Maar die vraag hoeft voorlopig nog niet te worden beantwoord. De tijd dat Meurs toch min of meer geknecht wordt door Van der Hoeven, wel veel uitvoerend *cfo*-achtig werk verzet maar geen zeggenschap op het hoogste niveau heeft, zal ruim vier jaar duren.

Om draagvlak binnen de organisatie te creëren, besluit de Raad van Bestuur dat er een *sounding board,* een klankbordgroep moet komen. De belangrijkste smaakmakers van het bedrijf wordt gevraagd hierin zitting te nemen. Een paar stafdirecteuren, een paar directeuren van werkmaatschappijen, de baas van Albert Heijn en de voltallige Raad van Bestuur, komen twee keer per jaar bij elkaar om belangrijke strategische kwesties te bespreken. Af te kaarten. Ze moeten informeel en open kunnen praten over de toekomst van het bedrijf.

De nieuwe *ceo* krijgt het niet makkelijk in zijn eerste jaar. Ondanks de prijzen die hij de afgelopen jaren steeds weer won voor de goede *investor relations* van Ahold, krijgt hij ruzie met vrijwel al zijn aandeelhouders, inclusief de familie Heijn.

De koers staat met 97,90 gulden op een alltime high als Van der Hoeven trots bekendmaakt dat de winst over 1992 met 10 procent is gestegen naar 305 miljoen gulden. Maar dat goede nieuws wordt voor velen overschaduwd door de totaal niet verwachte aankondiging van een enorme aandelen-emissie. De verwarring is groot. De emissie is een verrassing, omdat Ahold eerder had laten weten pas weer geld bij beleggers op te zullen halen als er een nieuwe overname zou worden gedaan. Slechts drie maanden daarvoor had een van zelfvertrouwen blakende Van der Hoeven de twijfels over de matige solvabiliteit in *de Volkskrant* weggewuifd met de woorden: 'Als we een jaar geen overname doen, dendert het eigen vermogen omhoog.' Ter geruststelling van de beleggers voegt hij hier aan toe: 'Als er voor begin 1993 een nieuwe overname gepland was, zou ik nu niet rustig op mijn stoel zitten.'

Kennelijk is de aanhoudende kritiek op de verslechterde solvabiliteit hem toch niet in de koude kleren gaan zitten. Ruim 5 miljoen nieuwe aandelen moeten bijna 500 miljoen gulden opleveren. Om de pijn bij de zittende aandeelhouders wat te verzachten mogen ze voor iedere tien aandelen er eentje bijkopen.

Maar 500 miljoen gulden is op dat moment veel geld. Het is zelfs de grootste emissie in jaren. In 1992 vonden op de Amsterdamse effectenbeurs in totaal vier emissies plaats, daarbij werd in totaal 318 miljoen gulden opgehaald. Cees van der Hoeven durft dus wel. Maar waarom meteen zo hoog inzetten?

Het eigen vermogen als onderdeel van het balanstotaal groeit daarmee weer naar gezondere proporties. Toch hebben veel beleggers het gevoel dat ze zo met terugwerkende kracht de gedane overnames en investeringen financieren. Ze vinden dit niet leuk. Ahlqvist noemt de emissie in een interview 'een inhaalmanoevre'. Hoe ze het verhaal ook proberen te verkopen: de beleggers vinden het niet leuk en keren het bedrijf de rug toe. De uiteindelijke uitgiftekoers ligt op een teleurstellende 89 gulden. Ahold haalt 441 miljoen gulden op, 50 miljoen minder dan gehoopt.

Het geld wordt gebruikt voor de financiering van de joint venture in Portugal en voor het aflossen van schulden. De balans ziet er weer een stuk gezonder uit en de zo bekritiseerde solvabiliteit stijgt van 23 naar 27 procent. Maar het vertrouwen bij beleggers is er niet groter op geworden.

Ook zijn eerste uitlatingen over de strategische koers vallen niet overal even goed. Ze klinken twijfelachtig. Tegen *Het Financieele Dagblad* zegt Van der Hoeven: 'We gaan toe naar een dienstverlenende onderneming in de ruimste zin van het woord, in food en in food-related activiteiten. Ik hoop dat we over tien jaar nog een publieke onderneming zijn, niet noodzakelijkerwijs zelfstandig, maar, zoals de statuten zeggen, we moeten wel zelfstandig beslissingen kunnen nemen. Een aantal detailhandelketens zal dichter tegen elkaar aan gaan leunen, misschien zitten wij daar ook wel bij.'

Commissaris Albert Heijn ergert zich groen en geel aan deze uitlatingen. Hij stelt vast dat 'Van der Hoeven kennelijk niet in de gaten heeft dat Ahold al een van de grote spelers is en als geen ander op stoom ligt. Zodat het bedrijf zich helemaal geen zorgen over zijn zelfstandigheid hoeft te maken.'

Heijn ergert zich wel meer. Hij zit als commissaris 'met zijn vingertoppen tegen elkaar de zaken bij Ahold te volgen'. Hij maakt zelden of nooit een opmerking. Aan de ene kant omdat hij zich nog goed kan herinneren hoe vervelend de confrontaties met zijn eigen oom Gerrit als commissaris waren. Die wist het altijd beter. Hij wil zich niet opstellen als een zeikerd. Aan de andere kant wordt hem zelden iets gevraagd. Heijn heeft er spijt van, het is beter om als voormalig president niet in de Raad van Commissarissen te gaan zitten, bedenkt hij.

Hij moet er natuurlijk ook aan wennen dat hij niet meer aan het roer staat. Het frustreert hem dat de Raad van Bestuur nooit meer een beroep op hem doet, of zijn mening vraagt. Zelfs van zijn uitgebreide netwerk maakt het bestuur geen gebruik.

Van der Hoeven wordt op meerdere manieren geconfronteerd met de familie Heijn. Zo ongeveer een maand na zijn benoeming krijgt hij een telefoontje van Ab Heijn met de mededeling dat de familie haar aandelen wil verkopen. Van der Hoeven is 'not amused'. Aan de ene kant wil hij zo snel mogelijk af van het imago van 'familiebedrijf'. Investeerders, zeker buitenlandse, vinden familiebedrijven te grillig en geen goede beleggingen. Aan de andere kant kan de verkoop van een pakket van een kleine 7 procent, in totaal 3,8 miljoen aandelen, een negatief effect op de koers te hebben.

Bovendien is de timing slecht. Net nu er een nieuwe man is aangetreden, willen de oprichters, de mensen die het bedrijf groot hebben gemaakt, eruit. Betekent dit dat er iets niet in orde is met de nieuwe man bijvoorbeeld?

Ab Heijn wil zelf trouwens helemaal niet verkopen. Maar hij kan niet anders. In de overeenkomst van Het Weerpad, de naar de plek waar het allemaal begonnen is genoemde BV waarin alle familieaandelen in Ahold zijn ondergebracht, staat dat de aandeelhouders niet apart van elkaar hun aandelen kunnen verkopen.

Albert Heijn praat als brugman met de overige deelnemers, hij gelooft dat er nog flink wat muziek zit in het aandeel en heeft het geld niet nodig. Maar hij overtuigt ze niet. Nu duidelijk is dat hun rol in het management is uitgespeeld staat de volgende generatie Heijnen klaar met plannen die buiten Ahold liggen en die gefinancierd moeten worden.

Sinds een paar jaar pleiten neef Albert (zoon van oom Gerrit) en Ronald Jan en Corinne (zoon en dochter van Gerrit Jan) voor de verkoop van het belang dat de familie nog in Ahold heeft. Albert wil iets met kunst gaan doen en Ronald Jan heeft plannen voor een spiritueel centrum (Oibibio) in Amsterdam. Corinne vindt Ahold gewoon geen goed aandeel.

De verkoop van het familiebelang gaat niet vanzelf. Neef Oscar, de tweede zoon van de oude Gerrit, vindt een Amerikaanse investeerder die op *no name basis* een goede prijs wil betalen. Maar Van der Hoeven neemt het neef Oscar kwalijk dat hij er niet bij is betrokken en laat weten de deal onacceptabel te vinden. President-commissaris Jan Choufoer helpt Van der Hoeven. In *De Memoires van een Optimist* wordt Heijn woedend op Choufoer die tegen de familie zou hebben gezegd: 'Waar halen de erfgenamen het recht vandaan om het hoogste bedrag voor hun aandelen te eisen? Ze hebben er niks voor gedaan...' Ab Heijn wil de zaak niet verder laten escaleren en besluit het pad van Van der Hoeven te volgen.

Op 1 juli 1993 wordt het pakket voor 360 miljoen gulden overgenomen door ABN Amro, die de aandelen onderhands doorplaatst bij institutionele beleggers. De dertig miljoen die de familie nog in het Vaste Klantenfonds had zitten, wordt kort daarop door het management van Ahold overgenomen. 'Met gevoelens van spijt' verkoopt de familie Heijn haar aandelen voor 93,20 gulden per stuk aan ABN Amro en verdient daarmee 355,7 miljoen gulden. Ab Heijn koopt zelf trouwens een flink belang terug.

Maar de koers ligt op die dag op 97,50. Om maar te zwijgen over het veel hogere bod dat een concurrent op de aandelen zou hebben gedaan. Heijn zegt daarover: we hadden ongetwijfeld een wereldbod gekregen, maar dat hebben we niet eens overwogen.

Het blijkt ondanks een koersval van drie procent in evenzoveel dagen toch een mooie deal voor ABN Amro. De bank plaatst de stukken in vier dagen tijd voor gemiddeld 94,50 gulden door bij enkele pensioenfondsen en verzekeraars en verdient dus zo'n 5 miljoen gulden.

Van der Hoeven heeft het druk: er moet veel worden uitgelegd. De aanhoudende problemen bij de tot Edwards omgedoopte keten First National blijven Ahold achtervolgen. Er wordt verlies geleden en ook over 1993 zal daar geen winst worden gemaakt. Er wordt besloten tot een drastische koerswijziging, drie van de vijf directeuren worden ontslagen. Een deel van het bedrijf wordt onder de vleugels van BI-LO-management ondergebracht. Op de vraag waarom Ahold het niet zelf gaat doen legt de topman het nog maar eens uit: wij streven naar een decentrale organisatie, waarbij ketens op *arms length* gecontroleerd worden...

Vanaf het moment dat Van der Hoeven de baas is, ligt de vraag op tafel: hoe zorgen we voor een balans tussen de activiteiten in de VS en die in Europa? Frits Ahlqvist staat onder grote druk om met een mooie partij in Europa te komen. Maar dat valt niet mee. Ahlqvist is bovendien erg druk met een aanhoudende stroom tegenvallers in Tsjechië.

Daar ploetert hij nu al weer vier jaar om iets substantieels van de grond te krijgen. Dat valt niet mee. Een jaar voor de val van de muur was een delegatie van het Tsjechische staatswinkelbedrijf Pramen Ostrava in Zaandam op bezoek geweest. Ze waren geïnteresseerd in samenwerking. Twee weken na de 'Fluwelen Revolutie' in december 1989 staan Ahlqvist, Van Dun en Van der Hoeven bij de minister van Handel op de stoep. Tot vier uur in de nacht leggen ze hem de grondbeginselen van de bedrijfseconomie uit.

Een veelbelovend begin en eind juni 1990 werd een intentieverklaring getekend tot samenwerking met Pramen. Per saldo kreeg Ahold uitzicht op de overname van 1200-1600 winkels. Vervolgens ging de Tsjechische overheid twijfelen. Ze leerde lessen van de Duitse Treuhandanstalt die bij de samenvoeging van Oost- en West-Duitsland veel bedrijven te snel te goedkoop van de hand deed. De Tsjechen besloten dat de bevolking recht had op een terugkoop van het afgenomen bezit: de zogenoemde kleine privatisering begon, en winkel voor winkel werd geveild.

Sinds het Cada Dia-debacle had Ahold geen zin meer gehad om zelf iets van de grond af op te bouwen, maar hier werd onder het motto 'educatieve investering' een uitzondering gemaakt. Euronova werd opgericht en onder de naam Mana ging in juni 1991 de eerste winkel open. Maar de privatisering voor de burgers pakt niet goed uit en Euronova krijgt winkels aangeboden. Begin 1993 bezit het concern 22 winkels waarin een omzet van 60 miljoen werd gerealiseerd. Maar Euronova draait nog met verlies. De winkels zijn te duur voor de meeste Tsjechen. Daarnaast kampt het concern met grote distributieproblemen en moet aan het personeel nog de beginselen van klantvriendelijkheid worden uitgelegd.

Na talloze keren te zijn teruggekomen op grote Tsjechische beloften begint Ahlqvist zich in de media steeds laconieker over dat avontuur uit te laten. Hij lijkt al een beetje spijt te hebben van de Tsjechische avonturen. Ahold laat weten dat Oost-Europa geen prioriteit meer heeft. Ahlqvist, die zich na alle turbulentie en teleurstelling van de afgelopen jaren met een

zeker enthousiasme heeft vastgebeten in zijn nieuwe taak om Europa verder te veroveren, laat in de zomer van 1993 weten, nu vooral in Spanje en
Italië op zoek te zijn naar overnamekandidaten.

Bij Albert Heijn is de rust weergekeerd. De campagne ''s Lands grootste
kruidenier gaat op de kleintjes letten' krijgt een Grand Effie, een soort ere-
prijs voor de succesvolste langlopende campagne. Sinds 1981 is het marktaandeel van Albert Heijn ongeveer verdubbeld naar 27 procent.

Maar AH wil verder. Het reclamebureau heeft becijferd dat het via de
kranten ongeveer 70 procent van de consumenten bereikt. Via televisie
zou 90 procent kunnen worden bereikt. De opkomst van commerciële
televisie zorgt voor een enorm aanbod aan reclamezendtijd, bovendien
gaan de prijzen sterk omlaag als gevolg van de toenemende concurrentie.

De kranten in Nederland houden hun adem in. In de jaren ervoor was
AH met een budget van 45 miljoen gulden verreweg hun grootste adver-
teerder. AH schuift ruim 40 procent van dit bedrag naar de televisie. De
kranten zijn als de dood dat deze trendsetter in reclameland andere adver-
teerders op een idee zal brengen.

Over de eerste drie kwartalen van 1993 moet Ahold een teleurstellende
winststijging van 11 procent rapporteren. Met als belangrijkste oorzaak:
slechte resultaten bij FNS. De omzet stijgt met bijna 30 procent, maar dat
cijfer is stevig geflatteerd door de consolidaties van Jerónimo Martins en
Schuitema. Gecorrigeerd voor die effecten stijgt de omzet slechts met
8 procent.

De resultaten in Nederland nemen toe, maar ook dat is vooral het gevolg
van de consolidatie van de cijfers van Schuitema. Die winst per aandeel
blijft, als gevolg van de grote emissie aan het begin van het jaar, gelijk.
Beleggers zijn dan ook flink teleurgesteld in de nieuwe *ceo/cfo*. Ahold
krijgt opnieuw de prijs voor de beste *investor relations* van de Bank Van
Haften Labouchere, maar het rapportcijfer is wel lager.

Aan het eind van zijn eerste jaar zet Van der Hoeven nog een belangrijke
stap: hij zorgt ervoor dat het bedrijf medio november 1993 op Wallstreet
genoteerd wordt. Tegen het *Algemeen Dagblad* is Van der Hoeven voorzichtig: 'Het lukt maar zeer weinig buitenlandse ondernemingen om echt
aandacht te trekken. Ook in ons geval is succes allerminst verzekerd.' Hij
vindt de korte termijn waarop grote Amerikaanse beleggers hun besluiten

nemen een nadeel. Maar hoopt wat meer naamsbekendheid te krijgen en zo toegang te krijgen tot de grootste kapitaalmarkt ter wereld. Na Shell, Philips, KLM, Polygram, Aegon en Unilever is Ahold het zevende Nederlandse fonds.

Er is nog een reden om het koersverloop in de Verenigde Staten zichtbaar te maken. De Amerikaanse managers worden betaald met opties en die willen zien of hun inspanningen door beleggers worden beloond. Hun aantal zal de komende jaren alleen maar toenemen. Van der Hoeven voorspelt dat Ahold voor 2000 nog twee grote Amerikaanse ketens zal kopen en dan zal 75 procent van de omzet uit de VS komen.

Omdat de meeste detailhandelbedrijven die op Wallstreet genoteerd staan rond de 20 dollar per aandeel doen, wordt besloten het aandeel Ahold, dat dan ongeveer 50 dollar kost, te splitsen. Aandeelhouders krijgen er voor ieder aandeel eentje bij en de koers gaat naar 24,75 dollar.

Bij de timing van de Amerikaanse notering plaatsen beleggers vraagtekens. Door de emissie vrezen ze voor het eerst in jaren een daling van de winst per aandeel. Bovendien kampt het concern juist met problemen in de VS, bij de winkels van FNS. En ook de recente verkoop van de familie Heijn heeft bij velen de indruk gewekt dat dit een goed moment is om te verkopen. Verschillende analisten hebben gedurende 1993 hun koopadvies omgezet in een verkoopadvies.

De Amerikaanse notering brengt wel een nieuwe verplichting met zich mee. Vanaf nu zal Ahold ook een aanvulling op zijn jaarrekening moeten maken die is gebaseerd op de Amerikaanse regels voor accountancy. Deze zogenaamde US GAAP (generally accepted accounting practices) verschilt van de Nederlandse, Dutch GAAP, de grondslag voor het jaarverslag van Ahold.

Amerikaanse en Nederlandse accountants maken hier al jaren ruzie over. De eerste vinden het belangrijk om steeds een hele serie regels en afspraken te checken. En stellen vooral de vraag: is overal aan voldaan? Nederlandse accountants vragen zich vooral af of de gepresenteerde cijfers een getrouw beeld schetsen van de stand van zaken. Amerikaanse accountants zijn zogezegd *rule based*. Nederlandse accountants *principle based*. Het *de jure* versus het *de facto* denken vormt een diepgeworteld fundamenteel verschil over de taakopvatting van een controlerend accountant.

Anton Coster, de opvolger van Ruud Veenstra, is nu vanuit Deloitte & Touche verantwoordelijk voor het Ahold-account. Hij geeft leiding aan het team dat in Nederland en de VS de zaken van Ahold controleert. Hij discussieert regelmatig met zijn Amerikaanse collega en Cor Sterk en Paul Ekelschot over de beoordeling van allerlei zaken. Het belangrijkste verschil tussen de Nederlandse en de Amerikaanse manier van kijken betreft vooral de behandeling van *goodwill*. Bij de overname van een bedrijf betaalt Ahold niet alleen voor de gebouwen, machines en voorraden maar ook voor ongrijpbare zaken als de merken en de waarde van de klantenkring. Dit stuk van de overnameprijs, bij supermarktketens tientallen procenten van de overnameprijs, kan in Nederland direct van het eigen vermogen worden afgetrokken. Amerikanen vinden dat *goodwill* net als de rest van de overgenomen spullen op de balans moet worden gezet en over 20 of 30 jaar moet worden afgeschreven. De Nederlandse winst wordt niet gedrukt door de afschrijving van de *goodwill*, de Amerikaanse winst wel.

En zo zijn er meer verschillen tussen Amerikaanse en Nederlandse accountants. Coster en zijn Amerikaanse *counterpart* zitten regelmatig met elkaar om de tafel om de consequenties in kaart te brengen. Omdat Ahold zijn cijfers onder de Nederlandse regels brengt, zorgt Cor Sterk ervoor dat achter in het jaarverslag een verantwoording wordt gemaakt in US GAAP. Deze zogenaamde reconciliatie laat de verschillen volgens die twee methoden zien in het eigen vermogen en het nettoresultaat.

Het eerste jaar van de nieuwe bestuursvoorzitter eindigt met een vrolijke noot. Op 10 december worden Sterk, Ekelschot en de rest van de top van het concern uitgenodigd door Sinterklaas en de kerstman. Van der Hoeven en Peter van Dun zitten met lange rode gewaden en witte baarden klaar om ze allemaal op rijm even op de hak te nemen.

'En we beginnen met Jan Andreae, zijn pakken zitten nooit zo best, maar daar zit hij niet mee...' Eén voor één krijgen ze van de Sint of kerstman een heel korte versie van hun 'functioneringsgesprek' te horen. Tot groot plezier van de rest. Het wordt een mooi festijn, de vriendenclub in Zaandam heeft zin in wat komen gaat.

Beleggers zijn nog niet zo overtuigd van de kennis en kunde van de nieuwe *ceo* van Ahold. Terwijl de AEX-index een winst van 35 procent boekt, staat het aandeel Ahold zo ongeveer stil met een koerswinst van een kleine 7 procent.

Een kleine pleister op de wond is de prijs van *Het Financieele Dagblad* voor de beste financiële berichtgeving over 1991. De prijs wordt de dag voor kerst in 1993 uitgereikt in het Amsterdamse Hilton hotel. En de jury schrijft: Ahold is al enige jaren zeer duidelijk aan de weg aan het timmeren op het gebied van *investor relations*. De tussentijdse berichtgeving is en wordt verbeterd, de cijfermatige informatie is zeer uitgebreid evenals het jaarverslag van de Raad van Bestuur.... Daarin wordt de lezer als het ware meegenomen op een wandeling door het bedrijf.

In Zaandam weten ze dat dit vooral ook de verdienste is van communicatieman Hans Gobes. Die heeft zijn handen vol aan de nieuwe president van Ahold. Van der Hoeven heeft in zijn ogen veel begeleiding nodig om hem over zijn verlegenheid heen te laten stappen. Aan de andere kant ziet hij ook dat er een showman in Van der Hoeven zit. Als hij eenmaal op het podium staat wil hij zijn publiek behagen.

De topman zelf wil dit graag leren. Hij weet inmiddels hoe belangrijk een goede communicatie is. Het gaat om vertrouwen bij beursgenoteerde bedrijven. Vertrouwen in de strategie van het bedrijf zorgt voor belangstelling van beleggers en dus voor een hogere koers. En die koers is nodig om de strategie uit te kunnen voeren. Zo bezien kan communicatie de plannen maken of breken.

Van der Hoeven luistert gretig naar de adviezen van de acht jaar oudere Gobes. Van de buitenkant lijkt het soms of ze een vader-zoonrelatie hebben. Ze zijn in ieder geval *close*: de twee zijn zelfs buren in Bloemendaal. Regelmatig komen ze bij elkaar over de vloer om een borreltje te drinken en bij te praten.

Gobes legt zijn baas uit dat je steeds voor ieder publiek jezelf de vraag moet stellen: wie zijn dit, wat weten zij van ons en wat willen we met ze. Voor iedere toespraak van Van der Hoeven wordt zo gedetailleerd een document opgesteld dat duidelijk moet maken waar het verhaal over moet gaan en hoe het verteld moet worden. Ook wordt gekeken naar de volgorde van presenteren, het gaat erom met de juiste en goed getimede statements een sneeuwbaleffect te kunnen creëren.

Ook voor interne presentaties maken ze samen analyses. Welke mensen moeten ze zien mee te krijgen bij de verschillende dochterondernemingen. Ze identificeren deze lokale *opinion leaders* en bedenken een strategie over de manier waarop ze kunnen worden overtuigd van de plannen van het hoofdkantoor.

De speeches worden zeer precies voorbereid en ook flink geoefend. Gobes coached de Ahold-president. De mimiek, de manier van praten, alles komt ter sprake. Gobes haalt de *performer* uit Cees van der Hoeven. Die neemt de lessen gretig tot zich.

7

TRIOMFTOCHT
(1994-1996)

Tevreden stellen de Ahold-bestuurders vast dat ze, zolang de koers goed blijft,
'a license to print money' hebben.

Na het eerste moeilijke jaar krijgt Van der Hoeven overzicht. Er komt een beetje rust over hem. Hij voelt zich veilig bij de mannen die vijf jaar geleden al voor hem hebben gestemd. Dat stelt hem in staat om de kennis en kunde van deze club experts openlijk te respecteren. Ze zijn bovendien een stuk ouder. Naar deze mannen kan hij luisteren, ze zitten alledrie al veel langer in de leiding van Ahold.

Sinds het vertrek van Pierre Everaert is de sfeer binnen de Raad van Bestuur enorm verbeterd. Frits Ahlqvist, Rob Zwartendijk, Peter van Dun en Cees van der Hoeven werken nu ruim acht jaar met elkaar samen. Ze zijn verder naar elkaar toe gegroeid. Ze hebben zichzelf in die discussies over de macht bij het bedrijf behoorlijk bloot gegeven, elkaar goed leren kennen en waarderen. Ze hebben elkaar gevonden in het afwijzen van het verzoek van Albert Heijn vlak na de moord op zijn broer, om nog een paar jaar langer als president te blijven zitten. En onder leiding van de afwezige Pierre Everaert is die saamhorigheid alleen maar toegenomen. Ze vormen een hecht team

Ze hebben respect voor elkaars kennis en kunde. Ahlqvist is zonder meer de grote marketeer en retailman in Europa, Zwartendijk zorgt voor de Amerikaanse activiteiten, Peter van Dun heeft de beste sociale antenne en stippelt het personeelsbeleid uit. Cees van der Hoeven is de financiële expert en voorzitter. Naast die inhoudelijke verantwoordelijkheid zijn ze ook allemaal verantwoordelijk voor een deel van de operatie. Door deze matrix-structuur hebben ze constant met elkaar te maken.

Binnen de Raad van Bestuur worden alle besluiten in unanimiteit genomen. Het viertal stemt veel met elkaar af. Ze bezoeken gezamenlijk mogelijke overnamekandidaten. En gaan samen naar de Verenigde Staten om aan het eind van het jaar met de dochters de budgetten door te praten. Ze voelen elkaar goed aan en kunnen snel beslissingen nemen. Het komt voor dat ze even tijdens een receptie in een hoekje gaan staan om een onderwerp te bespreken en een besluit te nemen.

Ook privé doen ze veel samen. Ze eten regelmatig bij elkaar. En gaan zelfs, met partners, gezamenlijk op vakantie naar Curaçao. Gebroederlijk liggen ze in zwempakken naast elkaar op het strand. Lachende gezichten, boven witte lijven: met een sigaretje in de ene hand en een borreltje in de andere. Daar leidt Van der Hoeven hen rond, hij kent het eiland als zijn broekzak. Hij laat ze de verschillende mossen zien en de beste plekken om te snorkelen.

Natuurlijk is Van der Hoeven de baas, de voorzitter. Maar als hij een gek idee heeft of teveel doordraaft dan roept één van de anderen gewoon: Cees, stel je niet aan. Dan wordt er wat gelachen en weer verder gewerkt. Zo roepen ze elkaar regelmatig tot de orde. De top van Ahold is in balans.

De voorzitter stelt zich in die tijd vooral op als gespreksleider. De agenda wordt in overleg bepaald. Ondanks het feit dat het zwaartepunt van zijn activiteiten in de VS ligt, besluit Rob Zwartendijk toch vanuit Nederland te werken. Zo ontbreekt er vrijwel nooit iemand op de maandagmiddagvergaderingen van de Raad van Bestuur.

Die bijeenkomsten worden voorafgegaan door het 'maandagochtendgebed'. Daar zitten alle belangrijke stafdirecteuren zoals Michiel Meurs van Financiën, Paul Ekelschot van de Interne Accountantsdienst, Paul Butzelaar van Juridische Zaken, Cor Sterk van Administratie, André Buitenhuis van Fiscale Zaken en Hans Gobes van communicatie. Deze wekelijkse bijeenkomst is verplichte kost. De heren voeden de Raad van Bestuur met de laatste stand van zaken. Alles wat er toe doet komt hier op tafel: de operationele zaken, de overnames. Van der Hoeven vertelt wat er allemaal speelt en hoe de prioriteiten liggen. Het is een open, collegiaal en constructief overleg. De meeste betrokkenen hebben ter voorbereiding vaak een groot stuk van hun zondag opgeofferd.

Ook naar de aan hem rapporterende directeuren stelt Van der Hoeven zich regelmatig kwetsbaar op. Midden in een gesprek kan hij hun zo maar vragen of de andere kant vindt dat hij het goed doet?! Op een informele toon. Niet iedereen voelt zich daar trouwens even comfortabel bij. Vooral ook omdat hij twee petten op heeft, vinden ze het moeilijk om eerlijk te antwoorden. Van der Hoeven is zo wel heel erg machtig.

In de strategie verandert niet veel. Van der Hoeven is er samen met zijn Raad van Bestuur van overtuigd dat de wereld binnen afzienbare tijd zal worden gedomineerd door een handvol 'global players' in de supermarkt-branche. Consolideren is het enige antwoord tegen de alsmaar verder groeiende macht en kracht van de belangrijkste leveranciers die wereld-wijd bezig zijn de wereld te verdelen.

Globaliseren is de kreet. Iedereen in het bedrijfsleven met een beetje ambitie praat over *the global village*. De wereld is door de snelle informa-tietechnologie en transportmethoden een dorp geworden. Voor groeiende bedrijven is de wereld het speelveld. Van der Hoeven wordt niet moe erop te wijzen dat de belangrijkste leveranciers, zoals Unilever, Proctor & Gamble en Nestlé al druk bezig zijn die markt onderling te verdelen. Alleen retailers die in dat tempo meegroeien, zullen op dezelfde schaal zaken met deze grote leveranciers kunnen doen.

Eigenlijk zijn er maar twee concurrenten die net als Ahold wereldwijd werken. Maar het Amerikaanse Wal-Mart en het Franse Carrefour werken anders. Die nemen bedrijven over en plakken er hun naam op. Meestal wordt het management vervangen. Daar wordt op de dag van de onderte-kening van overnamecontract onmiddellijk een contingent controllers en accountants van het hoofdkantoor ingevlogen om de nieuwe club binnen een paar weken te doordringen van de vereiste standaarden.

Van der Hoeven gelooft niet in die top-down benadering. Die vindt hij ouderwets. Het is juist die ruimte die Ahold voor de lokale kwaliteiten heeft die het bedrijf zo succesvol maakt.

Hij wijst erop dat Carrefour en Wal-Mart als discounters wat minder belang hebben bij een kwaliteitsimago. Ahold positioneert zich in zoveel mogelijk landen als een kwalitatieve *full-service* supermarkt. Klanten-trouwheid op basis van kwaliteit en service is daarbij belangrijk. In die gedachte past ook het idee om het lokale merk waar mensen trouw aan zijn in stand te houden en het lokale management te laten zitten, die ken-nen hun klanten en de lokale markt het beste. De klant merkt idealiter dus heel weinig van wat er aan de achterkant allemaal aan samenwerking wordt georganiseerd.

Ahold zorgt er aan de voor de klant onzichtbare achterkant voor dat er geld wordt bespaard, synergie wordt gerealiseerd. En om dat laatste zo goed mogelijk te doen, is één ding heel belangrijk: schaalgrootte. Hoe groter het bedrijf, hoe makkelijker het is om op inkoop, distributie, logistiek en financieringskosten te besparen. Van der Hoeven gelooft heilig in deze strategie.

Niet iedereen is het met hem eens. Zei Gerrit Jan Heijn niet altijd: *all business is local business*?! Vooral in de top van Albert Heijn heerst scepsis. Ze wijzen erop dat juist binnen Ahold iedere winkelketen anders is en andere eisen stelt aan winkels, locaties, automatisering, etc. Hoe kun je dan synergie realiseren?

Twee maanden voor zijn vertrek beloofde Everaert een verdubbeling van omzet en winst in vijf jaar naar respectievelijk 40 miljard en 500 miljoen. Dat is nog steeds de lat waar deze Raad van Bestuur over wil springen. Ze spreken af dat de groei voor twee derde uit het concern zelf moet komen door meer te verkopen en minder kosten te maken en voor eenderde uit acquisities. Geïnspireerd door Bosma en Andreae moet de interne groei – meer winkels die meer verkopen en goedkoper werken – op 10 procent per jaar liggen en uit de eigen *cashflow* worden gefinancierd.

De externe groei bestaat voor Ahold uit twee smaken. Ze doen fanatiek aan landjepik door bestaande ketens verder uit te bouwen; winkels van de concurrentie over te nemen. Ahold doet in deze jaren gemiddeld eens in de drie weken zo'n aankoop. Daarnaast wordt constant gezocht naar goedgeleide supermarktbedrijven, merknamen die een hele regio bedienen.

Van der Hoeven belooft beleggers een groei van de winst per aandeel van minimaal 10 procent per jaar. En voegt daar nog iets nieuws aan toe: dat groeicijfer heeft een hoge, zo niet de hoogste prioriteit. Hij heeft daar nog iets waar te maken, want door de emissie van 1993 steeg de winst per aandeel over dat jaar uiteindelijk maar met 1 cent naar 2,95 gulden.

Om het financiële lot van de aandeelhouders en dat van de bestuurders nadrukkelijker aan elkaar te verbinden wordt de hoogte van de bonussen in 1994 afhankelijk gemaakt van de ontwikkeling van de winst per aandeel. De leden van de Raad van Bestuur kijken vanaf dat moment dan ook steeds vaker naar de koers. Het gaat nu ook over hun eigen portemonnee. Onderlinge discussies over investeringen gaan meer en meer over de gevolgen ervan voor de winst per aandeel.

Binnen de Raad van Bestuur worden de spelregels voor het overnemen van bedrijven nog eens goed op een rij gezet: het bedrijf moet nummer één of twee in de markt zijn, het moet groeipotentieel hebben, er moet goed management zitten en de prijs moet redelijk zijn. Liever geen joint ventures, maar 100 procent overnames. Voor verkopende partijen in de Verenigde Staten, zeker als het geen oprichtersfamilies zijn, is dat laatste geen enkel probleem. Maar in de rest van de wereld komt het zelden voor dat een familie het door opa gestichte bedrijf in één klap verkoopt. Dat gaat meestal in stapjes. En dus laten ze in Zaandam ook ruimte voor joint ventures zoals in Portugal. Daarbij gaat het er wel om dat partijen het goed met elkaar moeten kunnen vinden, elkaar moeten verstaan. Verbonden door een gezamenlijke ambitie om te kunnen groeien en meer geld te verdienen, kunnen in overleg de meeste problemen wel worden opgelost. Het is in ieder geval belangrijk dat er momenten worden gecreëerd waarop de familie ook het resterende belang aan Ahold te koop aan kan bieden. Over de te betalen prijs moeten van tevoren afspraken zijn gemaakt.

Overnemen is dus belangrijk. Maar waar? Natuurlijk blijven de Verenigde Staten belangrijk, Ahold heeft daar nu 536 supermarkten. Afgezien van Nederland, Portugal en Tsjechië is Europa vooral een kwestie van afwachten en constant polsen. Welke families gaan hun bedrijven verkopen? Van der Hoeven vindt een grote Europese overname niet reëel. Tegen *NRC Handelsblad* zegt hij in het voorjaar van 1994: 'Wij moeten marktaandeel kopen; voor ons zijn daarom overnames op Franse, Duitse en Britse markten te groot. Bovendien zijn dat geen groeimarkten. Spanje en Portugal wel, daarom hebben we daar joint ventures.'

Boven in het zaaltje van restaurant De Hoop op d'Swarte Walvisch aan de Zaanse Schans, zo ongeveer het tweede hoofdkantoor van Ahold, praten de bestuursleden veel over de strategie van Ahold. Het restaurant is eigendom van Ahold. De Ahold-leiding zorgt voor minstens 20 procent van de omzet.

Azië staat daar prominent op de agenda. De Raad van Bestuur wordt gevoed door de marketing researchafdeling van het hoofdkantoor. Het is geen vreemde gedachte: in die tijd staan de bladen vol over het Aziatische wonder. Taiwan, Thailand, Zuid-Korea: de economieën van deze Aziatische Tijgers groeien met 10 procent per jaar en harder. Echte ondernemers grijpen daar nu hun kans.

En dan is er natuurlijk China. Daar gaan de fantasieën het verst. Sinds Deng Xiaoping in 1979 voorzichtig de deur openzette voor ondernemerschap is de Chinese economie op stoom gekomen. Met gemiddeld 7 procent per jaar worden de 1,2 miljard mensen in dit land rijker. In dat zaaltje in Zaandam stellen de Ahold-bestuurders lachend met elkaar vast dat Shanghai alleen al net zoveel inwoners heeft als Nederland. Daar moet toch wat te halen zijn?

Maar wie kan dat gaan doen? Zwartendijk is druk met de Verenigde Staten en Ahlqvist heeft zijn handen vol aan Europa. Peter van Dun is druk met sociale zaken, bovendien rapporteert een aantal dochters aan hem, waaronder Albert Heijn. Er zit niets anders op dan op zoek te gaan naar een expert. Die zal van buiten moeten komen, binnen het bedrijf zit niemand met ervaring in dat deel van de wereld. Eind 1993 vraagt Van Dun head-hunter Egon Zehnder om iemand te zoeken die deze klus kan klaren. Joost van Heijningen Nanninga presenteert de 49-jarige Edward Moerk. Als hij benaderd wordt, werkt de goed Nederlands-sprekende Noor bij Campbells' Biscuits Europe. Hij heeft een lange internationale carrière bij bedrijven als Canada Dry en Pepsi achter de rug. Voor Pepsi zette hij een fabriek in de Chinese vrijhandelszone Shenzen neer.

Van der Hoeven is enthousiast over Moerk, die nog langer dan hij is. Het rondje langs de overige leden van de Raad van Bestuur gaat goed. Ze vinden hem een aardige man met de nodige internationale ervaring. Hij beschikt over een mooi netwerk, opgebouwd tijdens zijn opleiding aan de exclusie-ve Franse Insead-managersopleiding. De *executive searcher* prijst hem aan als een echte teamplayer. Maart 1994 treedt Moerk aan: nu kan er eindelijk werk worden gemaakt van expansie in Azië.

Eén collega is diep teleurgesteld door deze benoeming. Jan Andreae, dan drie jaar de baas van Albert Heijn, vindt dat hij naar de Raad van Bestuur had moeten verhuizen. Maar Van der Hoeven ziet Andreae niet in de Raad van Bestuur van Ahold. Dat laat hij hem zelfs eens expliciet weten na wat borrels in een hotellobby in Chicago. Van der Hoeven vertelt Andreae dat hij niet uit het juiste hout is gesneden. Hij vindt Andreae teveel een man die op de winkel past, te weinig dynamisch. Hij begrijpt de cijfers niet goed genoeg en zijn Engels is belabberd. Andreae op zijn beurt vindt Van der Hoeven een boekhouder, geen goede retailer en geen strategisch denker en al helemaal niet op zijn terrein. De twee zijn geen vrienden.

Het nieuwe jaar begint goed. April '94 vraagt Zwartendijk zijn medebe-stuurders over te komen naar de VS om over een nieuwe overname te pra-ten. Ze wandelen door de winkels van Red Food Stores en zijn onder de indruk. Een paar weken later, op 4 mei, koopt Ahold voor 130 miljoen dollar haar zesde supermarktketen in de Verenigde Staten.

Er komt geen nieuwe emissie, de overname wordt uit eigen middelen en met leningen gefinancierd. De dag nadat de handtekeningen zijn gezet vliegt Rob Zwartendijk met de top van Red food Stores naar Atlanta waar de *cfo's* van de andere vijf ketens zitten. Hij laat er geen gras over groeien: de nieuwe dochter moet onmiddellijk weten wat Ahold van haar verwacht: samenwerking en synergie met de andere ketens. Of het nou om het inkoopbeleid, de administratie of de computersystemen gaat, bij Red Food Stores moet de bezem erdoor. Met behoud van hun eigen naam veegt Zwartendijk de 55 winkels organisatorisch onder die andere keten in het zuidoosten van de VS: BI-LO.

Zwartendijk klinkt steeds enthousiaster over de samenwerking in de VS. Hij realiseert zich dat het een broos en breekbaar proces is, maar krijgt stap voor stap zijn zin. Ahold USA begint een eigen identiteit te krijgen. Tegen het zakenblad *FEM* zegt hij in die tijd: 'Het begint langzaam maar zeker te leven. Ze kwamen zelf met het voorstel om langzaam lopende artikelen in een distributiecentrum te stoppen en meteen ook de inkopers daar te concentreren. Kijk, dat is interessant. Als ik dat had voorgesteld was het centralisatie geweest, maar nu komt het uit de ketens zelf. Nu is het samenwerking.'

Net als alle andere grote overnames wordt ook de overname van Red Food Stores gevierd in het Spaanse Jerez de la Frontera, de sherryhoofdstad van Spanje. Dat is een traditie geworden. Hans van Meer kwam er bij de overname van BI-LO in 1977 achter, dat de meesten van zijn gesprekspartners de Verenigde Staten nog nooit waren uitgeweest, dat ze in veel gevallen niet eens een paspoort hadden. Het idee werd geboren om na het zetten van de handtekeningen op het hoofdkantoor in Zaandam voor een paar dagen af te reizen naar Jerez. In 1979 nam Ahold een belang van 50 procent in Bodega Luis Paez, daar haalt Ahold sindsdien de sherry vandaan.

De Hollanders die sherry in Nederland groot hebben gemaakt, worden er als koningen behandeld. De leden van de Raad van Bestuur kennen de plaats als hun broekzak, ze zijn er vele keren geweest en hebben het ritme van de Spanjaarden leren kennen. De dag begint niet voor elf uur en de lunch duurt tot zes uur. Het zijn uitbundige bijeenkomsten. Lunchen aan zee. Prachtige lange tafels met vis, krab en kreeft. Uitstapjes naar de wijngaarden en bottelarijen, een soort kathedralen, waar de gastheren uitleggen hoe het allemaal werkt. Ze krijgen les in flamencodansen en bekijken de lippizaner-paardenschool. Van der Hoeven is hier op zijn best. Totaal ontspannen speelt hij de perfecte gastheer. Hij geniet als zijn gasten genieten. En na hard werken is het goed rusten. De directies van de gekochte ketens voelen zich welkom.

Zo comfortabel als de president zich voelt binnen zijn Raad van Bestuur zo ongemakkelijk voelt hij zich in het gezelschap van de naamgever van het concern Ab Heijn. Het kost hem moeite om veel met de commissaris te bespreken. Hij wil af van het bezadigde imago van familiebedrijf.

Maar er is nog iets anders. Of het nou op aandeelhoudersvergaderingen is of op andere bijeenkomsten waar ze samen zijn, de glans van een succesvolle *ceo* blijkt steeds weer magertjes af te steken bij de magie die om het ondernemerschap van de Heijn-dynastie hangt. Dat wordt pijnlijk duidelijk als Ahold eind mei 1994 in de Ridderzaal in Den Haag uit handen van prins Claus, de koning Willem I plaquette voor de beste onderneming krijgt. Trots als een pauw zit Van der Hoeven op de eerste rij. Maar weer gebeurt waar hij zich al vaker aan heeft geërgerd: de aandacht van de sprekers gaat vooral naar de naamgever van het concern, niet naar de *chief executive officer*.

Prins Claus, premier Ruud Lubbers en de voorzitter van het Koning Willem I Bestuur, centrale-bankdirecteur Wim Duisenberg, richten zich in hun lovende verhalen over het hoofd van Van der Hoeven heen expliciet tot Albert Heijn. Ze bedanken hem voor zijn innovatieve ondernemerschap, prijzen de leidende rol die de onderneming in de VS, 'het hol van de leeuw', speelt. Het is een pijnlijke bijeenkomst, zo pijnlijk dat zelfs Ab Heijn zich bedenkt dat de aandacht die hij krijgt onevenredig groot is en dat dit toch niet leuk moet zijn voor de *ceo*.

Toch begint Van der Hoeven in zijn rol te groeien. Zijn tweede jaar sluit Ahold met veel betere cijfers af. De ingrijpende reorganisaties bij de FNS-winkels zijn effectief. Bovendien zorgt de consolidatie van Portugal en Schuitema voor het beoogde effect: een forse stijging van omzet en bedrijfsresultaat.

Veel energie gaat zitten in de zoektocht naar over te nemen bedrijven. De leden van de Raad van Bestuur zitten iedere twee weken met elkaar in het vliegtuig om een potentieel over te nemen bedrijf te bekijken. Want de afspraak is: als we iets gaan overnemen gaan we er met z'n allen naartoe. Bovendien hebben ze afgesproken dat als eentje het niet ziet zitten, dat het dan ook niet gebeurt. Omdat zo van de tien plannen er misschien maar eentje doorgaat, vliegen ze de wereld verschillende keren rond met elkaar. Tijdens deze reizen probeert Eddie Moerk zijn plaats binnen het solide viertal te veroveren. Dat valt niet mee. Het is een hecht clubje vrienden.

Het is een intensieve jacht op groei en expansie. Ze werken zich een slag in de rondte; als ze terugkomen van een reis ligt er een berg werk te wachten in Zaandam. Als die berg net is weggewerkt stappen ze weer met elkaar in een vliegtuig om op een vreemde plek naar supermarkten te kijken. Bij terugkomst ligt er weer een nieuwe stapel werk. Om de resultaten de goede kant op te krijgen wordt bij de bestaande dochters ondertussen gehamerd op efficiencyverbetering. Die 10 procent groei is heilig geworden.

Dat is even wennen. Vooral bij Albert Heijn. De filosofie: 'een eiland van verlies in een zee van winst', werkt nog wel. Maar het marktaandeel van de ook nu weer als duurste supermarkt uit onderzoeken komende marktleider, groeit nog maar met tienden van procenten. Het prijsniveau van Albert Heijn mag niet meer dan 3 procent boven dat van een gemiddelde groep concurrenten zitten. Zodra de prijs daarboven komt, worden de prijzen aangepast.

Albert Heijn-president Jan Andreae legt in de media uit dat het bedrijf zijn koers moet verleggen van 'de beste supermarkt in Nederland' naar 'de huishoudelijke dienstverlener' van Nederland. Geheel in de progressieve traditie tast het concern de samenleving als eerste in de branche af op zoek naar de optimale manier om de 'moment-consument' te kunnen bedienen. Andreae verheugt zich op de verruiming van de openingstijden die eraan komt, want dan kan het concern de concurrentie met de horeca aan.

Maar op korte termijn leveren dergelijke vergezichten niet veel op. Andreae weet ook dat de door Ahold gevraagde 10 procent groei in het resultaat voor een belangrijk deel zal moeten worden gehaald uit kostenbesparingen. In het plan 'Albert Heijn 2001' wordt gerept over het schrappen van 2000 tot 4000 banen. Geleidelijk en zonder gedwongen ontslagen, maar de bonden staan op hun achterste benen.

De 450 bedrijfsleiders worden meer en meer resultaatverantwoordelijk gemaakt. Ze moeten de ruimte krijgen om de concurrentie van de discounters in hun eigen gebied effectief aan te pakken. Ze zullen de gevraagde kostenreductie zelf moeten realiseren. November 1994 komen 200 bedrijfsleiders in een conferentieoord in Garderen bij elkaar om hun zorgen te uiten. De ondernemingsraad van Albert Heijn heeft het in een brief aan de directie over 'onuitvoerbare financiële targets'. Hierover zeuren heeft niet zoveel zin. Ze worden onmiddellijk om hun oren geslagen met de jaarlijkse winstgroei van 15 procent die van de Amerikaanse Ahold-dochters wordt geëist.

Gelukkig begint het distributieproject 'Vandaag Voor Morgen' op stoom te komen. De ruim 660 winkels worden enkele keren per dag beleverd vanuit vier regionale distributiecentra. Zodra een artikel de scanner bij de kassa passeert, worden de voorraad- en bestellijsten automatisch aangepast. Werden de winkels een paar jaar geleden binnen 72 uur aangevuld, nu is dat teruggebracht tot 18 uur. De concurrentie kijkt jaloers toe.

In februari 1995 kondigt Ahold aan dat het samen met het Duitse Allkauf winkels in Polen neer gaat zetten. In Zaandam zijn ze geïnteresseerd in dit Duitse bedrijf, wellicht dat een samenwerking ook voor Duitse interesse in Ahold kan zorgen. Om te voorkomen dat beleggers onmiddellijk aan het traag verlopende Tsjechische avontuur gaan denken, legt een woordvoerder uit dat Polen juist snel aan de winst kan bijdragen omdat Polen qua politiek 'de vertragende elementen die de ontwikkelingen in Tsjechië lange tijd remden, achter zich heeft'.

Een paar maanden later geeft Ahold weer een dot gas in de VS. Voor 188 miljoen dollar worden de 28 winkels van Mayfair Super Markets in New Jersey overgenomen en bij Edwards ondergebracht. Zwartendijk spreekt over 'rijpe appelen waarvoor Ahold de schoot spreidt'. De grote concurrent in dat gebied, Pathmark, wordt afgetroefd.

De mooie cijfers over 1994, 20 procent meer winst op een 6 procent gestegen omzet, lijken Van der Hoeven in het voorjaar van 1995 vleugeltjes te geven. Hij zegt dat Ahold 'bovenin de eredivisie moet gaan spelen'. Producenten als Nestlé, Coca-Cola en Unilever worden zo machtig dat volgens de bestuursvoorzitter 'kritische massa van steeds groter belang is'.

In een toelichting struikelt hij bijna over de mooie beloften: de winst per aandeel zal met 10 procent per jaar groeien, de solvabiliteit zal verbeteren, de dividenduitkering zal groeien en Ahold zal nog meer overnames doen. Eén ding wordt hiermee duidelijk: zolang beleggers het verhaal geloven en zich dat in een hogere koers vertaalt, kan Ahold al die beloftes inlossen. En om zich daarvan te verzekeren richt hij zich via *Het Financieele Dagblad* tot hen met de woorden: 'Er is toch een enorme vermogensaanwas geweest voor de lang zittende aandeelhouders. Die loopt dicht tegen de 20 procent per jaar. Op dit moment zie ik niet waarom we dat de komende jaren niet kunnen continueren.'

De toekomstbespiegelingen richten zich grotendeels op Azië. Groeien de westerse markten met 2-3 procent, in Azië, Zuid-Amerika en Centraal-Europa ligt die groei op 3-8 procent. Dat deze gebieden zowel economisch als politiek ook een stuk instabieler en onvoorspelbaarder zijn, wordt door Van der Hoeven gerelativeerd. Hij wijst op het structureel enorme groei-potentieel in Azië: waar in Nederland en de VS respectievelijk 65 en 80 procent van de voedingsmiddelen via de supermarkt wordt verkocht is dat in Azië maar 1,5 procent. Volgens Van der Hoeven loopt Ahold in Azië twee jaar voor op de concurrentie en is het daarom een gewilde partner voor partijen die minder ver zijn in hun globalisering. Hij heeft het steeds maar over Shanghai. Hij gaat ervan uit dat over tien jaar 10 procent van de omzet van Ahold uit Azië zal komen.

Mei 1995 reist de voltallige Raad van Bestuur door Azië en is de conclusie eensluidend: hier moeten we zijn. Tijdens het Dies, de verjaardag van het concern, diezelfde maand verkleedt de Raad van Bestuur zich als Chinezen, inclusief paardenstaarten. Ze hebben lange zijden gewaden aan en zingen een lied over de manier waarop Azië zal worden veroverd. Van der Hoeven speelt een hoofdrol. Hij kan redelijk goed zingen. Zijn acts wor-den meestal goed ontvangen. Vooral omdat hij graag zingt met het Curaçaose accent, zoals hij dat tussen zijn vierde en vijftiende jaar op school leerde. Niet iedereen in de zaal vindt de platte wijze waarop Chinezen worden neergezet, overigens erg gepast.

Eind 1995 wordt een eerste stap gezet en een samenwerkingscontract gesloten met een Indonesische partner en in Singapore een kantoor ge-opend. Dan wordt ook voor 166 miljoen gulden een 49-procents belang genomen in de Central Group in Thailand. Eddy Moerk is verbaasd over de snelheid. Maar voor Van der Hoeven gaat het niet snel genoeg. Hij heeft beloofd dat in 1997 omzet en winst verdubbeld zullen zijn en deze krui-mels dragen daar nauwelijks aan bij. In ieder interview doet Van der Hoeven grote beloften over de verovering van Azië. De druk op Eddy Moerk om te presteren wordt groter. Maar Van der Hoeven twijfelt of hij wel genoeg tempo maakt. Hij begint steeds vaker op hem te katten.

Moerk is veel op pad. Is er vaker niet dan wel. Dat komt ook omdat het hechte Zaanse team deze nieuwe bestuurder niet zomaar mee laat doen. Ze ervaren de zwijgzame Moerk als een einzelgänger, een tikje zonderling ook. Hij zorgt er bijvoorbeeld voor dat zijn chauffeur Franse les krijgt, zodat hij de 'Franstalige hond' die hij uit België mee heeft genomen, kan uitlaten. Leuk, maar ook een beetje vreemd vinden ze in Zaandam.

Om harder te kunnen gaan in Azië heeft Moerk mensen nodig. Daarvoor doet hij een beroep op het management van Albert Heijn. Daar zit veel kennis. Hij krijgt het daardoor steeds vaker aan de stok met Jan Andreae, die vindt dat hij roofbouw pleegt en kaart dit aan bij zijn baas: Peter van Dun. Die stelt het probleem aan de orde in de Raad van Bestuur. Besloten wordt dat Rob Zwartendijk vanuit de Amerikaanse operatie mensen beschikbaar zal stellen. Het veroveren van Azië krijgt de hoogste prioriteit.

De Europese samenwerking binnen ERA en AMS verloopt goed maar langzaam. Het gezamenlijk ontwikkelde merk Euroshopper is dan bijvoorbeeld goed voor 4 procent van de omzet van Albert Heijn. De droom van zes jaar geleden om samen tot een Europese megaretailer te fuseren komt alleen niet uit. De partijen groeien niet verder naar elkaar toe. Daarom besluiten ze de wederzijdse participaties in elkaar te verkopen.

Van der Hoeven vindt het een mooie aanleiding om nog eens goed naar de spreiding van het aandelenbezit te kijken. Het bedrijf is relatief kwetsbaar voor vijandige overnames omdat het, in tegenstelling tot de rest van het grote bedrijfsleven, nauwelijks pakketten aandelen heeft ondergebracht bij grote institutionele beleggers. Het bedrijf besluit 21 miljoen preferente aandelen (met een vast dividend) bij ING, Achmea en Fortis te plaatsen. Om belastingtechnische redenen is het interessant voor ING, Achmea en Fortis om minimaal een 5-procents belang te hebben. Maar dan moet Ahold ze wel goedkoop aanbieden. De andere aandeelhouders zijn met deze verwatering niet blij. Tijdens de presentatie van de cijfers over 1995 geeft Van der Hoeven toe dat de plaatsing te maken heeft met de behoefte aan 'stabiel aandeelhouderschap'.

Aan het begin van de persconferentie over de cijfers van 1995 houdt Cees van der Hoeven minutenlang zijn hand voor zijn mond. Zijn ogen twinkelen, hij heeft een verrassing. Met een groots gebaar haalt hij zijn hand weg. Een grijns wordt zichtbaar, vooral een goed zichtbare grijns, want zijn snor is verdwenen. De zaal lacht: Van der Hoeven heeft nu dus helemaal niets meer te verbergen.

Naast een stijging van de winst met 11,5 procent maakt Van der Hoeven bekend dat het concern een joint venture heeft opgericht voor een super-marktketen in Singapore en Maleisië. Binnen vijf jaar wil het bedrijf in het Verre Oosten 200-1000 winkels hebben. Van der Hoeven schermt opeens met Tsjechië. Na zeven jaar is Ahold daar nu een van de grotere retailers. Hij wil nu binnen vijf jaar 500-1000 supermarkten in Centraal-Europa openen. 'Wat we daar doen is fenomenaal. Dat geldt voor het Verre Oosten in crescendo.'

Een enkele belegger begint zich op het achterhoofd te krabben. Het zijn allemaal mooie verhalen, maar waar blijft die beloofde verdubbeling van omzet en winst?! Drieëneenhalf jaar nadat deze beloftes zijn gedaan is de omzet met 38 procent gestegen en de winst met 47 procent. De plannen voor Azië en Oost-Europa klinken veelbelovend, maar het gaat nog jaren duren voordat hier substantieel geld wordt verdiend.

Hoe Ahold die belofte gaat inlossen wordt snel duidelijk: Zwartendijk en Van der Hoeven jagen al enige tijd op groter wild. Ze vinden de tijd rijp voor een tweede poging om Stop & Shop over te nemen. De president van Ahold USA zorgt ervoor dat hij op alle mogelijke bijeenkomsten naast Bob Tobin kan zitten. Deze baas van Stop & Shop moet gepaaid worden. Als Tobin zin krijgt in Ahold en die zin ook doorspeelt naar eigenaar KKR, worden de kansen van Ahold vergroot.

Tobin heeft een jaar eerder tijdens een bijeenkomst van het Amerikaanse Food Marketing Institute naar een speech van Cees van der Hoeven zitten luisteren die indruk heeft gemaakt. Van der Hoeven sprak daar over het overnemen van bedrijven door Ahold maar ook over het overeind laten van merken en management. Vooral dat laatste spreekt Bob Tobin en zijn tweede man Billy Grize aan. Ze weten bovendien dat ze een keer verkocht zullen worden door KKR. Het mooiste zou een zelfde soort eigenaar zijn, die zich vooral als financier opstelt en het manage-ment de ruimte laat om te ondernemen. Ze willen graag samen verder bouwen aan hun baby. Ze hebben het over het en-en-en scenario: en geld verdienen aan de verkoop, en de baas kunnen blijven en profiteren van de financiële slagkracht van een nieuwe sterke eigenaar. Dat laatste is belangrijk want ze willen met Stop & Shop New York gaan veroveren en dat kost geld.

Januari 1996 is er weer een bijeenkomst van het Food Marketing Institute, de plek waar alle grote mannen in de levensmiddelenbranche elkaar ont-moeten. Tijdens het golftoernooi, ook altijd vaste prik, zorgt Van der

Hoeven ervoor dat de organisatie hem in hetzelfde karretje zet als Audrey Tobin, want de mening van de-vrouw-van kan heel belangrijk zijn. Terwijl ze een balletje slaan, probeert Van der Hoeven er achter te komen wat voor mensen het zijn. Hij gelooft erin dat je via 'de vrouw van' een goed beeld krijgt en het meeste te horen krijgt. Hij stelt zoveel vragen over Stop & Shop dat een andere gast een grapje maakt: pas maar op Audrey, hij koopt het bedrijf voor de zesde hole.

Vervolgens zorgt ook Van der Hoeven ervoor dat hij die avond bij Bob Tobin aan tafel zit. Die begint aan te geven wel wat in een overname door Ahold te zien. Hij is blij met de suggestie van Van der Hoeven dat deze in Tobin de logische opvolger van Rob Zwartendijk ziet. Ook lijkt Van der Hoeven er min of meer van overtuigd te zijn dat een overname van Stop & Shop vooral betekent dat de rest van Ahold USA meer op de nieuwe dochter zal moeten gaan lijken dan omgekeerd.

Op het hoofdkantoor in Zaandam worden de weken daarop driftig rekensommen gemaakt. De financiële gegevens van de laatste kwartalen van S&S worden bij die van Ahold gestopt, alsof het bedrijf al van Ahold is. Het ziet er allemaal mooi uit.

Van der Hoeven heeft contact met ABN Amro-bankier Rijnhard van Tets. Van Tets zit in de Raad van Bestuur van de bank en denkt graag met Ahold mee. Hij steunt de plannen en samen met andere banken, waaronder Goldman Sachs, wordt een overbruggingskrediet van 2 miljard ter beschikking gesteld. Want naar Amerika afreizen zonder met een zak met geld te kunnen rammelen heeft geen zin.

Nu is het een kwestie van timing. Op vrijdag 8 maart, een dag na de persconferentie over de jaarcijfers pakt Van der Hoeven om vijf uur in de middag de telefoon. Hij belt Clifton Robbins van KKR en vertelt hem dat Ahold Stop & Shop wil kopen. Als Robbins wil weten wat de prijs is, zegt Van der Hoeven: genoeg om het voor jullie interessant te maken.

Op 15 maart, bijna vier jaar na die vreemde eerste poging om Stop & Shop over te nemen, staat Rob Zwartendijk weer in de lift van de wolkenkrabber aan Central Park. Weer drukt hij op de knop voor de 54-ste etage. Er is alleen één verschil. Hij heeft zich nauwelijks voorbereid. Dit keer geen eindeloze sessies met dure bankiers en advocaten. Hij heeft maar een ding in zijn hoofd: een nieuwe prijs. Een goede prijs.

Eenendertig dollar per aandeel zegt hij vrijwel direct na binnenkomst tegen de mensen van KKR. Het antwoord van Robbins klinkt hem als muziek in de oren: *not good enough but close*. Ook Zwartendijk staat na tien minuten weer buiten, maar hij weet genoeg en belt Van der Hoeven met de mededeling: het gaat gebeuren.

Een paar dagen na het *not good enough but close* wordt Michiel Meurs in stelling gebracht. Op het kantoor van de Amerikaanse advocaat van Ahold, White & Case, mag de directeur financiën de deal afmaken. Ze worden het daar snel eens over de prijs: 33,5 dollar per aandeel. Ahold heeft alleen wat tijd nodig, wil zeker weten dat de Amerikaanse mededingingsautoriteiten (Federal Trade Commission, FTC) akkoord gaan met de overname. Dat proces kan een paar maanden kosten. De mensen van KKR vinden het best maar stellen ook koeltjes vast, dat meer tijd meer geld kost. Ze willen een dollar per aandeel extra als die procedure niet voor 1 juli is afgerond. Om drie uur 's nachts belt een opgewonden Meurs met Van der Hoeven, die dan in zijn auto op weg naar Zaandam zit. Ze zijn eruit.

Op 28 maart 1996 maakt Van der Hoeven bekend dat Ahold de Amerikaanse keten Stop & Shop gaat overnemen. Een enthousiaste Bob Tobin vertelt zijn mensen: *this is a marriage made in heaven.*

Stop & Shop is bijna even groot als Albert Heijn. Ahold zal 25 keer de winst gaan betalen en zal, inclusief de overname van een schuld van 1,1 miljard dollar, ongeveer 2,9 miljard dollar op tafel moeten leggen. Het is de grootste overname in de geschiedenis van het concern. Als de mededingingsautoriteiten het goed vinden en het bod slaagt, zal Ahold in de VS de vijfde supermarktketen zijn.

Ahold gaat dus 4,8 miljard gulden uitgeven. De krantenkoppen zijn groot, dit is voor Nederlandse begrippen ongehoord veel geld. Beleggers realiseren zich onmiddellijk dat Ahold een grote emissie zal moeten doen om deze overname te kunnen betalen. Ze schrikken: het aandeel sluit 1,70 lager op 75,50. Dit wordt niet zomaar een emissie: dit wordt de grootste in de geschiedenis van de Amsterdamse beurs.

Op het hoofdkantoor van Albert Heijn volgen ze de bewegingen van Ahold met verbazing. Wat is hun moeder allemaal aan het doen? Ze proberen te begrijpen hoeveel geld 4,8 miljard gulden is. Een directeur vertaalt het heel simpel: alle 40.000 medewerkers van Albert Heijn moeten 120.000 gulden meenemen om op zo'n bedrag uit te komen. Ze realiseren zich daar nu ook opeens dat de vanzelfsprekende dominantie van Albert Heijn binnen Ahold nu niet langer vanzelfsprekend is.

Bankiers van ABN Amro, Goldman Sachs en JP Morgan staan verlekkerd langs de kant bij het nieuws over Stop & Shop. Aan de lening zullen ze niet veel verdienen, maar des te meer aan de onvermijdelijke aandelenemissie die er gaat komen. Daar zullen ze 2-3 procent commissie vangen, zonder enig risico te lopen. Het risico is voor de aandeelhouders.

Op het hoofdkantoor is niet iedereen enthousiast. Verschillende financiële mensen wijzen erop dat Ahold scherp aan de wind vaart. De solvabiliteit komt onder de 20 procent, een cijfer dat voor veel beleggers en analisten heilig is. De discussie wordt gevoerd in de Raad van Bestuur en in de Raad van Commissarissen. Ook mensen als Cor Sterk en Paul Ekelschot spreken hun zorg uit. Er wordt veel met hen gepraat door de leden van de Raad van Bestuur, om hen gerust te stellen. Met elkaar stellen ze vast dat het solvabiliteits-issue eenmalig en van korte duur zal zijn.

De overname is gigantisch. Maar binnen de Raad van Bestuur is het zelfvertrouwen inmiddels zo gegroeid dat ze er van overtuigd zijn dat het zoeken naar bedrijven die voor een redelijke prijs te koop staan, vervangen moet worden door: zoeken naar goede dure bedrijven en daar een bod op uitbrengen.

Dat het goede dure bedrijf dat ze nu hebben gekocht, heel eigenzinnige kanten heeft, komen ze snel achter. Stop & Shop is niet zomaar een van de beste ketens van de VS geworden. Het managementteam van Stop & Shop woont gedurende de week samen in een appartement in Boston. De topmanagers vinden het prettig om zo constant met hun 'baby' bezig te kunnen zijn. In de ogen van sommige Nederlandse bezoekers gaat dit nog wat verder dan fanatiek. Maar de resultaten zijn er: Stop & Shop is bijna twee keer zo winstgevend als Albert Heijn. Maar zullen deze mensen naar Zaandam gaan luisteren?

De gigantische overname zorgt op andere plekken ook voor twijfel. Begin 1996 verwoordt Fons van Gessel van de Dienstenbond CNV in *de Volkskrant* de groeiende zorgen bij de bonden over Ahold. 'De nieuwe generatie managers is er één van boekhouders. Het gaat goed met het bedrijf als de resultaten conform de Amerikaanse managementsformules zijn.' Van Gessel vindt dat Ahold de positie van de vakbonden probeert te ondergraven: 'Winstdelingsregelingen worden afgesproken met ondernemingsraden. Met deze lucratieve regelingen wordt geprobeerd deze raden stroop om de mond te smeren. Tegelijkertijd meldt Ahold dat de loonruimte voor cao-verbeteringen beperkt is. Immers, de riante winstdelingen zijn ook loonkosten. Weliswaar zegt Ahold elke medewerker een perspectief te willen bieden, maar dat is dan wel het enge perspectief van optimale winstmaximalisatie.'

Van Gessel is een roepende in de woestijn, want Nederland is collectief verliefd geworden op aandelen en vooral op enorme belastingvrije koerswinsten. Die zijn ook fors. Het gemiddelde rendement op de aandelen die in de AEX-index zitten, bedraagt tussen 1992 en 1996 zo'n 18,5 procent. In de media verschijnen steeds meer verhalen over gewone mensen die halverwege de jaren tachtig met een halve ton begonnen met beleggen en nu, op papier, miljonair zijn. Het werkt aanstekelijk.

Inmiddels beleggen zo'n 900.000 huishoudens en dat aantal groeit iedere maand met 3-4 procent. Was de Amsterdamse effectenbeurs voor velen lang een spel voor rijke heren onder leiding van een moeilijk verstaanbare baron, sinds de pensioenfondsen begin jaren negentig zijn begonnen een substantieel deel van hun vermogen in aandelen te beleggen stijgen de koersen snel. Lang mochten ze niet meer dan 5 procent van het aan hen toevertrouwde vermogen in aandelen steken, in 1991 stoppen pensioenfondsen 14 procent van hun vermogen in aandelen, in 1996 gaat het al om zo'n 35 procent. De afgelopen jaren hebben ze vele tientallen miljarden in aandelen gestoken. Het geloof in het ondernemerschap is groot, de koerswinstverhoudingen schieten omhoog.

Philips, ABN Amro, KPN en Ahold zijn daarbij de echte volksaandelen. Die koersontwikkeling is voor veel nieuwe beleggers tamelijk ongrijpbaar, maar deze bedrijven kennen ze allemaal. Die zijn tastbaar en vertrouwenwekkend. Het Vaste Klanten Fonds van Albert Heijn meldt begin januari 1996 dat het een topjaar heeft gehad. De 62.000 deelnemers beschikken over een fondsvermogen van 196 miljoen gulden, de koers ligt ruim 50 procent boven de introductiekoers van februari 1992. De helft van het ingelegde geld wordt belegd in aandelen Ahold. Die gaan goed.

Ook binnen de Raad van Bestuur hebben ze gemerkt dat die beurs steeds belangrijker wordt. Ze moeten, allemaal, vaker verhalen gaan houden bij allerlei beleggingsclubs. Die verzoeken stromen binnen. Ze hebben de afspraak dat ze allemaal hun best zullen doen om daar regelmatig op in te gaan. Ze merken het ook in hun eigen portemonnee. Halverwege de jaren tachtig waren de eerste opties uitgedeeld, aan de Raad van Bestuur en de directies van de werkmaatschappijen. Dat bleef lang een beperkt gezelschap, dat door de expansie van het bedrijf groeide tot ongeveer 70 man begin jaren negentig. Er zijn plannen in de maak om dit aantal flink uit te breiden. Zo'n 150 directeuren zullen een aandelenoptieplan krijgen. Van der Hoeven legt uit dat vooral Angelsaksische beleggers het belangrijk vinden dat managers de resultaten van hun handelen langs die weg in hun eigen beloning merken.

De sterk gestegen koers van het aandeel heeft voor een nieuw bewustzijn gezorgd. Zolang de koers-winstverhouding van Ahold boven die van het over te nemen bedrijf ligt, kan er eigenlijk weinig misgaan. Tevreden stellen de bestuurders vast dat ze, zolang die koers goed blijft, *a license to print money* hebben.

Midden in de overnameperikelen rondom Stop & Shop is er een wisseling van de wacht binnen de Raad van Commissarissen. Op 15 mei treedt Jan Choufoer af als president-commissaris, hij heeft de vergadering negen jaar voorgezeten. Negen zware jaren waarin de overgang moest worden gemaakt van een door de familie Heijn geleid bedrijf naar een door professionele managers geleid bedrijf. Choufoer wordt opgevolgd door zijn protégé Henny de Ruiter. Weer een Shell-man. Ab Heijn vindt dit geen goed idee, hij vraagt zich af of het nou wel verstandig is om weer een oliejongen te benoemen op die belangrijke plek. De twijfel van Heijn hangt vooral samen met zijn ingebakken wantrouwen jegens Shell-mensen die van nature meer op processen dan op klanten zijn gefocust. Hij spreekt zijn zorg overigens niet uit tegen De Ruiter zelf. De rest van de Raad van Commissarissen deelt die zorg niet. Ze vinden De Ruiter een aardige man en een kundige bestuurder.

Voor De Ruiter zelf komt het verzoek om de vergaderingen te gaan leiden een klein beetje als een verrassing, hij had gedacht dat bankman Roelof Nelissen de voorzittershamer vast zou willen houden. Maar die wil niet.

Henny de Ruiter is nog geen twee jaar eerder op voorstel van Choufoer in de Raad van Commissarissen gehaald. Choufoer ziet in De Ruiter dan al een mogelijke opvolger van hemzelf en introduceert hem op meerdere plekken in verschillende Raden van Commissarissen. De Ruiter heeft toen in 1994 met de Raad van Bestuur van Ahold geluncht. Het klikte en hij was van harte welkom.

Cees van der Hoeven en Henny de Ruiter kunnen het meteen goed met elkaar vinden. Ze lijken een beetje op elkaar. Het zijn allebei Shell-mensen die een voorstelling kunnen geven, mensen kunnen vermaken.

De conducteurszoon zat in de jaren vijftig in het nationale volleybal-team (hij was de kleinste), studeerde scheikunde aan de TU Delft en zat jaren in het studentencabaret. Na zijn studie ging hij meteen voor Shell aan de slag. Bij Shell schopt hij het tot lid van de Raad van Bestuur, onder meer met de verantwoordelijkheid voor de chemie en financiën. Na zijn pensioen in 1995 groeit zijn verzameling zware commissariaten snel. Onder meer bij Heineken, Wolters Kluwer, Aegon en Hoogovens is hij al met open armen ontvangen. Hij houdt kantoor op het hoofdkantoor van Shell aan de Carel van Bylandtlaan in Den Haag. Daar heeft Shell perma-nent ruimte en secretariële ondersteuning voor de voormalige bestuursle-den van het bedrijf.

De Ruiter en Van der Hoeven zijn allebei enigszins studentikoos geble-ven. Ze maken graag grapjes. Er is één verschil: Henny is mediaschuw. Binnen Shell leren managers dat al vroeg: de media geven en nemen, hoe meer ze hebben gegeven, hoe meer ze kunnen nemen. Hou de media daar-om op afstand. Van der Hoeven heeft dit van zich afgeschud. Hij heeft geleerd hoe je de media kan gebruiken. Van Hans Gobes.

De macht van Hans Gobes is de afgelopen jaren flink gegroeid. Hij zit dicht tegen Van der Hoeven aan en dat maakt hem in Zaandam tamelijk onaan-tastbaar. Het succes van Van der Hoeven is zijn succes. Hans Gobes hoeft eigenlijk naar niemand anders meer te luisteren.

De *senior vice president public relations* is in 1996 verantwoordelijk voor de organisatie van de grote Dies. Groot wil zeggen: met partners. Om het jaar is de Dies groot en dan weer klein. Voorafgaand aan iedere verjaar-dag zijn er intensieve 'dichtramingsgesprekken' met de directeuren van de grote werkmaatschappijen. Gesprekken waarbij de budgetten naar boven of beneden worden bijgesteld.

Geen directeur kijkt uit naar deze gesprekken met de Raad van Bestuur. Ze worden gegrild en de uitkomst is nooit goed. Als het beter gaat dan ver-wacht, wordt dit onmiddellijk in het budget opgenomen. Zo zorgt de RvB ervoor dat mensen niet comfortabel achterover gaan leunen als de eerste maanden van het jaar meer hebben opgeleverd. Ieder optimisme wordt onmiddellijk vertaald naar hogere targets, als het even kan wordt de posi-tieve lijn nog iets verder doorgetrokken. Als een verwachte plus van 10 procent op 12 procent uit lijkt te komen, vraagt de Raad van Bestuur zich af of het dan geen 14 procent moet zijn. De directeuren van de werkmaatschappijen moeten 'praten als Brugman' om dat te voorkomen.

Nog erger zijn de gesprekken als de eerste maanden zijn tegengevallen en je moet uitleggen dat het gestelde doel voor dit jaar niet gehaald wordt. In principe wordt dat niet geaccepteerd. Dan wordt gezegd dat de directie het verschil maar uit de kosten moet halen. Investeringen dreigen te worden teruggeschroefd, etc. Het valt niet mee om de Raad van Bestuur ervan te overtuigen dat de doelen naar beneden moeten worden bijgesteld.

De kunst is vooral je als directeur van een werkmaatschappij niet al te stoer voor te doen tijdens deze ontmoetingen. De leden van de Raad van Bestuur zullen er alles aan doen om je te verleiden tot een groot optimisme. Als je in die val trapt heb je op de zaak thuis een probleem. Want daar zitten de mensen die het beloofde resultaat moeten gaan waarmaken. Ze zullen je haten als je met onhaalbare targets terug komt.

Gelukkig is er na afloop van die vaak zware gesprekken dus de Dies.

Dit jaar jaar mag het groots zijn. Nee, het moet groots zijn. Gobes zorgt ervoor dat op het Malieveld in Den Haag een oude Italiaanse circustent wordt neergezet voor de top van het bedrijf met hun partners. Er staan prachtig gedekte tafels voor een chic gezelschap in smoking.

In een circus werken circusartiesten, overal duiken ze op tijdens de feestavond. In de trapeze maar ook tussen de tafels. Lilliputters, goochelaars, een grote kale dikke vrouw. Ze vermaken de gasten op een bijzondere manier. Door ze aan te raken, een sigaret af te pakken, kauwgom op hun bord te plakken. Een artiest pakt een glas wijn en sproeit de inhoud voorzichtig op de gasten. Sommige dames zijn zeer luchtig gekleed.

De Hollanders lachen wat schaapachtig, gegeneerd. De Amerikanen weten niet waar ze moeten kijken. Ab Heijn krijgt dat in de gaten en ergert zich kapot. Hij houdt het niet meer, via Van der Hoeven zorgt hij ervoor dat Gobes de dames en heren artiesten hun biezen laat pakken. Alleen het orkestje speelt nog wat door. Het feest valt in het water. Soms moeten ze in Zaandam nog wennen aan al die Amerikanen en omgekeerd.

In juni vechten Amerikaanse advocaten voor Ahold met de Federal Trade Commission om toestemming te krijgen voor de overname van Stop & Shop. De FTC vindt dat de dominantie van Ahold op een aantal plekken waar ook al Edwards-winkels zitten te groot wordt. Als de overname niet voor 31 juli is goedgekeurd gaat de aankoopprijs met 90 miljoen gulden omhoog. Maar met de toezegging dat maximaal 32 winkels dicht gaan, lijkt de overname halverwege juni in kannen en kruiken.

Beleggers zijn opgetogen: de koers stijgt richting 95 gulden. Ze zijn onder de indruk geraakt van de rekensommen die Van der Hoeven hun voorhoudt. Hij legt uit dat Stop & Shop ondanks de enorme prijs toch direct gaat bijdragen aan een stijgende winst per aandeel. In drie tot vijf jaar verwacht hij dat het huidige bedrijfsresultaat van Stop & Shop van 226 miljoen dollar met 80 tot 120 miljoen dollar zal toenemen als gevolg van besparingen, verbeterde inkoopkracht en synergie. Het bedrijfsresultaat van Ahold in Amerika wordt na de overname in één klap verdubbeld.

Van der Hoeven is euforisch. Hij verhoogt de verwachte stijging van de winst per aandeel voor de komende vijf jaar van 10 procent naar 15 procent per jaar. Vlak voor die aankondiging is het onderwerp aan bod gekomen in de *sounding board.* Toen Van der Hoeven zich daar hardop afvroeg of 15 procent groei ook haalbaar was, hebben verschillende retailspecialisten zich daar zorgen over gemaakt. Maar die niet uitgesproken. Ze geloven ook dat er synergievoordelen kunnen worden gerealiseerd en flinke besparingen zullen ook bijdragen aan de winst. Maar de retailmarkten in de Verenigde Staten en Nederland, verreweg de belangrijkste markten, groeien met 2 procent per jaar. Dus hoe kan je gedurende 5 jaar de winst steeds met 15 procent laten toenemen? Maar niemand durft dit echt zo hard aan te kaarten.

De staf op het hoofdkantoor moet erg wennen aan die 15 procent. Daar is dit nieuwe streven nauwelijks overlegd. Maar het staat nu wel in de krant. En Van der Hoeven constateert enthousiast dat 'we' het commitment zijn aangegaan. Aan de andere kant blijken beleggers het allemaal prachtig te vinden. En de markt heeft altijd gelijk.

Het lijkt wel magie. Ze kondigen de grootste overname aan, die straks betaald moet worden door de grootste emissie ooit en in plaats van scepsis en angst ontmoeten ze vertrouwen en aanmoediging. Want hoe hoger de koers, hoe goedkoper de overname. Op het moment van aankondiging stond het aandeel nog rond de 75 gulden. De bijna 25 procent hogere koers nu betekent, dat er minder verwatering is en het eenvoudiger zal zijn om de beloofde stijging van de winst per aandeel te realiseren.

Ze hebben nog een reden om vrolijk te zijn. Hoe hoger de koers hoe groter ook de waarde van hun opties. Binnen de Raad van Bestuur liggen de salarissen rond de zes-zevenhonderdduizend gulden per jaar, bruto. Als gevolg van de uitgebreide optiepakketten en de verdubbelde beurskoers het afgelopen jaar zijn ze, op papier in ieder geval, snel rijk aan het worden.

Albert en Gerrit Jan Heijn in 1987 tijdens het 100-jarige bestaan van het 'familie-bedrijf' (foto ANP)

Albert en Gerrit Jan Heijn tijdens een van de laatste persconferenties samen, in 1988 wordt
Gerrit Jan Heijn ontvoerd en vermoord (ANP)

Hans van Meer, lid van de Raad
van Bestuur van 1969 tot 1986
(Foto Ahold, met dank aan *Het
Financieele Dagblad*)

Bestuursvoorzitter Pierre Everaert en *chief financial officer* Cees van der Hoeven in 1990 (fotopersbureau Dijkstra)

Pierre Everaert tijdens de aandeelhoudersvergadering in 1991 (Dijkstra)

Jan Andreae, in 1992 net benoemd als de nieuwe president van Albert Heijn (ANP)

Maart 1993, Cees van der Hoeven is net benoemd tot de nieuwe bestuursvoorzitter van Ahold. Met naast hem van links naar rechts de 'vriendenclub': Rob Zwartendijk, Peter van Dun en Frits Ahlqvist (Ahold, met dank aan *Het Financieele Dagblad*)

Cees van der Hoeven vlak voor de presentatie van de cijfers over de eerste helft van 1998, met de een jaar eerder benoemde *cfo* Michiel Meurs (Dijkstra)

Het hoofdkantoor van Ahold met aan de andere kant van de weg...

...het gloednieuwe hoofdkantoor van dochter Albert Heijn (beide foto's ANP)

Maart 1999. Grappend betreurt Van der Hoeven de komst van de euro: soms is het leven onrechtvaardig, willen wij melden dat onze winst voor het eerst boven de 1 miljard gulden uitkomt, schaffen ze deze valuta af (ANP)

Maart 2000. Van der Hoeven tijdens de presentatie van de cijfers; 24 vlaggen, want Ahold is nu actief in 24 landen (Dijkstra)

Beppie, ...opdat wij nooit vergeten voor wie wij werken (ANP)

De Raad van Bestuur begin 2001: van links naar rechts Allan Noddle, Cees van der Hoeven, Bob Tobin, Theo de Raad, Michiel Meurs en Jan Andreae (Ahold, met dank aan *Het Financieele Dagblad*)

De Raad van Bestuur begin 2002: van links naar rechts Jan Andreae, Jim Miller, Theo de Raad, Cees van der Hoeven, Michiel Meurs en Billy Grize (Ahold, met dank aan *Het Financieele Dagblad*)

Stein Erik Hagen (foto Canica)

November 2002, sombere gezichten bij de presentatie van de halfjaarcijfers. Van links naar rechts: Michiel Meurs, Cees van der Hoeven en Jim Miller (foto Jeroen Oerlemans)

November 2002, Ahold maakt een tweede winstwaarschuwing bekend, de winst zal met 6-8
procent gaan dalen. Van links naar rechts: Jan Andreae, Michiel Meurs, Cees van der
Hoeven, Jim Miller en Billy Grize (Jeroen Oerlemans)

September 2003, president-commissaris Henny de Ruiter en Anders Moberg vlak voor hun dramatische confrontatie met woedende aandeelhouders (foto Gerard Til)

Peter Wakkie moet ervoor zorgen dat Ahold overeind blijft in de talloze juridische procedures (Gerard Til)

De nieuwe president-commissaris, oud Heineken-topman Karel Vuursteen (foto Maurice Boyer/Hollandse Hoogte)

Albert Heijn mag na het 'salarisdrama van Moberg' weer gaan meeademen met de portemonnee van de klant (ANP)

De bestuursleden maar ook de lagen daaronder verdienen veel meer met die opties dan aan salaris. Soms twee tot drie keer zoveel.

Hollandse nuchterheid zorgt ervoor dat die opwinding alleen bij borrels tot uiting komt. Daar vertellen de mensen over hun nieuwe huizen en boten. En soms verklapt een directeur dat hij zichzelf op een Porsche heeft getrakteerd. Maar die zullen zijn collega's niet snel te zien krijgen, want het is *not done* om met dat soort bolides naar kantoor te komen.

De directeuren moeten wennen aan de grote rijkdom die zomaar in hun schoot valt. Na een vakantie komen ze elkaar weer lachend in de gangen tegen om te constateren dat ze na een paar weken flink geld uitgeven toch weer rijker zijn terug gekomen. Dankzij de stijgende koers op de beurs.

Het grootste deel van de maand juli trekken Van der Hoeven en Michiel Meurs over de wereld om het succesverhaal te vertellen, ze geven 100 presentaties. Grote zalen, kleine zalen, onbijtpresentaties, lunches, diners en zogenaamde *one on ones*, want sommige grote beleggers willen het verhaal persoonlijk horen. 'Je moet *talk off the town* worden', zegt Van der Hoeven tegen *NRC Handelsblad*.

Ze richten zich nadrukkelijk op de particuliere belegger in Nederland. Van der Hoeven en Meurs geven presentaties op acht bijeenkomsten waar steeds een paar honderd beleggers in de zaal zitten. Vooral beheerders van grote pensioenfondsen willen graag een persoonlijk gesprek met de baas. Pieter Maarten Feenstra van de leidende bank Goldman Sachs legt in *De Telegraaf* uit waarom: 'Ze steken hun nek uit. Daarom willen ze heel persoonlijk met Cees praten en hem nog eens diep in de ogen kijken. Sommigen kennen hem en Ahold zo goed dat ze zeggen: laat het presentatieboek maar dicht, we hebben de volgende vragen...'

Feenstra is razend enthousiast over Van der Hoeven: 'Cees behoort met zijn manier van presenteren echt tot de top van Nederland. Hij vindt het leuk om te doen en dat zie je. 's Nachts ligt hij er niet wakker van, hij schudt het bijna uit zijn mouw.'

Goldman Sachs verdient goud geld aan de emissie. Het is niet ongebruikelijk dat banken 2-3 procent van de op te halen som krijgen. In dit geval dus zo'n 70-100 miljoen gulden. De grote begeleidende banken, in dit geval naast Goldman Sachs ook ABN Amro, werken meestal met een team van 10-15 man een paar maanden aan zo'n deal. Mensen als Feenstra worden daar zelf ook niet slechter van. Zo'n succesvolle *investment banker* die dit soort klanten naar binnen weet te trekken, wil een bank niet graag aan de concurrentie verliezen en kan inclusief bonussen 5-10 miljoen gulden per jaar verdienen.

Er zijn meer mensen die veel geld verdienen. Het management van Stop & Shop wordt vele tientallen miljoenen dollars rijker door de verkoop van hun belang. Het management van KKR pakt de hoofdprijs: zij kochten het bedrijf in 1988 van oprichter Sydney Rabinovitz voor 100 miljoen dollar. Ongeveer 1500 managers van Ahold gaan ook meedelen in de feestvreugde. Zij mogen voor minimaal 20.000 en maximaal 50.000 gulden inschrijven. Ook de 640 filiaalleiders van Albert Heijn, Gall & Gall en Etos kunnen meedoen. Ze mogen geld bij het bedrijf lenen tegen een zachte rente. Als ze allemaal meedoen verzesvoudigd het aantal zogeheten *inside*-aandeelhouders.

Het is even nog heel erg spannend. Op de dag van de emissie, 15 juli, duikt Wallstreet diep in het rood. De koersen dalen met gemiddeld 10 procent. Wat gaat Amsterdam doen? De bankiers van Goldman Sachs twijfelen. Van der Hoeven en Meurs zitten met het zweet in de handen. Uiteindelijk besluiten de bankiers dat ze het aandurven maar dan niet tegen de 90 gulden van de week ervoor. Ze stellen een koers van 85 gulden voor.

En dat gaat net goed. De emissie wordt geplaatst. Ahold is door een klein gaatje gegaan; als deze emissie was mislukt, was het bedrijf ernstig in de problemen gekomen realiseren ze zich op het hoofdkantoor. Maar omdat twee weken na de riskante emissie de koers weer gaat stijgen, slaat de twijfel om in een hernieuwd zelfvertrouwen. Als we dit kunnen verkopen, kan er meer.

Rob Zwartendijk gaat in de Verenigde Staten onmiddellijk aan de slag om de activiteiten te hergroeperen. De organisaties van Edwards en Giant worden in elkaar geschoven. Het nieuwe Giant krijgt met 135 winkels een nieuwe baas en de man die Giant groot heeft gemaakt, Alan Noddle, wordt verantwoordelijk voor de synergieactiviteiten van Ahold USA.

Ook Tops en het nog steeds kwakkelende Finast worden in elkaar geschoven, de ruim 200 winkels krijgen de naam Tops Markets. Door deze nieuwe verdeling zullen de vier ketens niet meer met elkaar concurreren. Zo kunnen ze beter naar elkaar luisteren. En vooral beter luisteren naar de lessen van Stop & Shop. S&S is met een omzet van 5,3 miljard dollar de grootste, Giant Food Stores en Tops Markets zijn beide goed voor 3 miljard dollar en BI-LO voor 2,7 miljard.

Vooral het voorbeeld van Stop & Shop moet snel overslaan naar de rest. De prestaties die hier worden geleverd worden de nieuwe maatstaf voor de rest. Stop & Shop boekt een bedrijfsresultaat van 5,25 procent van de omzet, verreweg de beste brutomarge van het bedrijf, waar het gemiddelde nu op 3,1 procent ligt (en 3,3 procent in Nederland). Binnen vijf jaar moet 150-220 miljoen dollar aan besparingen worden gerealiseerd.

De baas van Stop & Shop, Bob Tobin, heeft er zin in. Het is gegaan zoals hij had gehoopt. Hij heeft zelf ongeveer 25 miljoen dollar aan de deal verdiend. Twee miljoen schenkt hij aan zijn oude universiteit Cornell in de buurt van Boston. Van dat geld zullen ze tot in lengte van dagen de 'Robert Tobin leerstoel in Foodmanagement' kunnen bekostigen.

Ahold stoomt ondertussen verder. Op 13 augustus maakt het bedrijf bekend zijn eerste grote slag in Azië te hebben geslagen. Voor 166 miljoen gulden is een 49-procents belang gekocht in de Thaise Central Group. De partner brengt 30 grote supermarkten in, ze zullen allemaal de naam Tops gaan voeren. Moerk legt uit dat hij snelle groei verwacht en stelt sceptici gerust: ondanks de 49 procent is afgesproken dat besluiten in consensus zullen worden genomen.

Een paar weken later opent Ahold onder diezelfde naam twee winkels in de Maleisische stad Johor Baru, net over de grens bij Singapore. Het bedrijf gaat zich in Azië richten op de 150 miljoen huishoudens die jaarlijks 4000 dollar of meer verdienen, die gaan volgens Moerk hun inkopen in toenemende mate in supermarkten doen. Moerk legt aan *de Volkskrant* uit dat Ahold goed wordt ontvangen in Azië: 'Ze laten zich overtuigen door de integriteit van Ahold. Als we ergens beginnen, zijn we ook van plan daar te blijven. Onze gesprekspartners kunnen dat checken in de VS of in Tsjechië.'

Weer een paar weken later verovert Ahold een plek op de gefragmenteerde Spaanse markt. Onder de naam Store 2000 gaat Ahold in zee met het Spaanse familiebedrijf Capabro dat 90 supermarkten en hypermarkten in de buurt van Barcelona en Mallorca exploiteert. Frits Ahlqvist is met de familie Elias overeengekomen dat beide partijen een belang van 50 procent in de nieuwe onderneming krijgen. De Spanjaarden leveren de kennis van de Spaanse markt, en Ahold zorgt ervoor dat het bedrijf kan profiteren van de in Zaandam aanwezige kennis en schaalgrootte. Het is de bedoeling dat deze Spaanse dochter in vijf tot tien jaar uitgroeit tot een landelijke handelsketen. Een woordvoerder van Ahold gaat ervan uit dat het Spaanse avontuur snel geld zal verdienen: 'Spanje is nog een van de weinige landen in Europa met gigantische groeimogelijkheden.' Hij wijst op buurland Portugal waar de joint venture met Jerónimo Martins gemiddeld met 20-30 procent per jaar groeit.

In oktober reist de voltallige Raad van Bestuur weer door het Verre Oosten; vooral China staat prominent op het programma. De groeiende irritatie van Van der Hoeven over Eddy Moerk is voor iedereen inmiddels voelbaar. Hij zoekt constant de confrontatie op. Als Moerk een voorstel doet voor het openen van winkels dan vindt Van der Hoeven dat het sneller moet. Toch komen ze tot zaken. Halverwege oktober maakt Ahold bekend dat het samen met het Chinese staatsbedrijf Venturetech Investment Corp een bedrijf heeft opgericht. Opnieuw een 50-50 joint venture, met de naam: Ahold-Zhonghui Supermarket. Het bedrijf heeft 15 supermarkten. De komende jaren zal Ahold 50 miljoen dollar investeren in het opzetten van een supermarktketen 'naar westerse snit'. Te beginnen in Shanghai.

Het is een gekkenhuis op het hoofdkantoor in Zaandam. Tijd om de fitnessruimte, uitgerust met een trainster die de bloeddruk opmeet en de boel in de gaten houdt, te bezoeken is er nauwelijks. Van der Hoeven komt er trouwens helemaal niet. Aan het *Algemeen Dagblad* legt hij uit waarom: 'Ik heb thuis apparaten staan waarop ik vier tot vijf uur per week train. En als ik op zakenreis ben zoek ik 's morgens de fitnessruimte van het hotel op.'

Hij is veel op zakenreis. De Raad van Bestuur en de belangrijkste stafdirecteuren wonen zo ongeveer in vliegtuigen. Vooral omdat na Stop & Shop, Azië en Spanje het Ahold-leger nu ook een vierde continent binnentrekt: Zuid-Amerika. Begin november maakt het bedrijf bekend voor 300 miljoen gulden de helft van de Braziliaanse winkelketen Bompreço te kopen. Bompreço heeft 50 grote winkels in het noordoosten van Brazilië, het is daar marktleider met een omzet van 2,3 miljard gulden.

João Carlos Paes Mendonça, de 59-jarige eigenaar van het in 1935 opgerichte bedrijf heeft een opvolgingsprobleem: zijn schoonzoon wil het niet van hem overnemen. Vooral de overname van het door Mendonça bewonderde Stop & Shop heeft indruk gemaakt. Hij greep enthousiast de telefoon en belde Ab Heijn met het verzoek om te praten. Dat vindt hij wel zo netjes, eerst de naamgever dan de rest. Mendonça realiseert zich dat in zijn land de tijd van consolidaties in de retail-industrie is aangebroken. Bompreço is vooral groot in de noordwesthoek met grote steden als Salvador en Recife. In Sâo Paulo en Rio de Janeiro zijn Wal-Mart en Carrefour de baas.

Het duurt even voordat in Zaandam wordt gereageerd op de Braziliaanse uitnodiging. Op het hoofdkantoor in Zaandam en ook daarbuiten wijzen mensen op de gevaren van investeren in het erg instabiele economische klimaat in dit deel van de wereld. Everaert had vijf jaar eerder gezegd om die reden helemaal niets in dit deel van de wereld te zien. Henny de Ruiter is voor Shell een tijd verantwoordelijk geweest voor het continent. Hij waarschuwt voor het instabiele economische klimaat en vraagt zich hardop af of dit wel verstandig is. Op een ruzieachtige toon praat hij met Van der Hoeven, die van het tegendeel overtuigd is, over deze overname. De Ruiter stemt uiteindelijk in.

Frits Ahlqvist sust de gemoederen en wijst erop dat de inflatie tot vrijwel nul is gereduceerd en dat de politieke stabiliteit is toegenomen. Tegen *Het Financieele Dagblad* zegt hij: 'Brazilië wordt nu geregeerd door technocraten. Er zijn andere opvattingen gegroeid over hoe je een economie in de gaten houdt.

De Braziliaanse overname wordt gefinancierd uit beschikbare middelen. Die zijn uitgebreid: een consortium onder leiding van ABN Amro en JP Morgan heeft de kredietfaciliteit van het bedrijf vergroot van 400 miljoen dollar naar 1 miljard dollar.' Michiel Meurs laat diezelfde journalist van *Het Financieele Dagblad* weten dat de emissie eerder dit jaar meer dan voldoende heeft opgebracht. 'Dat de solvabiliteit even omlaag gaat, is onontkoombaar, maar van zeer tijdelijke aard. De pijn zit hem nu eenmaal in de Nederlandse situatie waarbij goodwill in één keer van het eigen vermogen wordt afgeboekt.' Meurs: 'Volgens US GAAP verandert er nauwelijks iets.' In de Nederlandse cijfers bedraagt het eigen vermogen nog maar 21 procent van het balanstotaal, volgens de Amerikaanse methode 37 procent.

Omzet en bedrijfsresultaat van Bompreço zullen voor 100 procent bij de cijfers van Ahold worden opgeteld. Dat laatste is belangrijk, want de leencapaciteit bij de banken wordt bepaald door het aantal keren dat Ahold de rente op leningen uit dat operationele resultaat kan betalen. Hoe groter dat cijfer, hoe groter de mogelijkheden om bij de banken aan te kloppen voor nieuw geld.

Twee dagen voor kerst 1996 koopt Ahold voor 350 miljoen gulden 50 procent van de stemgerechtigde aandelen Bompreço van de eigenaar-oprichtersfamilie. Mendonça eist dat de door hem bewonderde Bob Tobin in zijn Raad van Commissarissen komt. Ze schelen twee weken in leeftijd en liefkozend noemt hij Tobin zijn *'twin brother'*.

In een half jaar tijd is Ahold in vijf nieuwe markten gestapt: Thailand, Maleisië, Spanje, China en Brazilië. Het bedrijf is nu in 12 landen actief. De beleggers vinden het allemaal prachtig. Na het bericht dat Ahold nu ook in Zuid-Amerika zijn vleugels uitslaat stijgt de koers met 2 procent om te sluiten op 103,50.

De nieuwe *lead client service partner* van Deloitte & Touche, John van den Dries, heeft het er druk mee. Hij is de nieuwe eindverantwoordelijke voor de controlerende handtekening onder het jaarverslag. Hij volgt Anton Coster op. Van den Dries wordt binnen Deloitte & Touche gewaardeerd. Hij is commercieel sterk, houdt deuren open en haalt werk binnen. Hij is binnen de maatschap verantwoordelijk voor de ontwikkeling van de markt voor Profit II, een divisie die zich op opdrachten bij grote (inter-) nationale bedrijven richt. Ahold is, naast Reed Elsevier, een van de twee *glamour-clients* in Nederland. Het doen van de controle van deze grote succesvolle klant is belangrijk voor Deloitte & Touche, dat straalt op hen af. Daarmee kunnen ze laten zien dat ze complexe zaken kunnen controleren.

Van den Dries doet de controle met nog 5-6 andere accountants, waarvan er twee permanent met Ahold bezig zijn. Nog los van de inspanningen die het Amerikaanse D&T-team onder leiding van David Herskovits levert. Met het groeien van de activiteiten in de VS groeit het belang van de Amerikaanse inbreng.

Het werk van de controlerende accountants wordt standaard ook beoordeeld door een *risk audit team* van Deloitte. Dit zijn accountants en juristen die nog eens goed kijken wat de accountants in het veld goed willen keuren, ze beantwoorden vragen, kijken naar de laatste wijzigingen in wetten en jurisprudentie. Ze houden zo vooral in de gaten welke risico's Deloitte zelf loopt als het op verzoek van een klant akkoord gaat met bepaalde constructies.

De accountants hebben in hun vak vooral te maken met de afdeling van Cor Sterk en de interne accountants van Paul Ekelschot. Maar het is ook belangrijk een goed contact te hebben met de leiding van het bedrijf. Van den Dries kan het al snel goed vinden met Meurs en Van der Hoeven. Ze gaan regelmatig met elkaar uit eten.

Op het gloednieuwe hoofdkantoor van Albert Heijn staan Jan Andreae en Hille Bosma in 1996 regelmatig hoofdschuddend voor het raam te kijken naar het een paar honderd meter verderop gelegen hoofdkantoor van Ahold. Ze maken zich zorgen over hun moeder Ahold, die met het door

Albert Heijn grotendeels verdiende geld, opeens én Azië én Zuid-Amerika probeert te veroveren. Hoe kan een bedrijf in een paar maanden tijd vijf nieuwe landen binnentrekken?!

Veel collega's binnen Albert Heijn, dat zich tot begin jaren negentig eigenlijk de moeder van Ahold voelde, hebben het gevoel een monster te hebben gebaard. Een monster dat haar kinderen op kan eten. Ze denken aan alles wat er mis is gegaan in Nederland, van Simon de Wit tot de Miro. En als iets nieuws hier al niet lukt waarom zou het in het buitenland dan wel lukken?! Al die mislukkingen hebben één ding duidelijk gemaakt, iets nieuws opzetten kost veel tijd.

Waarom begrijpen ze daar op dat hoofdkantoor toch niet dat ondanks het feit dat Albert Heijn misschien nog maar een derde van de omzet doet toch de cultuurdrager is?! Dat hier de innovaties plaatsvinden?! Ook maken ze zich boos over de toenemende invloed van de Amerikanen van Stop & Shop en over de enorme optiepakketten die op het hoofdkantoor worden uitgedeeld. Ze vinden het maar een stelletje boekhouders die weinig van het retail-vak begrijpen.

Aan de andere kant genieten ze er ook van. De Albert Heijn-directie en de daaraan rapporterende 15 managers zijn allemaal miljonair, dankzij die opties. Andreae en Bosma zijn trots op het resultaat van hun 'Vandaag voor Morgen'-project. Het marktaandeel is met 1 procent gegroeid tot 27,9 procent. Ze zijn er bovendien trots op dat ze de holding steeds leveren wat er gevraagd wordt. Dit 'beste jongetje van de klas gedrag' levert Andreae intern wel kritiek op: Ahold profiteert meer van hun goede resultaten dan Albert Heijn zelf, laat hun baas zijn oren niet teveel naar het hoofdkantoor hangen?

Dat spanningsveld wordt nu voelbaar. Bosma heeft het idee dat het voor de tweede helft van de jaren negentig minder eenvoudig zal zijn om steeds die 10 procent meer winst te maken. Van der Hoeven vraagt hem regelmatig of de winst van Albert Heijn juist niet verder omhoog kan. Bosma wijst de Ahold-president er dan op dat het een godswonder is dat Albert Heijn in een markt die maar met 3 procent groeit, steeds 10 procent meer winst maakt.

Gelukkig is er een meevaller, Albert Heijn leert via de overname van de Brabantse keten Primarkt een belangrijke les. Andreae betaalt een hoge prijs voor dit familiebedrijf. Maar het blijkt onverwacht, een gouden greep te zijn. Dit voormalige lid van de Superunie, een inkoopcombinatie van onafhankelijke supermarktbedrijven met een marktaandeel van 25 procent, zorgt voor belangrijke inzichten over inkoopprijzen. Tot dat moment dachten inkopers van Albert Heijn dat ze goedkoop inkochten, simpelweg omdat ze marktleider zijn. Maar die arrogantie heeft kennelijk lui gemaakt. Je koopt pas goedkoop in, als je goedkoper bent dan de concurrent.

Na de overname van de 36 Primarkt-winkels ziet Albert Heijn opeens dat het nog veel goedkoper kan. In die vergelijking blijkt dat Albert Heijn-inkopers in meer dan de helft van de gevallen duurder uit zijn dan hun Superunie-concurrenten.

Het bedrijf schudt op zijn grondvesten als dit duidelijk wordt. De schattingen lopen uiteen, maar als het de inkopers van Albert Heijn lukt om tegen dezelfde scherpe prijzen in te kopen kan Albert Heijn dat onder de streep 100-130 miljoen gulden schelen. Voor Bosma in ieder geval reden genoeg om voorlopig aan de beloofde winststijging van 10 procent vast te houden.

Jan Andreae zit dus stevig in het zadel. Hij levert wat de holding wil hebben. Hij levert zelfs meer en wil nu graag de volgende stap maken: de Raad van Bestuur in. Maar hoe overtuigt hij Cees van der Hoeven.

Augustus 1996 krijgt de 58-jarige Peter van Dun een hartinfarct. Van Dun maakt aan het einde van dat jaar in de Raad van Bestuur duidelijk dat hij gebruik wil maken van de 60-jaarregeling en in oktober 1997 zal stoppen. Hij legt uit dat het met zijn gezondheid te maken heeft, maar ook dat hij zich zorgen maakt over de verslechterende moraal in de top van het bedrijf. Hij vindt het bijvoorbeeld niet goed dat Van der Hoeven zijn chauffeur ook als tuinman inzet. Van der Hoeven schrikt van de negatieve woorden. Hij beschouwt Van Dun als een vriend en kan zijn emoties bij diens kritiek niet bedwingen.

Vanaf het moment dat Jan Andreae hoort dat Van Dun eerder vertrekt, steekt hij regelmatig de weg over richting Ahold-hoofdkantoor om zijn kansen te bepleiten. Maar Van der Hoeven heeft eigenlijk geen idee wie hij nu moet benoemen. Moet er een nieuwe man voor personeelszaken in de Raad van Bestuur? Arthur Brouwer, stafdirecteur personeelszaken, wil wel. Maar Van der Hoeven vindt het ook belangrijk om personeelszaken zelf te doen. Hij besluit tot het laatste: *management development* komt in zijn portefeuille. Hij vindt bovendien dat hij eens goed moet gaan nadenken over een opvolger.

Niet alleen voor zichzelf. Vrijwel de hele Raad van Bestuur moet tussen

1997 en 1999 worden ververst: Peter van Dun, Frits Ahlqvist en Rob Zwartendijk, worden in die jaren allemaal zestig. En vinden het wel welletjes. En Michiel Meurs begint ook ongeduldig te worden. Van der Hoeven twijfelt.

Als Jan Andreae bij hem aanklopt en zegt dat hij graag de Raad van Bestuur in wil, laat Van der Hoeven in eerste instantie weten dat Andreae eerst maar eens ervaring op moet doen in de VS. Andreae heeft daar helemaal geen zin in. Zijn derde vrouw komt uit de VS en is net, met twee dochters, in Nederland neergestreken. Hij is klaar voor het grote werk en dat moet nu wel komen, want hij is 51 jaar. Samen met Bosma zit hij de tweede helft van 1996 regelmatig met Van der Hoeven om de tafel om over de verdere uitbouw van Albert Heijn te spreken. Van der Hoeven heeft die rol tijdelijk van Van Dun overgenomen, die ziek thuis zit. Bosma ontdekt tot zijn verbazing dat zijn maat, Andreae, op allerlei punten begint te draaien in zijn opvattingen over 'hun' Albert Heijn. Maar ook Bosma wordt flink ziek en is lang uit de running.

Andreae en Van der Hoeven bedenken vervolgens samen om Albert Heijn in twee stukken te knippen. Een grote operationele winkeldivisie moet in de toekomst worden ondersteund door een divisie die dienstverlenend is. Daar worden personeelszaken, financiën en automatiseringsdiensten ondergebracht. Als ze dat goed doen, kan zo'n divisie verzelfstandigd worden en haar diensten ook aan andere bedrijven aanbieden. Onder veel *management consultants* is deze gedachtegang van *outsourcen* dan in de mode.

Jan Andreae en Cees van der Hoeven hebben het onverwacht goed met elkaar kunnen vinden tijdens de plannenmakerij. Van der Hoeven zwicht en biedt Andreae een plek in de Raad van Bestuur aan. Binnen de Raad van Bestuur hebben ze trouwens afgesproken dat de nieuwe man niet meer van buiten het bedrijf mag komen, per se niet. De van buiten gekomen Moerk is niet goed bevallen, ze hebben rust nodig. De andere leden van de Raad van Bestuur vinden Jan Andreae een goede en logische kandidaat. Natuurlijk zijn er twijfels. Ze vinden de charmante onderwijzerszoon soms wat te hard in de omgang met ondergeschikten. Ze twijfelen ook over zijn manier van leidinggeven, vinden het niet echt een coach en meer een machtsdenker die mensen onder zich plaatst die hij kan controleren. Maar boven alles vinden ze hem een goede retailer en een strateeg. Afgesproken wordt dat de Delftse ingenieur in oktober 1997 in de Raad van Bestuur wordt benoemd.

Maar wie moet volgend jaar de baas worden van Albert Heijn? De twee zittende leden van de directie, Hille Bosma en Oscar van den Ende, worden allebei gepasseerd. Van der Hoeven wil de macht van Albert Heijn verder intomen en ziet in de scherpe financiële directeur een lastige voorman. Andreae voelt zich bedreigd door de binnen de AH-organisatie populaire Van den Ende. Van der Hoeven en Andreae kiezen voor de grote onbekende binnen het bedrijf: Ronald van Solt. Tot diens eigen verrassing. Van Solt is werktuigbouwkundig ingenieur, en een echte inhoudelijke retailman die al 20 jaar voor Ahold heeft gewerkt. Van den Ende wordt directeur van de Speciaalzaken, reorganiseert Jamin en verlaat enige tijd later Ahold. Hille Bosma is nog steeds ziek.

1996 is voor de Ahold-president een vreemd jaar geweest. Een *rollercoaster,* met veel hoogte- en dieptepunten. Sommige collega's hebben het idee dat hun voorman tegen het overspannen zijn, aan zit. Van der Hoeven is moe. Heel erg moe. Zijn leven is gespleten. Zo goed als het zakelijk met hem gaat, zo slecht gaat het tussen hem en zijn vrouw Maria Couperus.

Het valt velen in hun omgeving op dat de twee elkaar in de weg zitten. Mensen die met het paar te maken krijgen ergeren zich al jaren aan de manier waarop Maria haar man de les leest. En plein public begint de psychologe op hem te foeteren als hij een beetje soep op zijn nieuwe das morst. Of ze valt hem met een kritische opmerking in de rede als hij ergens een welkomsttoespraak houdt. Regelmatig draaien aanwezigen gegeneerd hun hoofd af, als ze zo tegen hem tekeergaat. Het zit niet goed tussen die twee. Een enkeling gelooft dan dat Maria een van de weinige mensen is die Cees van der Hoeven met beide benen op de grond houdt.

Het valt zijn collega's op dat Van der Hoeven steeds vaker uitgaat, biertjes gaat drinken, feesten bezoekt. Veel verschillende verhalen doen de ronde over de president die veel stapt. De man die op z'n 22ste trouwde en bij Shell aan het werk ging, lijkt in hoog tempo iets van die verloren jeugd goed te willen maken. Weinigen zijn verbaasd als ze horen dat het paar na 25 jaar huwelijk uit elkaar gaat. Van der Hoeven ervaart dit als een van de grootste nederlagen in zijn leven.

De directe aanleiding voor het uit elkaar gaan is Annita Belinda van der Klooster. Een vriend van Cees van der Hoeven stelt hen tijdens een wintersportvakantie in het Oostenrijkse Lech aan elkaar voor. Hij is meteen verkocht. In mei 1996 wordt het stel voor het eerst in het openbaar gespot door het Stan Huygens Journaal in *De Telegraaf.* De leden van de Raad van

Bestuur worden daarna, allemaal afzonderlijk, door de president op de hoogte gebracht van zijn scheiding.

Dat moet ook wel. Want op het hoofdkantoor in Zaandam loopt Van der Hoeven rond als een verliefde tiener. Hij is helemaal vol van haar. In vergaderingen met de Raad van Bestuur heeft hij het over 'zijn poppedot'. De 32-jarige in Rotterdam geboren dochter van een kunstschilder werkt in Baarn als vertegenwoordigster in kunstnagels. Ze is in veel opzichten een tegenpool van de erudiete Maria. Maar één ding hebben de vrouwen in het leven van Cees van der Hoeven gemeen: zijn moeder, Maria en ook Annita, alledrie zijn ze zeer dominant.

Van der Hoeven wil zijn nieuwe liefde graag voorstellen aan de Heijnen, voordat ze elkaar op een officiële gelegenheid tegen zullen komen. Ab Heijn is inmiddels getrouwd met Monique Everwijn Lange. Ze bewonen het 150 jaar oude Pudleston Court in het Britse Herefordshire. Monique Heijn is nieuwsgierig en dus worden de bestuursvoorzitter en zijn nieuwe vriendin op het indrukwekkende buiten ontvangen.

Ze dineren in de eetzaal. Butler Dennis heeft een hoek van de vijf meter lange eettafel keurig met kandelaren en zilverkleurige snuisterijen afgezet zodat het ook voor vier eters gezellig is. Van der Hoeven is duidelijk zeer verliefd op zijn hoogblonde vriendin. Ze vertellen de Heijnen dat ze samen een nieuwe start willen maken.

Echt gezellig wordt het niet. Annita is er niet helemaal bij met haar gedachten. Op een gegeven moment vraagt ze aan de gastheer wat hij eigenlijk bij Ahold deed? Van der Hoeven slaat zijn hand voor zijn mond. Na een moment van verbijstering, barsten Ab en Monique Heijn in lachen uit. Annita krijgt geen antwoord.

8

ONAANTASTBAAR
(1997-1998)

Zonder passie voor het kruideniersvak gaan financiële doelen overheersen en dat brengt grote risico's met zich mee.
(Hans van Meer, tijdens de Dies in 1997)

Doctor Heijn en Mrs H., zoals ze op Pudleston Court door hun personeel worden genoemd, zullen de top van Ahold in 1997 in volle glorie ontvangen. De zeventigjarige Ab Heijn neemt op 7 mei afscheid als commissaris. Het lijkt Monique Heijn en Cees van der Hoeven daarom passend om de Dies van het honderdentien jaar oude bedrijf een paar weken later in Engeland bij hen thuis te vieren.

Zo'n 150 gasten, de topbestuurders van het concern met hun partners, zijn uitgenodigd. Een sierlijke 500 meter lange oprijlaan voert ze langs een paar duizend jaar oude eiken en een groot meer met zwarte zwanen naar een kasteel met torens en kantelen voorzien van een grote Nederlandse vlag. Ze zijn diep onder de indruk van het prachtig gerestaureerde onderkomen van de Heijnen. De leden van de Raad van Bestuur slapen op het kasteel, de rest in hotels in het prachtige Britse Herefordshire.

Van der Hoeven heet iedereen op zijn onderhoudende manier welkom. Hij heeft veel aandacht voor Ab Heijn. Die geniet met volle teugen. Hij is het stralende middelpunt. Die avond wordt in een grote tent naast het kasteel gegeten en gedronken. Een nicht van de Britse koningin, befaamd om haar kookkunsten, doet de catering.

Het is een mooi, tamelijk bescheiden, feest. Ab Heijn wordt uitgebreid bedankt. Voor de halve eeuw die hij voor het bedrijf heeft gewerkt: waarvan 27 jaar als president en 9 jaar als commissaris. Er worden anekdotes opgehaald. Er wordt even bij stilgestaan dat Ahold van ver is gekomen:

toen Ab als president begon boekte het bedrijf een winst van 3 miljoen gulden, nu bij zijn afscheid, 631 miljoen gulden. Toen werkten er 1500 mensen, nu 145.000.

Het is een bijzondere bijeenkomst ook omdat Hans van Meer er is. De man die bijna veertig jaar geleden de verlammende spanning tussen de tweede en de derde generatie doorbrak. Omdat hij niet bang was voor oom Gerrit hielp hij de jonge generatie Heijnen op tijd in het zadel te komen waarop zij hun progressieve ideeën over grote investeringen in supermarkten in de praktijk konden brengen. Vijfentwintig jaar lang hadden ze een haat-liefdeverhouding en vormden de gebroeders Heijn en Hans van Meer een onverslaanbare combinatie. Zij legden de basis voor het concern.

Van Meer is al jaren niet meer op een Dies geweest, hij herkent zich niet in het huidige Ahold. Maar nu, bij het afscheid van zijn oude strijdmakker, geeft hij act de presence. Hij heeft ook een boodschap. In zijn tafelrede spreekt hij zijn zorgen uit over Ahold. Het valt hem op dat het bedrijf in toenemende mate geleid wordt door mensen die het vak niet kennen. Mensen die de financiële markten goed doorgronden maar de klant niet.

Van Meer maakt zich zorgen want mensen die niet klantgericht zijn, kan je nooit klantgericht maken. Om op de lange termijn succesvol te kunnen zijn moet de leiding van het concern die klant willen en kunnen doorgronden, daar moeten ze hun ziel in willen leggen. Dat dit nu niet gebeurt heeft volgens hem maar één oorzaak: de leiders hebben geen passie voor het vak van kruidenier. Ze willen geen kruidenier zijn. Terwijl dat nu juist hun drijfveer zou moeten zijn. Hij waarschuwt: zonder die passie gaan financiële doelen overheersen en dat brengt risico's met zich mee. Grote risico's. Financiële mensen hebben de neiging om kwantitatieve doelen te stellen in plaats van kwalitatieve. Maar je moet niet de grootste willen zijn, je moet de beste willen zijn.

Van Meer stelt voor om vanuit Ahold een eigen opleidingsinstituut op te richten. Een plek waar het vak van kruidenier kan worden geleerd, een plek waar de klant centraal staat. Zoiets als de hamburgeruniversiteit van McDonald's, misschien is Engeland er wel een goede plek voor, als het maar niet in de Verenigde Staten of Nederland is.

Van Meer *walks his talk*. Terwijl hij de tafels met een indringende blik langs gaat, stelt hij hardop vast dat alle aanwezigen miljonair zijn, net als hijzelf. Hij stelt voor om met elkaar een potje te maken. Hij legt zelf een miljoen gulden in en vraagt aan de anderen dat ook te doen. Dan kan er meteen een start met die opleiding worden gemaakt. Zijn voorstellen worden met luid applaus ontvangen, maar de miljoenen blijven in de zakken van de gasten.

Het personeel op het kasteel moet dit weekeinde alle zeilen bijzetten. Voor hen is het de kunst om nog vóór de gast zelf te weten wat deze nodig heeft. En daar mee klaar te staan. Ze poetsen schoenen, strijken overhemden, lopen af en aan met drankjes. Die staf is trouwens wel wat gewend want ook na zijn pensioen zit Ab Heijn niet stil. Aangevuurd door de energieke Monique hebben ze half Hereford onderhanden genomen. Ze zetten er vier winkels neer, met Albert Heijn-producten, een hotel en een restaurant dat zeker zo goed moet worden als 'De Hoop op d'Swarte Walvis'. Ab Heijn is van plan tot zijn dood te kruidenieren, regelmatig controleert hij hoe de waren zijn neergelegd, of ze vers zijn en de goede prijs hebben.

De gasten moeten dit weekeinde wennen aan zoveel persoonlijke aandacht en zorg: alleen Michiel en Hanneke Meurs vergeten niet een tip neer te leggen voor butler Dennis en de rest van de tien man sterke staf. Voor Meurs is de bijeenkomst in Engeland trouwens extra feestelijk. Hij is sinds een paar weken lid van de Raad van Bestuur. Na er vier jaar lang als een soort 'cfo zonder stemrecht' bij te hebben gezeten, mag hij nu echt mee doen.

Kennelijk is de Raad van Commissarissen zich ook bewust van het opmerkelijke van deze late benoeming, het lijkt net of Ahold voor het eerst een financieel directeur in de Raad van Bestuur krijgt. De RVC besluit iets ongebruikelijks te doen in haar verslag en legt uit wat de functie van Meurs allemaal inhoudt: financiën en belastingen, financiële controle en administratie. Alsof opnieuw moet worden gedefinieerd wat een cfo eigenlijk doet. In een begeleidend persbericht wordt uitgelegd dat de uitbreiding van de Raad van Bestuur 'noodzakelijk is omdat de financiële taken zich uitbreiden naarmate de onderneming verder groeit'.

Op het hoofdkantoor heeft Meurs een goede pers, ze vinden hem een aardige, tikje arrogante maar slimme man. Sommigen vragen zich nog steeds af of hij cfo moet worden. Meurs heeft er de afgelopen jaren geen doekjes om gewonden dat hij niet van controleachtige werkzaamheden houdt. Hij beschouwt de betiteling controller zelfs als een belediging. Meurs wil deals doen, net als Van der Hoeven. Meurs wil ook groeien, het overnamespel spelen. Dat verbindt die twee met elkaar. Voor Meurs is Van der Hoeven een voorbeeld, hij kijkt tegen hem op. Gevreesd wordt dat hij *too eager to please* is.

Een goede *cfo* is per definitie de rem in een Raad van Bestuur. Zeker in een Raad van Bestuur met een voorzitter die graag gas geeft. Zo'n financieel directeur is onafhankelijk, heeft kennis van accountancy, begrijpt het controleapparaat, is goed in financiën en goed met bankiers. Meurs beschikt in de ogen van een paar oudgedienden alleen over de laatste twee eigenschappen. Hij spreekt vloeiend Spaans en wil op pad. Het is duidelijk dat Meurs daar zal zijn waar de actie is. Hij is niet iemand die op het thuishonk alle binnenkomende cijfertjes na gaat zitten rekenen. Daar heeft hij mensen als Ekelschot en Sterk voor, vindt Meurs.

Met het vertrek van Ab Heijn is er een vacature in de Raad van Commissarissen. De RvC vraagt de Raad van Bestuur na te denken over de benoeming van nieuwe leden. Dat is gebruik binnen Ahold. De Raad van Bestuur bepaalt de samenstelling van het toezichthoudende college, want in principe worden hun aanbevelingen overgenomen. Er circuleert een lijstje met ongeveer 10 namen. Van der Hoeven stelt voor zijn vriend Karel Vuursteen te benoemen als nieuw lid van de Raad van Commissarissen. Maar de rest vindt dat geen goed idee. Vuursteen is dan de baas van Heineken en dat is een grote leverancier van Ahold. Om zo'n man nou een kijkje in de keuken te geven, lijkt ze niet verstandig. Ook Morris Tabaksblat staat op dat lijstje. Maar die is dan nog bestuursvoorzitter van Unilever. Ook dat ligt gevoelig. Uiteindelijk wordt gekozen voor sir Michael Perry. De Brit was voorzitter van Unilever en is onder meer commissaris bij Marks & Spencer.

Binnen de Raad van Bestuur worden in die tijd grapjes gemaakt over hun commissarissen. Natuurlijk vinden sommigen het een beetje vreemd dat de Raad van Bestuur min of meer de eigen Raad van Commissarissen samenstelt, dit is toch het toezichthoudende college. Maar ach, wat maakt het uit. Ze beschouwen de bijeenkomsten van deze mensen niet zozeer als toeziende, maar meer als ceremoniële sessies.

In de top van het bedrijf zijn meer belangrijke mutaties. Ahold moet snel verder groeien, wil het in staat blijven de hoge verwachtingen in de markt waar te maken. Van der Hoeven wil dan ook tempo maken. Hij vindt dat de staf daarvoor een meer ondernemend en kosmopolitisch karakter moet hebben. Vooruitkijken, niet bang zijn, vertrouwen uitstralen. Mensen die de overname van Stop & Shop gevaarlijk vonden, die openlijk stelden dat Ahold daarbij financieel wel erg scherp aan de wind voer, die houden de zaak alleen maar op.

Van der Hoeven vindt dat concerncontroller Cor Sterk na 15 jaar aan een nieuwe uitdaging toe is. De Raad van Bestuur stelt voor dat hij de nieuwe dienstverlenende divisie van Albert Heijn gaat leiden. Op papier een mooie promotie voor Cor Sterk. Maar die twijfelt. Hij heeft het erg naar zijn zin, zit als een spin in het web. Hij geniet van de rol van financieel geweten. Aan de andere kant zit de Nederlandse organisatie met een probleem waar hij een bijdrage aan kan leveren. Wat moet hij doen? Er is een flinke discussie. Verschillende leden van de Raad van Bestuur praten op hem in: uiteindelijk gaat hij overstag.

Maar Cor Sterk gaat ervan uit dat Paul Ekelschot, de directeur van de Interne Accountantsdienst hem zal opvolgen. Dat ligt eigenlijk al jaren vast. Allebei accountants, controllers, hebben ze respect voor elkaars werk. Tijdens een bijeenkomst stellen de mannen tevreden vast dat de banencarrousel die nu op gang komt lekker overzichtelijk is: ze houden het onder elkaar. Meurs als *cfo*, Sterk naar de Nederlandse Albert Heijn-organisatie en Ekelschot als de nieuwe directeur Administratie. Sterk en Ekelschot vinden dat ze uit hetzelfde hout zijn gesneden: echte degelijke registeraccountants.

Maar het pakt anders uit. Van der Hoeven laat Ekelschot weten dat hij hem niet geschikt vindt voor die plek, dat hij hem niet flexibel genoeg vindt. De twee konden het van meet af aan niet echt goed met elkaar vinden. De voorzichtige inhoudelijke Ekelschot en de ondernemende bestuursvoorzitter hebben regelmatig discussies over oneffenheden in de controle en de wijze waarop deze moeten worden aangepakt. Ekelschot blijft tot zijn grote teleurstelling directeur van de Interne Accountantsdienst. Zijn rapportagelijn verandert. Hij rapporteerde aan de *ceo/cfo* Van der Hoeven en gaat nu aan de nieuwe *cfo* rapporteren.

Hille Bosma is inmiddels weer beter en begrijpt nu ook waarom Andreae hem niet in het ziekenhuis heeft bezocht: er ligt een reorganisatieplan voor Albert Heijn waar hij het helemaal niet mee eens is. Hij gelooft niet in het strikt scheiden van de ondersteunende en operationele activiteiten. Hij had graag nog een paar jaar door willen bouwen met Andreae.

Dat zit er niet in. Net uit het ziekenhuis krijgt hij van zijn voormalige collega en vriend te horen dat als gevolg van die reorganisatie zijn baan is opgeheven. Of hij meteen met Van der Hoeven wil gaan praten. De president legt Bosma vervolgens uit dat hij het geen goed idee vindt om hem op de aan Sterk gegeven plek naast de nieuwe Albert Heijn-directeur Ronald van Solt te plaatsen, omdat hij teveel van beide kanten afweet en hij de nieuwe man een eerlijke kans wil geven.

Van der Hoeven vraagt Bosma of hij Cor Sterk wil opvolgen. Hij vindt Bosma een ondernemende financieel directeur, eentje die meedenkt met de *business*. Frits Ahlqvist belt Bosma en vraagt hem serieus naar deze functie te kijken, hij vindt dat de controle met het groeien van het bedrijf verder versterkt moet worden. Maar Bosma ziet dat helemaal niet zitten. Hij vindt dat Van der Hoeven te lichtvaardig over die functie denkt en legt hem uit dat de functie van Sterk heel specialistisch is, dat hij niet over die kennis beschikt. Van der Hoeven vindt dat onzin en stelt dat Bosma daar makkelijk in kan duiken en de dingen die hij niet weet kan hij toch gewoon inhuren?!

Maar Bosma houdt voet bij stuk. Hij wil bovendien niet onder de net benoemde Michiel Meurs gaan werken. Bosma realiseert zich dat Meurs geen enkele ervaring heeft in controle of in de administratieve organisatie. Dat zal dus allemaal op zijn schouders komen, zonder de echte zeggenschap die een lid van de Raad van Bestuur heeft. Het lijkt hem een *mission impossible*. Heel even zit hij op een speciaal voor hem bedachte baan op het hoofdkantoor. Daarna geeft een gedesillusioneerde Hille Bosma aan dat hij wel weg wil. Dat wordt in goed overleg geregeld, inclusief een groots afscheid.

Op de plek van Cor Sterk wordt Bert Verhelst benoemd. Die benoeming is een grote verrassing. De naam Verhelst is door Van der Hoeven zelf geopperd, die vindt dat Verhelst het goede profiel heeft voor deze baan. Verhelst was de financiële man in de Raad van Bestuur van Bols Wessanen, maar daar is hij uitgeduwd. Na wat klussen voor de consultants van Boer Croon zit hij zonder werk. Hij heeft een redelijke goede pers in de financiële wereld en heeft zin in een nieuwe uitdaging.

Verhelst is een goede bekende van Van der Hoeven. Samen met zijn vrouw Sylvia gaan ze wel eens met Cees en Annita eten. Dat wordt door Van der Hoeven gewaardeerd. Zijn relatie met Annita wordt op veel plekken bekritiseerd. Hij is blij met mensen die niet op voorhand een hard oordeel hebben over zijn keuze voor zijn veel jongere vrouw.

Bert Verhelst kent hij al sinds halverwege de jaren tachtig. In die tijd zijn ze allebei *chief financial officer* en lid van een club waar ze met andere collega's over het vak praten. Ze hebben ook zakelijk met elkaar te maken gehad: bij de verkoop van Bols-dochter Gall & Gall aan Ahold.

Cor Sterk heeft een ontmoeting met Verhelst en raadt het hem af om op de aanbieding in te gaan. Hij vindt Verhelst meer een bestuurder, weer een man die *deals* wil doen. Geen controller. Hij waarschuwt Cees van der Hoeven ook. Verhelst twijfelt zelf ook. Hij had zich voorgenomen voor een kleiner bedrijf te gaan werken. Maar Cees van der Hoeven weet hem toch te overtuigen.

Verhelst heeft geen goede start. De tweede man op zijn afdeling wordt ziek en stopt ermee. Hij krijgt met een flink verloop te maken. Ze moeten wennen aan de manier van leiding geven van Verhelst, en doen regelmatig hun beklag bij hun vorige baas Cor Sterk. Verhelst ziet zichzelf meer als een bedrijfseconoom dan als een accountant. Sterk was een man van de oude stempel. Hij heeft zijn boekhouddiploma gehaald en vervolgens 10 jaar gestudeerd om de lange Nivra-weg te bewandelen om registeraccountant te worden. Zijn werkzame leven is hij met cijfers bezig, is hij aan het optellen en aftrekken om te kijken of het allemaal klopt. Verhelst heeft veel minder inhoudelijke voeling met het vak. Hij is meer een bestuurder, een RvB-type. Op inhoud dwingt hij geen respect af.

Verhelst is ook niet iemand die zelf gaatjes gaat zitten prikken om de papieren goed bij elkaar te kunnen houden. Hij is meer van de grote lijnen. Hij vindt zichzelf ook absoluut geen controller. Zonder gepoetste schoenen durfde niemand bij zijn voorganger Cor Sterk op de deur te kloppen. Maar voor Verhelst is niemand echt bang.

Sterk onderhield de relatie met de externe accountant, toch de club die hem controleert. Verhelst besteedt daar minder aandacht aan, hij richt zich op bedrijfseconomische analyses en gaat ervan uit dat de operationele managers de regels volgen en de club van Ekelschot daar toezicht op houdt. Veel operationele managers betreuren het vertrek van Sterk. Hij kan bepaalde financiële zaken simpel uitleggen en verklaren. Met Verhelst is er in hun beleving een derde financiële wizzkid bij gekomen, die net als Van der Hoeven en Meurs in vaak onbegrijpelijke taal over financieel technische zaken praat. Ze keren zich daardoor nog meer af van de financiële kant van de zaak. Het is een *black box* geworden. In vertrouwen laten ze de financiële kant maar aan dit drietal over.

Voor Deloitte & Touche-accountant Van den Dries is Verhelst een belangrijk aanspreekpunt. De externe accountant moet in die relatie de ruimte vinden voor een onafhankelijke controle en het vasthouden van deze belangrijke klant. Van der Hoeven weet dat ook. In kleine kring maakt hij graag grapjes dat hij zo weinig mogelijk voor die handtekening wil betalen. De budgetten voor de externe accountant zijn de afgelopen jaren sowieso al afgenomen omdat de interne accountantsdienst onder Paul Ekelschot fors is gegroeid en heel veel controlerend werk uit handen heeft genomen van de duurdere externe accountants.

Het werk van Deloitte & Touche is grotendeels beperkt tot het verzamelen en verwerken van werk dat door deze interne accountants is verricht. Echt op pad gaan, zaken controleren en moeilijke vragen stellen zoals vijf jaar eerder in de tijd van Ruud Veenstra nog gebruikelijk was, is er nauwelijks bij. *Cfo*'s van werkmaatschappijen krijgen dan ook heel weinig lastige vragen van John van den Dries. Ze zien hem eigenlijk nooit.

Op de vraag of de accountant voor een relatief klein budget wel op een verantwoorde manier zo'n belangrijke goedkeurende verklaring over de cijfers kan afgeven, durven accountants niet hardop een antwoord te geven. D&T staat daarbij trouwens niet alleen. Het is gebruikelijk dat grote accountantsbedrijven zich in die goede jaren meer op de commercie dan op de onafhankelijkheid richten. Niet in de laatste plaats omdat D&T allerlei andere vaak veel winstgevender werkzaamheden krijgt toegeschoven door klanten als Ahold.

Veel meer dan het controleren van de door de klant zelf aangereikte gegevens kunnen controlerende accountants niet echt doen. Alvorens hun handtekening onder gecontroleerde cijfers te zetten vragen ze de *ceo* daarom een *letter of representation* te tekenen. Hierin verklaart deze dat de accountant alle relevante en beschikbare informatie heeft om zich een goed oordeel te kunnen vormen. Daarmee weet de accountant zich altijd gedekt.

Bert Verhelst verbaast zich over de wijze waarop Ahold haar joint ventures consolideert. Hij verbaast zich vooral over de consolidatie van Jerónimo Martins waar Ahold maar 49 procent van de aandelen heeft. Meurs wijst hem erop dat de accountants akkoord zijn gegaan met volledige consolidatie onder zowel de Nederlandse als de Amerikaanse accountancyregels en dat daar in geen enkele *management letter* die de accountant elk jaar maakt in aanvulling op de controle, opmerkingen over zijn gemaakt. Bij de vorige werkgever van Verhelst, Bols, worden 50-50 joint ventures niet in hun geheel geconsolideerd. Daar pakken de partners allebei precies 50 procent van de omzet en het bedrijfsresultaat. Verhelst vraagt Deloitte & Touche aan hem uit te leggen hoe dit zit. Op 5 september 1997 krijgt hij antwoord: om te kunnen consolideren moet de joint venture worden aangemerkt als een groepsmaatschappij. Er moet sprake zijn van een economische eenheid en organisatorische verbondenheid. Deloitte wijst er verder op dat als 'uit de joint venture niet blijkt dat een van de partners een doorslaggevende stem heeft op het beleid, maar deze invloed uit de feitelijke situatie blijkt, dit betekent dat de joint venture door de partner geïnterpreteerd kan worden als een groepsmaatschappij. Ten slotte leggen de accountants uit dat de mening van de partner in dit verband niet relevant is: 'het kan zelfs zo zijn dat beide partners van mening zijn dat de joint venture als groepsmaatschappij wordt aangemerkt en daarom door beide zal worden geconsolideerd.'

Verhelst is gerustgesteld door deze uitleg. Hij begrijpt nu waarom Jerónimo Martins, zowel door Ahold als de Portugezen kan worden geconsolideerd. En dat dit, onder Nederlandse accountancyregels (Dutch GAAP) geaccepteerd wordt.

Deloitte maakt echter ook in deze brief duidelijk dat Amerikaanse accountancy regels (US GAAP) hele andere eisen stellen. Amerikanen eisen 'substantiële controle', die willen zwart op wit zien dat de consoliderende partij ook echt de baas is in de joint venture, die feitelijke controle moet 'onomstotelijk' vastliggen. Meurs is verbaasd maar maakt zich geen zorgen. Bij de overname van een 50%-belang in Bompreço in december 1996 zijn de accountants akkoord gegaan met de consolidatie onder Dutch en US GAAP. In de *management letters* over 1996 en 1997 wordt met geen woord over consolidaties gerept.

Voor de beschrijving van de resultaten over 1996 schieten superlatieven tekort. Van der Hoeven heeft het over een 'spectaculair jaar'. Hij constateert dat 'het bedrijf een uitgebreide gedaanteverwisseling heeft ondergaan in zijn streven om twee hoofddoelen te bereiken: het verwerven van een unieke voortrekkersrol in de internationale levensmiddelensector en het versterken van zijn karakter als een groeionderneming op de lange termijn.'

De financiële pers gaat nog een stap verder en heeft het over een explosief resultaat. De winst stijgt met 38,5 procent tot ruim 630 miljoen gulden en de omzet is met bijna een kwart gestegen tot 36,5 miljard gulden. De winst per aandeel stijgt met 16,7 procent. Het is ook duidelijk waar het grotendeels vandaan komt: zonder de overname van Stop & Shop en het positieve effect van de duurdere dollar zou de groei 8,8 procent zijn geweest.

Ander nieuws zoals de overname van Supermar in Brazilië, waardoor de omzet van de joint venture naar 2 miljard dollar groeit, valt nauwelijks meer op. Alles zit mee. Dat de balans er wat minder florissant uitziet met een solvabiliteit van 18 procent, wordt weggewimpeld. Zoals gebruikelijk zullen beleggers 90 procent van hun dividend in aandelen opnemen, waardoor dat cijfer al weer boven de 20 procent komt te liggen. De nieuwe *cfo* Meurs benadrukt dat volgens Amerikaanse boekhoudmethoden, US GAAP, het eigen vermogen 40 procent van het balanstotaal uitmaakt.

Beleggers zijn weer diep onder de indruk. Op dezelfde dag schiet de koers 5,20 omhoog naar 137,40 gulden. Opnieuw is de koers in een jaar tijd vertweevoudigd. De waarde van het concern op de beurs is als gevolg van de emissie meer dan verdubbeld tot meer dan 22 miljard gulden. Om de verhandelbaarheid in het aandeel te vergroten wordt weer een splitsing aangekondigd. Beleggers krijgen voor ieder aandeel drie aandelen zodat de koers weer onder de 50 gulden komt te liggen.

De analisten eten uit zijn hand, Van der Hoeven geeft hun wat ze willen hebben. Hij laat merken dat hij alle feiten op een rij heeft, en de markten kan doorgronden. Hij speelt met hen en lijkt ze af en toe iets toe te vertrouwen op een toon die tussen vrienden gebruikelijk is. Hij zegt dan: dit is tussen jullie en mij, dit mag niet naar buiten komen. Maar natuurlijk komt het naar buiten. Sterker nog, analisten zijn blij dat ze wat te schrijven hebben. Dat ze leuke nieuwe dingen hebben gehoord, die ze in hun rapporten kunnen zetten. De koopadviezen van enthousiaste analisten stapelen zich op.

Er is één opvallende uitzondering. Analist Roel Gooskens van de bank HSBC James Capel volgt Ahold al vanaf 1985. Hij adviseert beleggers hun aandelen Ahold te verkopen. Gooskens vindt Ahold een prachtig bedrijf maar de ambities erg breekbaar. Een Amerikaanse recessie, de aanhoudende crisis in Azië, het niet op tijd kunnen kopen van een grote Europese retailer: in zijn ogen zijn het allemaal zaken die de beloofde groei van het bedrijf in gevaar gaan brengen. Hij constateert dat beleggers nu twee keer zoveel betalen voor het aandeel Ahold als voor een concurrent en vindt de koers 30 procent te hoog.

Gooskens waarschuwt voor de neiging van Van der Hoeven om de groei van de winst per aandeel teveel te flatteren. Hij vindt dat Ahold veel nadrukkelijker de risico's van overnames in de kosten van het kapitaal moet meenemen. Hij zet de door Ahold afgeboekte goodwill weer als kosten terug op de balans. Uit zijn rekensommen blijkt per saldo dat Ahold nauwelijks waarde creëert voor de aandeelhouders.

Maar naar Roel Gooskens wordt niet geluisterd. Want op de beurs zorgt de stijgende koers wel voor waarde voor de aandeelhouders. En de markt heeft altijd gelijk. Als hij het woord neemt tijdens bijeenkomsten met analisten en de Raad van Bestuur begint Van der Hoeven al te lachen. Ha, mijnheer Gooskens, ja hoor we gaan ook goed letten op onze *cost of capital*. De zaal barst in lachen uit. Wat zeurt die Gooskens toch, de koers is het afgelopen jaar weer met tientallen procenten gestegen.

In zijn analistenrapporten waarschuwt Gooskens voor het snel groeiende aantal managers dat flinke hoeveelheden opties krijgt en voor de toenemende focus van het management op de beurskoers. In zijn rapport van juli 1997 (als de koers van het nog ongesplitste aandeel op 166 gulden staat) schrijft hij: 'De investor relations van Ahold behoren tot de beste van Nederland en het bedrijf reist de wereld over om presentaties te geven. Maar we moeten niet vergeten dat het management ook een heel goede reden heeft om het bedrijf zo te promoten, omdat ze over flinke hoeveelheden opties beschikken. Aan het einde van 1996 konden 150 werknemers 4,8 miljoen aandelen kopen tegen een prijs van 69 gulden. Op basis van de huidige prijs verdienen ze daarmee op papier belastingvrij 466 miljoen gulden. Ervan uitgaande dat ze gemiddeld ongeveer 300.000 gulden bruto verdienen, verdienen ze hier dus tien keer hun brutosalaris.'

Voor het eerst wordt ook voor de buitenwacht duidelijk hoeveel geld de top van Ahold verdient aan de stijgende beurskoers. Aan het feitelijk verzilveren van opties verdient de top in 1996 66 miljoen gulden, gemiddeld 330.000 gulden belastingvrij. Het overgrote deel van die opties zit bij de top 70 managers en directeuren van de dochterbedrijven.

Dat verandert. De alsmaar stijgende beurskoers en de enorme verdiensten die de top van het bedrijf daar via opties uitsleept zorgt voor scheve ogen. Het wordt steeds moeilijker om een managementteam te motiveren als alleen de directeur of voorzitter van zo'n club opties heeft. Nieuwe mensen, vooral in de Verenigde Staten, willen alleen nog maar komen als ze ook een flinke zak opties krijgen. Het onderwerp komt ter sprake in de

Sounding Board en wordt snel afgehamerd. Ook de andere leden van al die managementteams krijgen voortaan opties. Gedurende 1997 groeit het aantal mensen dat op grote schaal opties krijgt hard. Eind 1996 stonden er 4,8 miljoen opties bij ongeveer 200 leidinggevenden uit, een jaar later staan er 16 miljoen opties uit bij bijna twee keer zoveel mensen. De gemiddelde uitoefenprijs is 31 gulden.

Ook bij Albert Heijn heerst een *winning mood*. Ze maken plannen bekend om samen met Shell in een groot aantal van de 750 pompstations kleine supermarkten op te zetten. Winkels die in sommige gevallen 24 uur per dag open zullen zijn. Een proef met vier winkels pakt zo goed uit dat volgens Jan Andreae 'de romance nu zo ver is ontloken, dat de ringen zijn aangeschaft'. Opmerkelijk daarbij is wel dat Shell ook gewoon doorgaat met de ontwikkeling van de eigen winkeltjes onder de Select-formule.

Volgens de president van Albert Heijn, die nog steeds met dat gewenste marktaandeel van 30 procent in zijn hoofd zit, completeren deze winkels het landelijk netwerk. Die extra 2,5 procent groei waar Andreae naar streeft vertegenwoordigt op een totale markt van 41 miljard gulden toch een omzet van 1 miljard gulden.

Van de 180 gulden die een Nederlander wekelijks uitgeeft aan 'dagelijkse boodschappen' verdwijnt 50 gulden in de kassa van een Albert Heijn. Maar dat is volgens Andreae niet genoeg. De samenwerking met Shell past in zijn filosofie waarbij Albert Heijn de klant actief moet volgen met het product waar hij op dat moment behoefte aan heeft. In zijn ogen komt 'slechts' 12 procent van het voedsel dat de Nederlander tot zich neemt bij Albert Heijn vandaan, dat moet omhoog.

Volgens onderzoek van de Consumentbond is 'de kruidenier die op de kleintjes let' gemiddeld 5-7 procent duurder dan de gemiddelde discounter. Maar over het relatief dure imago van Albert Heijn maakt Andreae zich geen zorgen. In een interview met *Elsevier* zegt hij: 'Ongeacht onze prijzen worden wij toch altijd als "duur" gezien.'

In Zaandam zorgen deze resultaten voor een nieuw bewustzijn. Begint het bedrijf groot genoeg te worden om richting die machtige leveranciers een vuist te maken? Dat is toch de kern van de strategie: ervoor zorgen dat leveranciers uiteindelijk rekening gaan houden met de macht van Ahold. Rekening houden in die zin dat ze een deel van hun veel grotere marge gaan overhevelen.

Uit een stevige samenwerking tussen de verschillende dochterbedrijven moeten bovendien forse besparingen en efficiencyverbeteringen gaan vloeien. Dat is de grote belofte. Van der Hoeven zet het onderwerp *european* en *global sourcing* nadrukkelijk in Zaandam op de agenda.

Verschillende keren wordt in de *sounding board* gesproken over de mogelijkheid om samen met leveranciers voordelen te realiseren. Ahold zou in Europa of wereldwijd aan leveranciers allerlei aanbiedingen kunnen doen: zoals in alle landen tegelijk een promotie van een nieuw artikel.

Tijdens de presentatie van de jaarcijfers verwoordt Van der Hoeven het zo: 'We vinden in toenemende mate bij leveranciers een vruchtbare bodem om tot strategische allianties te komen. De ervaringen die we daarbij in Amerika hebben opgedaan zijn van groot belang.' Daar is Ahold USA Support Services opgericht. Onder leiding van BI-LO-veteraan Marshall Collins zoeken specialisten naar voordelen op het gebied van 'private labels', gezamenlijke inkopen, distributie en informatietechnologie.

Van der Hoeven geeft bij de presentatie van de jaarcijfers toe dat het idee 'nog geen handen en voeten heeft', maar hij wijst erop dat er ook bij leveranciers als Nestlé, Unilever en Proctor& Gamble belangstelling is om tot afspraken te komen die zowel kostenvoordelen als kansen bieden. Dat Ahold bepaald niet mondiaal werkt, vindt Van der Hoeven geen argument en hij benadrukt nog een keer dat hij niet van plan is te investeren in verdringingsmarkten zoals Frankrijk, Duitsland en Engeland.

Chris van den Broek, een gewaardeerde Ahold-veteraan die op het punt staat om met pensioen te gaan, krijgt van Van der Hoeven het klemmende verzoek om zich op de uitwerking van de Europese samenwerking te storten. Ook zonder overnames kan hier geld worden verdiend. Van den Broek wordt ook voorzitter van het AMS-samenwerkingsverband. Ze stellen vast dat hier nog veel geld kan worden verdiend zonder de onafhankelijkheid van de deelnemende ketens aan te tasten. Besloten wordt het hoofdkantoor van AMS te verplaatsen van het Zwitserse Zug naar Zaandam. De betrokken partners vinden het best dat Ahold zijn best gaat doen, ze zien in dat ze er zelf ook baat bij kunnen hebben.

Het merk Euroshopper moet verder worden uitgebouwd. Ze bedenken en ontwikkelen allerlei producten, van koekjes tot pampers. Het kwalitatieve maar vooral goedkope antwoord op de relatief dure A-merken. Met dit zogenaamde *fighting brand* sporen ze overcapaciteit op bij producenten en bieden ze een jaarcontract aan tegen een lage prijs. Met de aangesloten AMS-ketens wordt toch zo'n 12 procent van de markt bediend, het gaat dus om grote hoeveelheden goederen. Voor wat duurdere supermark-ten als Albert Heijn vormen ze een mooi antwoord op de op prijs concur-rerende discounters. Halverwege 1997 breidt Albert Heijn om die reden het pakket met Europshopper-producten met 50 procent uit. De produ-centen zijn vaak grote bedrijven als Unilever of Mölnlycke. Die zijn blij met deze opdrachten. Ze zijn bezig hun Europese productiefaciliteiten te concentreren en kunnen met deze grote volumes vaak hele fabrieken lan-ger openhouden en toch goed geld verdienen.

Ook besparen ze veel geld door met elkaar de zogenaamde *non-resala-bles* in te kopen. Van stellingkasten tot tl-verlichting en kassacomputers worden contracten gebundeld en geld bespaard. De European Retail Round Table wordt door Ahold nieuw leven in geblazen. Daar bespreken de grote spelers in Europa hoe ze bijvoorbeeld een vuist kunnen maken naar cre-ditcard-organisaties die te grote marges vragen bij het afrekenen met hun credit cards. Als dit in Europa draait, wordt samenwerking gezocht met het Amerikaanse Food Market Instituut.

Vanuit Zaandam wordt nu steeds vaker met de baas van Ahold USA, Rob Zwartendijk, samengewerkt. De Europese inkoop wordt, waar mogelijk, aan de Amerikaanse inkoop gekoppeld. Ze beginnen daarbij met de spul-len waar geen grote merken aan hangen. Veel verse goederen. Een derde van alle appels die Ahold in de VS en Europa verkoopt komt uit Zuid-Amerika. Die hele inkoop wordt gecentraliseerd en komt nu via Rotterdam binnen.

Maar hoe meer vanuit Zaandam en de leiding wordt gepoogd om de krach-ten op dit onderwerp te bundelen, hoe vaker ze aanlopen tegen dezelfde weerstand: de lokale managers willen hun eigen broek ophouden. Ze zijn bang hun eigen bewegingsvrijheid te verliezen. Een inkoper van frisdran-ken zit naast de verkoper van Pepsi op een Pepsi-stoel in het baseball- of voetbalstadion. Daar worden de deals gemaakt. De organisaties van deze mannen zijn hierop gebouwd. Hun bonussen en status zijn afhankelijk gemaakt van de prestaties die zij met elkaar leveren.

In Zaandam realiseren ze zich dat het niet eenvoudig zal zijn om dit spel top-down te doorbreken. Op centraal niveau spreken ze daarom af dat het gevoeligste onderwerp, de prijs, de komende jaren niet zal worden aange-kaart. Zelfs het onderwerp promotie ligt duidelijk te gevoelig. Stap voor stap zullen producenten en retailers het vertrouwen bij elkaar moeten winnen. Ze beginnen daarom met de inkoopcondities.

Retailer en leverancier, beide zullen hun organisaties, waarbij nu veel decentraal wordt afgekaart, heel voorzichtig moeten gaan kantelen. Zodat de voordelen die nu op centraal niveau worden herkend ook centraal kunnen worden georganiseerd en opgelegd. Het is een revolutie die vele jaren zal vergen, in ieder geval één of twee generaties van inkopers en verkopers aan beide kanten.

Het is duidelijk dat het beloofde extra rendement voorlopig nog niet uit deze hoek zal komen. Ook op andere plekken gaat het minder snel dan verwacht. Hoewel in China winkels opengaan en in Thailand net 15 nieuwe winkels zijn geopend, erkent Van der Hoeven dat het Aziatische verhaal pas in 2000 boven *break even* uit zal komen. Maar hij ziet ook voordelen. Trots wijst hij erop dat die opening in Thailand 'de hele dag op CNN te zien is geweest'. Voor hem een bewijs van de 'zeer positieve uitstraling die Ahold in de financiële wereld heeft'. Of deze PR de dure overnameprijs van meer dan 30 keer de winst gaat compenseren, is de vraag. Dertig keer de winst is meer dan de beleggers voor hun aandeel Ahold betalen.

In de Verenigde Staten is Ahold inmiddels zo groot dat de beruchte Teamsters-vakbond zijn peilen op het bedrijf heeft gericht. Teamsters-man Ron Carver bezoekt de aandeelhoudersvergadering in mei 1997 en stelt daar dat Ahold een gedragscode moet invoeren voor mensenrechten en milieu. Van der Hoeven haalt zijn schouders op. Hij wijst erop dat van de 110.000 werknemers van Ahold in de VS 58 procent door een vakbond wordt vertegenwoordigd. De Teamsters, vooral actief in transport en distributie, nemen de belangen van 2,4 procent van de werknemers voor hun rekening.

Er wordt hard gewerkt om de beloofde groei te realiseren. De groeiende dominantie van Stop & Shop-managers en het Stop & Shop-voorbeeld, doen links en rechts pijn. Ook tussen Rob Zwartendijk en Bob Tobin. Zwartendijk is de baas van Ahold USA en vindt dat Stop & Shop zich meer moet voegen in het belang van het geheel. Tobin vindt de kwaliteit van de rest van de ketens magertjes en vindt dat ze maar beter naar Stop & Shop kunnen luisteren.

Allan Noddle, inmiddels verantwoordelijk voor het creëren van synergie tussen de verschillende Amerikaanse bedrijven, en Rob Zwartendijk vinden dat onzin. Stop & Shop doet het beter dan de rest, maar kan wel degelijk iets van de anderen leren. Marketing bijvoorbeeld. Ze wijzen erop dat het bedrijf vooral succesvol is vanwege de slimme locaties waar het zit. Vaak zonder enige concurrentie in de buurt kan Stop & Shop relatief hoge prijzen vragen en zo winstgevend zijn. Maar als er een concurrent komt zullen ze moeten leren hun spullen te verkopen.

Tobin en Grize kunnen niet goed tegen kritiek, Stop & Shop is hun leven. Tijdens de besprekingen van de kwartaalresultaten in Santa Fe, New Mexico escaleert de ruzie. Tobin is tegen de integratie van de Giant- en Edwards-winkels. Hij wil de laatste omtoveren tot Stop & Shop-winkels om zo New York te kunnen veroveren: een oude droom voor de man uit Boston. Ze vinden dat het merk Stop & Shop sowieso een veel nadrukkelijker rol moet krijgen. Op rustige toon legt Zwartendijk uit dat als Stop & Shop ergens de beste oplossing voor heeft dat die dan natuurlijk ook in de andere ketens zal worden ingevoerd. Maar dan wel onder de lokale merken, merken die de klanten daar kennen.

De ruzie loopt hoog op, Tobin en Grize zijn woedend, de laatste wordt dan al gevreesd om zijn vulkanische woede-uitbarstingen. Dit is precies het tegenovergestelde van wat ze hadden verwacht. Ze vinden dat het om hun *baby* moet gaan, zij zijn de beste. Het wordt een scheldpartij. Tobin is in tranen en dreigt ontslag te nemen. Van der Hoeven springt in om de gemoederen te sussen. Hij kiest de kant van Zwartendijk. De plannen blijven ongewijzigd, maar de sfeer tussen Tobin en Zwartendijk is grondig verpest.

De ruzie tussen de bazen klinkt door in de rest van de organisatie. Bij het in elkaar schuiven van bedrijven, blijven er minder topposities over en ontstaat op allerlei plekken een machtsstrijd. Sommigen zijn al die politieke spelletjes en het invechten beu. De *chief financial officer* van Ahold USA, Joe Harbor, gooit tijdens een vergadering de handdoek in de ring: *I quitte.* Hij blijft nog wel even om zijn opvolger, Ernie Smith in te werken. De 39-jarige Smith heeft zijn sporen als financiële man bij Giant verdiend en wordt beschouwd als een oerdegelijke controller, hij zal een belangrijke rol gaan spelen.

Van der Hoeven vindt dat de activiteiten in de Verenigde Staten nog harder moeten groeien. Hij spoort Rob Zwartendijk regelmatig aan om meer bedrijven over te nemen. Van der Hoeven vindt dat hij ketens als Bruno's en Pathmark al lang over had moeten nemen. Maar Zwartendijk keurt deze bedrijven af. Hij vindt ze niet goed genoeg. Morrend accepteert Van der Hoeven dit. Zwartendijk heeft de Amerikaanse tak in tien jaar tijd met succes opgebouwd en dwingt daarmee respect af.

Naar de buitenwacht toe laat Van der Hoeven weten zich geen zorgen te maken over nieuwe overnames. Tegen *Het Financieele Dagblad* zegt hij: 'Bompreço belde ons en voor Stop & Shop waren we eigenlijk de enig haalbare moeder. Zoiets zullen we steeds vaker krijgen. Dat Ahold de enige kansrijke bieder is. Een kwestie van schaalgrootte en financiële mogelijkheden, maar voor alles van managementcapaciteit.'

Dat Ahold in dit proces misschien zelf zal worden overgenomen acht hij onwaarschijnlijk: 'daarvoor zijn we nu te groot.' Hij wijst erop dat ze vier jaar geleden hoopten dat de omzet van Ahold in het jaar 2000 op 50 miljard gulden uit zou komen en dat ze dit getal in 1998 gaan realiseren. Van der Hoeven ziet nog geen einde aan de overname- en concentratiegolf. 'Denken dat zoiets eindig zou zijn past in traditioneel denken en dat doen wij niet. We maken immers deel uit van de grootste sector ter wereld en een groot deel van de mensheid zag nog nooit een supermarkt. Wij zullen de komende jaren nog echt laten zien wat groot is...'

Het valt allemaal in goede aarde bij de mensen die de groeiplannen moeten financieren: de beleggers. De groeiende Hollandse passie voor de beurs bereikt een voorlopig hoogtepunt in de zomer van 1997. Uitgerust met gloednieuwe mobiele telefoontjes worden de koersen vanaf de stranden omhoog gekocht. Dit zorgt voor een absurde 'campinghausse' op de beurs met als ster het aandeel Ahold. Op 23 juli schiet de koers met 20 procent omhoog naar 74,50 gulden. Er is veel vraag naar het aandeel, maar er zijn bijna geen aanbieders zo midden in de zomer. Handelaren weten niet wat hen overkomt. De vreemde koersbeweging zorgt er in ieder geval voor dat de AEX-index voor het eerst door de 1000-puntengrens gaat.

Geschrokken van die vreemde beweging nemen veel beleggers hun winst, waardoor het aandeel op 65 gulden sluit. Ahold is met ABN Amro het meest geliefde fonds op de Amsterdamse beurs. Maar analisten vragen zich af of Ahold een gokfonds is geworden.

Michiel Meurs neemt in *NRC Handelsblad* de verdediging op zich. Hij legt uit dat ongeveer een kwart van de 500 miljoen aandelen in handen is van Nederlandse particulieren en verklaart de heftige bewegingen van de koers uit het feit dat veel particuliere handel met kleine omzetten voor grote bewegingen in de koers kunnen zorgen. 'Het is echt een volksaandeel. De associatie met Albert Heijn is groot – alsof er in Amerika dezelfde Albert Heijns staan als hier.'

Dat wordt bij de presentatie van de cijfers over de eerste helft van 1997 weer goed duidelijk. Van het bedrijfsresultaat van 894 miljoen gulden komt 554 miljoen uit de Verenigde Staten. De prachtige cijfers leunen helemaal op de Amerikaanse ketens. Alleen Portugal doet het goed in Europa en over de aanhoudende crisis in Azië begint Van der Hoeven zich nu zorgen te maken. Vooral Zuid-Amerika zorgt nu op het hoofdkantoor voor prettig verhitte gemoederen. Verschillende bestuursleden hinten op nieuwe overnames in bijvoorbeeld Argentinië.

In oktober gaat Peter van Dun, na 17 jaar in de Raad van Bestuur te hebben gezeten, met pensioen. De oude rot is eraan toe. In *Het Financieele Dagblad* wordt de Raad van Bestuur omschreven als 'een vlotte vriendenclub'. Maar Van Dun maakt zich zorgen. Hij waarschuwt Van der Hoeven in zijn afscheidsspeech: Cees je moet niet de grootste willen worden, maar de beste. Dan word je vanzelf de grootste. Het gaat niet om de aandeelhouder, maar om de klant. De 51-jarige Jan Andreae volgt Van Dun op.

Diens opvolger bij Albert Heijn, Ronald van Solt, krijgt het meteen voor zijn kiezen. Het bedrijf dreigt de geplande omzetstijging van 4 procent niet te realiseren. Bij de presentatie van de halfjaarcijfers licht Van der Hoeven de problemen toe: het marktaandeel van Albert Heijn is gelijk gebleven als gevolg van een zomerdip die zich eerder aandiende. Opmerkelijk is dat hij ook meldt dat de C1000-winkels van Schuitema hun marktaandeel in diezelfde periode zagen groeien.

Het is een kleine rimpeling vergeleken bij de belofte van de president dat de winst over 1997 met 30-45 procent zal groeien. Maar daarvoor moet Ahold nieuwe bedrijven overnemen. Ze praten er wekelijks over in de Raad van Bestuur, de maandagmiddaglunch wordt ook wel de acquisitielunch genoemd. Daar worden de rapportages van de speciale eenheden, spionnen die overal ter wereld interessante winkels en winkelketens bezoeken, besproken. Tussen de broodjes en glazen melk door wordt de verovering van de wereld doorgenomen.

In de Verenigde Staten is er op dit moment niets voorhanden en in Azië ligt de economie er echt slecht bij. Besloten wordt dat Frits Ahlqvist zijn Latijns-Amerikaanse contacten maar weer eens moet afgaan. Er is nog een reden om daar wat sneller te gaan werken: het Franse Carrefour timmert niet alleen in Brazilië maar ook in Argentinië hard aan de weg. In dat laatste land is eind 1997 ook het Franse Auchan neergestreken.

Eind november meldt de Argentijnse krant *La Nacion* dat Ahold geïnteresseerd zou zijn in een minderheidsbelang in de met 1,7 miljard dollar omzet grootste supermarktketen van het land: Disco. Hans Gobes reageert met een standaard 'geen commentaar', maar de voltallige Raad van Bestuur is dan al op bezoek geweest in Buenos Aires.

Een heel weekeinde zijn ze van supermarkt naar supermarkt gesleept. Frits Ahlqvist is al tien jaar bevriend met Juan Peirano en diens vrouw Letitia. Letitia is de dochter van een van de twee broers die de Disco-supermarktketen hebben opgezet, hij komt haar regelmatig tegen in allerlei internationale fora. De sfeer is goed, de twee retailers herkennen veel in elkaar. Beide marktleider, beide innovatief, beide voor het rijkere deel van de samenleving.

Het weekeinde wordt afgesloten met een traditionele Argentijnse barbecue, wat vooral betekent: heel veel rundvlees met een pittige chimichurrisaus. De onderhandelingen met de Argentijnen zijn ook pittig. De Argentijnen stellen zich trots op. Aan de ene kant zien ze de logica van de samenwerking, aan de andere kant vrezen ze de dominantie van die Hollanders. Daar hebben ze geen zin in. Dat zowel Van der Hoeven als Meurs als Ahlqvist goed Spaans spreken, helpt daarbij niet.

De advocaten van White & Case doen een antecedentenonderzoek naar de nieuwe partner. Daar zal ongetwijfeld boven tafel zijn gekomen dat Juans broer Jorge, eind jaren zestig minister in dubieuze kabinetten, in 1973 enkele maanden in de gevangenis heeft gezeten vanwege het verduisteren van geld. Juan zou hier ook een rol in hebben gespeeld. Maar dat is allemaal lang geleden, er was in die tijd wel meer mis in Argentinië. Bovendien heeft Ahold haast, er zijn meer kapers op de kust. Snel wordt de *deal* in elkaar getimmerd. Erg snel.

Bij de presentatie van de joint venture in januari zegt Van der Hoeven: 'Je moet daar niet met een grote broek aan binnenkomen en zeggen dat je de wereld even komt verbeteren.' Het grootste struikelblok in de onderhandelingen is de prijs. Van der Hoeven zucht diep: 'We betalen een flinke premie.' Maar volgens hem waren er 'wel vijf andere kapers op de kust en daar zitten altijd Fransen tussen'.

Al met al legt Ahold 750 miljoen gulden op tafel voor een 50-procents belang in Disco Ahold International Holdings (DAIH). Deze holding heeft iets meer dan 50 procent in Disco en bijna 37 procent in de Chileense winkelketen Santa Isabel. Ahold krijgt vier van de acht zetels in de Raad van Commissarissen van DAIH. Juan Peirano wordt de voorzitter, Frits

Ahlqvist zijn plaatsvervanger. Eduardo Orteu, bestuursvoorzitter van Disco, gaat ook DAIH leiden. De joint venture zal helemaal geconsolideerd worden in de Ahold-cijfers.

De andere 50 procent van de aandelen is van Velox International, het investeringsvehicel van de Peirano's die onder meer op verschillende plekken in Zuid-Amerika banken runnen. Helemaal helder hebben ze in Zaandam dat imperium niet op hun netvlies. Om te laten zien dat ze echt samen in business gaan, zullen Ahold en Velox samen een bod uitbrengen op een deel van de aandelen van Santa Isabel zodat het belang van DAIH in deze Chileense keten met 68 winkels stijgt naar 65 procent. Beiden zullen daarvoor 120 miljoen gulden op tafel leggen. De sfeer zit er goed in, want een paar weken later maken de twee partners bekend samen 750 miljoen dollar te zullen investeren in de uitbreiding en modernisering van de winkels.

Dat geld heeft de familie Peirano niet, maar dat is ook niet nodig. Met ABN Amro is een zogenoemd *put-arrangement* afgesproken. De bank speelt een vertrouwensrol tussen Ahold en de Peirano's. Om de laatste op 50-50 basis mee te kunnen laten investeren moeten ze geld lenen. In ruil voor die lening geven de Peirano's hun aandelen in DAIH in onderpand bij de bank. ABN Amro spreekt vervolgens met Ahold af wat het concern voor deze aandelen gaat betalen als de Peirano's in gebreke blijven. Ze spreken de prijs af die Ahold voor de eerste 50 procent heeft betaald.

Al met al leent de Argentijnse familie honderden miljoenen guldens via deze constructie. De betrokken partijen zijn alledrie in hun nopjes met de regeling. De bank zit op de eerste rij zonder noemenswaardig risico, Ahold krijgt zicht op 100 procent van de aandelen en de familie Peirano kan op grote voet mee investeren zonder haar zeggenschap te verliezen.

In Nederland is Ronald van Solt ondertussen druk bezig zijn stempel op Albert Heijn te drukken. Trots introduceert hij de Bonuskaart. Van Solt wil voorgoed afrekenen met het dure imago van Albert Heijn. Met een permanent voordeelpakket van 400 artikelen wil AH ook de koopjesjagers aan zich gaan binden. Daarbij blijft het niet legt Van Solt aan *De Telegraaf* uit: 'Een volgende stap wordt een financiële premie voor vaste klanten die meer dan een bepaald drempelbedrag besteden. Dat is met de nieuwe kaart eenvoudig te meten.'

Iets te eenvoudig. Twee weken na de introductie, als zo'n 2 miljoen mensen de kaart hebben opgehaald, laat de Haagse Registratiekamer weten dat het bedrijf in overtreding is. Albert Heijn zet zijn klanten klem want zonder allerlei persoonlijke gegevens op te lepelen lopen ze de aanbiedingen mis. En dat mag niet. Volgens de Registratiekamer moet Albert Heijn veel duidelijker gaan vertellen dat ze niet verplicht zijn persoonlijke gegevens af te staan om een Bonuskaart te krijgen. De publieke verontwaardiging is groot. Albert Heijn wordt met Big Brother vergeleken en moet een flinke stap terug doen.

In een interview met *NRC Handelsblad* twee maanden later zegt Van Solt: 'Albert Heijn wil niet de goedkoopste zijn. Wij voeren geen prijsbeleid. Bij ons betaal je ook voor dingen die je niet ziet. Je betaalt ervoor dat je niet ziek wordt van onze koelversmaaltijden en dat we 15.000 artikelen op de schappen hebben. Wij willen verantwoord genieten. In de winkel verschuift het aanbod van houdbaar naar vers. Wij zullen nooit de aanzet geven tot een prijzenslag. Niemand is erbij gebaat. Wij niet en de consumenten ook niet.'

Michiel Meurs heeft begin 1998 regelmatig intensieve discussies met John van den Dries van Deloitte & Touche over het consolidatievraagstuk. Dat ligt ingewikkeld. Amerikaanse en Nederlandse accountants kijken hier op zeer verschillende manieren naar. De Nederlandse accountant eist dat Ahold de facto, in de praktijk, de baas is bij de joint venture. Is de joint venture een groepsmaatschappij van Ahold? Als het antwoord bevestigend is, betekent dit onder meer dat Ahold de baas daar kan aannemen en ontslaan, ze de dagelijkse gang van zaken kan besturen en besluiten waarin wel of niet geïnvesteerd wordt. Amerikaanse wetgeving en accountants denken digitaal. Die willen gewoon zwart op wit zien of Ahold de baas is. Als het bedrijf niet 51 procent van de aandelen heeft, moet op een andere manier zijn vastgelegd dat het de baas is.

Ieder jaar discussiëren John van den Dries en zijn Amerikaanse counterpart David Herskovits met elkaar over dit onderwerp. Het is Dutch GAAP tegenover US GAAP. De Amerikanen geloven dat een maaltijd alleen smakelijk kan worden opgediend als het recept precies wordt gevolgd, de Nederlanders willen juist tijdens het koken proeven om eventueel nog wat ingrediënten toe te voegen. Het is een discussie die al jaren in internationaal verband speelt. Ooit moet er een Internationale Accounting Standaard komen, vertegenwoordigers van deze twee visies willen daarin natuurlijk de boventoon voeren.

Naar de klant toe spreekt Deloitte overigens met één stem. De afgelopen jaren overheerste het Nederlandse denken. Sinds 1992 wordt de joint venture met Jerónimo Martins waarin Ahold 49 procent heeft, geconsolideerd. Maar naarmate Ahold groter wordt in de VS en daar ook steeds meer aandeelhouders heeft, klinkt het US GAAP-denken steeds meer door. Wat het Amerikaanse National Office van Deloitte & Touche over consolidaties vindt, wordt steeds belangrijker. Deloitte & Touche stelt zich steeds Amerikaanser en dus strenger op naar Ahold, dat zelf ook steeds Amerikaanser wordt, zowel qua activiteiten als het groeiende aantal Amerikaanse beleggers.

Ze wijzen erop dat Ahold vanwege die beursnotering in de Verenigde Staten ieder jaar een aparte jaarrekening moet inleveren, de zogenaamde 20-F. Hieraan worden andere eisen gesteld dan aan de Nederlandse jaarrekening. In die 20-F moet een 'aansluiting' tussen Dutch GAAP en US GAAP worden gemaakt. Deloitte stelt zich op het standpunt dat als Ahold wel voor de Nederlandse regels mag consolideren maar niet volgens de Amerikaanse, dat die consolidatie dan in de 20 F moet worden teruggedraaid.

De externe accountants kijken in dit verband steeds kritischer naar de joint venture-overeenkomsten zoals deze door Ahold in Brazilië en Argentinië zijn getekend en vragen Ahold met concretere bewijzen te komen. Ze vinden de aandeelhoudersovereenkomsten die hier opgesteld zijn te dun voor consolidatie naar Amerikaanse maatstaven. Daarin staat niet zwart op wit dat Ahold de doorslaggevende stem heeft.

De accountants hebben al in 1997 vastgesteld dat volgens US GAAP de consolidatie van de joint ventures in Brazilië en nu ook die in Argentinië onvoldoende zijn onderbouwd. Toch keuren ze de volledige consolidatie over 1997 goed. Vooral omdat Ahold belooft dat er aanpassingen zullen worden gedaan in de overeenkomsten met de joint venture-partners.

Meurs, die sowieso heel weinig op heeft met deze materie, begrijpt de twijfels van de accountants niet. Hij vindt het ook niet logisch. Ahold is de baas in Brazilië en Argentinië, daar twijfelt niemand aan. Alleen hebben ze er geen meerderheid van de aandelen. Maar Ahold stuurt die organisaties, ontslaat en benoemt bestuurders en neemt belangrijke investeringsbeslissingen. Het is in zijn ogen volstrekt logisch om deze cijfers te consolideren. Bovendien: Ahold presenteert zijn cijfers primair in Dutch GAAP en niet in US GAAP.

Helemaal deconsolideren betekent bovendien miljarden aan omzet afboeken, hoe leggen ze dit uit aan de beleggers? Bovendien is de strategie van het bedrijf er juist op gericht om synergie te realiseren tussen al die dochters en joint ventures, als je gaat deconsolideren geeft het bedrijf aan daar niet de feitelijke macht te hebben.

De top van Ahold voelt zich goed en sterk. Alles wat Ahold aanraakt verandert in goud. Het bedrijf is onaantastbaar geworden. *The only way is up.* Nee, hier zit niemand op te wachten. En niet deconsolideren in de Nederlandse cijfers maar wel in de Amerikaanse, zorgt ook voor een gigantische verwarring. Deconsolideren is voor Ahold geen optie. Er moet een andere weg zijn.

Op 1 maart 1998 is Ahold precies 50 jaar genoteerd aan de beurs. Wie in 1948 voor 1480 gulden een aandeel had gekocht, zou nu goed zijn voor 688.000 gulden. De afdeling Bedrijfseconomisch onderzoek van de Vrije Universiteit van Amsterdam heeft in opdracht van Ahold uitgezocht wie in het bedrijf belegt.

Ze enquêteren bijna 25.000 beleggers. Ongeveer 52 procent van de Nederlandse beleggers heeft aandelen Ahold in portefeuille. Het is een bijzonder gezelschap. Bijna een kwart is vrouw, tegen 10 procent als gemiddelde bij AEX-fondsen. En meer dan 60 procent is ouder dan 60 jaar (het gemiddelde is hier 40 procent).

Ahold beleggers winkelen relatief vaker bij Albert Heijn, meer dan de helft shopt meer dan vier keer per maand bij een filiaal. Brood, wijn, koffie en vlees zijn hun favoriete producten. Ze geloven dat ze hiermee de winst positief beïnvloeden en rekenen erop dat ze binnen een jaar 10 procent koerswinst zullen boeken.

Het ideale klimaat voor een emissie, denken ze in Zaandam. Drie weken later kondigt Ahold aan dat het 2 miljard gulden bij beleggers op komt halen. Het bedrijf gaat 30 miljoen nieuwe aandelen uitgeven. 'We willen niet in de fuik belanden dat we een aantal kleinere bedrijven niet kunnen overnemen', legt Michiel Meurs uit. Nieuwe overnames zouden de solvabiliteit van 21 procent teveel onder druk zetten. Meurs sluit niet uit dat Ahold in 1998 nog een keer aandelen uit zal geven: er staan nog wat mooie namen op het lijstje van bedrijven die Ahold graag over zou willen nemen.

Tegelijkertijd maakt het bedrijf de cijfers over 1997 bekend. De nettowinst is met 48 procent gestegen tot 934 miljoen gulden en de omzet zit nu net boven de 50 miljard. Om precies te zijn: de geconsolideerde omzet, waarin de omzet van alle Portugese, Braziliaanse, Nederlandse en Poolse joint ventures helemaal is meegenomen.

Van der Hoeven en Meurs gaan weer op roadshow en weer krijgen de Nederlandse particulieren veel aandacht. In Groningen, Arnhem, Utrecht, Amsterdam en Apeldoorn nodigt de begeleidende bank ABN Amro samen met Goldman Sachs steeds een paar honderd vermogende beleggers uit voor een presentatie. In de Spiegelzaal van het Amstelhotel legt Van der Hoeven uit dat 'de helft van alle mensen op deze aardbol nog nooit een supermarkt heeft gezien. Als het een beetje gaat lopen in China, dan praat je over omzetten, daar heb je geen idee van, zo groot.'

Terwijl de potentiële investeerders hun kalfsvlees met Chateaux Lescalle 1993 wegspoelen horen ze hoe 'de vierde keten van de Verenigde Staten de voordelen naar zich toe ziet vloeien'. Dat in Tsjechië de kansen op straat liggen en dat Ahold zonder de crisis in Azië nooit die 32 supermarkten in Shanghai en Singapore had kunnen openen. Het is allemaal goed nieuws.

Een week later wordt de inschrijving op de emissie vervroegd gesloten. Al na een dag zijn er voldoende inschrijvingen om alle aandelen te kunnen plaatsen. Het Nederlandse publiek heeft massaal ingeschreven. De emissie wordt vier keer overtekend en bij een uitgiftekoers van 67 gulden haalt Ahold iets meer dan de gewenste 2 miljard gulden op. Twee derde van de aandelen wordt bij Nederlandse beleggers geplaatst, de helft daarvan bij particulieren. Het succes is eclatant.

Af en toe maakt Gobes zich desondanks zorgen. Hij heeft de *performer* in Van der Hoeven naar boven gehaald. Maar soms lijkt het erop alsof Van der Hoeven echt is gaan geloven in wat hij allemaal tegen zijn publiek zegt. Dat moet hij niet doen, naar buiten toe wordt de zaak altijd mooier voorgesteld. Het is belangrijk voor een topman om zo'n mooie boodschap en de werkelijkheid, dat er nog veel werk aan de winkel is, goed te scheiden. Een topman die in zijn eigen sprookjes gaat geloven, moet oppassen.

Henny de Ruiter heeft aanvaringen met Van der Hoeven over het altijd maar weer beloven van die groei van de winst per aandeel met 15 procent per jaar. De president-commissaris houdt daar niet van, vindt het risicovol. Het is niet mogelijk om de belofte vol te houden, want dan zou over 40 jaar de hele wereld in handen van Ahold zijn. Van der Hoeven geeft steeds hetzelfde antwoord: ik heb het beloofd en tot nu toe is het gelukt. Een bevriende commissaris waarschuwt De Ruiter voor het veranderende gedrag van

Van der Hoeven. Het ergste dat een manager kan overkomen is dat hij gaat denken dat het om hem draait en niet om de functie die hij bekleedt.

Binnen de Raad van Commissarissen is er regelmatig discussie over de groei van het concern. Is dit allemaal wel te behappen? Ze constateren dat de bemanning op het hoofdkantoor nauwelijks toeneemt: kunnen ze het nog wel besturen en controleren? Op alle vragen krijgen ze wervende en overtuigende antwoorden van hun bestuursvoorzitter. Die heeft de zaken tot in detail in zijn vingers. Bovendien heeft de belegger er duidelijk nog alle vertrouwen in.

Tijdens de aandeelhoudersvergadering in mei 1998 maakt de Raad van Bestuur onverwachts een grote draai. Keer op keer had Van der Hoeven uitgelegd dat de verzadigde Europese markt voor Ahold niet interessant was. In ieder geval niet zo interessant als de groeimarkten in de Verenigde Staten en vooral Azië. Nu laat hij een ander geluid horen. 'We vragen ons af of we niet in de grote Europese landen aanwezig moeten zijn om meer kritische massa te bereiken.'

Binnen de Raad van Bestuur hebben ze vastgesteld dat de joint ventures in Azië en Zuid-Amerika niet echt hard gaan en veel meer tijd nodig hebben om stevig bij te dragen aan de winst. Al helemaal als de recessie in die contreien doorzet. Daarnaast ligt er een mooi lijstje met bedrijven die Ahold in de VS wil kopen, maar de families die de bedrijven bezitten willen niet. Dus dat wordt een kwestie van de lange adem. Bovendien komt de euro er aan en groeit het besef dat een verdere concentratie van zowel leveranciers als retailers in Europa onontkoombaar is.

En *last but not least*: ze voelen zich nu sterk genoeg om op die Europese markten op overnamepad te gaan. In het verleden waren de mooie grote Europese concurrenten eigenlijk onbereikbaar en vooral te duur. Maar met de huidige omvang en de fors gestegen beurskoers komen ze binnen het bereik van Ahold.

Eerst is Rob Zwartendijk nog met een laatste kunstje in de Verenigde Staten bezig, want een week na de aandeelhoudersvergadering maakt Ahold bekend dat het voor 5,4 miljard gulden Giant Food (niet te verwarren met het in 1981 overgenomen Giant) over gaat nemen. Het bedrijf is met een omzet van 8,4 miljard bijna net zo groot als Albert Heijn. Van der Hoeven benadrukt dat de overname 'past in het streven om in 2002 de omzet van 1997 te verdubbelen tot 100 miljard'. Na de overname heeft

Ahold in de VS bijna 1000 supermarkten en een omzet van 40 miljard gulden per jaar. De Ahold-president verwacht voor volgend jaar al 60 miljoen winst uit samenwerking met de andere Ahold-dochters in de VS en denkt dat die zal oplopen tot jaarlijks 100 miljoen gulden.

Van der Hoeven laat weten dat de Amerikanen zelf naar Ahold zijn gestapt omdat ze niet verder kwamen met het Britse Sainsbury dat 50 procent van de aandelen had. Maar die hebben geen zin om te verkopen. Pas als Van der Hoeven dreigt met een vijandig bod gaan ze door de knieën. De Britten onderhandelen goed. Ahold betaalt ruim dertig keer de winst. Sainsbury-president Dino Adriano laat met een grote grijns weten dat deze deal tegen deze prijs in het belang is van zijn aandeelhouders. De andere eigenaren verkopen vervolgens ook.

Nee, Van der Hoeven vindt dat Ahold niet te veel betaalt. Hij noemt het een 'exellente deal'. Een aandeel Ahold kost nu 39 keer de winst per aandeel. In de marge van de besprekingen tast Ahold de mogelijkheden voor een Nederlands-Brits avontuur af. Was Ahold vier jaar geleden nog de helft van Sainsbury waard, nu is het op de beurs met 35 miljard gulden, ongeveer 6 miljard meer waard dan het Britse concern. Maar die avances lopen op niets uit.

Niet iedereen is enthousiast over de overname van Giant. Kredietbeoordelaar Standard & Poors haalt de wenkbrauwen op en dreigt met een verlaging van de kredietwaardigheid van Ahold. Van der Hoeven zegt tegen *NRC Handelsblad*: 'Daar ben ik verbaasd over, maar ik maak me geen zorgen. Je moet het meer zien als een aansporing om de overname met zoveel mogelijk aandelen te financieren.'

Beleggers zijn het met hem eens en belonen het nieuws met een koersstijging van 6 procent. Mooi nieuws voor Zaandam, want ook deze overname zal met de opbrengst van een nieuwe emissie worden gefinancierd. Binnen de Raad van Bestuur is er geen enkele twijfel over de slagingskans van deze tweede emissie in zo'n korte tijd. Ze hebben het gevoel onderdeel uit te maken van een *money printing machine*. Van der Hoeven constateert tevreden dat het bedrijf in een zichzelf versterkende spiraal terecht is gekomen, het aandeel wordt meer waard waardoor het bedrijf steeds betere en duurdere bedrijven over kan nemen en het aandeel weer meer waard kan worden, etc.

Als ze dat zelf al niet vinden, wordt hun zelfvertrouwen op dit punt stevig gevoed door de gestage stroom aan *investment bankers* die ze op bezoek krijgen. Toegang hebben en houden tot mensen als Michiel Meurs en Cees van der Hoeven is in die kringen een groot goed geworden. Ahold is hot: een kip met grote gouden eieren. Het bedrijf heeft een *wallet* van 100 miljoen dollar per jaar aan fees te vergeven aan bankiers die helpen met overnames. Dus als ze zelf in Zaandam geen idee hebben, dan zorgen goed geïnformeerde *investment bankers* wel voor ideeën. De leden van de Raad van Bestuur luisteren trouwens graag naar de slimme analyses van deze bankiers. Ze worden zo op ideeën gebracht. De verschillende banken houden daarbij steeds goed in de gaten wie wat krijgt en wat die bank daarvoor doet.

Een topbedrijf doet zaken met topbanken. Naast ABN Amro doet Ahold ook zaken met Goldman Sachs, Salomon Brothers en Merryl Lynch. Die namen zijn ook belangrijk voor Ahold, ze geven status en vertrouwen. Meurs en Van der Hoeven spelen met de banken. Ze nemen bepaalde adviesdiensten waar ze goed op verdienen van ze af, maar stellen wel dat die bank ook mee moet doen met het geven van een krediet. Op kredieten verdienen banken weinig, zeker als de klant zeer kredietwaardig is. Dan zijn de gangbare rentes laag.

ABN Amro-bankier Rijnhard van Tets is een belangrijk aanspreekpunt voor Cees van der Hoeven. Die twee zijn dik met elkaar, en bellen elkaar veel. Er is eigenlijk contant sprake van *closes board level contact*. Voor ABN Amro is het belangrijk om bij Ahold mee te kunnen doen in wat ze daar noemen *share of mind business*. De bank wil onderdeel uitmaken van de strategische besluitvorming van de klant. Hoe dichter de bank daar tegen aan zit hoe groter de kans dat ze iets voor die klant mogen doen.

Als Van der Hoeven een plannetje heeft om iets over te nemen, kan hij bijvoorbeeld Van Tets bellen om te vragen of hij daarvoor financiële ruimte van de bank krijgt. Hij kan moeilijk met lege handen naar een over te nemen bedrijf stappen. Als het wat lijkt te worden is het dan ook logisch dat Van der Hoeven opnieuw met Van Tets belt. Die stuurt dan mensen die voor Ahold gaan rekenen. De bank zorgt zo voor commitment van Ahold.

Als het wat wordt, mag de bank die vanaf het begin af aan heeft geholpen, op de eerste rij zitten bij een emissie. Als leider van het syndicaat bijvoorbeeld. Afgezien van het geld is dat in bankenland weer heel prestigieus. Er is een duidelijke rangorde. De genoemde banken zitten op de eerste rij. Kleinere onbekende banken proberen daar tussen te komen, of in ieder geval een paar plekken op te schuiven, door Ahold bijvoorbeeld korting te geven. Soms zijn ze al blij als Ahold-*cfo* Meurs even tijd voor ze maakt om naar hun verhaal te luisteren.

Het is mei 1998. Ahold blaakt van zelfvertrouwen. De successen worden gevierd en breeduit uitgedragen. Het net verschenen jaarverslag over 1997 begint met de zin: Vijf jaar geleden had Ahold 1600 winkels in vier landen en een omzet van 21,6 miljard gulden. Nu heeft Ahold 3200 winkels in 17 landen, op vier continenten, met wekelijks 20 miljoen klanten en een omzet van 50,6 miljard gulden.

Breeduit lachend kijken Cees van der Hoeven, Michiel Meurs, Frits Ahlqvist, Jan Andreae, Edward Moerk en Rob Zwartendijk in het vroege voorjaar in de camera voor de foto voor in het jaarverslag. Het zal de laatste gezamenlijke foto zijn, want in de daarop volgende maanden verandert de samenstelling van dit clubje minzaam glimlachende heren ingrijpend.

Op 3 juli 1998 overlijdt de 60-jarige Frits Ahlqvist. Na 26 jaar bij Ahold te hebben gewerkt, waarvan 17 jaar in de Raad van Bestuur, wordt hij uitgebreid herdacht als de beminnelijke, zacht pratende man die Albert Heijn in Nederland in de jaren tachtig op de kaart heeft gezet. Ahlqvist heeft tot vrijwel het laatst toe de verantwoordelijkheid voor de Europese activiteiten onder zich gehouden. Als mensen hem in de laatste maanden vroegen waarom hij zo was afgevallen, zei hij dat hij het dieet van Montignac aan het volgen was. Dat een ernstige ziekte hem langzaam maar zeker opvrat, deelde hij met vrijwel niemand.

In de zomer wordt afscheid genomen van Rob Zwartendijk als baas van Ahold USA. Van der Hoeven vraagt Zwartendijk om langer te blijven, maar de 59-jarige veteraan vindt het niet leuk meer. Hij wordt teveel opgejaagd, herkent zich niet meer in de manier waarop het bedrijf zaken doet. Het gaat nu alleen nog maar over groter worden. Met de komst van de Amerikanen in de top van het bedrijf gaat het nu teveel om het groeien om te groeien. Hij mist zijn oude maten en vindt dat Van der Hoeven zich veel te veel als prima donna opstelt.

Het is de bedoeling dat Zwartendijk in augustus wordt opgevolgd door de 58-jarige Allan Noddle. Dat lijkt hem en Van der Hoeven de beste keuze. Bob Tobin gaat op datzelfde moment op zestigjarige leeftijd met pensioen en schuift door naar de Raad van Commissarissen. Maar Noddle heeft het zwaar als de verantwoordelijke man voor de synergie. Hij wordt letterlijk ziek van de politieke spelletjes, zijn oude maat Joe Harbor heeft de handdoek al eerder in de ring gegooid.

De dag nadat Bob Tobin is uitgeluid en plaats heeft genomen in de Raad van Commissarissen, gaat het mis met Allan Noddle. Hij ziet die nieuwe zware verantwoordelijkheid niet zitten, vreest voor zijn gezondheid en belt met Rob Zwartendijk om hem dat te vertellen. Die vliegt onmiddellijk naar Noddle toe en stelt met hem vast dat het beter is dat iemand anders verantwoordelijk wordt voor Ahold USA.

Zwartendijk overlegt met Van der Hoeven, omdat Noddle in ieder geval niet verder wil, zijn ze er in drie minuten uit: ze gaan Tobin vragen de Ahold USA-kar de komende twee jaar te trekken. Ze vinden diens opvolger bij Stop & Shop, Billy Grize, nog niet klaar voor die zware taak. Ze gaan ervan uit dat Tobin onmiddellijk zal toehappen, hij vindt het toch niet leuk om thuis te zitten. En geld verdienen vindt hij ook niet erg.

Dat klopt. Tobin is één dag met pensioen als Zwartendijk hem belt met de vraag of hij gedurende twee jaar de baas van Ahold USA zou willen worden. Tobin wordt in minder dan 24 uur door zijn directe omgeving over de streep getrokken.

Tobin weet dat Van der Hoeven omhoog zit en stelt eisen. Hij belooft de Ahold-president dat hij de marges van Ahold USA naar het niveau van Stop & Shop zal trekken, maar in ruil daarvoor moet het Zaanse hoofdkantoor zich voortaan als bankier opstellen. Tobin wil geen bazen en vooral de ruimte om samen met Billy Grize verder te kunnen bouwen aan Stop & Shop.

In ruil voor een forse beloning en bonusregeling die richting 10 miljoen euro gaat, verruilt Tobin zijn twee dagen oude zetel in de Raad van Commissarissen voor de baan van Rob Zwartendijk. Op Nederlandse lijstjes van grootverdieners staat Tobin plotseling overal bovenaan.

Allan Noddle krijgt diezelfde dag nog een telefoontje van Van der Hoeven met het verzoek naar Nederland te komen. Hij heeft een verrassing. Met het verslechteren van de resultaten in Azië, waar over de eerste helft van het jaar een verlies wordt geleden van 21 miljoen gulden en de omzet met dertien procent daalde, is de positie van Eddie Moerk er niet beter op geworden. De doelstelling van 1000 winkels en 10 procent van de omzet in 2005 wordt losgelaten. Geen verliezen meer in 2000 zou al mooi zijn. De mensen onder hem lusten Moerk ook niet echt. Ze vinden hem niet betrokken, kwalificeren hem vooral als een snelle jongen, die niet geïnteresseerd is in details. Iemand die op allerlei bijeenkomsten vooral dingen roept als: 'Waarom hebben jullie dat nog niet geregeld?!'

Van der Hoeven kan zijn ergernis over het ongrijpbare optreden van Moerk dan al lang niet meer voor zich houden. In bestuursvergaderingen gaat hij regelmatig zo tegen de Noor tekeer dat andere bestuursleden daar opmerkingen over maken. Hij pikt net zo lang in de kuif van Moerk totdat hij kaal is. Binnen Ahold wordt duidelijk dat Moerk geen goed kan doen bij Van der Hoeven. Daardoor verzwakt zijn positie verder. Van verschillende kanten komen er nu klachten. De Braziliaan João Mendonça klaagt over de harde ingrepen van Moerk.

Mendonça is een kleine god daar in Brazilië. Op het Zaanse hoofdkantoor hebben ze het over de 'koning, keizer, admiraal'. De mensen die er zijn geweest verbazen zich erover dat op alle kantoren van Bompreço zijn portret hangt. De klachten van deze zo gekoesterde joint venture-partner dat Moerk teveel uit de hoogte doet, komen hard aan. Ze zingen rond op het hoofdkantoor. Moerk is een *lame duck* geworden.

Als Van der Hoeven aan zijn Amerikaanse collega's in de Raad van Bestuur vraagt wat ze van Moerk vinden zijn ze onverbiddelijk. Eentje schrijft op een A-viertje met grote letters: 'NVA'; *no value added*, dat is zijn bijnaam in de VS. Het totale gebrek aan echte retailervaring vinden ze stuitend, daarmee heeft Moerk zich volstrekt ongeloofwaardig gemaakt.

Na vier jaar krijgt Moerk van Van der Hoeven te horen dat hij kan vertrekken. Per 1 september stapt de 54-jarige Noor na vier jaar Ahold op. Van der Hoeven vraagt Allan Noddle of hij die taken over wil nemen, het wordt tijd dat Azië door een retailer wordt geleid. Er is maar één voorwaarde: hij moet in Amsterdam komen wonen.

Noddle moet even slikken maar neemt zijn intrek in een appartement van het prestigieuze The Grand hotel in Amsterdam. Het overgrote deel van de verhuizing bestaat uit zijn ruim 80 handgemaakte pakken. De ongetrouwde Noddle heeft één passie: hij wil altijd een mooi pak aan. Hij heeft een heel systeem bedacht om ervoor te zorgen dat ze allemaal aan bod komen. De helft van zijn pakken is voor de lente en de zomer, de andere helft voor de winter en de herfst. The Grand slaat de niet gebruikte helft op en de resterende pakken worden na een dag dragen achter aan de rij gehangen.

De populaire Amerikaan, die inmiddels al weer bijna 20 jaar voor Ahold werkt, heeft meteen impact in zijn nieuwe baan. Noddle rekent met kortere terugverdientijden. Dat het opzetten van een keten in China iets van een lange adem is, gaat er bij hem niet in. Noddle verwacht meer van de joint ventures in Zuid- Amerika.

Van der Hoeven vraagt Rob Zwartendijk om in zijn laatste jaar het Ahold Netwerk op te zetten: een database waarin alle zogenaamde *best practices* van het concern komen te zitten.

Het bedrijf wil kennis niet alleen uitwisselen maar ook vasthouden en is daarom begonnen met de Ahold Academy. De eerste professor op de leerstoel van Bob Tobin, Ed McLaughlin, werkt in dat verband een tijdje op het Zaanse hoofdkantoor en legt de basis voor een opleiding die gedeeltelijk op Cornell University en gedeeltelijk op Nyenrode kan worden gegeven. Het managementtalent kan op beide instituten tweewekelijkse op maat gesneden cursussen volgen. De top van het bedrijf wil zo ook de kennisuitwisselingen onderling stimuleren. Managers uit het hele bedrijf leren elkaar en elkaars problemen zo kennen. Het uitwisselen van *best practices* via internet moet er door worden gestimuleerd. Kennelijk hebben de opmerkingen van Van Meer anderhalf jaar eerder toch een gevoelige snaar geraakt.

Regelmatig spreekt Van der Hoeven zijn zorg uit over het gebrekkige *management development*-systeem van Ahold. Eigenlijk zou voor iedere belangrijke man in het bedrijf een opvolger klaar moeten staan. Ook voor Van der Hoeven zelf. 51 Jaar oud is hij nu, en al weer vijfeneenhalf jaar de baas.

Van der Hoeven komt zelf niet echt toe aan dit onderwerp en Arthur Brouwer is professioneel inhoudelijk goed maar niet in staat om een goed beleid op dit punt af te dwingen. Om managementtalent goed op te leiden moeten lijnmanagers worden gedwongen om al na een paar jaar afscheid te nemen van hun talenten, zodat die voor het grotere werk klaar kunnen worden gestoomd. Dat vraagt een heel krachtige *management development*-afdeling die de belangen van deze lijnmanagers kan overrulen. Bij Shell en Unilever zijn deze afdelingen machtig, bij Ahold niet. Ahold heeft daarvoor ook te veel haast, de druk op de operationele operaties is zo groot dat lijnmanagers geen zin hebben om goed functionerende talenten al na een paar jaar af te staan. Ondanks pogingen vanuit het hoofdkantoor om dat af te dwingen, trekken de lijnmanagers keer op keer aan het langste eind.

Van der Hoeven is daarnaast op zeer informele wijze met zijn eigen opvolging bezig. Dat betekent dat hij aan mensen die hem bevallen vraagt of ze er wat voor zouden voelen om in de Raad van Bestuur te komen. Tijdens een borrel kan hij zomaar aan een directeur vragen of hij zichzelf ziet als zijn opvolger. Die weten daar vaak geen raad mee. Van der Hoeven creëert zo in ieder geval wel verwachtingen. Niet iedereen vindt dat hij dit handig doet. Veel collega's op het hoofdkantoor zijn het erover eens: de Ahold-president kan veel, maar hij heeft in ieder geval één blinde vlek: weinig mensenkennis. Door zijn af en toe erg emotionele en gevoelige optreden krijgt hij het predikaat 'mensenmens' opgeplakt. Maar in de praktijk valt het ze op dat Van der Hoeven moeilijk mensen kan peilen. Hij lijkt vaak meer persoonlijke/vriendschappelijke maatstaven bij zijn beoordeling te gebruiken dan professionele/zakelijke. De wijze waarop de Raad van Bestuur na het vertrek van de oude garde wordt samengesteld is daarvan misschien wel het beste voorbeeld. Die club is te oud. En wie moet van der Hoeven opvolgen?

Het zakelijke succes van de Ahold-president wordt overigens nauwelijks betwist en dus komen er aanbiedingen van andere bedrijven. De baas wordt benaderd. En iedereen mag weten dat hij elders een veelvoud kan verdienen. In de Raad van Bestuur, in de *Sounding Board*, in interviews en natuurlijk bij de man die over zijn beloning gaat, president-commissaris Henny de Ruiter brengt hij dit onder de aandacht. Die zou niet weten wat hij zonder Van der Hoeven moet beginnen. Wie zou hem kunnen opvolgen, in de Raad van Bestuur zit in ieder geval geen logische kandidaat.

Van der Hoeven krijgt op zijn eigen verzoek 500.000 opties in het vooruitzicht gesteld. Die maken een besluit om het bedrijf te verlaten er in ieder geval niet eenvoudiger op. Als analisten gelijk krijgen en de koers zich verdubbelt en richting de 60 euro beweegt dan zouden deze opties straks 15 miljoen euro op kunnen leveren. Belastingvrij want Van der Hoeven betaalt de belasting vooraf. Gecombineerd met de 500.000 opties die hij al heeft, begint echte rijkdom in het vizier te komen.

Het weghalen van Van der Hoeven bij Ahold is voor een externe partij daarmee een moeilijke en vooral uiterst kostbare zaak geworden. Van der Hoeven blijft, maar spreekt op dat moment met zichzelf en de Raad van Commissarissen af: als er een winstwaarschuwing komt dan stap ik op, dat ben ik nu wel verplicht.

In de maand september wil Ahold via een emissie 4 miljard gulden ophalen. Op het nieuws zakt de koers van het aandeel met 4 procent naar 57,80 gulden. De toon is dan ook anders dan bij de eerste emissie dit voorjaar. Ahold heeft het zelfs over de mogelijkheid om een deel te financieren met achtergestelde obligaties die later in aandelen kunnen worden omgezet.

Michiel Meurs moet flink aan de bak. Het beursklimaat is guur en de koers van Ahold blijft achter bij de rest van de beurs. Drie weken toeren hij en Cees van der Hoeven langs potentiële investeerders: in twee teams. Er worden

800.000 brochures gedrukt en reclame gemaakt in kranten en op de radio.

De uitgifteprijs komt op 52,80 gulden. Ook deze emissie is overtekend. Het bedrijf geeft 45 miljoen nieuwe aandelen uit en haalt 3,7 miljard gulden op. De converteerbare obligatielening brengt daarvan 1,3 miljard in het laatje. Nederlandse particulieren zijn dit keer terughoudend geweest en nemen minder dan 10 procent van de nieuwe aandelen op. Maar Ahold is blij en wijst op de groeiende internationale belangstelling, nu vooral uit Engeland en de VS, waar ongeveer de helft van de emissie is geplaatst. Gobes spreekt over het 'toegenomen internationale profiel' nu zelfs beleggers uit Frankrijk en Italië belangstelling hebben getoond.

Bij Albert Heijn wordt dit najaar een belangrijk besluit genomen, ze nemen afscheid van de bijna twintig jaar oude slogan: 'de kruidenier die op de kleintjes let'. Ronald van Solt heeft binnen de Raad van Bestuur de handen op elkaar gekregen voor een samen met het reclamebureau FHV/BBDO bedachte nieuwe uiting. Deze 'Proef de Dag'-campagne legt een zwaar accent op kwaliteit, innovatie, keuze, inspiratie en maatschappelijke betrokkenheid. Het gaat goed met de economie en de meeste Nederlanders hoeven niet meer op de kleintjes te letten. De klanten van Albert Heijn, gemiddeld het wat rijkere deel van Nederland, al helemaal niet. Tegelijkertijd wordt zo afscheid genomen van de overtuiging dat het in eerste instantie draait om omzet en marktaandeel. Bij Albert Heijn hebben ze het nu niet meer over omzet maar vooral over een bijdrage aan de winst.

De voorganger van Van Solt, Jan Andreae, binnen de Raad van Bestuur verantwoordelijk voor de Europese activiteiten, moet een grote tegenvaller incasseren. De vorig jaar met trompetgeschal gestarte samenwerking met het Spaanse Caprabo is opgeblazen. Door de Spanjaarden die 'niet langer als partner van Royal Dutch Ahold door het leven willen gaan'. Het is een pijnlijk moment, vooral omdat concurrent Unigro-De Boer de afgelopen jaren is uitgegroeid tot de nummer vier in de uiterst gefragmenteerde Spaanse markt. Volgens Ahold gaat het mis omdat ze harder wilde groeien dan de Catalanen. Maar de Spanjaarden laten weten dat ze moe zijn geworden van de arrogantie van de Hollanders.

In november investeert Ahold samen met de familie Peirano 285 miljoen gulden in de overname van de resterende aandelen Disco. DIAH krijgt zo 100 procent van de aandelen in de supermarktketen in handen en haalt het bedrijf van de Argentijnse beurs.

Onder de kop 'Ahold heeft wereldwijde omvang maar beperkte spier-kracht', publiceert *The Wallstreet Journal* een interview met Van der Hoeven die daarin zegt: 'We zitten in 17 landen, maar dat is niks vergele-ken met veel andere multinationals die in wel 100 landen zitten.' Er zijn nog vele witte plekken. Door de euro ontstaat de grootste consumenten-markt ter wereld. Wie zal daar de dominante speler worden. Ahold staat nu op een tiende plaats. En dat is volgens analisten niet goed genoeg.

De Ahold-president staat ondertussen steeds vaker in de roddelrubriek van *De Telegraaf*: het Stan Huygens Journaal. Eind 1998 is hij met Annita getrouwd, met ruim 100 gasten hebben ze gegeten in het bedrijfsrestau-rant 'De Hoop Op d'Swarte Walvis'. Ook Ab en Monique Heijn zijn daarbij.

De scheiding van Maria heeft hem veel geld gekost, zij mag in de klas-sieke villa in Bloemendaal blijven wonen. Maar het verliefde stel vindt dat niet erg, ze willen met een schone lei beginnen. Daarbij delen ze een fasci-natie voor rijkdom en het laten zien van die rijkdom. Ze maken plannen om een gigantische villa in Loosdrecht te laten bouwen.

Het *old boys netwerk* moet niets van het koppel hebben. Van der Hoeven is daar boos over en ventileert dat ook regelmatig binnen de Raad van Bestuur. Hij begrijpt het ook niet, zien ze dan niet dat hij gelukkig is? Hij begint zich ervan af te keren en spreekt steeds vaker enthousiast over in zijn ogen echte ondernemers als Hans van Breukhoven, Nina Brink en Harrie Mens. Dat worden zijn vrienden. Annita introduceert de Ahold-pre-sident in allerlei nieuwe kringen. Ze wil graag televisieprogramma's gaan presenteren en zoekt de wereld van de showbiz op. Regelmatig wordt de Ahold-president gesignaleerd op modeshows en staan foto's van het stel in de roddelbladen. Een gisse belegger trekt zijn conclusie: 'Toen ik de presi-dent van Ahold steeds vaker op dat soort bijeenkomsten zag verschijnen heb ik alles verkocht.'

Hans Gobes waarschuwt Van der Hoeven dat hij beter niet te vaak in het Stan Huygens Journaal kan staan. Dat dit niet bij zijn statuur past. Van der Hoeven zegt dat te begrijpen, maar neemt nauwelijks actie. Ook de media-schuwe Henny de Ruiter, die in zijn leven nog geen handvol interviews heeft gegeven, stoort zich aan de vele keren dat de bestuursvoorzitter in de ver-keerde media staat, met de verkeerde verhalen. Hij vindt het vreselijk als hij dit jaar door de journalisten Marcel Metze en Jos van Hezewijk in hun boek *XXL* wordt uitgeroepen tot machtigste man in het bedrijfsleven. De bedrij-ven waar hij commissaris is vertegenwoordigen een waarde op de beurs van

520 miljard gulden. Ook omdat hij binnen Shell nooit een gezichtsbepalend figuur is geweest, kent het grote publiek hem niet. Dat houdt hij liever zo. De Ruiter opereert het liefst vanuit de anonimiteit. Als een spin in het web zit hij midden in het *old boys netwerk*. Een netwerk van supercommissarissen die elkaar door en door kennen en gewoon even bellen als ze iets willen weten of doen. Want zo onzichtbaar als hij in de media is, zo aanwezig is hij op de belangrijke partijen, concerten en bijeenkomsten.

Hij wijst Van der Hoeven op de risico's: als je een hoog profiel in de media hebt, kan een klein schrammetje veel schade aanrichten. Het haalt niets uit. Als over dit onderwerp te vaak opmerkingen worden gemaakt raakt Van der Hoeven geïrriteerd.

Op het Zaanse hoofdkantoor worden steeds meer kritische vragen gesteld over de kwaliteit van de financiële controle van het uitdijende concern. Vooral de groeiende spanning tussen de Administratieafdeling van concerncontroller Bert Verhelst en de Interne Accountantsdienst onder leiding van Paul Ekelschot wordt voelbaar. Deze twee zijn in ieder gezond bedrijf elkaars natuurlijke vijanden: de accountants onderzoeken of de controllers hun werk goed doen.

Maar de gebrekkige controle is wel heel vaak onderwerp van gesprek op de wekelijkse woensdagochtendvergadering bij Michiel Meurs. Hier zitten naast Verhelst en Ekelschot ook *senior vice presidents* als André Buitenhuis van Financiën en Jan Pieter Herweijer van IT. Er worden pittige discussies gevoerd naar aanleiding van de kritiek en twijfel van Ekelschot die eigenlijk iedere keer dezelfde kern bevatten: de controle hapert. De woordenwisselingen hebben steeds dezelfde uitkomst: goed dat we het weten, we gaan er wat aan doen.

Er wordt ook wel wat ondernomen. De procedures in het eigen accountancyhandboek worden aangescherpt en nog eens nadrukkelijk onder de aandacht van alle werkmaatschappijen gebracht. Maar de mogelijkheid om vanuit het hoofdkantoor streng op de uitvoering daarvan toe te zien zijn beperkt.

Het is de verantwoordelijkheid van Meurs en Verhelst om de controle op orde te hebben. De laatste beschikt over een tiental medewerkers. Niet heel erg veel om al die nieuwe dochters en joint ventures in het snel uitwaaierende concern streng toe te spreken. Waarbij het bovendien de vraag is in welke mate de verschillende joint ventures zich laten toespreken door controllers van het hoofdkantoor.

Ekelschot werkt nauw samen met John van den Dries van Deloitte & Touche. Zijn Interne Accountantsdienst bestaat uit wereldwijd 200 man. Die hebben in de afgelopen jaren steeds meer taken van de externe accountant overgenomen. Regelmatig wordt de haperende controle aangekaart, ook bij het audit-committee onder leiding van president-commissaris Henny de Ruiter. Die maakt zich af en toe zorgen maar weet niet hoe hij ze moet uiten. Als vrienden hem vragen of hij een beetje grip heeft op Cees van der Hoeven krijgen ze zuchtend en steunend antwoord: ach man praat me er niet over. Het is een tovenaar, ik kom er niet doorheen. Iedere keer als ik vraag of het echt wel goed zit, krijg ik als antwoord: ja, ja het zit goed. Maak je maar geen zorgen...

De discussie met de accountant over de consolidatie van met name de Braziliaanse en de Argentijnse joint ventures is in de tweede helft van 1998 geïntensiveerd en in een stroomversnelling gekomen. Op 24 augustus krijgt Michiel Meurs een brief van Deloitte & Touche waarin de accountants het volgende stellen: 'Zoals u weet hebben we de afgelopen maanden verschillende keren gepraat over de behandeling van joint ventures onder US GAAP. Als gevolg van het groeiende belang van joint ventures in de groeistrategie van Koninklijke Ahold, het relatieve belang van de internationale operaties van Ahold en de groeiende focus op de Amerikaanse kapitaalmarkten, vinden we het belangrijk om de status van de gevoerde discussie te verduidelijken. Zoals aangegeven in onze brief van 5 september 1997 en vervolgens in verschillende gesprekken is vastgesteld, kan Ahold een joint venture onder US GAAP alleen consolideren als het bedrijf substantiële controle heeft. Op basis van de beschikbare bewijzen tijdens de audit over 1997 en na overleg met onze National Office in de VS hebben we vastgesteld dat consolidatie voor de meerderheid van Ahold-joint ventures niet acceptabel is onder US GAAP. Maar omdat Ahold duidelijk heeft gemaakt dat het de intentie heeft om de joint venture-overeenkomsten aan te passen (het contract zelf of anders met het gebruik van *sideletters),* hebben we de volledige consolidatie over 1997 gecontinueerd.'

Naar aanleiding van deze brief geeft Meurs aan dat hij ervoor zal zorgen dat het bewijs van substantiële controle zwart op wit wordt geleverd. De directeur Administratie Bert Verhelst is daarbij aanwezig. Ze gaan er dan vanuit dat het om een formaliteit gaat, aangezien het gevraagde voor de Ahold-cijfers die onder Dutch GAAP worden gepresenteerd niet nodig is.

Cfo Michiel Meurs, die zowel Spaans als Portugees spreekt, heeft een plek in de toezichthoudende board van de verschillende joint ventures in Zuid-Amerika en gaat in de tweede helft van 1998 op pad om in aanvulling op de Aandeelhoudersovereenkomsten in Brazilië en Argentinië twee verschillende *sideletters* opstellen.

Hij vindt het maar een gedoe met die accountants. Ahold is toch de baas binnen die joint ventures? Bovendien heeft Ahold ook een optie op die andere vijftig procent en dus uitzicht op het volledige eigendom. Hij begint in Brazilië.

João Carlos Paes Mendonça is het eens met Meurs dat Ahold het Braziliaanse bedrijf leidt en aanstuurt. Hij wil best een briefje tekenen waarin staat dat dit zo is, maar zijn advocaat vindt het ook belangrijk dat hij nog een tweede briefje opstelt dat ervoor zorgt dat de waarde van zijn bezit, de andere 50 procent, er niet minder op wordt door zo expliciet de zeggenschap weg te geven. Meurs nodigt Mendonça uit met een voorstel te komen. Dat tweede briefje wordt in Brazilië opgesteld en is kort door de bocht geformuleerd; het komt er eigenlijk op neer dat de inhoud van het eerste briefje één op één onderuit wordt gehaald. In Zaandam maken ze zich daar niet druk over. Het is toch maar een formaliteit?!

Ahold-president Van der Hoeven tekent in ieder geval één van de twee *sideletters* die voor de Braziliaanse joint venture zijn opgesteld. Alleen de *control letter* gaat naar de accountant. De tweede brief, ook wel *comfort letter* genoemd, verdwijnt in een diepe la.

De twijfelende accountants van Deloitte & Touche gaan nu akkoord met de consolidatie van de Braziliaanse cijfers. Ze hebben zwart op wit het bewijs gekregen dat Ahold daar een doorslaggevende stem heeft. Dat bevestigen ze in een brief aan Michiel Meurs op 15 oktober 1998. Daarin schrijft John van den Dries: 'Beste Michiel, we hebben jouw concept-*sideletter* in relatie met de joint venture met Bompreço beoordeeld. We hebben het advies gekregen van ons (Amerikaanse) National Office dat deze brief voldoende bewijs is op basis waarvan de consolidatie onder US GAAP mogelijk is, ervan uitgaande dat de andere partner op geen andere manier de controle verkrijgt (bijvoorbeeld door meer zetels in het bestuur, of extra stemrecht, etc). Gebaseerd op onze eerdere discussies gaan we ervan uit dat je ook bezig bent bewijs te verzamelen dat de consolidatie van de andere joint ventures garandeert. Laat ons alsjeblieft weten als we je kunnen ondersteunen in dit proces.'

Niet veel later is Deloitte & Touche ook in bezit van een *sideletter* die bevestigt dat Ahold in Argentinië de doorslaggevende stem heeft. Meurs zet zijn handtekeningen onder de Argentijnse brieven. Ook hier krijgen de accountants de tweede brief, de *comfort letter* waarin het tegendeel staat, niet te zien.

9

OVERMOED

(1999)

'We vliegen.'

(Cees van der Hoeven tijdens de aankondiging van de ICA-Ahold joint venture)

Zes jaar is Cees van der Hoeven nu de baas van Ahold, zijn Ahold. De omzet is drie keer zo groot, de winst vier keer zo hoog en het concern is op vier continenten actief. De koers van het aandeel is sinds hij de baas is met gemiddeld 35 procent per jaar gestegen.

Niemand is verbaasd dat Van der Hoeven in januari door zijn vakgenoten wordt uitgeroepen tot 'Topman van het jaar'. Voor beleggers is hij een synoniem voor winst geworden. Ze zijn helemaal idolaat van Van der Hoeven. Op bijeenkomsten waar hij optreedt komt het regelmatig voor dat een belegger verzucht: Cees wat maak je ons toch rijk.

Dat klopt: een belegger die in januari 1991 voor 50.000 euro aandelen Ahold heeft gekocht, is op 15 april 1999 338.000 belastingvrije euro's rijker. De koers van Ahold staat ergens midden op deze dag eventjes op 38,80 euro. Een hoogtepunt.

Van der Hoeven zelf heeft ook uitzicht gekregen op serieuze rijkdom. In ruil voor het niet ingaan op een mooie baan buiten Ahold heeft hij aan het begin van dit jaar zijn 500.000 opties gekregen. Als de koers de komende jaren net zo doorstijgt als de afgelopen jaren, levert hem dat tientallen miljoenen op. Maar omdat hij de belasting van tevoren betaalt, moet hij eerst zo'n 3 miljoen euro met de fiscus afrekenen. Op het hoofdkantoor worden hier grappen over gemaakt: als dit via het loonstrookje van Van der Hoeven loopt, moet hij het komende jaar misschien wel geld lenen om boodschappen te kunnen doen.

Zijn humeur lijdt er niet onder. Halverwege april geeft Van der Hoeven een interview aan het businessblad *FEM/DeWeek* waarin hij zegt: 'Het is onzinnig dat je alleen in het leven staat om aandeelhouders rijk te maken. Langzaam maar zeker treedt er, mede door de concentratie in het bedrijfsleven, een verschuiving op in de doelstellingen die bedrijven voor zichzelf formuleren.' Hij verhaalt trots over zijn doctoraalscriptie uit 1969 met als titel 'Maximalisering van de bijdrage aan de samenleving' en zegt: 'Ik ben weer met dezelfde dingen bezig. Hoe ga je om met het milieu, hoe sociaal is de relatie met je eigen mensen, wat doe je aan kennisoverdracht. Hoe zit het met de tewerkstelling van allochtonen, hoe zet je je in voor kansarmen.' Bezwerend steekt hij een vinger op als hij zijn opzienbarende conclusie trekt: 'Het begrip *shareholder value* zit op de top van de cyclus. *Mark my words.*'

In Zaandam gaan dan zachtjes stemmen op om het wat rustiger aan te doen. Het gaspedaal is heel hard ingetrapt de afgelopen drie jaar. De nieuwe activiteiten in Azië en Zuid-Amerika leggen een enorm beslag op het beschikbare managementpotentieel van het kleine hoofdkantoor. Niet iedereen deelt het grenzeloze optimisme van de *ceo* als het gaat over een optimale en betrouwbare samenwerking tussen al die nieuwe dochterbedrijven. Het zijn allemaal zeer versnipperde activiteiten in zeer verschillende culturen. Bovendien gaat het vaak om joint ventures, met een andere dominante aandeelhouder.

Ieder keer als Van der Hoeven in een interview belooft dat het bedrijf ook de komende vijf jaar in omvang zal verdubbelen worden meer mensen op het hoofdkantoor nerveus. Maar met het groeien van zijn populariteit wordt de drempel naar het kantoor van de grote baas hoger. Van der Hoeven houdt bovendien niet van mensen met twijfels en kanttekeningen. Hij gelooft in de *self-fullfilling prophecy.* Op de markt gaat het in de eerste plaats om vertrouwen, zolang dat er is, gaat het goed. Het gaat er dus om dat dit vertrouwen ook wordt uitgestraald, overal en altijd.

De president krijgt zelden een klagende werknemer aan zijn bureau. Wat daarbij helpt is dat steeds meer mensen in de directe omgeving van de Raad van Bestuur hun persoonlijke financiële toekomst voor een groot deel aan die van de koers van het Ahold-aandeel hebben verbonden. Via bonussen en vooral opties hebben ze uitzicht op forse extra's, de meesten zelfs op financiële onafhankelijkheid. Nu het spel wat minder leuk is, richten ze zich op de knikkers.

Eind 1998 hebben iets meer dan 400 werknemers in totaal bijna 18 miljoen opties, de gemiddelde uitoefenprijs is 20 euro. Bij een koers van ruim

38 euro zijn deze 400 Ahold-managers op papier gemiddeld zo'n 810.000 belastingvrije euro's rijker. Het aantal mensen dat uit deze ruif mee mag eten groeit snel: eind 1999 hebben 820 managers en medewerkers opties op aandelen.

Het onderwerp 'aandelenkoers' krijgt op het hoofdkantoor zo automatisch meer aandacht. Bij de koffie-automaten, maar ook in discussies over de strategie en het te voeren beleid begint een inschatting van de gevolgen ervan voor de koers een hoofdrol te krijgen. Of je als manager dan vindt dat de baas gelijk heeft of niet wordt irrelevant: je wil en hoopt dat hij gelijk krijgt, want daar profiteer jij ook van.

Heel Nederland lijkt in de ban van de beurs en de stijgende koersen. Bij Aegon heeft bestuursvoorzitter Kees Storm een groot bord in de ontvangsthal laten hangen met daarop de ontwikkeling van de koers van de verzekeraar. Bij Ahold stoppen de leden van de Raad van Bestuur en de laag daaronder steeds meer tijd en energie in het praten en vooral masseren van analisten en beleggers. De bestuurders moeten hier minimaal drie weken per jaar aan besteden. Van der Hoeven is daarbij belangrijk. Hij is de beste en vertelt het Ahold-verhaal met hart en ziel.

De lessen van Hans Gobes hebben hun uitwerking niet gemist. Van der Hoeven vindt het leuk om te *performen*, om zijn publiek te informeren en te vermaken. Hij is vaak ook niet te beroerd om na afloop van een sessie in een informele sfeer nog even een kop koffie met hen te drinken, of een biertje.

Ondanks de aanzwellende roep om 'het tweede been' in Europa nou toch eens wat steviger te maken, komt de volgende grote klapper toch weer uit de Verenigde Staten. Slechts vijf maanden na de overname van Giant Food, kondigt Ahold maart 1999 de volgende overname aan: Pathmark.

De keten, die een paar jaar eerder door mensen als Zwartendijk, Ahlqvist en Van Dun als ver onder de maat was afgewezen, is nu van harte welkom. Bob Tobin, na het vertrek van Zwartendijk de nieuwe baas van Ahold USA, wil graag laten zien dat hij iets kan. Hij is bevriend met James Donald, de baas van Pathmark.

Maar Pathmark schrijft al twee jaar rode cijfers en is in verval geraakt, een enorme schuldenlast drukt op het bedrijf. Eén van de vijf strenge voorwaarden voor een overname was toch dat over te nemen partijen in ieder geval winstgevend moeten zijn?! Van der Hoeven legt uit dat dit een kwestie van definiëren is; het criterium is winstpotentie. In een interview in

Het Financieele Dagblad stelt hij dat het verlieslijdende Pathmark zeker geen *turn around* behoeft en dat het over goed management en goede locaties beschikt. Hij blaakt van zelfvertrouwen en wijst erop dat de handtekeningen onder het overnamecontract van Giant Food eind oktober 1998 nog niet droog waren, of er stonden al dertig Ahold-specialisten op de stoep om te praten over synergie en samenwerking. De omzet en marge van Giant Food zijn sindsdien gestegen, terwijl de kosten daalden.

Niet iedereen is zo enthousiast over Pathmark. Eind 1998 liep het Britse Safeway weg van de onderhandelingstafel omdat het het bedrijf te duur vond. De Amerikaanse bank Merrill Lynch, eigenaar van 80 procent van de aandelen van Pathmark, zou uiteindelijk ook hebben afgezien van een aandelenemissie ter versterking van het vermogen omdat de verdiensten te laag waren. Maar als er niet snel geïnvesteerd wordt verslechteren de resultaten verder, wordt de kredietwaardigheid verder verlaagd, gaat de rente omhoog, etc, etc. Kortom Pathmark is een probleemgeval.

Niet voor Ahold. De prijs wordt vastgesteld op 1,75 miljard dollar. Er moet ongeveer 250 miljoen dollar voor de aandelen van deze 132 winkels in New York, New Jersey en Pennsylvania worden betaald. Dat klinkt goedkoop, maar daarmee wordt wel een schuld van 1,5 miljard dollar overgenomen, waar een rente op zit van 11 procent. Daar zit ook meteen de winst, volgens Van der Hoeven. Op de korte termijn zou al 60 miljoen gulden aan rentebesparingen kunnen worden gerealiseerd omdat het ijzersterke Ahold voor ongeveer 6,5 procent kan lenen. Dat geld kan dan worden geïnvesteerd in de vernieuwing van de winkels, iets waar de afgelopen jaren door die dure schuldenlast geen geld voor was. Om misverstanden te voorkomen noemt Van der Hoeven Pathmark in *de Volkskrant* maar vast 'weer een Amerikaans raspaard'.

Tobin vindt Donald een goede manager. Van der Hoeven is het met hem eens en speelt al hardop met de gedachte dat er misschien wel een plaatsje in de Raad van Bestuur voor hem is. De vriendschap gaat meteen al zover dat, hoewel de overname nog helemaal niet rond is, Donald al wordt uitgenodigd mee te praten in de *Sounding Board.*

Ahold gaat ervan uit dat Pathmark in de tweede helft van het jaar definitief kan worden overgenomen. Na deze overname groeit het aantal Amerikanen dat aan de Oostkust wekelijks boodschappen bij een Ahold-dochter doet van 15 naar 18 miljoen. Maar daarvoor is nog wel de goedkeuring van de *Federal Trade Commission,* de Amerikaanse mededingingsautoriteiten, nodig. Dat ging tot nu toe altijd goed, dus Ahold heeft er vertrouwen in. Critici die daar niet zo zeker van zijn en erop wijzen dat er toch wel veel andere Ahold (Edwards)-winkels in het Pathmark-gebied zitten, worden de mond gesnoerd.

De plannen om Pathmark over te nemen worden tijdens de presentatie van de cijfers over 1998 uit de doeken gedaan. Die zien er goed uit en liggen boven de verwachtingen van de analisten. De omzet stijgt met 15 procent en de winst met 29 procent tot 1,2 miljard. De winst komt daarmee voor het eerst boven de magische grens van 1 miljard gulden uit. Grappend betreurt Van der Hoeven de komst van de euro: soms is het leven onrechtvaardig, willen wij melden dat onze winst voor het eerst boven de 1 miljard gulden uitkomt, schaffen ze deze valuta af. Voor 1999 verwacht het concern een verdere stijging van de winst met 15-20 procent.

Eén onderwerp wordt tijdens deze presentatie opeens niet meer zo prominent behandeld: Azië. Een jaar geleden constateerde Van der Hoeven nog dat Shanghai alleen al net zoveel inwoners heeft als Nederland en dat er dus ongekende mogelijkheden in China zijn. Nu liggen de kaarten duidelijk anders. De partners in die landen werken niet mee. Verschillende Ahold-managers constateren dat het niet professioneel is aangepakt. Juridisch blijken de contracten met de partners zwak. Zo zwak dat die partners nauwelijks iets doen. Ze brengen geen geld in, zorgen niet voor vergunningen en goede locaties. Een goed idee misschien, maar te haastig en slecht uitgevoerd, is de algemene opvatting in Zaandam. Er gaan stemmen op om de met veel bloed, zweet en tranen opgezette activiteiten in China en Singapore te staken.

Allan Noddle, die de taken van Edward Moerk heeft overgenomen, moet orde op zaken stellen. De Amerikaan heeft daar geen moeite mee. Noddle gelooft niet dat China en Singapore in die korte tijd zullen gaan bijdragen aan de winst van Ahold. Investeren in Azië is iets van een lange adem.

Dat komt ook door de aanhoudende economische crisis in Azië, die haar tol eist. Munten devalueren met tientallen procenten. Op het hoofdkantoor worden wrange grappen gemaakt: alleen enkele toeristen kunnen het zich nog permitteren om in de winkels van Ahold spullen te kopen. Dat is te merken, over 1998 wordt op een omzet van 900 miljoen gulden een verlies van 100 miljoen gulden geleden.

Noddle gelooft ook niet dat de crisis snel over zal zijn, maar hij trekt vooral vernietigende conclusies over de prestaties van Moerk. Hij vindt dat Moerk niets van de retailbusiness heeft begrepen. Niet één van de 45 winkels in China draagt bij aan de overhead-kosten, om het over winst maar niet eens te hebben. Als hij die boodschap in Zaandam brengt is de conclusie onontkoombaar: wegwezen.

Meteen daarop stelt Noddle vast dat Ahold in Singapore 7 procent duurder is dan de National Trade Union Cooperation, die eigendom is van de overheid. De Amerikaan concludeert dat investeren daar verder geen zin heeft: die overheid gaat Ahold echt geen nieuwe vergunningen voor winkels geven. Noddle komt tot de vernietigende slotsom dat Moerk, mede door de enorme haast in Zaandam, geen enkele serieuze studie heeft gedaan. Dat hij eigenlijk alleen maar aan wat managers van Albert Heijn heeft gevraagd om daar winkels te bouwen. Die gingen daar gretig op in: een leuke spannende tijd in Azië, maar wat weten ze van de Chinese markt?! Er wonen misschien 17 miljoen mensen in Shanghai, maar die hebben geen cent. In Azië heb je *wet-markets* en *hypermarkets*. De eerste zijn goedkoop, de tweede zijn iets duurder maar daar heb je ook radio's en zo. De supermarkt is de duurste van de drie, dus waarom zou je daar naartoe gaan?! Als Moerk de situatie had bestudeerd was hij tot de conclusie gekomen dat Ahold, net als het Franse Carrefour, beter *hypermarkets* kan bouwen, stelt Noddle. Het is dan nog de vraag of Ahold daartoe in staat was geweest, na het sluiten van de Miro's is die kennis grotendeels verloren gegaan.

De meeste kritiek gaat dus naar de inmiddels vertrokken Moerk, maar op het hoofdkantoor vinden ze diens falen ook weer een bewijs van het gebrek aan retailkennis bij de president. Die is in ieder geval niet in staat gebleken om Moerk aan te sturen. Sommigen krijgen het ongemakkelijke gevoel dat de top vooral bezig is geweest 'global company' te spelen. Een soort Stratego.

Noddle ruimt de rommel zo goed mogelijk op. Hij brengt het verlies terug naar 17miljoen. Met als belangrijkste conclusie: dat Ahold zijn geld op veel plekken beter kan besteden.

In de Raad van Bestuur hebben ze daar wel ideeën over. In het vroege voorjaar van 1999 wordt binnen de Raad van Bestuur uitgebreid gesproken over de voedseldistributieactiviteit. Het is een kwestie van stoppen of versneld uitbouwen. Deze afdeling Grootverbruik, die ziekenhuizen, gevangenissen en allerlei andere instanties van voedsel voorziet, heeft Ahold weinig opgeleverd de afgelopen jaren. Meer schaalgrootte is nodig om tot winst te kunnen komen. Ook nu komt weer, net als indertijd met Gerrit

Jan Heijn, ter sprake dat de voedselconsumptie buitenshuis veel harder groeit en dat Ahold daar eigenlijk bij moet zijn. Jan Andreae schat de Nederlandse markt voor 'buiten de deur eten' op 14 miljard gulden. De Raad van Bestuur besluit hier verder in te investeren. Begin april kondigt Ahold de overname aan van Gastronoom, een dochter van het Duitse Metro. Vanuit Duitse zijde is Theo de Raad betrokken bij de onderhandelingen, hij is meegegaan met de verkoop van de Makro-winkels van SHV aan Metro. Ahold betaalt 318 miljoen en verdubbelt zo zijn omzet in de buitenshuismarkt naar bijna 1,6 miljard gulden. Het nieuwe bedrijf, Deli XL gedoopt, heeft een marktaandeel van 10 procent.

Het drama in Azië heeft verschillende Zaanse bestuurders flink aan het denken gezet. Het idee was toch om op wereldschaal synergie te realiseren? Synergie, kostenbesparing en samenwerking, alleen zo kan Ahold de hoge prijs die voor veel dochters is betaald terug verdienen. Alleen zo kunnen de investeringen die zijn gedaan, renderen.

Met het omvallen van Azië is duidelijk dat het niet eenvoudig is synergie te realiseren. Ook het gemopper in de VS en de lokale weerstanden in Zuid-Amerika zorgen voor twijfels. Al die mooie bedrijven waar Ahold op mikt, al die raspaarden, zijn eigenwijs. Ze zijn niet voor niets marktleider. Ze willen op hun manier werken.

Van der Hoeven wordt niet moe om steeds weer uit te leggen dat als die uitwisseling van kennis eenmaal op gang komt, niets Ahold nog kan stoppen. De voordelen ervan zijn zo groot en vanzelfsprekend, ook omdat de opties en bonussen voor de betrokken managers erdoor zullen groeien, dat ze allemaal die *best practices* in praktijk zullen brengen.

Hij spreekt bevlogen over de manier waarop Ahold voor een revolutie in de retail-industrie zal zorgen. Tegen *FEM/DeWeek* zegt hij: 'Onder de top die de targets van het bedrijf opstelt krijg je een samensmeltende horizontale organisatie van mensen die kennis uitwisselen en op basis daarvan beslissingen uitwisselen. Dat zie je bij ons al een beetje. Eigenlijk spreken organisaties als zodanig, organisatievormen, mij helemaal niet aan. Eigenlijk is het bij Ahold zelf een grote chaos. Weliswaar goed gemanaged, maar iedereen loopt door alles heen. Niemand heeft een afgebakend territorium.'

Tegen *Vrij Nederland* zegt hij een paar maanden later: 'Kennis-overdracht is van vitaal belang. We proberen nu een voorsprong op onze concurrenten te krijgen door binnen onze bedrijven wereldwijd een betere vorm van kennisoverdracht te krijgen. In de retail-industrie is deze methode van werken nog uniek. Dit is onze volgende voorsprong.'

Dit Ahold Netwerk waar Rob Zwartendijk zijn laatste jaar aan heeft gewerkt, moet begin juli 1999 starten. Voor alle Ahold-managers moet alle beschikbare Ahold-kennis van een paar duizend mensen zijn geïnventariseerd en kunnen worden ontsloten. Als iemand in Argentinië een nieuw distributiecentrum wil gaan bouwen kunnen in dit systeem de binnen Ahold beschikbare kennis en bijbehorende mensen worden gevonden. Als iemand goedkoop sinaasappelen wil inkopen idem, etc., etc.

Van der Hoeven gaat ervan uit dat in 2000 zeker 10.000 Ahold-managers actief met het systeem werken. Dat aantal loopt in zijn dromen snel op tot 50.000. Hij vindt dat dit denken in alle geledingen van het bedrijf voelbaar moet worden, omdat Ahold zich ermee kan onderscheiden.

Binnen de Raad van Bestuur heerst desondanks de opvatting dat het 'Ahold-gevoel' op veel plaatsen nog maar matig ontwikkeld is. De enorme groei, de besturing op *arms length* en de joint venture-structuur zorgen voor de nodige obstakels. Het Ahold Netwerk moet ervoor zorgen dat de diep ingebakken spanning in het concern tussen de zo gekoesterde zelfstandigheid van de verschillende ketens en de voor beleggers en de financiering van verdere groei zo broodnodige gebondenheid, wordt opgelost.

Tegelijkertijd is het ook duidelijk dat managers hun eigen broek op willen houden. Hun eigen ding willen doen, niet afhankelijk willen zijn van anderen. Gevoelig voor status willen ze zelf zaken uitvinden en ze niet aangedragen en al helemaal niet opgelegd krijgen. Er wordt veel gediscussieerd in Zaandam en daarbuiten, hoe kunnen dergelijke inefficiënte maar natuurlijke spanningen tussen mensen weggenomen kunnen worden?!

Oudere medewerkers storen zich daarbij steeds vaker aan het gebrek aan focus bij jongere medewerkers. Die lijken alleen nog maar af te komen op de mooie salarissen en optiepakketten en de mogelijkheid om zo snel rijk te kunnen worden. Ze lijken helemaal niks met het vak te maken willen hebben. Dit veel bezongen Ahold Netwerk werkt alleen als de betrokkenen loyaal zijn, vertrouwen geven en krijgen. Jonge individualisten die vooral met zichzelf bezig zijn, zijn de dood in de pot.

Ook Zwartendijk ziet problemen. Tegen *NRC* zegt hij: 'We moeten de *mindset* van onze mensen zo beïnvloeden dat ze gaan samenwerken. Managers moeten meedoen aan het netwerk. Ze moeten begrijpen dat het niet anders kan. Je kunt geen synergie van bovenop opleggen als je decentraal wilt zijn. En als ze het niet begrijpen, gaan ze maar weg.' Hij erkent dat het lastig is om aan zo'n spontaan proces financiële doelstellingen te koppelen. Dat is een dilemma.

Het gaat allemaal om mensen en de wil om met elkaar samen te werken. Dat blijkt ook in dit voorjaar van 1999. De wens om in Europa te groeien is groot en op alle borden schaken de hoofdrolspelers met elkaar. Als Van der Hoeven met media praat, laat hij steevast weten dat er nu toch snel iets moois aan zit te komen. Hij suggereert zelfs dat het om een Frans 'raspaardje' gaat. Hij voelt zich sterk, als gevolg van die hoge koers kan het bedrijf zich veel veroorloven.

Op het hoofdkantoor hebben ze nog een heel andere reden om uit te kijken naar Europese versterking: de Amerikanen beginnen dominant te worden. Het zijn nu nog grapjes, maar er wordt al over de verhuizing van het hoofdkantoor naar de VS gesproken, daar komt inmiddels toch bijna 70 procent van de winst vandaan. En wie betaalt bepaalt. Halfgrappend zegt Tobin vaak tegen Van der Hoeven: ik maak meer winst dan jij.

Daar moet verandering in komen, het liefst door in één klap de grootste Europese speler te worden. In het grootste geheim zitten Cees van der Hoeven en Rob Zwartendijk met de topman van Carrefour, Daniel Bernard, om de tafel. Ze ontmoeten elkaar in een verlaten conferentieoord van Carrefour ergens aan de Côte-d'Azur. Van beide kanten zijn de nodige rekensommen al gemaakt en die zien er goed uit. Ze zijn enthousiast, de bedrijven passen goed bij elkaar. Ze mikken allebei op het wat hogere segment. Carrefour is sterk in Frankrijk en Spanje, Ahold in de VS. In de verschillende opkomende markten in Zuid-Amerika en Azië vullen de activiteiten elkaar goed aan. Het lijkt een logische match.

Nadat is vastgesteld dat de *business case* er solide uitziet, komt het lastigste onderwerp op tafel: wie wordt de baas. De timing van Van der Hoeven is perfect: juist als Ahold qua beurswaarde net even groter is dan Carrefour stelt hij voor dat de Ahold-president de baas wordt van het geheel.

Bernard, die in 1992 als tweede man bij het Zwitserse Metro werd weggehaald om Carrefour te redden, reageert sceptisch en zegt dat hij erover moet nadenken. Dat helpt, want een paar weken later is Carrefour op de beurs weer meer waard dan Ahold. Met opgeheven hoofd kan Bernard laten weten geen zin te hebben in een Van der Hoeven boven zich.

Een pragmatische Rob Zwartendijk stelt dan een *co-chairmanship* voor, waarbij Van der Hoeven en Bernard om de beurt een jaar de baas kunnen zijn. Van der Hoeven legt de zaak voor aan de *Souding Board.* Hij vraagt ze of zij vinden dat hij zichzelf in het belang van zo'n gecombineerde onderneming moet opofferen en de voorzittershamer aan een ander moet geven. En vraagt ze op de man af of ze misschien vinden dat dit in het belang van de onderneming is. Het zijn informele bijeenkomsten, maar niet zo informeel dat iemand opstaat om voor te stellen dat dit na zes jaar Van der Hoeven een mooi moment is om afscheid van elkaar te nemen.

Uiteindelijk torpedeert Bernard de plannen. De twee giganten gaan hun eigen weg.

Over het eerste kwartaal van 1999 boekt Ahold weer goede cijfers, het resultaat stijgt met 31,6 procent. Weer komt het overgrote deel van dit succes uit de Verenigde Staten omdat het in oktober overgenomen Giant-Landover helemaal kan worden meegenomen. Zonder die consolidatie zou het resultaat 'slechts' met 15 procent zijn toegenomen. Tot grote frustratie van Ahold zijn beleggers niet onder de indruk. Sterker nog, ze halen hun schouders op: de koers daalt met 0,65 eurocent naar 34,55.

Intern komt een verder verslechterde controle aan de orde in het audit-committee van de Raad van Commissarissen. Onder leiding van Paul Ekelschot stelt de Interne Accountantsdienst vast dat de kwaliteit van de controle weer verder is afgenomen. Inmiddels beschikt zo'n 30-40 procent van de onderzochte concernonderdelen niet meer over een adequate controle. Ieder jaar wordt ongeveer een kwart van alle bedrijfsonderdelen door de 200 interne accountants onder de loupe genomen. Ze maken zich zorgen over deze slechte score.

Paul Ekelschot ervaart de pogingen om een betere controle af te dwingen als vechten tegen de bierkaai. Steeds als beterschap wordt beloofd komt er weer een oekaze van het hoofdkantoor met hogere rendementseisen voor de verschillende onderdelen. En omdat daar de bonussen aan zijn gekoppeld loopt het met de goede voornemens om de controle op orde te brengen, weer spaak. Want dat rendement, en die bonussen, die gaan altijd voor.

Het is gebruikelijk dat het audit-committee expliciet aan de accountant vraagt of er nog zaken zijn waarvan hij vindt dat zij ze moeten weten, nog los van de zaken die de accountant jaarlijks in hun 'management letter' zetten. In dit geval onderschrijft de verantwoordelijke externe accountant van Deloitte & Touche John van den Dries de conclusies van de Interne Accountantsdienst en dringt aan op actie. De controle moet worden verbeterd.

Voor de Raad van Commissarissen is de maat dan ook vol. President-commissaris Henny de Ruiter vindt dat de Raad van Bestuur de problemen snel moet oplossen. Ondanks de uitstekende relatie met Van der Hoeven vindt hij het nodig om nog een stap verder te gaan. Hij dreigt: als de financiële controle niet verbetert, mogen er voorlopig geen nieuwe overnames worden gedaan.

Van der Hoeven gebruikt het dreigement van de Raad van Commissarissen om het eigen management stevig onder druk te zetten. Tijdens een bijeenkomst met de Nederlandse managers top-50 van het concern stelt hij nadrukkelijk dat hij van de Raad van Commissarissen op z'n kop heeft gehad. Hij roept de managers op de controle op orde te brengen. Voor verschillende financieel directeuren van Ahold-dochters die in de zaal zitten is dit geen nieuws, ze weten al lang dat de controle van het bedrijf 'uit het lood is'. Ze kennen de interne discussies met de eigen directeuren. Natuurlijk vinden die ook dat een pallet met onverkoopbare spullen meteen moet worden afgeschreven. Maar omdat ze anders niet aan de door Ahold vereiste tien procentswinststijging komen, worden ze toch vaak overgehaald om die pallet nog even op de balans te laten staan.

Michiel Meurs krijgt als *cfo* de opdracht de zaken recht te trekken. De mankementen die in de januari-februarirapportages per onderdeel door de interne accountants zijn vastgesteld worden door de lokale controllers in maart in een actieplan gezet om aangepakt te worden. Afgesproken wordt om in de maanden juli en augustus naar de voortgang te kijken.

Intern is het vertrouwen in de persoon van Meurs groot. Zijn collega's vinden hem een vakman als het gaat om het opzetten van financieringen. Maar het is duidelijk geen man die het leuk vindt om met de controle bezig te zijn.

De mensen die aan hem rapporteren vinden Meurs bovendien wel wat volgzaam, maar aan zijn integriteit wordt niet getwijfeld. Op het hoofdkantoor doet het verhaal de ronde dat Meurs onmiddellijk afhaakte bij een potentiële overname in Spanje omdat er opeens zwart geld in het spel kwam. Ook is bekend dat hij nauwelijks ingaat op de prachtigste uitnodigingen van banken om naar concerten of wedstrijden te gaan. Meurs wil niet bij banken in het krijt staan, ze iets verschuldigd zijn.

Overigens blijft het bij een dreigement van de Raad van Commissarissen, ze geven er geen vervolg aan. Dat verbaast de zittende bestuurders niet.

Henny de Ruiter is in hun beleving niet erg kritisch. Ze beschouwen de bij-eenkomsten met de Raad van Commissarissen als een rituele dans. De sfeer is eigenlijk altijd goed. De Ruiter zorgt er vooral voor dat iedereen het naar de zin heeft. Hij kan het goed met Van der Hoeven vinden. Ze maken graag een grapje; als ze horen dat De Ruiter lid is van het Republikeinse Genootschap doet de hele Raad van Bestuur een oranje das om. De bijeen-komsten worden gekenmerkt door veel grapjes en weinig concrete discus-sies. De president-commissaris van de Koninklijke Ahold lijkt zich te heb-ben neergelegd bij de ongrijpbaarheid van Van der Hoeven.

Achter de schermen is er een oud-gediende waar Van der Hoeven wel goed naar luistert: Hans Gobes. Staand in het circustheater in voorbereiding op de Algemene Vergadering van Aandeelhouders in mei 1999, legt een came-ra dit onverbiddelijk vast. Gobes zegt tegen Van der Hoeven: '...en als je bin-nenkomt dan loop je naar Rob Zwartendijk en die geef je een hand.' Terwijl hij dit zegt schudt Van der Hoeven als in een trance met zijn hand in de lucht. Als hij de camera ziet trekt hij zijn in het niets schuddende hand schielijk terug.

De mannetjesmaker Gobes bouwt verder aan het imago van Van der Hoeven. Sommigen klagen over zijn aanpak. Hij maakt van iedere kleine ontwikkeling een mooie boodschap. Ze vinden dat hij het bedrijf als een pak waspoeder verkoopt. Maar de toppers op het hoofdkantoor krijgen ook in de gaten dat het belangrijk is om goed contact met Hans Gobes te onderhouden. Als ze tenminste nog een keer een interview in de krant wil-len. En dus maken ze er maar geen probleem van.

Gobes geeft Van der Hoeven in zekere zin vleugels. Veel ondergeschik-ten, echte inhoudelijke retailers, hebben soms moeite om aan de vooral in de financiële kant van de zaak geïnteresseerde Van der Hoeven uit te leg-gen wat ze willen en bedoelen. Maar als Van der Hoeven het eenmaal heeft begrepen zijn ze verbaasd over de onvoorstelbaar knappe wijze waarop hij, gecoached door Gobes, hun verhaal vertelt. Hij vertelt het beter dan de bedenker het had kunnen vertellen. Van der Hoeven kan communiceren als de beste, als een visionair: Gobes heeft van die boekhouder een visio-naire retailer gemaakt.

Toch lijkt het alsof beleggers de twijfels op het hoofdkantoor ruiken. De koers stijgt in ieder geval niet meer. Die 38,70 euro halverwege april 1999, blijkt het hoogste punt te zijn geweest. Het aandeel begint aan een lange val. Niet iedereen heeft hier trouwens last van. *NRC Handelsblad* meldt dat over 1998 de commissarissen hun 54.773 aandelen op 15 stuks na allemaal hebben verkocht.

Het is een vreemde gewaarwording: vijf jaar lang kon het aandeel niet stuk. Van der Hoeven begrijpt er niets van. Van buitenaf worden verschillende verklaringen aangedragen. De belangstelling voor technologieaandelen is enorm, daar worden nog betere koerswinsten geboekt. Daarnaast zouden beleggers vraagtekens plaatsen bij de synergie, het idee dat Van der Hoeven een bedrijf bij elkaar aan het kopen is bevalt niet meer. Ook zou de verwachte maar nog niet aangekondigde emissie nu al pijn doen.

De meeste analisten, en journalisten, blijven verliefd. Ze noemen Cees van der Hoeven de *king of shareholder value*. Ze genieten van zijn optredens. De Ahold-president speelt met ze, pakt ze in met zijn kennis en kan zich veel permitteren. Als een vraag hem niet bevalt dan kaatst hij hem terug en zet de vraagsteller te kakken. Zo dat iedereen moet lachen.

Professionele critici zijn op de vingers van één hand te tellen. Naast de al genoemde Roel Gooskens geeft nu ook Marlies Biemans van de Nationale Investeringsbank een verkoopadvies. Ook zij wijst daarbij op het relatief lage rendement dat Ahold op het geïnvesteerd vermogen maakt. Ze vindt dat Ahold teveel geld voor de recente overnames heeft betaald en vraagt zich af of dat geld wel terugkomt. De enorme kosten die het concern in Azië maakt vindt ze zorgwekkend. Prachtig al die groeicijfers, maar wat levert die wereldwijd uitgewaaierde groei nou eigenlijk op? En, in het verlengde ervan, waarom groeit Ahold niet in Europa? Daar kan tenminste heel duidelijk synergie worden gerealiseerd, de economieën en munten zijn relatief welvarend en stabiel. Er gaat in die maanden geen interview voorbij of de vraag wordt aan Van der Hoeven gesteld: grote plannen in de Verenigde Staten, Latijns-Amerika en Azië. Allemaal mooi en aardig, maar hoe realiseert zo'n groot concern nou synergie tussen zo ver uit elkaar gelegen activiteiten?!

Dat vraagteken wordt op een pijnlijke manier groter als blijkt dat het zelfs heel dichtbij faliekant misgaat. Exemplarisch voor de snel oplopende spanningen over het al dan niet creëren van gezamenlijke besparingen en andere synergieën is een ruzie tussen de twee grootste Nederlandse dochters: Albert Heijn en Schuitema (onder meer 1000 winkels), in het voorjaar van 1999. Albert Heijn-directeur Ronald van Solt die eerder dat jaar de slogan ' De kruidenier die op de kleintjes let' verving door 'Proef de Dag', heeft de pest in. En kan dat niet langer voor zich houden.

Begin mei stelt Van Solt in een brancheblad dat Schuitema zich teveel afzet tegen zijn grote broer, onder meer door niet te willen samenwerken. De boosheid heeft te maken met de dan net gepresenteerde cijfers over 1998. Daaruit blijkt dat Schuitema het met een omzetgroei van 10 procent beter heeft gedaan dan Albert Heijn (+6,7 procent). De winstgroei van eerst genoemde ligt met 15 procent veel hoger. En dat doet pijn. Vooral als in het voorjaar ook nog eens blijkt dat het marktaandeel van AH onder druk staat. Voor het eerst in jaren wordt ruim een halve procent ingeleverd en staat het marktaandeel nu op 27,6 procent.

De boosheid zit zo diep dat de kwestie binnen de kortste keren op straat ligt. Van der Hoeven moet zich er mee bemoeien en kiest in eerste instantie nadrukkelijk de kant van Van Solt. Hij zegt blij te zijn met de 'relatieve zelfstandigheid' van Schuitema. Maar vindt ook dat 'zowel AH als C1000 moeten kijken naar schaalvoordelen. Het benadrukken dat je zo fantastisch zelfstandig bent past daarin niet. Wat heeft het ook voor zin. Wij zullen de directie van Schuitema overhoren of ze voldoende gebruikmaken van schaalvoordelen.' Uitbundig wijst de bestuursvoorzitter op de noodzaak om de *best practices* met elkaar te delen.

Directievoorzitter Jan Brouwer van Schuitema is woedend. Als hij twee weken later 'zijn' cijfers presenteert wijst hij op de in 1988 tussen Ab Heijn en Ide Vos overeengekomen voorwaarden. De kern daarvan is simpel samen te vatten: wel een meerderheid maar niet de dagelijkse leiding. Ahold levert sinds jaar en dag slechts twee van de vijf commissarissen. Brouwer wijst er verder op dat de twee dochters in Nederland elkaars grootste concurrenten zijn en dat ze daarom ook relatief zelfstandig moeten kunnen opereren. Hij wil best kijken naar samenwerking maar zoiets als gezamenlijke inkoop vindt hij iets wat het onderscheidende vermogen tussen de twee dochters aantast, en dus ondenkbaar.

De baas van Schuitema laat journalisten weten dat hij een goed telefoongesprek met Van der Hoeven heeft gehad en dat de lucht weer geklaard is. Hij kan de onenigheid verder ook niet verklaren. Het lijkt erop dat hij samen met Van der Hoeven nog eens goed naar die bijzondere door Albert Heijn en Ide Vos opgestelde *sideletters* uit 1988 heeft gekeken.

Albert Heijn zal dus moeten wennen aan de concurrentie van Schuitema en op eigen kracht het marktaandeel moeten verdedigen en de omzet en winstbijdrage richting het hoofdkantoor op peil houden. Dat is niet eenvoudig want de uitgaven voor levensmiddelen zijn tussen 1985 en 1998 verder gezakt van 20 procent naar 15 procent van het inkomen.

Een oude gedachte borrelt weer naar boven: non-food. Na het Miro-drama is deze gedachte lang verboden terrein geweest. Maar nood breekt wet. Bovendien is Albert Heijn een prachtig vertrouwenwekkend merk waar de klanten vast en zeker ook andere dingen van zullen kopen. Het bedrijf besluit computers te gaan verkopen. Het is een geweldige hit. Binnen zes weken tijd worden 25.000 pc's verkocht. Tegen collega-ondernemers zegt Ronald van Solt: 'De helft van onze aandeelhouders zit in Nederland. Die moeten we tevreden houden. Zo koop ik een paar punten marktaandeel.' Binnen de Raad van Bestuur klagen ze dat Albert Heijn die computers zo goedkoop heeft weggezet dat ze er geen cent op hebben verdiend.

Van Solt kiest verder, ook traditiegetrouw, voor innovatie. Onder meer door zwaar in te zetten op de veel duurdere maar ecologisch verantwoorde producten. En het is precies deze in de herfst van 1998 ingezette ingrijpende koerswijziging waar Schuitema optimaal van profiteert.

De economie groeit, de welvaart is enorm en AH stelt vast dat de consument geen concessies meer doet aan kwaliteit, snelheid, teeltwijze of gemak. Een oud thema waar Albert Heijn groot op is geworden, krijgt een nieuw jasje in een gevleugelde uitspraak die zijn intrede doet op het hoofdkantoor van Albert Heijn: het primaat van de prijs wordt vervangen door dat van kwaliteit. Ondanks de fors hogere prijzen gelooft Albert Heijn daarom in de eco-markt. Binnen twee jaar moet het aantal biologisch geteelde producten groeien van 100 naar 400. Directeur Harry Bruijniks van het Albert Heijn-winkelbedrijf blaakt van zelfvertrouwen en zegt tegen een journalist van *Trouw*: we gaan met enig geweld een doorbraak forceren , want als wij niets doen dan blijft eco een randverschijnsel.

Begin maart worden meer dan 700 leveranciers uitgenodigd om de start van de nieuwe 'Proef de Dag'-campagne in Studio 21 in Hilversum bij te wonen. Bij binnenkomst kunnen ze kiezen tussen biologisch sinaasappelsap of een biologisch biertje. Er wordt gepraat over 'het nieuwe genieten'.

Albert Heijn gaat zijn klanten verwennen met superverse, want de nacht voor verkoop gemaakte sushi's. Maar het pakt niet goed uit. De hierop volgende maanden verliest Albert Heijn steeds meer marktaandeel. Het gaat om tienden van procenten, maar het onderzoeksbureau ACNielsen spreekt over een aardverschuiving en constateert dat C1000-winkels tegelijkertijd twee keer zo hard groeien als de markt. Dat doet pijn in Zaandam.

De directie van Albert Heijn luncht als enige van alle werkmaatschappijen maandelijks met de Raad van Bestuur van Ahold. In goede tijden is dat plezierig, nu niet. Van Solt is omstreden in de top van Ahold. Bob Tobin dringt bij Van der Hoeven aan op de vervanging van Van Solt. Hij vindt de directeur van Albert Heijn een goede strateeg maar geen goede operationele retailer. Tot grote ergernis van de Amerikaan aarzelt de president, die respect heeft voor de originele denker.

Van der Hoeven spreekt wel zijn zorgen uit over het verlies aan marktaandeel. Maar maakt ook duidelijk dat Albert Heijn in deze fase een belangrijke melkkoe is. Het bedrijf moet er voor zorgen dat de beloofde cashflow blijft stromen zodat de avonturen in het buitenland betaald kunnen worden. De boodschap is duidelijk: moeder Ahold gaat ervan uit dat het bedrijfsresultaat van Albert Heijn ook over 1999 met 10 procent zal verbeteren. Soms maakt Van der Hoeven duidelijk dat hij dit nog niet genoeg vindt, dat Albert Heijn eigenlijk als een emmer achter de Ahold-boot hangt waar bedrijven als Stop & Shop ieder jaar een stijging van het resultaat met 15 procent laten zien.

Van Solt ziet dat niet meer zitten. Hij is moe geworden van het steeds maar van beneden naar boven rekenen. Dit is ook niet goed voor de lange termijn, de prijzen zijn te hoog, er komen klachten van klanten, er moet weer in de winkels geïnvesteerd worden.

Na een heftige discussie overtuigt hij zijn directieteam met mensen als Harrie Bruijniks, Tom Heidman en Joost Sliepenbeek. Ze gaan met een nieuwe boodschap naar de Raad van Bestuur: geef ons de ruimte. We verlagen de prijzen, gaan investeren en we groeien over 5-6 jaar naar een marktaandeel van 32 procent. Ze zijn enthousiast en beloven dat de terugval in het resultaat van enkele tientallen miljoenen euro's binnen een jaar zal zijn recht getrokken. Van der Hoeven en Andreae, het directe aanspreekpunt voor Van Solt, gaan akkoord.

Sinds in mei 1998 is aangekondigd dat het concern zich nadrukkelijk op Europa gaat richten is de druk op Jan Andreae, als eerste verantwoordelijke om hier een antwoord op te vinden, snel gegroeid. De Europese markt lijkt aan een vooravond te staan van een bundeling van krachten, vooral op gang gebracht door het oprukken van Wal-Mart in Duitsland en volgens geruchten binnenkort ook in Engeland. De behoefte om snel Europeser te worden, vloeit ook voort uit de gegroeide dominantie van de Amerikanen.

Regelmatig vinken Van der Hoeven en Meurs de mogelijkheden af. Engeland is volgens hen niet reëel, prachtige bedrijven maar veel te duur. In Frankrijk is Casino een te regionale speler, met Promodes wordt gepraat en van Daniel Bernard is niets meer vernomen sinds de mislukte vrijage. En de Duitse supermarkten lopen jaren achter, een enorme vechtmarkt met alleen maar discounters. Het hele concept van een op kwaliteit gerichte *fullservice* supermarkt kennen ze eigenlijk niet. Het enorme Tengelmann, met een verlieslatende supermarktpoot doet bij monde van topman-eigenaar Karl-Erivan Haub in juni 1999 een keer een poging om met Ahold in gesprek te komen, maar wordt in Zaandam niet enthousiast ontvangen. Zijn discounters-supermarkten zijn verlieslijdend. Bovendien vindt Ahold het managementpotentieel bij de Duitsers onvoldoende.

Ze hebben tenslotte respect voor enkele prachtige ketens in Italië, ook daar wordt veel gepraat, maar de familiebedrijven blijken vaak toch niet te koop. Of in ieder geval geen zin te hebben in een dominante buitenlandse eigenaar. En de Oost-Europese markt levert vooralsnog vooral veel dure experimenten met een lange aanlooptijd op. Blijven over: Scandinavië en Spanje.

Na de mislukkingen met Cada Dia en Capabro wordt besloten langs de weg van veel kleine overnames, kralen rijgen, in Spanje zo snel mogelijk naar een omzet van 8 miljard gulden te groeien, tien procent van de markt. Maar de plannen om Spanje te veroveren vallen niet goed in Lissabon. Jerónimo Martins heeft hier ook ambities en grote plannen. De twee partners zitten elkaar in de weg. Ahold-medewerkers zijn opeens niet meer zo welkom in de Portugese hoofdstad.

Eind juni schrikt Ahold op van het bericht dat het gevreesde Wal-Mart voor 23 miljard gulden Asda, de nummer drie van het Verenigd Koninkrijk koopt. Volgens Van der Hoeven betalen de Amerikanen een enorme prijs: 50 procent boven de waardering volgens ons systeem, zegt hij tegen *Het Financieele Dagblad*. Wij willen zulke premies niet betalen. 'Europa valt dan steeds buiten de boot, het is te duur.' In het consolidatieproces blijkt er dus een speler te zijn die het spel speelt met nog hogere inzetten. Inzetten waar Van der Hoeven alleen maar van kan dromen. En wat veel erger is, door deze gigantische overname blijkt opeens dat Ahold in Europa eigenlijk niet meer dan een goede middenmoter is.

Om de spanning nog wat op te voeren stelt Cees van der Hoeven in een lezing voor de Nederlandsche Maatschappij voor Nijverheid en Handel dat de kaarten de komende vijf jaar zullen worden geschud als het gaat om de vraag 'wereldspeler of niche-speler'. Hij stelt dat het voor KLM wat dat betreft al te laat is, maar dat Ahold nog goed op koers ligt.

Rob Zwartendijk, die dan net met pensioen is, voorspelt vanaf de zijlijn in een interview met *NRC Handelsblad* dat er een nieuwe ronde consolidaties aan komt: 'Het kippenhok is flink opgeschud.' Hij wijst erop dat Ahold er niet weer tien jaar over kan doen om synergie te realiseren. Vooral omdat de grote concurrenten Wal-Mart en Carrefour ook *global* worden en omdat ze met een formule werken waarmee ze veel sneller schaalvoordelen kunnen realiseren.

Met Zwartendijk is de laatste man van de oude garde opgestapt, als hij weg is, zit er niemand meer in de Raad van Bestuur die senior is ten opzichte van Van der Hoeven, die nu veertien jaar in de Raad van Bestuur zit. De langst zittende leden na hem zijn Meurs en Andreae, en die hebben er nu nog maar twee jaar opzitten. Alan Noddle en Bob Tobin doen nog maar één jaar mee.

Op het Zaanse hoofdkantoor vragen ze zich af, wie van deze heren Cees van der Hoeven kan gaan opvolgen. Maar de president wil daar nog helemaal niet over nadenken. In april 1999 zegt hij tegen *FEM/DeWeek*: bij leven en welzijn zit ik hier over vijf jaar nog, als ze me dan nog willen hebben.

Langzaam maar zeker verandert de sfeer in de Raad van Bestuur door al deze personele wisselingen. De afstand wordt groter. Met mensen als Peter van Dun, Frits Ahlqvist en Rob Zwartendijk moest Van der Hoeven echt rekening houden. Ze kenden het bedrijf goed, zaten er al langer dan de president en konden hem inhoudelijk op onderwerpen aftroeven. Vanwege de verdeling van kennis en ervaring namen ze belangrijke beslissingen in overleg. Ze remden hem dan af. Bovendien zaten ze allemaal het grootste deel van hun tijd bij elkaar om de hoek op het hoofdkantoor in Zaandam. Maar die wekelijkse bijeenkomsten zijn minder frequent en minder compleet.

In de nieuwe samenstelling heeft Van der Hoeven een enorme kennisvoorsprong op de rest van de leden van de Raad van Bestuur. Hij weet meer van de financiën dan Michiel Meurs, hij weet veel meer van de geschiedenis dan de rest. De twee Amerikanen kijken bovendien op een andere manier naar de *ceo*. De bestuursvoorzitter is in Nederland toch meer een primus inter pares, zijn stem telt in principe niet zwaarder dan die van de andere leden van de RvB. In de Verenigde Staten is de *ceo* de baas. Als het mee zit luistert hij naar de opvattingen van zijn medebestuurders, maar hij neemt de besluiten. Noddle en Tobin zijn niet anders gewend. De baas is de baas. Tobin moedigt Van der Hoeven aan meer leiderschap te tonen. Geheel op z'n Amerikaans vindt Tobin dat de president van de onderneming de knopen moet doorhakken. Niks consensus.

Op 11 en 12 juli 1999 zit de top van de Europese retailindustrie in Stockholm voor zijn jaarlijkse CIES-*executive congress.* Iedereen die wat betekent in de retail zit in de zaal. Roland Fahlin, de president van de grootste supermarkt in Zweden, ICA, is er trots op dat de heren in zijn stad zijn. Vooral ook omdat nog geen Fransman, Duitser of Brit het heeft aangedurfd om hier iets te ondernemen en de Zweden grote plannen hebben.

Hij legt het uit: 'Na de Tweede Wereldoorlog hebben we de Amerikaanse supermarktindustrie goed bestudeerd en hun ideeën grotendeels gekopieerd naar een Zweedse variant.' Op dat moment is de Zweedse retailmarkt met bijna 9 miljoen inwoners zo'n 21 miljard dollar groot. ICA is met een omzet van 7,3 miljard dollar marktleider. De 2200 winkels zijn eigendom van de winkeliers die hun inkoopkrachten lang geleden in een coöperatie hebben gebundeld. Fahlin is trots op dit ICA-idee, het feit dat de managers hun eigen winkels bezitten maakt ze volgens hem vooral slagvaardig.

De ICA-topman presenteert zijn bedrijf als Scandinavisch. Sinds een half jaar hebben de Zweden een meerderheid in het bedrijf dat ook de Noorse Hakon Gruppe, de nummer twee van Noorwegen en tot op dat moment eigendom van de eigenzinnige miljardair Stein Erik Hagen, omvat.

Stein Erik Hagen en Cees van der Hoeven begroeten elkaar enthousiast. Ze kennen elkaar nog van acht jaar geleden toen ze samen rendiervlees aten, maar niet tot zaken kwamen. In de bar van het statige, tegenover het barokke Koninklijke Paleis gelegen, Grand Hotel besluiten ze samen met Roland Fahlin een biertje te drinken. Van der Hoeven wil de heren iets voorleggen. Wilde Ahold in 1991 nog het hele bedrijf van de Noor kopen, nu heeft Van der Hoeven een ander voorstel.

Hij weet dat ze bezig zijn met een gang naar de beurs. Dat ze op die manier geld willen genereren om de broodnodige investeringen te doen. Ook de Scandinaviërs vrezen het binnenvallen van een Wal-Mart-achtige concurrent. Maar Van der Hoeven weet ook dat die beursgang niet eenvoudig te verkopen is. Beleggers begrijpen de structuur van het bedrijf niet goed. Als de winkels eigendom zijn van de winkeliers dan gaan die toch vooral voor hun eigen winst en pas daarna voor de winst van ICA?! Bovendien is ICA Förbundet, de dominante aandeelhouder met 55 procent van het stemrecht, een coöperatie zonder winstoogmerk. Het valt niet mee hiervoor externe aandeelhouders te interesseren.

En daarom heeft de president van Ahold een voorstel: waarom zetten we niet samen een 50-50 joint venture op? Zo genereren de Scandinaviers het geld om te investeren, sluiten ze zich bovendien aan bij een van de grootste spelers in de wereld en krijgen ze toegang tot alle kennis die Ahold heeft.

Fahlin en Hagen zijn meteen geïnteresseerd. Verschillende bijeenkomsten volgen. Er wordt gepraat over de verbetering van de winst per aandeel Ahold en over het verbeteren van de marge van een dikke 2 procent van ICA in de richting van de 4 procent die Ahold nu realiseert. Er wordt gesproken over het toezicht, over de structuur en de strategie. Ze gaan als een warm mes door de boter.

Een succes kunnen ze in Zaandam goed gebruiken. De tweede helft van 1999 heeft vooral tegenvallers in petto. Het lijkt of het bedrijf aan alle kanten tegen zijn grenzen oploopt. In augustus moet Ahold erkennen mis te hebben gegrepen bij Hannaford Brothers. De Belgische concurrent Delhaize legt 7,5 miljard gulden op tafel voor de 152 Amerikaanse winkels die perfect hadden aangesloten bij het kerngebied van Ahold. Ahold wordt afgetroefd.

Een week later wordt bekend dat het Franse familiebedrijf Promodes door Carrefour wordt overgenomen. Media en beleggers staan op hun achterste benen: dreigt Ahold opnieuw nu helemaal de boot te missen in het Europese fusiegeweld?! De nieuwe combinatie heeft een omzet van ruim 100 miljard gulden. Van der Hoeven vindt dit niet leuk. Maar Hans Gobes weet er een positieve draai aan te geven: dit is goed nieuws voor Ahold, omdat door de fusie de consolidatie zich voortzet binnen de supermarktbranche. Andere ketens in Europa zullen nu op zoek gaan naar een grote partner, zoals Ahold.

Allemaal mooie woorden, maar die broodnodige plek in de topvijf lijkt nu toch weer ver weg. Wereldwijd staat het concern met een omzet van 29 miljard euro op de negende plek. In de topdrie staan: Wal-Mart: ongeveer vier keer zo groot, Carrefour ruim twee keer en Metro bijna twee keer zo groot. Daarna volgen vijf spelers, waaronder Ahold, met een omzet van tussen de 28 en 35 miljard euro. Op zich biedt dat laatste perspectieven: één grote overname en Ahold staat in de topvijf.

Van alle kanten dragen beleggers, analisten en journalisten tips aan: kijk toch nog eens naar het Franse Casino, of misschien toch het Britse Tesco of Sainsbury. Bijna niemand weet dan dat Van der Hoeven sinds het mislukken van de Franse vrijage zijn pijlen al op Engeland heeft gericht. In het najaar zijn er intensieve en vergaande besprekingen met Tesco. Al jaren wordt gespeculeerd over een samengaan van de twee. Op papier passen de bedrijven goed bij elkaar. Ahold zit niet in Engeland en Tesco niet in de rest van de wereld. De Britten willen zich op het buitenland gaan oriënteren.

In een kasteel in Zuidoost-Engeland komen de twee Raden van Bestuur in het diepste geheim bij elkaar. Ook hier lijkt het zakelijke deel te kloppen, maar de mannen moeten erg aan elkaar wennen. Vanuit Ahold vinden ze de Britten weinig met de blik naar buiten gericht. In een klein team, vanuit Ahold geleid door Michiel Meurs, wordt de *business case* verder uitgewerkt.

De financiële kant van de zaak ziet er ook hier veelbelovend uit. Maar net als in Frankrijk is ook hier uiteindelijk de grote vraag: wie gaat het bedrijf leiden? Van der Hoeven vindt het logisch dat hij de baas wordt. Hij is een stuk ouder dan zijn Britse evenknie Terry Lehy, die bovendien nog geen internationale ervaring heeft opgebouwd met zijn bedrijf.

Maar Lehy denkt hier anders over. Voor hem is het ondenkbaar dat hij een baas boven zich krijgt. Opnieuw legt Van der Hoeven de vraag voor aan de *Sounding Board*: moet hij plaatsmaken? En opnieuw is er niemand die een vinger opsteekt. Tesco houdt de boot af. Als de koers van Tesco vervolgens verder stijgt en die van Ahold verder daalt, besluiten beide partijen uiteindelijk dat verder praten geen zin meer heeft.

De Nederlandse financiële wereld weet van niks en staat vanaf de zijlijn de nationale trots op te jutten. Het is zelfs zo erg dat Van der Hoeven bij de presentatie van de halfjaarcijfers op 3 september de gemoederen wat probeert te sussen: 'Bedankt voor alle suggesties in de krant maar er moet geen gekte ontstaan waarbij het ene concern over het andere heen struikelt.' Hij laat daar wel meteen op volgen dat Ahold nog geen van zijn voorkeurskandidaten heeft verloren.

Op de vraag of Pathmark dan tenminste ingelijfd kan worden, schudt Van der Hoeven, inmiddels door al het gereis tussen Nederland en de VS ook een fan en grote klant van de Concorde geworden, het hoofd. Geruchten doen de ronde dat Ahold vanwege een te grote dominantie de helft van de winkels zal moeten afstoten. Van der Hoeven reageert niet, maar laat wel weten dat het geen zin heeft de gang van zaken te bespoedigen. De mededingingsautoriteit heeft kennelijk nog vele vragen. Maar binnen de Raad van Bestuur zijn de zorgen groot. Het lijkt erop dat de FTC zijn spelregels heeft veranderd vlak nadat Ahold aankondigde Pathmark over te zullen nemen. Ze zijn een stuk strenger geworden. Tot vijf keer toe wordt het bod verlengd. Maar ze komen er niet uit. Ahold moet alle Edwards-winkels verkopen aan één andere partij. De FTC wil er zo voor zorgen dat de concurrentie in het gebied op peil blijft. Maar die ene koper vindt Ahold niet, en dus moet het bedrijf de overname van Pathmark eind 1999 afblazen.

Ondertussen blijft de koers maar dalen. Het aandeel is nu 25 procent minder waard dan zes maanden geleden. Ahold doet het veel slechter dan de AEX-index die in diezelfde maanden flink stijgt. Van der Hoeven weet niet waarom. Maar hij maakt zich naar buiten toe geen zorgen. Ook niet over de verder verslechterde solvabiliteit. Door alle overnames en de daarbij horende afboekingen van goodwill is het eigen vermogen nog maar goed voor 16 procent van het balanstotaal.

Overigens komt er vanaf 1 januari 2001 een einde aan de mogelijkheid om die betaalde *goodwill* in een keer af te boeken van het eigen vermogen. Jarenlang heeft Ahold hiervan kunnen profiteren. Door die goodwill niet op de balans te zetten en jaarlijks af te schrijven, waren de winsten relatief hoog en kon de belofte van die hard stijgende winst per aandeel gestand worden gedaan. Dat mag straks niet meer. Het is allemaal optisch maar met de enorme focus op een snelle stijging van de winst per aandeel zouden een paar grote overnames de komende anderhalf jaar niet slecht uitkomen.

Terwijl Van der Hoeven de Nederlandse zorgen probeert te relativeren, is Bob Tobin bezig iemand enthousiast te maken voor Ahold. Bob is bevriend met de baseball-legende Carl Yastrzemski, een held van de Boston Red Sox van 1961 tot 1983 en sinds 1989 onderdeel van 'The Baseball Hall of Fame'. Diens dochter Kara is getrouwd met de baas van US Foodservice: Jim Miller. Twee keer per jaar organiseert 'Yaz' een golftoernooi waarvan de opbrengsten naar een goed doel gaan. In september ontmoeten Miller en Tobin elkaar daar weer en raken in gesprek.

Jim Miller heeft in twintig jaar tijd het op één na grootste voedseldistributiebedrijf van de VS opgebouwd. Zijn US Foodservice levert voedsel aan restaurants, fabrieken, ziekenhuizen, etc. In zijn jonge jaren werkte hij voor marktleider Sysco, later voor PYA Monarch, een dochter van Sara Lee. In de industrie wordt Miller vooral als een hardwerkende, competitieve en vooral zeer ambitieuze man gekenschetst.

US Foodservice heeft een marktaandeel van 4,1 procent, Miller wil groter worden dan de twee keer zo grote marktleider Sysco. Maar hij is bang dat hij die kans niet krijgt. Concurrent PYA Monarch, dochter van het rijke Sara Lee, zou een bod op zijn genoteerde bedrijf uit kunnen brengen. Hij zou er persoonlijk rijk mee worden, maar het zou ook meteen het einde van zijn droom betekenen, want Sara Lee zou het management natuurlijk onmiddellijk vervangen.

Tobin vertelt over zijn ervaringen bij Ahold. Hij zat vier jaar eerder in een vergelijkbare situatie. Maar nu heeft hij een krachtige financier en kan hij toch min of meer zijn gang gaan. Hij vertelt ook dat binnen Ahold een half jaar eerder het besluit is genomen om door te gaan met investeringen in de distributiebedrijven: Gastronoom is overgenomen en er zijn nog meer plannen om in te spelen op de groeiende markt voor voedsel buitenshuis.

De mannen besluiten een en ander te onderzoeken. In de maand september ontmoeten ze elkaar nog een paar keer. Jim Miller wordt steeds enthousiaster. Hij ziet wat er met Bob Tobin is gebeurd, die zit nu zelfs in de Raad van Bestuur daar. Het gebrek aan kennis bij Ahold over zijn industrie is voor Miller helemaal een garantie dat ze hem wel de ruimte zullen geven om het bedrijf verder uit te bouwen. Op bemoeienis van buiten zit Jim Miller niet te wachten.

Het kost Tobin niet veel moeite om zijn ideeën over een overname van US Foodservice uit te leggen aan de na zoveel tegenslagen toch wat gedeprimeerde leden van zijn Raad van Bestuur. Ondanks het al vele jaren nauwelijks winstgevend zijn van de eigen grootverbruikactiviteiten, worden ze zonder uitzondering meteen gegrepen door het voorstel.

Het vooruitzicht via de overname van US Foodservices meteen de nummer twee in de grootste en meest competitieve markt ter wereld te zijn, doet de harten sneller kloppen. Dit is een markt die bijna twee keer zo hard groeit als de retail-industrie. Bovendien zijn de verdiensten op het geïnvesteerde kapitaal relatief hoog omdat er veel minder hoeft te worden geïnvesteerd: enkele warenhuizen in plaats van al die dure winkels. Daarnaast zou het zeer ervaren management blijven zitten, ook belangrijk omdat ze zelf weinig van deze industrie af weten. Tenslotte gaat het om een oude vriend van Bob Tobin en die is enthousiast over hem.

Het klinkt ze allemaal als muziek in de oren. Ze vliegen met elkaar naar Londen om Jim Miller en zijn tweede man Mark Kaiser te ontmoeten. Miller vult de avond met een indrukwekkende presentatie. De Raad van Bestuur is opnieuw onder de indruk. De topman van USF is rustig, niet arrogant. Uit zijn presentatie blijkt dat hij de business door en door kent, hij spreekt gepassioneerd over zijn creatie.

Van der Hoeven en Miller kunnen het meteen goed met elkaar vinden. Hoewel Miller introvert is vergeleken bij Van der Hoeven lijken ze op elkaar. Twee ambitieuze mannen die de grootste willen worden, ze denken allebei vooral in wat er allemaal mogelijk is. Door die dadendrang zijn ze beiden geliefd bij hun aandeelhouders. Die weten ze te bespelen, ze zijn allebei populair op de aandelenmarkt.

Miller brengt indringend onder de aandacht bij Ahold dat inmiddels de helft van de 730 miljard dollar die Amerikanen dit jaar aan voeding besteden, buiten de deur wordt uitgegeven, dat was nog niet zo lang geleden maar 40 procent. Daar komt bij dat in de supermarkten steeds meer kant-en-klaarmaaltijden worden verkocht, USF is hierin gespecialiseerd. Het zijn grote bedragen en grote groeicijfers. Iedereen begrijpt het idee. Hij heeft ook over veel organisatorische zaken goed nagedacht, als hij onder de tram komt wordt hij opgevolgd door Kaiser. En wat ze erg fijn vinden: *he is not going to take the money and run.* Als ze aan het eind van de avond gezamenlijk terugreizen is de stemming bijna uitgelaten. Er zijn geen twijfels meer. Laten we dit doen.

Van der Hoeven kan positief nieuws goed gebruiken. Halverwege oktober maakt Ahold bekend dat het helemaal stopt met de joint venture in China. Het uitzicht op winst is te dun. De 54 winkels in Singapore en China worden verkocht. Dat is wrang omdat de buiten de stadscentra verrezen hypermarkten, combinaties van supermarkten en warenhuizen, van Metro en Carrefour wel succesvol zijn.

Van der Hoeven spaart zichzelf en zijn management niet en is hard in zijn oordeel. Hij volgt de conclusies van Noddle en vindt dat er te weinig research is gedaan. Dat Ahold daar te snel in het diepe is gesprongen met de verkeerde, te veel *upscale*, formule en te weinig prijsagressief. Later zegt hij tegen *Management Team*: 'Dat heeft te maken met de cultuur van ons bedrijf, we zijn te perfectionistisch. We willen de klant een waardige *shopping experience* geven. Die filosofie zit zo verankerd in onze mensen dat ze niet in staat waren een werkelijk agressieve discount-formule neer te zetten. We hebben het echt te agressief, te ondoordacht aangepakt.'

Ongeveer de helft van alle Nederlandse beleggers zit op dit moment in Ahold. Die beginnen zich nu echt zorgen te maken. Het aandeel doet het nu 30-40 procent slechter dan het gemiddelde van acht grote concurrenten in de top-300 van Europese bedrijven. De koersen van Wal-Mart en Tesco zijn respectievelijk met 18 en 12 procent gestegen. De koers van aartsrivaal Carrefour is na de overname van Promodes zelfs met 40 procent gestegen. De koersontwikkeling van Ahold is vergelijkbaar met die van zuiver Amerikaanse concurrenten zoals Kroger en Albertson. Beleggers zien Ahold meer en meer als een Amerikaans bedrijf en niet als een multinational.

Om alle sombere berichten enigszins te compenseren vertelt Van der Hoeven op de Dag van het Aandeel enthousiast dat hij met een tiental middelgrote overnamekandidaten in gesprek is. Allemaal 'raspaarden'. En dat die tien samen een omzet hebben van 70 miljard gulden, drie zijn Amerikaans, drie Latijns-Amerikaans en vier Europees. Hij schat de kans op een megafusie of overname – met een bedrijf met minimaal 30 miljard omzet – voor de komende drie jaar op 50 procent.

De zelfverzekerde toon is logisch, al vanaf de zomer worden in het geheim volop gesprekken gevoerd met het Scandinavische ICA en het Amerikaanse US Foodservice, gesprekken die nu ergens toe gaan leiden. Het sluitstuk van de besprekingen met de Zweden en de Noren vindt plaats in d'Zwarte Walvisch in Zaandam. Meteen aan het begin van het etentje gooien Fahlin en Hagen de belangrijkste vraag op tafel: wat heeft Ahold over voor een 50-procentsbelang.

Van der Hoeven, Meurs en Andreae schrikken niet. Ze worden het snel eens: de waarde van het bedrijf wordt op 27,775 miljard Zweedse kronen bepaald. Ahold betaalt de helft plus een premie in de vorm van een superdividend van 3,5 miljard kronen aan de twee aandeelhouders. Het gaat in totaal om 1,8 miljard euro. De Scandinaviërs zijn meer dan tevreden. Ze verbazen zich over het gemak waarmee Ahold zo'n enorme prijs voor het 50-procentsbelang betaalt. Op 9 december kan de eerste grote Europese joint venture van Ahold eindelijk naar buiten worden gebracht.

ICA is in zijn geheel goed voor 15 miljard gulden aan geconsolideerde omzet en marktleider in Zweden en nummer twee in Noorwegen. Er werken bijna 50.000 mensen. Opgeteld doet Ahold nu 41 miljard gulden omzet in Europa en moet het alleen Carrefour en Metro voor zich laten gaan. Ahold staat volgens dit criterium met een derde plaats weer op het erepodium van grootste Europese partijen. En dat moet de wereld weten.

Bij de presentatie van dit wapenfeit stelt Van der Hoeven tevreden vast: we hadden een lijstje met tien kandidaten, daar zijn er nu nog negen van over. Hij richt zich meteen tot de aandeelhouders en belooft dat het nieuwe 'partnership' meteen een blijvende impact op de nettoresultaten en de verdiensten per aandeel zal hebben. Hij is razend enthousiast: 'we vliegen'. Maar de beleggers halen opnieuw hun schouders op: de koers stijgt met een kwartje naar 27,90.

Een enkele analist vraagt zich af of die 2200 onafhankelijke via een cooperatie bij ICA aangesloten winkeliers wel zitten te wachten op een dominante moeder op het Europese vasteland. Van der Hoeven wuift de vraag weg: 'De groep was al aan het herstructureren in voorbereiding op een beursgang. ICA is niet zo'n strakke formule als Albert Heijn, maar over de discipline maken wij ons geen zorgen. ICA kan veel van ons leren.' Hij wijst erop dat de twee bedrijven via het AMS al vrij intensief samenwerken. Het samen ontwikkelde merk Euroshopper ligt met zo'n 300 verschillende producten in al hun winkels.

ICA-president Roland Fahlin realiseert zich de impact van zo'n sterke externe aandeelhouder en heeft duidelijk behoefte om zich met geruststellende woorden tot zijn achterban te richten. 'Door de fusie kunnen we toekomstige ontwikkelingen beter aan vooral ook omdat we de ondernemingsgeest en het lokale eigendom dat onze bedrijven zo succesvol heeft gemaakt, zullen bewaken.'

Allan Noddle is, zoals beloofd, ondertussen druk bezig om de aandacht naar de andere kant van de wereld te verleggen. In december maakt Ahold bekend in Guatamala een joint venture te zijn aangegaan met de eigenaar van de dominante winkelketen La Fragua, de familie Paiz. Het gaat om 119 winkels in Guatamala, Honduras en El Salvador met een omzet van 530 miljoen dollar. De familie wil de supermarkten zelf blijven managen en ging daarom op zoek naar een niet-Amerikaanse partner. De joint venture Paiz Ahold geheten, wordt in haar geheel door Ahold geconsolideerd.

Natuurlijk gaat Ahold ook deze joint ventures in Scandinavië en Midden-Amerika consolideren. In de *heads of agreement*, een overeenkomst op hoofdlijnen, met de Scandinaviërs heeft Ahold laten opnemen dat het de omzet en resultaten van de joint venture wil gaan consolideren.

10

VLUCHT VOORUIT

(2000-2001)

'Wij zijn de derde weg. Het zit in de loop der dingen dat bedrijven onze haven binnenvaren.'
(Ahold-president Cees van der Hoeven)

Met de scalpen van ICA en US Foodservice aan zijn riem trotseert Cees van der Hoeven het magere sentiment op de beurs. En weer wordt hij ergens uitgeroepen tot manager van het jaar. Alles wat Van der Hoeven zegt is nu voorpaginanieuws. Zo voorspelt hij in een lezing op 12 januari 2000 dat de ideale manager van de 21ste eeuw een vrouw is. De moderne manager moet volgens hem besluitvaardigheid vooral aan luistervaardigheid koppelen. Hardheid gaat plaats maken voor sensitiviteit. 'Want om mensen aan je te binden moet je gevoelig zijn voor hun wensen en behoeften.' De nieuwe manager kan in de complexe informatiestroom niet meer alles begrijpen en moet daarom eerder stimuleren, motiveren en de ruimte geven dan hiërarchisch en patriarchaal managen. Bovendien kunnen prestaties van bedrijven niet meer alleen langs de meetlat van de beurskoers worden gelegd, maar moet beleid worden vastgesteld op basis van andere waarden, zoals maatschappelijke verantwoordelijkheid. 'Er is een verschuiving van alles willen weten en dicteren met hardheid naar een sensitieve en vrouwelijke vorm van management.'

Toekomstmuziek, de actualiteit staat nog in het teken van harde resultaten. Tijdens de presentatie van de jaarcijfers gaat het opnieuw over 'de grootste overname tot nu toe'. Van marktaandeel naar maagaandeel: met deze slogan kondigt de Ahold-president twee maanden later de overname van US Foodservice aan.

Maar het contrast met de aankondiging van Stop & Shop en Giant is groot. Waar is de logica? Had Van der Hoeven niet net tegen het persbureau Reuters gezegd dat de consolidatie in de retail-industrie een laatste grote slag in zou gaan, dat er maximaal vijf grote spelers over zouden blijven en dat Ahold in gesprek was met partners in Europa en de Verenigde Staten?! Hij speculeerde zelfs toch even op een grote fusie met een grote Europese partner?!

En nu dit. Iedereen is verbaasd. Analisten zien het in eerste instantie als een noodsprong. Zelfs Van der Hoeven lijkt het nog niet helemaal te geloven: 'Ik moet toegeven, US Foodservice stond een halfjaar geleden niet op mijn lijstje overnamekandidaten. Maar de synergieën tussen supermarkten en foodservice zijn groter dan we dachten. Denk aan inkoopvoordelen, maar ook aan logistieke systemen.'

Ahold moet 3,6 miljard euro op tafel leggen voor de creatie van Jim Miller. Met 13.000 werknemers en 140.000 klanten maakt het bedrijf 7 miljard dollar omzet. Amerikaanse analisten gaven de afgelopen maanden een verkoopadvies voor het in hun ogen onsamenhangende bij elkaar gekochte bedrijf. De koers tuimelde naar 11 dollar. Maar door overnamegeruchten liep de koers vervolgens snel op. Ahold betaalt 24 dollar per aandeel.

Experts wijzen erop dat groothandel op een heel andere manier werkt dan retail. De marges zijn lager. Daar staat tegenover dat het rendement op geïnvesteerd vermogen hoger is omdat er veel minder hoeft te worden geïnvesteerd in bijvoorbeeld dure winkels.

Bob Tobin legt uit dat de nationale spreiding van USF kan helpen bij het doen van nieuwe overnames. Ook wordt nadrukkelijk melding gemaakt van de uitbouw van de grootverbruikactiviteit Deli XL. Toch een bewijs dat Ahold in deze markt gelooft. De bestuurders benadrukken dat de consolidatieslag in deze sector achterloopt bij die in retail en dat Ahold daar nu zijn voordeel mee doet. Bovendien groeit deze markt met 5 procent per jaar, bijna twee keer zo snel als de markt voor supermarkten. Cijfers van de OESO ondersteunen dit: de bestedingen aan restaurants en hotels stegen tussen 1990 en 2000 met zo'n 10 procent, terwijl de uitgaven aan voedsel met 10 procent daalden.

Tobin krijgt een hoofdrol op deze persconferentie. Hij stelt dat met de overname van USF de kritische massa richting leveranciers opnieuw tot kortingen en andere besparingen zal leiden. Een ander argument wordt niet hardop uitgesproken. Maar het zal er de komende jaren niet makkelijker op worden om de flinke marges in de verschillende supermarktketens overeind te houden. Met name prijsvechter Wal-Mart rukt op.

De combinatie van boodschappen klinkt opnieuw veelbelovend. Van der Hoeven maakt duidelijk dat de winst over 1999 met 37 procent is gestegen en kondigt voor 2000 een stijging van 17-20 procent aan. In mei zal een emissie volgen om de in totaal 4,4 miljard euro kostende overnames van USF en ICA te kunnen financieren.

Maar de kredietbeoordelaars van Standard & Poors zijn niet overtuigd, ze verlagen de kredietwaardigheid van Ahold van 'single A' naar 'single A-minus'. Ze vrezen een verdere verslechtering van de balans en vinden dat het concern zijn toch al relatief zwakke financiële profiel verder uitholt.

Op de dag dat het nieuws bekend wordt gemaakt stijgt de koers van het aandeel Ahold slechts met 1 procent naar 23,55 euro. Tot grote teleurstelling van de top in Zaandam. Beleggers zijn in acht maanden tijd 40 procent van hun waarde kwijtgeraakt. Op 28 februari 2000 werd een dieptepunt van 21,50 euro bereikt.

Op het hoofdkantoor zijn verschillende collega's kritisch over de overname. De Interne Accountantsdienst van Paul Ekelschot heeft samen met accountants van Deloitte & Touche en advocaten van White & Case het boekenonderzoek gedaan. Ze constateren de afwezigheid van een systeem voor de registratie van leverancierskortingen en vinden het automatiseringssysteem zeer onoverzichtelijk. De mensen van Foodservice maken bij de meeste kritische vragen steeds duidelijk dat ze gewoon op een andere manier zaken doen dan Ahold, dat het bedrijf in korte tijd snel via overnames is gegroeid en tijd nodig heeft om de zaken op elkaar af te stemmen.

Michiel Meurs erkent in een interview met het Amerikaanse blad *CFO* dat het een heel andere business is. Dat een grote klant, een serie ziekenhuizen of een keten restaurants, hier zomaar 3 procent van de totale omzet kan doen. Klanten hebben hier echt macht. Maar zegt Meurs: 'Het is een intellectueel uitdagende business.' Sommige mensen vinden dat Ahold hier een grote complexiteit aan het bedrijf toevoegt, een *black box*. Meurs vindt van niet: we zijn al goed in het distribueren van voedsel naar onze supermarkten.

Over het feit dat de kredietbeoordelaars negatief zijn en leningen nu duurder zullen worden haalt Meurs zijn schouders op: 'Allan Greenspan (de president van de Fed, de Amerikaanse centrale bank) heeft een groter effect op de kosten van ons kapitaal dan de kredietbeoordelaars.'

In dit due dilligence boekenonderzoek speelt Ernie Smith ook een rol; de *chief financial officer* van Ahold USA schrikt. Hij telt 42 verschillende divisies en 28 verschillende automatiseringsplatforms. Hoe krijg je die onder controle?

Er staat bovendien voor ongeveer 200 miljoen dollar aan nog te innen leverancierskortingen in de boeken. Dit zijn kortingen die US Foodservice al als winst heeft geboekt. Kortingen en bonussen die het bedrijf krijgt van leveranciers op basis van van tevoren afgesproken en meestal over meerdere jaren te realiseren omzetten. Het is alleen nauwelijks duidelijk op basis van welke omzet dat geld verdiend wordt. Welke leveranciers dat geld moeten betalen. Paul Ekelschot constateert dat hier sprake is van een fraude-risico.

Het controlesysteem van US Foodservice (USF) is duidelijk onder de maat. In een van de eerste bijeenkomsten met de sinds de verkoop ruim dertig miljoen dollar rijkere Jim Miller, kaart Van der Hoeven deze problemen aan. Die bijeenkomst duurt twintig minuten. Ter verklaring wijst Miller erop dat zijn bedrijf een verzameling is van bedrijven en systemen en dat er nog een hoop werk ligt om die systemen aan elkaar te knopen. Hij belooft er hard aan te zullen trekken. Van der Hoeven gelooft hem. De relatie tussen de twee mannen is goed, vriendschappelijk. En vrienden belazeren elkaar niet. Toch?

Ongeveer twee maanden na de overname wordt de financieel directeur van USF, George Megas, op een zijspoor gerangeerd en gaat Jim Miller op zoek naar een nieuwe financiële man. Hij is geporteerd van Ernie Smith en belt hem bijna dagelijks om hem te vertellen dat hij hem graag als *cfo* wil hebben, hij schetst zelfs de mogelijkheid dat Smith in de toekomst een keer de baas van USF kan worden.

De introverte controller krijgt de garantie dat hij in het bestuur van Ahold USA kan blijven. Aan de andere kant staat Billy Grize op het punt om de plaats van Bob Tobin als baas van Ahold USA over te nemen en die heeft aangegeven zijn eigen vertrouwde *cfo*, Brian Hotarek, mee te willen nemen. Die is alweer vijftien jaar zijn financiële rechterhand.

In de Jerónimo Martins joint venture nemen ondertussen de spanningen toe. De Portugezen willen zelf ook over de grens expanderen, maar overal komen ze Ahold tegen. De twee joint venture-partners kondigen aan dat ze samen gaan groeien en daarom de verschillende activiteiten in Portugal, Spanje, Zuid-Brazilië, Polen en Tsjechië bij elkaar zullen voegen. Bompreço blijft buiten de deal...

Maar eerst zullen ze het eens moeten worden over de waardering van elkaars bezittingen. Vooral over de ruim 300 winkels die Jerónimo Martins in Polen heeft, is grote onenigheid. De Portugezen vinden dit bedrijf veel meer waard dan Ahold. Ze komen er niet uit en blijven in een ruzieachtige sfeer hangen, die gedeeltelijk via de media wordt uitgespeeld. De Portugezen zouden wel uit de joint venture met Ahold willen stappen, maar dat kost ze heel veel geld. Door alle geruzie begint Ahold ondertussen de greep op de joint venture met de Portugezen te verliezen. De Portugezen hebben de zeggenschap in de joint venture, waarin Ahold een 49-procentsbelang heeft, naar zich toe getrokken. De cijfers worden geconsolideerd omdat Ahold daar bestuurlijk in controle zou zijn.

Terwijl beleggers zich afvragen wanneer al die internetbeloftes nou toch gaan uitkomen, beginnen grote retailers over hun plannen op het internet te praten. Eind januari 2000 claimt Tesco met 250.000 klanten de grootste virtuele supermarkt te zijn. Twee dagen later volgt Van der Hoeven. Hij voorspelt dat zijn bedrijf binnen 5-10 jaar 7,5 tot 10 miljard gulden omzet via het internet zal realiseren. Over 1999 verkocht het bedrijf voor 100 miljoen via het net. Hij belooft ook dat het marktaandeel van Ahold via het net groter zal zijn dan dat via de winkels. Een paar maanden later koopt Ahold voor 450 miljoen gulden de verlieslijdende Amerikaanse internet-supermarkt Peapod. Het bedrijf verwacht binnen 3-4 jaar uit de verliezen te zijn.

Privé is Van der Hoeven ook dan druk met investeringen in internet. Hij blijkt tot de intimi van Nina Brink te behoren en is één van de 120 mensen die in het kader van het 'Friends & Family Program' een voorkeursbehandeling krijgt bij de beursgang van World Online. Van der Hoeven investeert 250.000 euro, zijn vriend Karel Vuursteen steekt 300.000 euro in aandelen van de veelbelovende internetprovider. Op de zwarte markt zouden de aandelen al vier keer over de kop zijn gegaan. Maar op de dag van de emissie doen de stukken in World Online vrijwel niets om vervolgens in korte tijd in een peilloze diepte te verdwijnen. Op het hoofdkantoor wordt het grapje gemaakt dat de president met zijn eigen geld kennelijk net zo optimistisch omspringt als met het geld van de Ahold-belegger.

In maart is Van der Hoeven een paar dagen in het Spaanse Marbella als eregast bij de opening van een kantoor van effectenmakelaar Sem van Berkel. Juist vanaf deze mondaine plek, omringd door steenrijke *selfmade* mensen, laat hij de wereld weten dat Ahold dit jaar meer dan 100 miljard gulden omzet zal boeken en bezig is met nog een heel grote overname. 'Ik beloof u dat we van de koersstijging van Ahold volgend jaar in Marbella een flink feest kunnen vieren,' grapt Van der Hoeven. Op het hoofdkantoor wordt gezucht en gesteund als ze de foto in *De Telegraaf* zien, dit is niet de plek waar de president van Ahold hoort te zijn.

Een maand later stelt Ahold het vertrouwen van de beleggers op de proef. De leningen die zijn aangegaan om de overnames van USF en ICA te kunnen betalen, moeten grotendeels door beleggers worden afgelost. Drie miljard euro wil het bedrijf bij ze gaan ophalen. En weer wordt een record gebroken: het is de grootste emissie van een Nederlands beursfonds. Michiel Meurs laat in een toelichting weten dat hij het liefst 100 miljoen nieuwe aandelen uitgeeft tegen 30 euro per stuk. Omdat hij niet zeker weet of dat zal lukken, overweegt hij een deel via converteerbare obligaties op te halen. Een aandeel Ahold kost dan 27 euro. Op de vraag of het turbulente beursklimaat niet tot voorzichtigheid maant, zegt Van der Hoeven tegen *Het Financieele Dagblad*: 'Integendeel, we hebben het idee dat een aantal grote institutionele beleggers afwachtend is met bijkopen op de beurs, omdat ze weten dat de emissie eraan zit te komen. Daarom kunnen we die maar beter snel achter de rug hebben.'

Vrijwel op hetzelfde moment verschijnt het jaarverslag. Het boekwerk staat bol van de ronkende teksten. Op pagina 3 worden de belangrijkste wapenfeiten in een lettertype opgesomd, waarbij de leesbril af kan blijven. Een omzet van 33,6 miljard euro, 300.000 werknemers, 30 miljoen klanten per week, 4000 winkels op vier continenten. Het jaarverslag begint steeds meer op een lifestyleblad te lijken. Een beetje *Quote*, een beetje *Cosmopolitan*. Veel grote, kleurige foto's, veel grote bedragen dwars over de pagina geprint. En dat allemaal in een dure glossy-achtige uitvoering. Medewerkers op het hoofdkantoor spreken er hun afschuw over uit.

Enkele analisten wijzen er vervolgens op dat de twee overnames van ICA en US Foodservice duur zijn geweest en grote druk om te presteren met zich mee gaan brengen. Ook deze overnames moeten direct bijdragen aan de winst per aandeel. Maar wanneer voegen ze nou eigenlijk waarde toe? Ahold betaalde voor ICA en Foodservice in totaal 12,6 miljard gulden; uitgaande van een gewogen gemiddelde van 7,5 procent komt dat neer op een financieringslast van dik 900 miljoen per jaar. Die twee verdienden over 1999 voor bijzondere lasten respectievelijk 340 miljoen gulden en 229 miljoen dollar. Opgeteld ruim 700 miljoen gulden, 200 miljoen minder dan ze aan rente kosten. Hoe gaat Ahold dit gat vullen?

Ondanks deze waarschuwingen verloopt de door Van der Hoeven en Meurs gehouden *roadshow* succesvol. Ze worden overal als helden ontvangen. Aan het einde geeft Van der Hoeven nog een presentatie bij de chique zakenbank Kempen & Co aan de Herengracht in Amsterdam. In de zaal zitten zo'n 50 vermogende landgenoten. Gastheer Joop Krant, directeur en groot-aandeelhouder van de bank, is er trots op dat de Ahold-president zijn gast is die middag.

Van der Hoeven heeft er zin in, hij zal ze verleiden, in zijn kamp trekken. De zaal is meteen onder de indruk als de rijzige Van der Hoeven het woord neemt. Terwijl de lichtbeelden elkaar opvolgen loopt de Ahold-president rustig rond. Bij ieder plaatje doceert hij op rustige toon. De zaal is muisstil als Van der Hoeven ze nog eens goed uitlegt wat Amerikanen en Europeanen van elkaar kunnen leren. Hij vertelt ze over de gebrekkige logistieke kennis in de VS, waar Ahold verbeteringen in aan zal brengen, zodanig dat onder de streep een margeverbetering van 0,2 procent zal optreden. Hij vertelt ze dat de Europeanen weer veel kunnen leren van de Amerikaanse marketingmethoden, en schat de voordelen opnieuw op een 0,2 procent. De logica van het verhaal is heel simpel. Van der Hoeven brengt het overtuigend. Hij straalt zelfvertrouwen uit en zorgt ervoor dat hij precies het goede tempo voor deze zaal heeft. Hij mag ze niet verliezen door te snel te praten of juist te langzaam.

Na afloop is iedereen onder de indruk. Er zijn weinig kritische vragen. In ieder geval geen vragen waar Cees van de Hoeven ook maar even van schrikt. Iemand vraagt hoe het zit met de verwatering. Die winst moet straks na de emissie tenslotte over meer aandelen worden verdeeld. Van der Hoeven glimlacht. Hij heeft het over kleine percentages gehad, maar als je die loslaat op een omzet van 50 miljard euro, gaat het onder de streep toch over stijging van de winst met enkele honderden miljoenen. Er blijft dus meer dan genoeg over om de beloofde stijging van de winst per aandeel te garanderen.

Na de presentatie worden de aanwezigen met een groots gebaar door Van der Hoeven uitgenodigd om met hem mee te wandelen naar de grote Albert Heijn achter het Paleis op de Dam een paar honderd meter verderop. Hij wil ze dit paradepaardje graag laten zien en verklapt dat ze in de Gall & Gall die er onder zit allemaal een fles wijn mogen uitkiezen, die dan ter plekke zal worden opengemaakt. Joop Krant voegt er snel aan toe dat daar ook allemaal lekkere hapjes klaar staan. De genodigden voelen zich vereerd. Opgetogen wandelen ze met elkaar door Amsterdam op weg naar een klein feestje. De gangmaker loopt voorop.

Enthousiast wordt ingetekend op de nieuwe aandelen. Driekwart van de nieuwe aandelen gaat naar buitenlandse beleggers. Dertig procent komt in Amerikaanse handen. Nederlandse beleggers kopen 15 procent van de emissie op. Ook de nieuwe Scandinavische partners kopen aandelen Ahold. De coöperatie van Zweedse retailers, ICA Förbundet, investeert 250 miljoen euro, het beleggingsvehicel van Stein Erik Hagen koopt voor 15 miljoen stukken Ahold. Waarom zou een coöperatie zoveel risicodragende stukken kopen? Binnen ICA worden hier een paar wrange grappen over gemaakt: ICA-topman Roland Fahlin is een zetel in de Raad van Commissarissen van Ahold beloofd, dus dan moet je wel groot meedoen.

Eind februari tekenen de Scandinaviërs en Ahold hun 'Aandeelhoudersovereenkomst'. De nieuwe directeur juridische zaken Ton van Tielraden is daarbij. Het lukt alleen niet om harde afspraken te maken over die zo gewenste consolidatie van de cijfers door Ahold. De Zweden zijn bang dat Ahold aan hun 'ICA-idee' gaat morrelen, de leden van de coöperatie stellen zelfstandigheid op prijs. Die weerstand is voor Ahold geen reden om de boel af te blazen of wat meer tijd te nemen. Met ICA wordt eindelijk de Europese poot van het bedrijf verstevigd, dit moet nu doorgaan. De joint venture, die de naam ICA Ahold krijgt, is goed voor een omzet van 15 miljard gulden. De omzet in Europa stijgt met 50 procent naar 44 miljard.

Helemaal vanzelf gaat het allemaal niet in Scandinavië. Noren en Zweden hebben een natuurlijke afkeer van continentaal Europa. Ze vertrouwen het niet. Daarom stemmen de Noren al decennia categorisch tegen deelname aan de Europese Unie en houden de Zweden nog steeds vast aan hun eigen munt. Ze zijn bang om hun soevereiniteit te verliezen.

Proberen zaken te doen met Noren én Zweden is extra gecompliceerd. De eersten zijn bijna 100 jaar gekoloniseerd geweest door het grotere Zweden. Eigenlijk voelen de Noren zich pas sterk ten opzichte van hun oosterbuur sinds eind jaren zestig duidelijk werd dat ze over een gigantische olievoorraad beschikken. De fusie tussen het Zweedse ICA en de Noorse Haakon Gruppe van Stein Erik Hagen is ook nog maar een jaar oud, de Zweden hadden 75 procent, de Noren de rest. Ze weten dat ze tot elkaar veroordeeld zijn, maar houden elkaar nauwlettend in de gaten.

In Brussel is er geen vuiltje aan de lucht. Op 3 maart wordt een verzoek tot goedkeuring ingediend, op 6 april 2000 keurt de Europese Commissie de oprichting van een gemeenschappelijke onderneming tussen Ahold, ICA Förbundet en Canica goed. In de verklaring concludeert de Europese Commissie dat de drie 'de gezamenlijke zeggenschap krijgen over de Zweedse levensmiddelendetaillist ICA'.

Deloitte & Touche vindt de afspraken in de aandeelhoudersovereenkomst niet stevig genoeg om in te stemmen met een consolidatie van de cijfers door Ahold onder US GAAP, de Amerikaanse accountantsregels. Opnieuw maken de accountants helder dat ze meer duidelijkheid wil hebben: heeft Ahold hier wel een doorslaggevende stem?

In navolging van de *sideletters* die Ahold in Brazilië en Argentinië met de joint venture-partners heeft opgesteld, zet Meurs ook iets dergelijks voor de Scandinaviërs op papier. Ook hier vindt Ahold dat het de facto de baas is. Het is de bedoeling dat ICA Ahold volop geïntegreerd wordt in de bedrijfsvoering van Ahold Europa, alleen op die manier kunnen ze met elkaar de geformuleerde doelen realiseren. Daar zijn alle partners het over eens. Het is logisch dat Ahold daarin sturend is. Bovendien: met 50 procent bezit het verreweg de meeste aandelen.

April 2000 zitten Roland Fahlin, Stein Erik Hagen en Jan Andreae bij elkaar op het roodstenen ICA-hoofdkantoor vlak bij Stockholm. Ze zitten in de grote vergaderzaal op de begane grond aan een lange ovale tafel. De muur wordt gedomineerd door een groot schilderij: onder het toeziend oog van de oprichter van ICA Hakon Svenson, de man die het bedrijf van 1917 tot 1949 heeft geleid, praten ze over de te volgen strategie.

Aan het eind van de bijeenkomst presenteert Andreae een document waarin in een paar regels wordt verwoord dat Ahold in aanvulling op de Aandeelhoudersovereenkomst uiteindelijk de doorslaggevende stem heeft als de partners er onderling niet uitkomen. Andreae zegt dat het nodig is voor de controlerend accountant en laat doorschemeren dat hij in opdracht van Michiel Meurs handelt.

Roland Fahlin tekent en Hagen zeg ook hier geen problemen mee te hebben. Hij moet trouwens wel tekenen: in de samenwerking met ICA is opgenomen dat hij mee moet stemmen met de Zweden of anders zijn aandelen aan ze moet verkopen.

Maar een paar dagen later belt Fahlin met Hagen en vertelt de Zweed dat hij er nog eens over heeft nagedacht. Na overleg met ICA Förbundet, de coöperatie onder leiding van Peter Dettman, zijn de Zweden zich toch zorgen gaan maken over de kwetsbaarheid van hun manier van werken. Ze willen hun ICA-idee overeind houden en willen daarom niet zomaar de macht bij Ahold neerleggen.

Ze sturen een lange brief van tweeëneenhalf kantje naar Jan Andreae waarin nog eens goed wordt uitgelegd waar het nou eigenlijk allemaal omdraait bij het ICA-idee. Centraal daarin staat de zelfstandigheid van de winkeliers. Die moeten te allen tijde kunnen besluiten wat ze wel en niet in de winkel zetten. Ze zijn helemaal vrij. De huiskleur van ICA is rood, maar er zijn winkeliers die blauw mooier vinden en die dragen dus in de winkels blauwe shirts met het ICA-embleem erop. Ergens midden in de brief staat een zin waar Andreae en Meurs van schrikken. De Zweden beschouwen de vorige brief waarin Ahold die benodigde doorslaggevende stem werd gegeven hiermee als ongeldig.

Dit moet worden opgelost. Meurs besluit het in Zuid-Amerika gebruikte document in te zetten. Op een wit velletje papier, zonder koppen of *headings*, komt te staan dat ICA en Canica de eerdere uitleg dat Ahold de doorslaggevende stem heeft, niet accepteren. Jan Andreae tekent dit briefje, dat in Zweden met grote opluchting wordt ontvangen: het ICA-idee is gered. De accountants van Deloitte & Touche krijgen alleen de eerste *sideletter* te zien en gaan akkoord met consolidatie.

Stein Erik Hagen is blij met de Nederlanders. De samenwerking met de Zweden is moeizaam. Eigenlijk passen de twee partijen niet goed bij elkaar. De miljardair had voor hij zich uiteindelijk liet overnemen alle winkels in zijn bezit, de Zweden zijn allemaal lid van die coöperatie; ICA-Förbundet is een non-profitorganisatie. De ICA-retailers hebben hun winkels grotendeels in eigendom en kijken meer naar de winst in de winkels en minder naar de winst van de onderneming als geheel. Ze kunnen vrijwel helemaal hun eigen gang gaan. Zij bepalen welke producten ze verkopen en als de centrale organisatie een nieuwe computersysteem wil introduceren zal ze alle winkeliers/eigenaren een voor een moeten overtuigen van het nut ervan. Minstens één keer per maand komen ze bij elkaar om met elkaar te overleggen. De afgelopen maanden hebben ze bijna allemaal hun handen opgestoken na presentaties van Fahlin en Dettman waarin deze de joint venture met Ahold verkochten.

Daar hebben ze twee goede redenen voor: de meeste winkeliers kunnen via het bod van Ahold rijk worden door een deel van hun belang in de coöperatie te verkopen. Daarnaast zien ze ook wel in dat ze een vuist moeten gaan maken tegen de dreigende concurrentie uit met name Duitsland. Prijsvechter Lidl heeft aangekondigd Scandinavië te veroveren. Aansluiting bij een grote machtige partij als Ahold lijkt in dat verband een slimme zet. Het biedt de mogelijkheid om meer te investeren en goedkoper in te kopen.

Stein Erik Hagen heeft het niet zo op die 2200 kleine Zweedse koninkjes. Hagen is vooral blij met Ahold omdat hij ervan uitgaat dat daadkracht en ondernemerschap nu de boventoon kunnen gaan voeren in het bedrijf. Hij is het vele gepraat van de ICA-retailers beu.

Hagen kan het ook goed vinden met Cees van der Hoeven. Ze hebben plezier met elkaar. Van der Hoeven is duidelijk onder de indruk van de rijkdom van de Noor. Ter compensatie schept hij op over zijn commissariaat bij het chique LVMH. Hij praat over zijn boot in Zuid-Frankrijk. Hagen is daar niet echt van onder de indruk: in zijn wereld hebben mensen een boot met bemanning. In het bijzijn van Hagen maakt Van der Hoeven vaak hetzelfde grapje: jullie zijn de eigenaren en ik ben jullie slaaf.

In Zaandam zijn ze in eerste instantie ook in hun nopjes met Hagen. Samen met de Noor hebben ze 70 procent van de aandelen en kunnen ze vaart maken. Als Hagen vindt dat de Zweedse *ceo* van ICA, Svante Nilsson, onvoldoende tempo maakt krijgt hij de Nederlanders mee en wordt de Zweed aan de dijk gezet. Bovendien krijgt Ahold de Zweden zo ver om in te stemmen met de benoeming van Hagen tot de nieuwe *chairman* van ICA-Ahold.

De Zweden moeten daarentegen erg wennen aan de nieuwe dominante rol van de Noor, ze wijzen hem er regelmatig op dat in hun aandeelhoudersovereenkomst staat dat hij als kleinste aandeelhouder mee moet stemmen met ICA en dat hij anders zijn belang aan de Zweden aan moet bieden.

De aandacht van het Zaanse management verplaatst zich in de zomer van 2000 naar de andere kant van de wereld. De zeventigjarige oprichter van Bompreço is er niet in geslaagd zijn schoonzoon te interesseren voor het familiebedrijf en heeft besloten zijn 50-procentsbelang aan Ahold aan te bieden. Ahold maakt niet bekend hoeveel geld het hiervoor betaalt, maar voor de eerst helft werd bijna een half miljard gulden betaald.

Europa, Noord-Amerika, Zuid-Amerika: Ahold voelt zich groot en global.

Van der Hoeven vindt dat het de hoogste tijd wordt om meer te gaan profiteren van de schaal waarop het bedrijf inmiddels werkt. Besloten wordt om met de top-20 grootste leveranciers te gaan praten over samenwerking op het promotionele vlak. Die top-20 leveranciers zijn goed voor 75 procent van de omzet in A-merken. Ze schrikken van deze directe benadering. De afgelopen honderd jaar hebben de leveranciers de macht gehad, zij bepaalden wanneer wat met hun producten gebeurde. Campagnes centraal afstemmen met een retailer is iets nieuws, een revolutie. De helft van de leveranciers weigert hierover zelfs maar met Ahold te praten. Ze beschouwen het als een vorm van verraad aan hun eigen decentrale organisatie. Al deze bedrijven werken met nationale organisaties die zelf deals maken met de retailers, daar kunnen ze niet zomaar tussen gaan zitten vanuit het hoofdkantoor. De lokale jongens zullen in opstand komen omdat hun baan wordt uitgehold.

Toch blijven er ook zo'n 10 leveranciers zitten. Gezamenlijk met Ahold ontwikkelen ze wereldwijde campagnes. Hun producten worden gedurende een bepaalde tijd bijvoorbeeld het middelpunt van de winkels. Er worden speciale displays ontwikkeld en ander reclamemateriaal. De centrale coördinatie wereldwijde aanpak scheelt de producenten geld. En levert Ahold netto enkele tientallen miljoenen op, want de fabrikant betaalt alles van reclamemateriaal tot het verschil in marge.

Andere leveranciers worden door het succes aangestoken. Ze zien ook dat met de voortgaande concentratie bij de retailers zij straks 80 procent van hun afzet bij een handjevol supermarktketens gaan doen. Proctor & Gamble, bekend van Pampers en Dreft, loopt daarbij voorop. Ze stellen een speciaal Ahold-team met zes mensen op. Dat komt ook omdat het bedrijf wordt geleid door de Nederlander Durk Jager en die golft wel eens met Van der Hoeven, die met handicap 16 een aardige bal kan slaan.

Albert Heijn heeft het moeilijk in de eerste helft van 2000. Op verschillende fronten. De drie jaar eerder met veel lawaai gepresenteerde samenwerking met Shell wordt afgeblazen. De bedoeling was om in een paar jaar tijd 300 winkeltjes te openen, het zijn er maar 62 geworden en die zullen verder door Shell worden uitgebaat. Albert Heijn is boos op Shell. De oliegigant heeft te weinig tempo gemaakt maar ondertussen wel geleerd hoe je een retail-bedrijf op kan zetten. Die kennis zal Shell gebruiken om de eigen Select-formule verder uit te bouwen.

Albert Heijn-president Van Solt is opnieuw niet blij met de manier waarop Schuitema binnen het concern wordt behandeld. Deze Ahold-dochter die helemaal haar eigen gang kan gaan, koopt voor 1,7 miljard de 131 A&P-supermarkten van het Duitse Tengelman. Schuitema is met zijn C1000-winkels nu goed voor bijna 15 procent van de Nederlandse markt. Van Solt tegen *Het Financieele Dagblad*: 'Het is toch niet te geloven dat ze begin dit jaar ijskoud aankondigen dat ze door die A&P-aquisitie dit jaar geen winstgroei zullen tonen. Als Cees dan straks aan ons zou vragen er een schepje bovenop te doen, dan zeg ik echt: jongens we zijn niet van elastiek. Het houdt een keertje op.'

Er staat grote druk op de resultaten van Albert Heijn. Het plan om met lagere prijzen de gezinnen weer in de winkels te krijgen en het marktaandeel op te krikken, werkt wel maar in tegenstelling tot wat Van Solt had beloofd wordt het gat in het resultaat niet binnen een jaar gedicht.

Van Solt ligt dan al enige tijd op ramkoers met zijn baas, Jan Andreae. In hun dichtramingsgesprek in mei laat Van Solt weten dat hij 10 miljoen lager zit dan gevraagd. Andreae vraagt zich af of dit een winstwaarschuwing is en of hij misschien een andere directeur moet zoeken. De ruzie escaleert en Van Solt trekt aan het kortste eind. In de zomer van 2000 wordt hij vervangen door de van SHV afkomstige Dick Boer. Van der Hoeven vraagt Van Solt op het hoofdkantoor te komen werken als vicepresident Strategie. De Ahold-president zegt daarbij dat hij te veel door ja-knikkers wordt omringd en dat de eigenwijze Van Solt gevraagd en ongevraagd zijn adviezen mag geven.

In het management van Ahold en het toezicht daarop vinden een paar veranderingen plaats. Op 2 mei 2000 krijgt Ahold een nieuwe commissaris: Cor Boonstra. De bejubelde Philips-president gaat richting pensioen en is klaar voor 'de grote commissariaten'. Eind mei draagt Bob Tobin de operationele verantwoordelijkheden voor Ahold USA over aan Bill Grize. Hij vindt dat zijn beschermeling daar nu klaar voor is. Tobin wordt *chairman* en komt zo meer op afstand te staan, augustus volgend jaar zal hij de overstap naar de Raad van Commissarissen definitief maken.

Tobin en Grize drukken nu trouwens door waar ze al jaren voor vechten: de Edwards-winkels in New York en New Jersey worden alsnog onder de vleugels van het Stop & Shop-merk gebracht. Ze gaan gewoon hun gang.

Iedereen gaat zijn eigen gang in de Raad van Bestuur van Ahold. Ze racen de hele wereld over en hebben het gevoel dat ze met z'n vijven het hele bedrijf runnen. Noddle zit 80 procent van zijn tijd in Azië of Zuid-Amerika,

Tobin zit in de Verenigde Staten en Andreae vliegt Europa door. Meurs zorgt er samen met Van der Hoeven voor dat de financiële kant van alle deals die worden gesloten goed wordt afgetimmerd. De president springt in waar nodig, zit de vergaderingen voor en denkt veel na over zijn rol.

In een gesprek met *Forum*, het blad van werkgeversvereniging VNO-NCW lijkt de president op te stijgen. 'De Filosoof' kopt het stuk en Van der Hoeven legt uit dat hij zelf diep nadenkt, dat hij dat ook een taak vindt van een leider. 'Daar moet hij echt de tijd voor nemen. Het is niet goed als een leider voortdurend vertelt wat anderen voor hem hebben bedacht.' Volgens deze leider staat 'de maatschappij aan de vooravond van een omslag. De zachte kant van de samenleving krijgt weer aandacht. Ik kan er heel lang over praten, maar geloof me: het gebeurt. Het gaat in golven...' En over de toekomst van Ahold is hij ook duidelijk: 'Ik weet heel precies waar het bedrijf over tien jaar staat. Heel precies. Dan zijn we de grootste supermarktonderneming ter wereld.'

Links en rechts wordt wat lacherig op deze uitspraken gereageerd: de man die bij iedere overname eigenlijk als geen ander alleen maar over de bijdrage in de stijging van de winst per aandeel spreekt, zegt wel heel vreemde dingen. Tegen *Management Team* zegt hij een paar maanden later: 'In eerste instantie kwam de meerwaarde van mijn leiderschap uit visie, motivatie en het geloof aan mensen overbrengen dat we het met elkaar kunnen. Nu het geloof en de motivatie er zijn en de visie bekend is, moet het komen uit verdieping. Ik denk echt dieper over de dingen na dan de meeste anderen, ook omdat ik daar meer tijd voor heb.'

Beleggers lijken het allemaal prachtig te vinden, de koers is in elk geval weer flink aan het stijgen. In een half jaar tijd met bijna vijftig procent, tot boven de dertig euro. De belangrijkste oorzaak ligt vooral in de massale vlucht die beleggers uit de tech-sector nemen. Na het in elkaar klappen van de Nasdaq in maart en de aanhoudende stroom faillissementen van internetbedrijven zoeken beleggers naar vertrouwenwekkende alternatieven. Tegenover de ongrijpbare onaantrekkelijkheid van virtuele beloftes, staan de opeens relatief tastbare toekomstdromen van Ahold. Iedereen moet toch altijd eten? Dus dat kan niet mis gaan.

Met dit hernieuwde vertrouwen van beleggers in zijn achterzak voelt Van der Hoeven zich duidelijk een stuk beter dan een jaar geleden. Hij heeft bovendien een paar grote beloftes gestand gedaan. Na de overnames van Foodservice en een vijftig-procentsbelang in ICA springt Ahold naar een omzet van 51 miljard euro, goed voor een derde plek op de wereld-ranglijst. Eindelijk staat Ahold omzettechnisch in die zo gewenste top-drie van de wereld. In *De Telegraaf* voorspelt hij dat de enige drie overgebleven topspelers, Wal-Mart, Carrefour en Ahold opvallende zetten zullen doen. Van der Hoeven voorspelt maar weer eens een mega-overname.

In een openhartig interview met *Het Financieele Dagblad* blikt hij terug op het moeilijke jaar dat achter Ahold ligt. De halvering van de waarde van het aandeel heeft twijfel gezaaid: 'We vonden dat we goed bezig waren en dan word je zo door de buitenwacht beoordeeld. Er was sprake van gekrenkte trots. Dat hebben we moeten managen, want het was een serieuze bedreiging. Vergeet niet dat zestig procent van onze mensen in de VS werkt, waar de beurskoers veel belangrijker is dan hier. Maar dat is gelukt, we hebben geen *fall out* gehad.'

Op zijn bekende kalme bijna waardige toon vervolgt hij: 'Ik ben tot de conclusie gekomen dat we een complex strategisch verhaal hebben, dat niet meteen door iedereen wordt begrepen. Onze branche wordt straks gedomineerd door een drietal spelers en daarin zijn wij het enige alternatief voor de rechtlijnige aanpak van Wal-Mart en Carrefour. Wij zijn zogezegd de derde weg. Wij houden namelijk wel de naam, de lokale cultuur en het lokale management in stand en bouwen een onderneming uit op basis van regionale kracht. Ahold is de natuurlijke, veilige haven voor veel bedrijven, zowel in een storm als bij rustig weer. Er zijn zoveel ondernemers in de wereld die onze visie delen, dat ik geen twijfel heb dat ze onze kant opkomen. Ook in Europa. Ook bij de grote jongens. Het zit in de loop der dingen dat bedrijven onze haven binnenvaren. Ik kan alleen geen zekerheid bieden over de timing, op dat punt moet ik een slag om de arm houden. Daarom begrijp ik dat investeerders over die grote deal zeggen: eerst zien dan geloven.'

En opnieuw schat hij de kans op een samengaan met een grote Franse of Britse speler op vijftig procent. Maar iets forceren zoals Unilever dat via een vijandelijke overname met Bestfoods heeft gedaan kan volgens hem niet: 'Het gaat in onze branche vaak om familiebedrijven die zelf bepalen wanneer ze naar je toekomen.'

De daarop volgende weken vaart er van alles de haven van Ahold binnen. Ahold gaat vijf hypermarkten openen in Bratislava, de hoofdstad van Slowakije. In Amerika wordt GFG Foodservice overgenomen, een kleine concurrent van US Foodservice met een omzet van 240 miljoen dollar. Een paar dagen later volgt het definitieve groene licht voor de 1,7 miljard gulden kostende overname van de A&P-winkels door Schuitema. Het totale marktaandeel van Ahold in Nederland gaat zo naar 42 procent, maar de woordvoerder van Schuitema stelt nog eens nadrukkelijk: 'Voor de consument verandert er niets. C1000 en A&P zullen niet samen inkopen met Albert Heijn en op geen enkele manier met Albert Heijn samenwerken.'

Halverwege augustus wordt de tiende overname van het jaar bekend gemaakt: voor 3,8 miljard gulden wordt voedseldistributeur PYA Monarch overgenomen. Hoewel ze binnen de Raad van Bestuur hadden afgesproken de integratie van US Foodservice eerst rustig te verwerken, vinden ze dat ze deze kans niet kunnen laten lopen. Inclusief de 3 miljard van PYA Monarch bedraagt de omzet van US Foodservice ruim 10 miljard dollar. Dat is bijna net zoveel als de omzet van alle retailbedrijven in de VS bij elkaar. US Foodservice is nu verreweg de grootste dochter van Ahold. De overname zal in eerste instantie worden gefinancierd met leningen.

Drie weken later volgt nog een klapper: de overname van het Spaanse Superdiplo. Een bedrijf dat de Raad van Bestuur een half jaar eerder nog had afgekeurd, met elkaar hebben ze de winkels bezocht en vastgesteld dat dit een door financiers bij elkaar geraapt zooitje winkels is. Geleid door mensen die niets van retail begrijpen en vooral hopen zo een snelle slag te kunnen slaan uit de consolidatiegolf die door Spanje gaat.

Nadat Jan Andreae die boodschap heeft overgebracht, doen de Spanjaarden er alles aan om Ahold toch van het tegendeel te overtuigen. Met het gegroeide beleggersvertrouwen durft Ahold de stap nu wel aan. Ahold financiert de overname dan ook met 38 miljoen nieuwe aandelen, ter waarde van ruim 1 miljard gulden.

Beleggers schrikken van deze verwatering, het aandeel levert 4 procent in. Maar het humeur van de bestuursvoorzitter is niet kapot te krijgen: 'Met Superdiplo zal Ahold Spanje ongetwijfeld de favoriete thuishaven worden voor veel overgebleven onafhankelijke Spaanse retailers.' De omzet in Spanje verviervoudigt tot 2 miljard euro, goed voor 4 procent van de markt en zal volgens de bestuursvoorzitter binnen drie jaar verdubbelen.

Op 4 september 2000 staat 'de noodzaak tot aanscherping van de interne controle bij US Foodservice ten aanzien van promotionele kortingen' op de agenda in de audit committee van de Raad van Commissarissen. De aanhoudende twijfels van de accountants over de kwaliteit van de controle komen hier aan de orde. Voorzitter Henny de Ruiter schrikt er niet van. Er deugen altijd dingen niet. En dit is een nieuwe *business*. Hier wordt ook besproken dat Ernie Smith begin 2001 zal aantreden als de nieuwe *cfo* van US Foodservice. Smith heeft het goed gedaan bij Ahold USA. Hij moet de zaken hier ook maar eens goed gaan aanpakken.

Over het derde kwartaal blijkt de omzet fors harder te stijgen dan het resultaat. De marge staat onder druk als gevolg van de overname van Foodservice. Links en rechts gaan waarschuwende vingertjes omhoog. Van der Hoeven ergert zich eraan dat beleggers, analisten en media nog steeds niet in de gaten hebben wat voor een fantastisch bedrijf hij heeft gekocht. *Multilocal, multi-format, multi-channel*, zo wordt de nieuwe strategie van Ahold genoemd. Hij geeft een interview aan *Het Financieele Dagblad*: 'Analisten zijn vooral bezig met het berekenen van de synergievoordelen in inkoop, distributie en logistiek. Voor ons zit de winst niet in deze standaardsynergieën, maar in de nieuwe mogelijkheden die Foodservice ons biedt. Zij blijken bijvoorbeeld een betere toegang tot vers te hebben dan wij.'

Van der Hoeven is van plan de topkwaliteit van Foodservice in de Amerikaanse winkels te leggen, hij verwacht volgend jaar een extra omzet van 500 miljoen dollar. Hij denkt daarbij aan een verse saladebar en luxe kant-en-klaar maaltijden. Door foodservice-elementen in de winkels te brengen wil Van der Hoeven een 'omgeving van voedselbeleving creëren, waar consumenten kunnen proeven en menu's samenstellen'. Hij ziet mogelijkheden deze gedachten ook op andere plekken te introduceren. 'Ik zie mogelijkheden in Latijns-Amerika. In Buenos Aires, waar de mensen veel buiten de deur consumeren.'

Hij wijst erop dat er nu in het kader van het Ahold Network een *best practices*-werkgroep is geformeerd waar de verschillende groothandelsactiviteiten in vertegenwoordigd zijn, met Deli XL dat groot is in de Benelux met een omzet van 759 miljoen euro en de Scandinavische activiteiten op dit gebied.

Als wat experts een noodsprong noemen dan toch een meesterzet is, waarom volgt dan geen van de concurrenten, vragen analisten. Snorrend van tevredenheid geeft Van der Hoeven zijn antwoord: 'Alleen Sysco is een foodservicebedrijf van voldoende omvang. Dat concern heeft een omzet van 20 miljard dollar en een koers-winstverhouding van 35. Dat is een maatje te groot voor de meeste retailers. Eigenlijk kun je zeggen dat de eerste slag bijna de finale slag is.'

In 2000 voegt Ahold via 13 grote en kleinere overnames 3600 winkels toe aan de bestaande 4500. Het bedrijf is nu actief in 24 landen. In acht maanden tijd geeft Ahold voor ongeveer 15 miljard gulden aan overnames uit. Minder dan de helft kan vanuit de emissie en de uitgifte van nieuwe aandelen worden betaald. De rest betekent dus vooral een forse toename van schuld. In 2000 verdubbelt de uitstaande schuld dan ook van 8,4 naar bijna 19 miljard gulden.

Vanaf 1 januari mag het niet meer, maar dit jaar zal Ahold nog één keer volop gebruik maken van de mogelijkheid om de 5,1 miljard euro aan betaalde goodwill via het eigen vermogen af te boeken. Door die goodwill niet op de balans te zetten is er ook geen afschrijving en blijft de nettowinst zich goed ontwikkelen. Meurs wuift de angst van analisten weg dat de solvabiliteit van het concern zo naar 8 procent zakt, van 19 procent een jaar geleden. Nog maar twee jaar geleden vond toenmalig concerncontroller Cor Sterk een solvabiliteit van 20 procent het absolute minimum.

Diens opvolger Bert Verhelst heeft ook vraagtekens en kaart het onderwerp bij Meurs aan. Maar die vindt het geen belangrijk getal, de *cfo* concentreert zich liever op de vraag hoe vaak Ahold de rente kan betalen uit het resultaat exclusief belastingen, rente en afschrijvingen (Ebitda). Hij wijst erop dat de banken daar op sturen bij het beoordelen van de kredietwaardigheid van een bedrijf. Meurs streeft naar een cijfer van 'ruim boven de drie'. Na deze stroom overnames daalt deze rentedekkingsratio van 3,91 naar 3,58.

Ook op het Zaanse hoofdkantoor zijn er mensen die twijfelen. Gaan we niet veel te hard? Ze vinden US Foodservice moeilijk te doorgronden. De beloftes van synergie en samenwerking vinden ze helemaal ongrijpbaar. Net als Van der Hoeven, de president lijkt te zijn opgestegen. Het was al moeilijk hem met kritiek te bereiken, nu is het onmogelijk geworden. Een enkeling vraagt zich af hoe het mogelijk is dat hij zelf zo overtuigd kan zijn van zijn gelijk. Misschien komt dat toch vooral door het applaus. Tussen gelijk hebben en gelijk krijgen zit altijd een gat. Kijkend naar de oplopende koers krijgt Van der Hoeven in ieder geval zijn gelijk.

Ahold doet het nu weer beter dan de grote concurrenten. Wal-Mart gaat niet goed in Duitsland en de fusie tussen Carrefour en Promodes gaat ook niet vanzelf. Het helpt allemaal. En daarbij profiteert Ahold als geen ander van de lagere koers van de euro. Kennelijk spreekt ook het Foodservice-verhaal inmiddels tot de verbeelding van de beleggers. In termen van koers-winstverhouding is Ahold nog steeds een middenmoter en dus een aantrekkelijke belegging voor mensen die hun handen aan de internetsector hebben gebrand. De koppen in de media krijgen steeds vaker chocoladeletters als het over Ahold gaat en het overgrote deel van de banken en analisten geeft een koopadvies. Alles wat Van der Hoeven aanraakt lijkt in goud te veranderen. Velen willen daar graag een graantje van meepikken.

Van der Hoeven geniet van zijn succes. Als de 57-jarige Jan Michiel Hessels van Vendex eind 2000 opstapt als bestuursvoorzitter omdat hij vindt dat 'de scherpte eraf is' vraagt een journaliste van *Intermediair* aan Van der Hoeven wat voor hem nou een reden is om op te stappen. Hij weet dat precies: 'Je bepaalt natuurlijk vooral zelf of je weg gaat. Als ik eraan twijfel of ik nog een bijdrage lever, is het moment daar om te stoppen. Je moet bovendien een antenne hebben voor signalen die anderen geven over je functioneren, zoals je collega's of de commissarissen. Maar ook als mijn eigen vrouw zou zeggen: je bakt er niets van, is het afgelopen. Zij heeft daar een goed gevoel voor.'

Januari 2001 begint met de versterking van de Raad van Bestuur, met het aantreden van Theo de Raad. Van der Hoeven heeft hem zelf uitgekozen, hij vindt hem een ideale allrounder. Ergens ziet hij zelfs zijn opvolger in De Raad. Met de bijna 56-jarige De Raad versterkt Van der Hoeven zijn Raad opnieuw met iemand die ouder is. De Raad is van plan in ieder geval zes jaar te blijven, tot zijn pensioen.

De Raad werd vijf jaar geleden bestuursvoorzitter van de Makro-winkels van de SHV en ging mee toen deze winkels werden verkocht aan het Duitse Metro. Dat hield hij twee jaar vol. Voor SHV zette De Raad in Azië in een paar jaar tijd een succesvolle keten Makro's op. Tegen *Het Financieele Dagblad* zegt hij later: 'Ik heb de keuze tussen stoppen en wat commissariaten nemen of nog wat leuks gaan doen voor Ahold in Azië en Latijns-Amerika. Mijn deskundigheid ligt in het opbouwen van activiteiten, zeker in deze regio's, en in kostenbewustzijn. Daarvoor ben ik ook gehaald, want daar ligt niet Aholds kracht.'

Hij gaat zich bij Ahold op speciale projecten richten en zal vanaf februari volgend jaar de Azië en Zuid-Amerika-portefeuille van Allan Noddle overnemen, die dan met pensioen gaat. Op het Zaanse hoofdkantoor fluisteren mensen dat Van der Hoeven meer kijkt naar de mate waarin iemand hem bewondert dan dat hij echt goed naar de professioneel inhoudelijke overwegingen kijkt. Opnieuw lijkt de Raad van Bestuur met iemand te worden versterkt die het niet eenvoudig zal vinden nee te zeggen tegen de bestuursvoorzitter.

Het valt De Raad al snel op dat er binnen de Raad van Bestuur een duidelijke tweedeling is tussen de operationele mensen zoals hijzelf, Jan Andreae en Bob Tobin die vooral veel op pad zijn en de *ceo* en *cfo* in Zaandam. De overnamestrategie, de onderliggende analyses, de boekenonderzoeken, de financiering van overnames: dergelijke onderwerpen liggen duidelijk bij Van der Hoeven en Meurs. Die doen dat echt vooral samen. In die zin opereert de Raad van Bestuur duidelijk niet als een eenheid.

Het is Bob Tobin, binnen de Raad van Bestuur de verantwoordelijke man voor de VS, ondertussen opgevallen dat de baas van US Foodservice liever geen pottenkijkers in zijn buurt heeft. Jim Miller, zijn marketingdirecteur en plaatsvervanger Mark Kaiser en directeur inkoop Jim Lee werken al zeker 20 jaar met elkaar samen. Ze doen dingen op hun manier. Een manier die slecht controleerbaar is. Regelmatig doen verhalen de ronde over de informele wijze waarop deals met (grote) leveranciers worden gesloten. Niet zelden mondeling. Het draait in deze industrie allemaal om contacten, goede contacten.

Veel van de deals die de top van USF met zijn leveranciers maakt, worden kennelijk niet vastgelegd. Feit is in ieder geval dat zowel bij de leveranciers als bij USF mensen zitten met eenzelfde belang: zoveel mogelijk omzet realiseren. Zoveel mogelijk spullen bij die restaurants, ziekenhuizen en gevangenissen wegzetten. Dat doel verbindt ze. Niet in de laatste plaats om dat voor allebei ook geldt dat een groot deel van hun salaris uit bonussen bestaat. Bonussen die gerelateerd zijn aan de omzet die ze realiseren. USF adverteert met banen voor inkopers waarbij de helft van het salaris gebaseerd is op de geleverde prestaties. In deze sector is dat niet ongebruikelijk.

Een zekere mate van samenspanning tussen leveranciers en de distributeur USF is zo onvermijdelijk. De controle op dat mechanisme is dun. Bij USF maar ook bij de leveranciers. Die hebben ook niet altijd een goed zicht op hun verkopers. Deze vertegenwoordigers werken vaak op commissiebasis en zitten in het veld, verspreid over het hele land. De afstand tot de controlerende accountants op afstand van het hoofdkantoor is groot. Op dat hoofdkantoor hopen ze bovendien vooral dat die vertegenwoordigers goed verkopen. Hoe ze dat precies doen, is minder belangrijk.

De hoop dat het door Tobin als kwalitatief goed beoordeelde management van het net overgenomen PYA Monarch de boel wat openbreekt vervliegt snel. Na de overname verlaten veel Monarch-managers het bedrijf, waaronder de voormalige *ceo* van Monarch W. McFall Pearce.

De boel zit potdicht. Het management van US Foodservice laat geen buitenstaanders toe. Eind 2000 wordt George Holm bij Sysco weggehaald en tot *executive vice president* benoemd. De kennis van Holm moet ingezet worden om dezelfde marges te realiseren als Sysco. Daar incasseren ze zo'n 7-8 procent aan kortingen bij leveranciers, US Foodservice zit gemiddeld bijna 2 procent lager. Holm kan er wellicht voor zorgen dat US Foodservice zijn pakket aan eigen producten versterkt. Maar na zes maanden laat Miller weten dat Holm geen bijdrage levert. Dat hij alleen maar loopt te vertellen hoe goed ze alles voor elkaar hadden bij Sysco. Exit Holm.

Tobin zorgt ervoor dat een Ahold-manager verantwoordelijk wordt voor personeelszaken bij US Foodservice. Als hij het hoofdkantoor van US Foodservice in Columbia, Maryland, bezoekt komt hij erachter dat deze Ahold-manager ver weg wordt gehouden van de oude garde. Hij zit in een andere vleugel van het gebouw en heeft nauwelijks toegang tot de echte beslissers.

De zorgen over de kwaliteit van het controlesysteem blijven. Maar binnen de Interne Accountantsdienst van Ahold wordt geconstateerd dat een behoorlijk deel van de 200 miljoen dollar aan bonussen toch lijkt te zijn gerealiseerd.

Cees van der Hoeven en Jim Miller hebben elkaar ondertussen helemaal gevonden. Ze lijken op elkaar. Niet alleen in hun liefde voor hun bedrijven, hun *baby's,* en de wens om de grootste te worden. Ze zijn ook allebei voor de tweede keer getrouwd en houden, gestimuleerd door hun veel jongere vrouwen, van uitgaan en feesten. Annita van der Hoeven en Kara Miller kunnen het ook erg goed met elkaar vinden. Van der Hoeven vertrouwt zijn vriend Jim Miller.

Ernie Smith heeft ondanks zijn twijfels over de kwaliteit van het controlesysteem zin in deze nieuwe uitdaging. US Foodservice (USF) is na de overname van PYA Monarch de grootste dochter van Ahold in de Verenigde Staten. Het is toch de tweede speler in de VS. Bovendien wordt al met de nummer drie Alliant gesproken. Dat maakt het bedrijf nog groter. Het is een mooie uitdaging voor de 43 jarige *cfo*.

De eerste werkdag van Ernie Smith, dinsdag 2 januari 2001, kan hij meteen aan de slag. Het jaar 2000 moet worden afgesloten. Hij schrikt opnieuw: van de kwaliteit van de informatie en de mensen die hij aantreft. Het is allemaal uitermate zwak. Wat ook niet helpt is de combinatie van verschillende functies. Zo is de afdeling die gaat over de contracten met de leveranciers ook verantwoordelijk voor de inning van de centen.

In die eerste week maakt Jim Miller hem duidelijk dat hij gevoelig is voor alles wat zich buiten USF afspeelde. De belangen van USF moesten voorop worden gesteld. De twee spreken af dat Smith niets naar buiten brengt voordat hij het met Miller heeft besproken.

Smith verbaast zich over de managementstijl van Miller. Tijdens de bijeenkomsten met de Raad van Bestuur worden nauwelijks zaken van gewicht besproken. Besluiten neemt Miller bij voorkeur in één op één-gesprekken met zijn collega's. Hij komt ad hoc een kamer binnen, gooit de deur dicht en steekt van wal. Geen agenda, geen notulen, alleen besluiten. Miller is gepassioneerd over zijn bedrijf, zijn *baby* en runt het alsof het helemaal van hem is.

Eind februari sluit Smith met hangen en wurgen de boeken. Niet op de manier zoals hij het idealiter zou willen doen, maar hij is tevreden op basis van de informatie die hij dan heeft. Ondertussen bouwt hij aan het verbeteren van de verschillende systemen. Hij pleit voor het centraliseren van de verschillende systemen en installeert daarvoor onder meer softwarepakketten die het bij PYA Monarch goed doen. Iedereen vindt dat een goed geleid en transparant bedrijf. De Raad van Bestuur stemt in met zijn plannen.

Smith neemt het zogenaamde *performance allowance tracking system* van PYA Monarch over. Dit is een geautomatiseerd systeem dat zodra er een beloofde korting met naam en toenaam wordt ingeboekt een brief stuurt naar de leverancier waar dit geld vandaan moet komen. De leverancier wordt dan gevraagd om de hoogte van het bedrag te bevestigen door de brief getekend terug te sturen naar de accountant van USF. Met elkaar spreken ze in het management van USF af dat dit systeem zo snel mogelijk moet werken. Mensen van PYA Monarch komen over om de medewerkers van USF te trainen op het nieuwe systeem.

Eind februari, begin maart, stelt Smith vast dat er nauwelijks data in het nieuwe controlesysteem worden ingevoerd. Dat baart hem zorgen, die vreemde post van ongeveer 200 miljoen dollar van een jaar eerder is inmiddels opgelopen tot ongeveer 500 miljoen dollar. Geld dat in de vorm van allerlei verschillende kortingen nog binnen moet komen maar waarvan onvoldoende duidelijk is aan welke omzetten en leveranciers het hangt.

Smith maakt zich zorgen. En naarmate het langer duurt: grote zorgen.

De *cfo* tikt Jim Miller op zijn schouder en stelt dat hij ervoor moet zorgen dat zijn mensen het nieuwe systeem gaan voeden. Dat hadden ze toch afgesproken?! Het gebeurt niet. Miller houdt het formaliseren van die informatiestroom af.

Verschillende keren probeert Smith bij Miller, Kaiser en Lee te achterhalen aan welke geldstromen de ingeboekte kortingen hangen. Kortingen die wel steeds in hun volle omvang direct doortikken naar de winst onder de streep. De mannen komen met mooie verhalen, maar geven de details over hun deals met de leveranciers niet prijs.

Tegen Cees van der Hoeven en andere leden van de Raad van Bestuur begint Miller te klagen over Smith; dat deze zich onmogelijk maakt in het managementteam. De relatie tussen Smith en Miller verslechtert snel. Als de *cfo* merkt dat hij geen voet aan de grond krijgt, doet hij iets wat in grote bedrijven overeenkomt met zelfmoord. Hij belt achter de rug van zijn baas om met Michiel Meurs. Hij vertelt Meurs dat het hem niet lukt om grip te krijgen op deze informatiestromen. Hij waarschuwt: als we hier geen grip op krijgen, hebben we een groot probleem.

Meurs kaart dit aan bij Van der Hoeven en Tobin, samen praten ze erover met Miller. Jim Miller stelt het tweetal gerust en wijst erop dat Smith zich niet erg populair heeft gemaakt in het management team. Miller en Smith hebben op verschillende onderwerpen conflicten. Van der Hoeven, Meurs en Tobin geloven Miller.

Miller staat dan al met één been in de Raad van Bestuur, hij mag na de zomer tot het hoogste gremium toetreden. Een benoeming die enige verbazing wekt. Na de affaire Ahlqvist is het huisregel geworden dat RvB-leden niet meer verantwoordelijk kunnen zijn voor één aparte werkmaatschappij. In zo'n dubbelfunctie moet de bestuurder zichzelf gaan controleren. Maar voor Miller wordt een uitzondering gemaakt. Oud-bestuurders als Peter van Dun en Rob Zwartendijk waarschuwen Van der Hoeven voor Miller, die cijfers laat zien die volgens hen niet eens kunnen, maar de Ahold-president lijkt in de ban van deze 'cijfertovenaar'.

Ernie Smith niet meer. Zijn positie is onhoudbaar geworden. Een week na zijn waarschuwingen besluit hij US Foodservice te verlaten. Hier kan hij zijn werk niet meer doen. Op het hoofdkantoor vinden verschillende mensen het zonde dat deze in hun ogen betrouwbare *cfo* het bedrijf moet verlaten. Smith heeft vele jaren goed werk geleverd als financiële man bij Giant en later Ahold USA. Er worden pogingen ondernomen om dit te voorkomen, maar die komen niet aan. Bob Tobin heeft nog een exitgesprek met hem. Smith legt opnieuw uit dat het bedrijf geen enkel zicht heeft op de hardheid van die alsmaar groeiende post leverancierskortingen. Twee weken na zijn ontslag zet Smith zijn hele verhaal nog een keer in een memo en stuurt dit naar Meurs.

Terwijl de affaire met Smith speelt, zegt Van der Hoeven tegen *Het Financieele Dagblad*: 'We staan met grote regelmaat voor dilemma's tussen commerciële en maatschappelijke normen. De meest eenvoudige daarbij zijn nog dat leveranciers aan afnemers onder de tafel om extra incentives vragen. Er is geen discussie over dat Ahold daar niet aan meedoet en ook nooit aan mee zal doen.'

In het voorjaar van 2001 krijgt Van der Hoeven bezoek van Bram Peper. Na de PvdA-coryfee op verschillende gelegenheden te zijn tegengekomen heeft hij hem uitgenodigd eens naar Zaandam te komen. Het is een informele ontmoeting. Met de benen op tafel wordt over van alles en nog wat gesproken. De socioloog Peper is gefascineerd door het fenomeen Ahold en praat met Van der Hoeven over leiderschap en over de opkomst en ondergang van succesvolle leiders.

Peper weet als geen ander hoe kwetsbaar leiders zijn. Hij zit midden in een gevecht met de *forensic accountants* van KPMG die hem ervan hebben beschuldigd als burgemeester van Rotterdam te hebben gefraudeerd met declaraties. De aantijgingen hebben een jaar eerder tot zijn aftreden als minister van Binnenlandse Zaken geleid. Peper waarschuwt de Aholdbestuursvoorzitter: 'Ik hoop dat jouw accountants beter zijn dan die club die met mij bezig is geweest.'

Het hoofd van de Interne Accountantsdienst, Paul Ekelschot, gaat in elk geval een jaar vervroegd met pensioen. Zijn zorgen over de gebrekkige controle zijn er niet minder op geworden. Het dreigement van Henny de Ruiter om geen toestemming meer voor nieuwe overnames te geven zolang het controleapparaat niet op orde is, is tot zijn grote verdriet een loos dreigement gebleken. Na het gedoe rondom de opvolging van Cor Sterk is zijn contact met Van der Hoeven er de laatste jaren niet beter op geworden.

Ekelschot wordt opgevolgd door een man die hij zelf heeft uitgekozen: Thijs Smit. Die volgt de lijn van Ekelschot, hij is kritisch op de controle. In het wekelijkse overleg met Meurs vraagt hij zich af waarom Meurs er niet voor heeft gezorgd dat de *cfo's* in de werkmaatschappijen handlangers van hem zijn. Smit vindt dat dit nodig is om grip op die vaak nieuwe vreemde bedrijven te krijgen. Meurs wimpelt dat af. Hij gelooft, net als Van der Hoeven, in de kracht van het lokale management.

Meurs overlegt met Smit en de rest van zijn staf wat ze met de twijfels van Smith moeten doen. Ze vinden eigenlijk allemaal dat dit stinkt en dringen aan op actie. De memo van Smith heeft toch ook bij Tobin wat losgemaakt. Het onderwerp komt aan de orde in het audit-committee onder leiding van Henny de Ruiter. Ook daar vinden ze dat er actie moet worden ondernomen richting USF, al met al zitten ze nu al ruim een jaar met die gebrekkige controle in hun maag. Hebben ze in hun haast een ziek bedrijf gekocht?

Meurs en Smit reizen in mei samen af naar de VS. Ze constateren dat de controle uiterst ondoorzichtig is. Maar ze constateren niet dat het confirmatiesysteem helemaal niet deugt. Ze stellen vragen, veel vragen. Opnieuw zijn er dezelfde verklaringen. Er zijn veel bedrijven overgenomen waarvan de systemen nog niet zijn geïntegreerd. De hoogte van het bedrag aan nog te innen bonussen wordt gerelativeerd door erop te wijzen dat Sysco nog hogere bonussen realiseert. Overigens zet Sysco vooral veel eigen merken, *private labels,* in de markt. Daar zit veel meer marge op dan de dure A-merken waar US Foodservice veel meer aan vast zit. Grote leveranciers als Unilever en Sara Lee laten niet met zich sollen als het over de prijs gaat.

Ze krijgen geen vat op het systeem. De boel zit potdicht. In navolging van Ekelschot stelt ook Smit vast dat de beheersing van de hele gang van zaken in ieder geval bedroevend is, ook hij spreekt over een groot fraude-risico. Samen met Deloitte & Touche wordt besloten het confirmatiesysteem te verbeteren. De rekening voor de hulp van de externe accountants komt op 850.000 dollar. Het vernieuwde systeem wordt in de zomer van 2001 geïmplementeerd. Steeds als in het systeem een bonus wordt genoteerd gaat er een brief uit naar de desbetreffende leverancier om daar te checken of de hoogte van die genoteerde korting klopt. Met het verzoek die brief dan getekend terug te sturen naar de accountants. Dat is in ieder geval de bedoeling. Miller is verontwaardigd. Hij vindt dat het hoofdkantoor de zaak uit zijn handen heeft gehaald.

Eén conclusie is al wel getrokken in Zaandam: de nog maar één jaar oude fantasieën van de Raad van Bestuur over een intensieve samenwerking tussen de retailbedrijven en de foodservicetak blijken nauwelijks realiseerbaar. Laat staan dat er snel kosten kunnen worden bespaard. De culturen zijn te verschillend. Daar waar de lijnen binnen Ahold USA samenkomen is veel frictie en irritatie. Daarom wordt besloten om de twee organisaties uit elkaar te trekken. Ahold USA en US Foodservice komen naast elkaar te staan, allebei dus met een eigen man in de Raad van Bestuur.

Bij de presentatie van de jaarcijfers in mei valt het journalisten op dat de president inmiddels niet meer gewoon loopt, maar schrijdt. De Koninklijke Ahold heeft een koninlijke president. Hij viert een onbescheiden feestje: voor de dertiende keer op rij doet Ahold het beter dan de markt had verwacht. De afgelopen tien jaar verzesvoudigde de omzet en vernegenvoudigde de nettowinst. Op de beurs werd het bedrijf achttien keer zo groot. 'U herinnert zich wellicht dat we in 1995 erg ambitieus klonken toen we ons ten doel stelden om in 2000 een omzet te halen van 50 miljard gulden en een nettowinst van 1 miljard gulden. We hebben die doelen vorig jaar ruimschoots gehaald en niet in guldens maar in euro's', constateert een breeduit grijnzende Van der Hoeven.

Over 2000 is de omzet met 55,7 procent toegenomen naar het astronomische bedrag van 51,5 miljard euro. Zonder de overnames en het gunstige effect van een dure dollar blijft een groei van 6,3 procent over, maar daar denkt vrijwel niemand aan. De winst is met 48 procent gestegen tot 1,1 miljard euro.

Dat over 2000 voor 5,5 miljard euro aan goodwill van het eigen vermogen werd afgeboekt en de solvabiliteit van het bedrijf ondanks twee aandelenemissies daarmee tot onder 10 procent zakte, lijkt weinigen zorgen te baren. Hoewel: in februari organiseert Ahold USA een zogeheten *leveraged lease*-transactie. Hierbij wordt voor 638 miljoen dollar aan vastgoed verkocht en weer teruggehuurd van de nieuwe eigenaar. Op de korte termijn levert dit een flinke klap geld op, je kan het alleen maar een keer doen. Er moest ook flink worden geleend, waardoor de rentedragende schulden toenamen van 3,8 miljard euro eind 1999 naar 8,5 miljard nu. Als gevolg daarvan daalde de voor Meurs belangrijke *interest-coverage ratio* verder. Kon Ahold in 1998 de te betalen rente 4,2 keer uit het bedrijfsresultaat halen, nu is dat nog maar 3,2 keer. Over het eerste kwartaal van 2001 is dit cijfer zelfs onder de voor Ahold belangrijke ondergrens van 3 gezakt.

Niemand maakt zich druk over het keurig achter in het jaarverslag gemelde feit dat Ahold volgens Amerikaanse accountancyregels US GAAP op een nettoresultaat van 811 miljoen euro uitkomt, 300 miljoen euro minder dan het gepresenteerde cijfer op Nederlandse grondslagen. Een controller of accountant van de oude garde haalt zijn wenkbrauwen misschien op, *dealmakers* als Van der Hoeven, Meurs en Verhelst niet. Ze voelen zich goed om de doodeenvoudige reden dat de koers van het aandeel met 35,50 euro weer bijna op het oude record staat. En de markt heeft altijd gelijk. Zolang dat vertrouwen er is, hoeft niemand zich zorgen te maken.

Enthousiast belooft de Ahold-top de beleggers opnieuw een groei van de winst per aandeel met 15 procent. Op de vraag of Van der Hoeven bang is voor een recessie zegt hij: 'Nee hoor, mensen moeten altijd eten, ook als zij minder te besteden hebben.'

Aan de nieuwe baas van Albert Heijn, Dick Boer, zal het niet liggen. Boer heeft zichzelf als *ceo* boven de directie gehangen en zijn directie collectief verantwoordelijk gemaakt voor het resultaat en hun gezamenlijke bonus daarvan afhankelijk gemaakt.

Albert Heijn staat voor een ingewikkelde klus. Aan de ene kant moet er iets tegenover de op meer service gerichte Konmar-plannen van concurrent Laurus worden gezet. Aan de andere kant moet AH marktaandeel vasthouden door weer toegankelijk en betaalbaar te worden voor het gewone gezin. De speelruimte is na Van Solt beperkt: Boer wil per se onder de streep vijftien procent meer overhouden.

Hij vraagt mede-directeur Tom Heidman iets te bedenken. Die stelt voor de advertenties in dagbladen te vervangen door een eigen wekelijks krantje en zo een nieuwe groep klanten aan te trekken. Bovendien wordt besloten meer non-food spullen in de winkels te zetten. De succesvolle pc-verkoop onder Van Solt moet met andere zaken worden herhaald, op nonfood zit bovendien meer marge. Potten, pannen, zaktelefoons, gezondheidsproducten, van alles komt de winkels binnen.

Onder de naam 'Operatie Pitsstop' wil Boer de winkels afhelpen van hun steriele, commercieel te weinig daadkrachtige uitstraling. Het werkt goed. Door de krantjes van Heidman komt een nieuw publiek de winkels in en het oude publiek dat via de krantenadvertenties naar binnen werd gelokt, blijft nog even hangen omdat ze dat toch gewend waren.

Het is mei 2001, de verjaardag van Ahold wordt dit jaar groots gevierd, in Zuid-Limburg. Tweehonderd bestuurders en managers zijn uitgenodigd. Annita van der Hoeven speelt gastvrouw. Die rol heeft ze in de afgelopen jaren steeds meer naar zich toe getrokken. Zij organiseert het *ladies*-programma als de mannen zitten te praten over aanpassingen in het budget. Op kosten van Ahold mogen de vrouwen naar kapper en schoonheidsspecialist.

Het zeker 3 miljoen gulden kostende festijn duurt vijf dagen. Iedere avond is er iets. Annita zorgt ervoor dat er spelletjes worden gedaan en dat er gesport kan worden. Ze ziet toe op de aankleding van het feest en zorgt er onder meer voor dat voor een kapitaal in bloemen wordt geïnvesteerd. Bloemen die uit Laren moeten komen.

De Ahold-president en zijn vrouw hebben het zichtbaar goed met elkaar. Dat mag heel Nederland zien. Later dit jaar zitten Cees en Annita samen bij Astrid Joosten in het personalityprogramma Oog in Oog. Op de vraag of het bevalt om een *corporate wife* te zijn legt Annita uit dat ze ervoor zorgt dat er een goede sfeer is als het management bij elkaar komt. Ze profileert zich als de partymanager van het bedrijf. Van der Hoeven glimlacht en vertelt dat hij altijd goed naar Annita luistert: als zij zegt dat het geen goed verhaal is wat ik ergens wil houden, dan luister ik daar naar...

Ahold is een reus. Ahold is nummer drie van de wereld. Het slotfeest van deze Dies is in het Limburgse Chateau St. Gerlach. Dit is een hoogtepunt.

Het is vooral ook het feest van Bob Tobin, die in augustus opnieuw de overstap gaat maken naar de RvC. Van der Hoeven laat de gouverneur van Zuid-Limburg opdraven om aan Tobin een hoge koninklijke onderscheiding uit te reiken. Hij wordt Officier in de Orde van Oranje Nassau. Verschillende oud-bestuurders geloven hun ogen niet, ze generen zich. Niet eerder werd een lid van de RvB zo de hemel in geprezen. Van der Hoeven wil Tobin bedanken voor alles wat hij voor het bedrijf heeft gedaan. Het geweldige Stop & Shop, het invallen voor Noddle, het binnenbrengen van US Foodservice.

Tobin is verguld. Hij laat de zaak in goede handen achter. Zijn protégé Billy Grize zal zijn plek in de Raad van Bestuur overnemen en zijn vriend Jim Miller krijgt nu zelf ook een zetel. Dit is voor hem een hoogtepunt in zijn 42 jaar oude carrière.

Jim Miller glundert. De baas van US Foodservice is de grote onbekende op deze bijeenkomst. Hij is de meest opvallende nieuwe gast. Vooral de prachtige en veel jongere vrouw van de baas van Foodservice zorgt voor het nodige commentaar.

Van der Hoeven is de ideale gastheer. Hij zorgt ervoor dat iedereen het naar de zin heeft. Regelmatig pakt hij de microfoon. Zijn speeches en grappen en grollen worden regelmatig door een luid applaus onderbroken. Zijn gezag is onaantastbaar

De vrouwen die tijdens dit soort gelegenheden naast hem aan tafel zitten, verbazen zich. Zodra de grote voorman weer gaat zitten blijkt het moeilijk om echt met hem in contact te komen. Hij vindt het duidelijk moeilijk om over zichzelf of over emoties te spreken. Hij lijkt betrokken maar zij vinden hem juist erg afstandelijk.

Van der Hoeven is zich daar soms van bewust. In een interview met *Management Team* later dit jaar, laat hij zich verleiden tot persoonlijke ontboezemingen. 'Drie dingen hebben mij als persoon het meest beïnvloed: het overlijden van mijn vader, mijn scheiding alsmede mijn relatie tot mijn twee kinderen uit dat eerste huwelijk, en de geboorte van mijn jongste zoon uit een nieuwe verbintenis.'

Verderop zegt hij: 'Ze hebben me geleerd dat ik niet goed ben in het communiceren over emoties. Dat ik daar moeite mee heb. En dat zich dat wreekt. Het is een essentieel onderdeel van het leven. Het is belangrijk om te doen. Het is een gevolg van de manier waarop je bent opgevoed. Ik kom uit een behoorlijk intellectueel milieu. Mijn vader was accountant. Iets meer warmte tonen... Tja... Ik had graag wat meer warmte getoond. Toen en nu.'

Verschillende Ahold-collega's herkennen dit. Heel soms, vaak in een barretje na een paar biertjes, kan hun baas opeens gevoelig en emotioneel reageren. Hij lijkt dan door te slaan. Hij spreekt dan met ze op een toon alsof ze vrienden zijn en om dat te bewijzen vertrouwt hij ze van alles toe: over wat hij van andere mensen in de Raad van Bestuur vindt en hoe hij de boel daar af en toe voor de gek kan houden. De president laat zijn ondergeschikten vaak in verwarring achter. Vooral ook omdat hij de dag erna doet alsof er niets is gebeurd.

President-commissaris Henny de Ruiter krijgt geen grip op Van der Hoeven. Die enorme groei, de steeds grotere beloftes. Hij vindt dat het wel heel hard gaat. Maar Van der Hoeven bezweert hem keer op keer dat hij zich geen zorgen moet maken. En de koers lijkt hem gelijk te geven. Op 3 juli 2001 komt het aandeel in de buurt van het oude record met een koers van 37,30 euro.

Heel veel tijd kan De Ruiter trouwens niet aan Ahold schenken. De dan al weer een paar keer tot machtigste man van zakelijk Nederland uitgeroepen supercommissaris heeft het druk. Vooral met Corus. Amper een jaar na de fusie tussen British Steel en Hoogovens hebben de commissarissen de twee directievoorzitters naar huis gestuurd. Ze vonden dat ze onvoldoende hard ingrepen bij het staalbedrijf. Overigens is De Ruiter ook president-commissaris bij Wolters Kluwer en Beers, is hij vice-voorzitter van de RvC bij Aegon en commissaris bij Heineken, Vopak en Koninklijke Olie. Bij Beers, Vopak en Wolters Kluwer sidderen bestuurders nog na van de harde ingrepen die onder zijn verantwoordelijkheid hebben plaatsgevonden.

In een zeldzaam interview, met het directeurenblad *Elan*, laat De Ruiter weten ongeveer 50 uur per week met deze commissariaten bezig te zijn, een uurtje of vijf per commissariaat dus. Hij stelt heel goed 'een luikje dicht te kunnen doen' om zich op een ander commissariaat of zijn gezin te kunnen concentreren. 'Als je dat niet kan, ben je niet geschikt voor deze baan.'

De Ruiter hamert in dit gesprek op het belang van een goede opvolging, van *management development*. Het is hem opgevallen dat veel goede *hands on*-managers vaak vinden dat geen enkele opvolger deugt. De Ruiter vindt het zijn taak om te blijven vragen naar een goed verhaal over de opvolging. Want die moet als het aan hem ligt vanuit de organisatie komen. 'Als je moet terugvallen op een buitenstaander, krijg je iemand aangeboden die net de here Jesus is: daar mankeert niets aan. Dat kan toch niet, zeg ik dan altijd tegen die headhunters.'

Als De Ruiter gevraagd wordt hoe hij in dit verband naar opvolgers speurt voor bestuursvoorzitters als Karel Vuursteen (Heineken), Kees Storm (Aegon) en Cees van der Hoeven zegt hij: 'Je zou ze moeten kunnen klonen, maar dat kan helaas niet. Van der Hoeven is zo'n *thoroughbred*, zo'n raspaard waar hij het zelf altijd over heeft. Weet wat hij wil en maakt goede keuzes. Heeft zijn Raad van Bestuur ook goed in de hand. Een genot om die man als bestuursvoorzitter te hebben.'

Het begrip volbloed of raspaard is behoorlijk ingeburgerd in de top van het bedrijf. Tijdens de jaarlijkse bijeenkomst op Lauswolt dat voorjaar geeft Van der Hoeven een presentatie aan zijn concurrenten en leveranciers. Hij legt nog eens uit dat alleen echte volbloed-bedrijven in zijn stal welkom zijn. Hij krijgt een staande ovatie. In de pauze stappen verschillende directeuren op hem af met de vraag of hij hen niet wil overnemen.

Maar raspaarden zijn eigenwijs. In een interview met *Management Scope*, zegt Van der Hoeven: 'Iedere maandagochtend is er een ochtendgebed. Dit heeft jarenlang bij mij plaatsgevonden. Dat is nu overgenomen door Michiel Meurs, de *cfo*. Daar komt alles wat speelt op tafel. Er zitten twintig man bijeen, dat zijn het tweede en derde echelon, die alles met elkaar bespreken en een actieplan voor de week maken. Nee, ik zit daar niet meer bij. Daarom is het ook niet besluitvormend. Maar ik ben te dominant.'

Op 3 september 2001 voltrekt zich een drama in de Raad van Commissarissen van Ahold. Cor Boonstra stapt na anderhalf jaar op. Hij is weer in opspraak gekomen. De voormalige Philips-topman was al omstreden na de aantijging dat hij via zijn relatie met Endemol-commissaris Sylvia Tòth met voorwetenschap zou hebben gehandeld in aandelen Endemol. Het juridisch onderzoek loopt nog. Nu is bekend geworden dat hij in augustus 2000 aandelen Ahold heeft verkocht in een zogenaamde 'gesloten periode', een periode waarin bestuurders niet mogen handelen omdat ze mogelijk over kennis beschikken die gewone beleggers nog niet hebben.

Volgens de reglementen van Ahold mag een commissaris één maand voor de publicatie van kwartaalcijfers niet handelen. Boonstra verkocht zijn stukken dertien dagen voor het moment waarop de supermarktketen met kwartaalcijfers naar buiten kwam. In reactie op de toen ook bekendgemaakte overname van het Spaanse Superdiplo daalde de koers van Ahold op 7 september met 4 procent naar 31,66 euro. Boonstra verkocht eerder zijn stukken voor 32,24 euro. Hij verzuimde de transactie bovendien te melden. Iedereen is geschokt. De Ruiter vindt het nog te vroeg voor een oordeel maar hij laat er geen twijfel over bestaan dat dit niet mag. Exit Boonstra.

De Raad van Commissarissen krijgt in de loop van 2001 versterking van drie mensen. Naast Bob Tobin en ICA-voorman Roland Fahlin treedt ook de voormalige Amerikaanse ambassadeur in Nederland Cynthia Schneider aan. Schneider is vlak voor haar vertrek als ambassadeur in juni door Van der Hoeven persoonlijk gevraagd toe te treden tot de Raad van Commissarissen. Later tijdens een etentje in De Hoop op d'Swarte Walvisch wordt dit beklonken. De Ahold-president ligt in Nederland onder vuur. Hij heeft al enige tijd de mond vol over vrouwelijke managers, maar uit een onderzoek van de *Wallstreet Journal* naar de dertig machtigste zakenvrouwen in Europa blijkt dat er niet één Nederlandse vrouw bij zit. Als de Amerikaanse journalist aan Van der Hoeven vraagt hoe dit komt antwoordt hij: 'Er is geen enkele vrouw in dit land die ik in mijn raad van bestuur wil hebben.' Nederlandse vrouwen missen volgens hem de brede nationale en internationale ervaring in de detailhandel. Hij krijgt een storm van kritiek over zich heen

Maar hij presenteert nu dus wel een vrouwelijke commissaris. En eentje die zich kwetsbaar opstelt. De hoogleraar kunstgeschiedenis laat weten weinig van cijfers te begrijpen. Ze krijgt een middag bijles van Bert Verhelst. Die probeert haar het verschil uit te leggen tussen US GAAP en Dutch GAAP. Schneider maakt duidelijk meer geporteerd te zijn van de Amerikaanse methode, maar geeft aan het eind van de les ook ruiterlijk toe dat ze er niets van heeft begrepen.

De cijfers over de eerste helft van 2001 liggen weer boven de verwachting van de analisten. De winst per aandeel steeg met 18,8 procent exclusief valuta-invloeden en de afschrijving van goodwill die Ahold sinds dit jaar op de balans zet. Als deze effecten wel worden meegenomen stijgt de winst nog met 8,7 procent. Vooral de supermarktketens in de Verenigde Staten doen het goed met een autonome omzetgroei van 8 procent. Zij vormen volgens Van der Hoeven 'de grote motor achter deze resultaten'.

Hij is enthousiast over US Foodservice: 'De integratie van PYA Monarch is snel en zeer succesvol verlopen. Het toont de vaardigheid van USF om nieuwe ondernemingen probleemloos te integreren.' Meurs vult hem aan: 'Over twee jaar verdienen we evenveel aan foodservice als aan supermarkten, we gaan op dit gebied exponentieel groeien.' Van der Hoeven lachend: 'We zijn opgewonden over Foodservice.' Aan de ene kant laat hij weten dat het bedrijf de komende jaren fors zal gaan investeren in het uitbouwen van de foodserviceactiviteiten, aan de andere kant houdt hij de mogelijkheid voor een grote Europese overname duidelijk open: 'Ik ben redelijk optimistisch dat een aantal Europese bedrijven op de langere termijn, zeg 3 tot 5 jaar, onze kant op komt.'

Van der Hoeven is fel als gevraagd wordt naar het, volgens een onderzoeksbureau ondanks de operatie Pitsstop, opnieuw gedaalde marktaandeel van Albert Heijn. Volgens hem is het gelijk gebleven, hij wil er verder niets over zeggen. Michiel Meurs maakt vervolgens duidelijk dat het Pitsstop-verhaal voor alles een maatregel was 'ten behoeve van de kosten-efficiency'.

Er is maar één minder goede boodschap: Latijns-Amerika. Vanwege de moeizame economische omstandigheden groeit de winst daar niet en de omzet maar een heel klein beetje. 'Gelukkig beschikken we in de regio over uitstekende managementteams en joint venture-partners, zodat we de stormen goed kunnen doorstaan.' Het vertrouwen is in ieder geval groot genoeg om Paiz Ahold een joint venture te laten sluiten met CSU, de marktleider in Costa Rica en Nicaragua. Ahold, Paiz en CSU nemen alle-drie een belang van een derde in het nieuwe bedrijf dat met 253 winkels de grootste supermarktketen van Midden-Amerika is.

De koers veert even op richting 35 euro. Een week later, begin september, slaat Ahold weer toe. Voor 2,7 miljard dollar worden de nummer drie in de markt van voedseldistributie Alliant Exchange (2,2 miljard) en super-marktketen Bruno's gekocht. Jim Miller, inmiddels lid van de Raad van Bestuur, is razend enthousiast. Ook dit is weer een 'eens maar nooit weer kans'. Van der Hoeven herkent dat enthousiasme: Miller wil ook de groot-ste worden. Groter dan Sysco, heeft hij tegen de *New York Times* gezegd. Commissaris Tobin twijfelt, hij vindt Alliant een rommelig bedrijf. Maar Miller krijgt de Raad van Bestuur mee. En dat is genoeg.

Toch lijken het twee weinig succesvolle bedrijven. Alliant is eigendom van een investeringsmaatschappij die niet wist hoe het nou verder moest bouwen aan het bedrijf en kampt als gevolg daarvan al een paar jaar met een hoge omloopsnelheid van managers. Het nettorendement ligt met 2 procent op minder dan de helft van dat van US Foodservice. Van der Hoeven zegt erop te rekenen dat dit verschil binnen drie jaar is wegge-werkt. Bruno's is verschillende keren door onder meer Rob Zwartendijk afgekeurd. Het bedrijf verkeerde vorig jaar nog in surseance van betaling. Bruno's topman Jim Demme benaderde Ahold in het voorjaar met de vraag of ze dit bedrijf alsjeblieft wilden kopen.

Voor de financiering van de twee aquisities wil Ahold voor 2,5 miljard euro aan nieuwe aandelen uitgeven. Maar een nieuwe emissie is niet zonder risi-co. De malaise op de beurs is groot. In een paar weken tijd heeft de AEX-index 25 procent van zijn waarde verloren, de koersdaling van Ahold bleef beperkt tot ongeveer 20 procent. Michiel Meurs maakt zich geen zorgen: 'Een jaar geleden hadden we concurrentie van hightechfondsen. Nu zijn we één van de weinigen. En naar een defensief aandeel dat steeds zijn doelen haalt, is altijd vraag.'

Ze besluiten tot een heel snelle emissie. Ondersteund door ABN Amro, Goldman Sachs en Merrill Lynch wil Ahold in 24 uur tijd wereldwijd de miljarden ophalen. ING, Rabo en Kempen & Co zijn uitgenodigd om lokaal een en ander in goede banen te leiden. Na de aankondiging beginnen de verkopers van de zes banken onmiddellijk hun klanten te bellen, te faxen en te mailen. Ongeveer 950 contacten worden direct benaderd. Meurs en

Van der Hoeven bellen de belangrijkste 65 beleggers persoonlijk en trekken voor ieder van hen een kwartier uit. De magie werkt nog: na 18 uur is de emissie al twee keer verkocht. Voor een koers van 31,90 euro worden in een vloek en een zucht 80,5 miljoen nieuwe aandelen uitgegeven. Het aantal uitstaande gewone aandelen Ahold bedraagt nu 912 miljoen stuks.

Het geld is net op tijd binnengehaald. Vijf dagen later is het elf september en houdt de wereld haar adem in. De aanslagen op het WTC in New York en het Pentagon in Washington raken Van der Hoeven diep. Foodservice is hofleverancier van die twee gebouwen, de trucks waren net weg toen de vliegtuigen insloegen. Het toch al wankele economische klimaat zou hierdoor wel eens flink onderuit kunnen gaan. Van der Hoeven stuurt een brief naar de managers van de werkmaatschappijen en wijst hen hierop. Hij vraagt ze bij het opstellen van hun budgetten voor 2002 vooral goed naar de kosten te kijken en waar mogelijk op de *overhead* bezuinigingen in te boeken.

Op zijn salaris wordt niet bezuinigd. Van der Hoeven haalt zijn schouders op in *Trouw*: 'Ik ben één van de best betaalde loonslaven van Nederland, maar ik besteed 85 procent van mijn tijd in de VS, Zuid-Amerika of Azië. In vergelijking met daar zijn onze honoreringen relatief bescheiden. Tegen *Management Team* zegt hij: 'Ik verdien qua salaris minder dan 2 miljoen bruto, daar komt een bonus bij van 2 miljoen. Daarnaast heb ik een optieregeling, maar over de opties van de afgelopen vijf jaar heb ik 200 procent belasting betaald, dus de netto-opbrengst is negatief. Weet Nederland niet, is wel zo. Uiteindelijk kom ik uit op een jaarsalaris van 3 miljoen gulden.'

In de ogen van beleggers, analisten en journalisten is Van der Hoeven zijn salaris in ieder geval dubbel en dwars waard. Uit onderzoek van het bureau Rematch blijkt Ahold opnieuw, voor de tiende keer, de ongekroonde koning van de Investor Relations te zijn. Zowel in de ogen van professionele beleggers, particulieren, analisten als financieel journalisten is Van der Hoeven een topman die een positieve bijdrage aan het imago van zijn onderneming levert. Het enige minpuntje is de waardering van het jaarverslag, dat vinden ze teveel een pr-verhaal. Hans Gobes heeft iets uit te leggen.

Een paar weken later krijgt Ahold de *Dutch Reputation Award*, onderzoek van Blauw Research en de Amsterdamse RAI heeft uitgewezen dat Ahold in de ogen van alle *stakeholders*, klanten, beleggers en medewerkers, het beste imago van Nederland heeft.

In de maand waarin Ahold weer wordt uitgekozen tot onderneming van het jaar en Van der Hoeven wordt getooid met de titel 'beste manager van Nederland' verkoopt Stein Erik Hagen zijn aandelen Ahold. Hij vindt dat de Raad van Bestuur van Ahold teveel met financiën bezig is en te weinig met het vak van retailer. Hij gelooft in het Amerikaanse gezegde: als je een boekhouder vraagt om op je zaak te letten, dan krijg je problemen. Hagen waarschuwt Van der Hoeven en zegt tegen hem dat hij teveel bezig is met die 15 procent groei van de winst per aandeel. Dat die groei niet realistisch is in de retail-industrie, waarin een markt als het meezit met 3 procent per jaar groeit. Van der Hoeven reageert afgemeten en laat weten dat hij 'strong targets' nodig heeft om de managers onder hem tot grote prestaties te dwingen. Hij heeft het op verschillende bijeenkomsten over 'outrageous goals'.

De timing van Hagen is goed. Erg goed zelfs. Tot het einde van het jaar loopt de koersdaling van Ahold ongeveer in de pas met die van de AEX.

De derdekwartaalcijfers zijn ongeveer conform de verwachting. De voorspelde groei van de winst per aandeel voor 2001 blijft gehandhaafd, maar één boodschap springt eruit: Ahold treft een voorziening van 220 miljoen euro voor reorganisaties bij het in elkaar schuiven van de foodservice-activiteiten. De helft van het geld is nodig om een aantal overbodig geworden distributiecentra van Alliant te sluiten. De andere helft wordt gestopt in een aanpalende reorganisatie in de distributiecentra van USF.

Analisten zijn onaangenaam verrast, ze zijn ervan overtuigd dat Meurs het een paar maanden geleden had over een voorziening van 75 miljoen dollar. Meurs laat weten dat hij zich dat niet kan herinneren: 'En als ik het wel heb gezegd, dan bied ik daar mijn verontschuldigingen voor aan.'

Maar dit soort onduidelijkheid is precies waar analisten en beleggers de afgelopen maanden flink nerveus van zijn geworden. Allergisch zelfs.

Enron, één van de grote succesverhalen van de jaren negentig is omgevallen. Met een donderend geraas. De Amerikaanse energiehandelaar maakte in april 2001 nog een stijging van het kwartaalresultaat met 18 procent bekend. Analisten berekenden dat er eigenlijk sprake was van een daling. De verwarring bleef hangen en de koers daalde van 80 naar 60 dollar. Op 16 oktober maakte het concern bekend een eenmalige tegenvaller voorziening van 1 miljard te moeten nemen. De controlerend accountant van Arthur Andersen adviseerde het Enron-management het woordje eenmalig niet te gebruiken.

De SEC stelde een onderzoek in. Begin november presenteerde Enron nieuwe jaarverslagen over 1997, 1998, 1999 en 2000. Ongeveer 20 procent van de winst in die jaren blijkt niet te zijn gerealiseerd, 2,6 miljard dollar is verdwenen. Het vertrouwen is weg. Beleggers zijn ongeveer 60 miljard dollar kwijt en hun vertrouwen in controlerende accountants. Arthur Andersen, de accountant van Enron, blijkt op grote schaal bewijsmateriaal te hebben vernietigd om zijn cliënt te beschermen. Het grootste corporate schandaal in de Verenigde Staten is een feit.

Wereldwijd staan alle accountants op scherp. En beleggers zijn meer dan ooit op hun hoede.

DE VAL

(2002-12 februari 2003)

Twintig jaar gevangenisstraf, zegt de directeur van de Interne Accountants-
dienst tegen Michiel Meurs als deze vraagt of de tweede geheime ICA sideletter
ernstig is.

Zo'n 300 directeuren en topmanagers komen op 14 januari in Grand Hotel
Huis ter Duin bij elkaar. Uit vijf genomineerden, waaronder Cees van der
Hoeven, wordt Karel Vuursteen dit keer gekozen tot manager van het jaar
2001.

Vuursteen zit in zijn laatste maanden als bestuursvoorzitter van
Heineken. Eind april treedt hij af en zal dan, zoals gebruikelijk, ingaan op
verzoeken om commissaris te worden. Onder meer bij zijn vriend Cees van
der Hoeven. Begin mei zal hij op de aandeelhoudersvergadering van Ahold
worden benoemd. De 61-jarige Wageningse ingenieur zal zich niet verve-
len na zijn pensioen. Ook in de Raad van Commissarissen bij ING,
Randstad, Heineken, AkzoNobel, Henkel, Gucci en Electrolux neemt hij
zitting.

Twee dagen later krijgt Van der Hoeven in New York de Amerikaanse
titel van 'Retailer van het jaar'. Van der Hoeven is verguld: 'We hebben
zojuist voor het 23ste kwartaal op rij een tweecijferige groei van de winst
per aandeel geleverd. Onze onderneming blijft uitstekend op koers en we
komen onze beloften na.' Hij is er trots op dat het succes van Ahold in de
VS wordt herkend. Met een omzet van 67 miljard euro vorig jaar, een verdubbeling ten opzichte van de omzet van 1999, prijkt het concern op de
58ste plek in de Fortune 500: één plaatsje boven het Zwitserse Nestlé, één
van de belangrijkste leveranciers.

Door de eind vorig jaar overgenomen bedrijven lijkt de omzetgroei ook
voor 2002 verzekerd. Maar analisten twijfelen aan de haalbaarheid van de

opnieuw beloofde 15 procent groei van de winst per aandeel. Na Azië bevindt Zuid-Amerika zich nu ook in een diepe recessie. Ahold heeft al een voorziening van 100 miljoen euro getroffen om de gevolgen van de devaluatie van de Argentijnse peso op te vangen.

Wat nog meer zorgen baart is verslechtering van de Amerikaanse economie, hier komt bijna driekwart van de winst vandaan. Het laatste kwartaal van vorig jaar daalde de omzet van Ahold USA zelfs licht. Beleggers zijn gevoelig voor dit nieuws: het aandeel Ahold verliest bijna 8 procent van de waarde. Het bericht dat Amerikaanse Ahold-bestuurders zijn vergeten hun handel in de eigen aandelen op tijd bij de Stichting Toezicht Effectenverkeer (STE) te melden, doet de koers ook geen goed.

Ahold moet een pas op de plaats maken. Grote institutionele beleggers vragen Van der Hoeven expliciet het wat rustiger aan te doen. Vanaf 1995 gaf Ahold bijna 19 miljard dollar uit aan de overname van 74 bedrijven. De grootste aandeelhouders vinden het wel genoeg zo en geven Van der Hoeven een ondubbelzinnige boodschap: neem een *time-out*, kom even tot rust. Ze maken zich zorgen over de schuld van ruim 12 miljard euro en de verslechterende economie en vinden dat Ahold zich moet concentreren op de consolidatie van de bestaande activiteiten.

De beloofde 15 procent groei van de winst per aandeel moet nu dus gaan komen uit de bestaande activiteiten. Uit autonome groei. De Raad van Bestuur weet hoe. Gerard van Breen, hoofd wereldwijde inkoop (*global sourcing*), mag in *Het Financieele Dagblad* uitleggen hoe Ahold zijn schaalgrootte gaat benutten om meer geld te verdienen. Hij begint met een waarschuwing: 'Ondanks de claim dat ze mondiaal opereren, zijn er nog niet veel leveranciers die dat echt kunnen. Hun organisatie kan het vaak niet aan: ze zijn georganiseerd per productgroep, per land, regio of merk. Wij gaan daar met onze winkels in alle landen, op vier continenten dwars doorheen. Het is belangrijk dat zij inzien dat mondialisering andere eisen stelt aan hun eigen organisatie.'

Zijn afdeling is flink versterkt de afgelopen twee jaar en heeft redelijke resultaten geboekt. Over 2001 leverde de centrale benadering van enkele tientallen leveranciers bruto een kleine 100 miljoen euro op. Het accent lag daarbij vooral nog op gezamenlijke promotie en wereldwijde acties. Het idee is nu dat Ahold groot en machtig genoeg is om een stap verder te gaan: centrale inkoop.

Experts zijn ervan overtuigd dat het retailbedrijf dat er in slaagt leveranciers tot een goedkopere wereldwijd gecoördineerde inkoop te dwingen goud in handen heeft. Maar dat is nog niemand gelukt. En dat gaat volgens de meesten ook nog generaties duren. Vooral hier geldt: '*all business is local business*'.

Maar die tijd heeft Ahold niet. Het bedrijf moet autonoom snel veel geld gaan verdienen. De strategie van de afgelopen jaren moet zich daarom nu gaan vertalen in flinke inkoopkortingen. Dat is precies wat Van der Hoeven de beleggers al die tijd heeft beloofd: de vergroting van de slagkracht van Ahold is het antwoord op de steeds groter en machtiger wordende leveranciers. Nu moet het bewijs worden geleverd.

Voor zich op een wereldwijde aanpak te storten richt Ahold zich op de Europese markt. Het gaat toch vaak om dezelfde leveranciers en als hier afspraken kunnen worden gemaakt is de vertaling naar de rest van de wereld simpel. Besloten wordt om het *european turnover growth bonus program* op te zetten. Per leverancier wordt daarbij geïnventariseerd wat Ahold per land voor hun producten betaalt. Daarbij worden investeringen van die leveranciers in marketing en logistiek meegewogen. Per product ontstaat zo een lijst. Ahold pakt de laagste prijs en berekent wat het bedrijf het afgelopen jaar op andere plekken 'teveel' heeft betaald. Bij Coca-Cola bijvoorbeeld gaat het over 2001 om zo'n 15-20 miljoen euro. De bedoeling is dit geld met terugwerkende kracht bij de leveranciers terug te halen.

Eén voor één worden ze uitgenodigd om bij Ahold langs te komen. De leveranciers waar Ahold vaak al tientallen jaren zaken mee doet krijgen allemaal een mooi verhaal, een *pink cloud,* voorgeschoteld over de zaken die Ahold voor ze kan regelen in Nederland, Zweden, Noorwegen, Polen, Tsjechië, Portugal en Spanje. Met prachtige vergezichten over gezamenlijke promotie en betere plekken in de schappen worden ze lekker gemaakt voor de status van *preferred supplier.* Ahold geeft aan meer te willen investeren in de samenwerking, het wil onderzoeken hoe bepaalde zaken voor de leverancier goedkoper kunnen worden gedaan. De gasten krijgen bovendien de garantie: als centraal zo'n mooie deal wordt gemaakt zullen de lokale mensen van Ahold de opdracht krijgen daar naar te luisteren.

Na ongeveer 20 minuten in de presentatie is er opeens een sheet met een grote 'maar'. Want voordat ze samen aan dat mooie huwelijk kunnen beginnen, moet volgens Ahold eerst nog wat worden afgerekend. Vervolgens wordt het 'te veel betaalde' bedrag, in de vorm van een percentage dat over 2001 betaald is, gepresenteerd. In het kader van een goede verstandhouding stelt Ahold dit tegoed te hebben van de betreffende leverancier. Ze kunnen pas samen verder als deze rekening wordt betaald.

De gasten geloven hun oren niet, Ahold was toch hun partner?! Ze hebben vele vragen. Hoe hebben jullie dat geïnventariseerd? Ze wijzen op de verschillen in BTW en in de productiekosten. Velen produceren hun spullen lokaal, het is logisch dat als de salarissen ergens lager zijn de prijzen er ook lager zijn. De reactie van de Ahold-managers is steeds hetzelfde: dat is jullie probleem, dan moeten jullie daar alles maar produceren. Als de leveranciers de berekeningen willen zien, krijgen ze nul op rekest.

In korte tijd wordt de top-50 van leveranciers afgewerkt, die zijn in de volwassen markten goed voor 75-80 procent van de totale omzet van Ahold.

De grootste besparingen/verdiensten krijgen hierbij voorrang. Als ze niet binnen twee weken hebben gereageerd belt Ahold zelf met de mededeling dat als de leveranciers de prijs voor hun nieuwe status van *preferred supplier* niet willen betalen, de kruidenier gedwongen zal worden andere keuzes te maken. Dit zou gevolgen kunnen hebben voor de spullen in de schappen. Het is pure *powerplay*. De leveranciers zijn overdonderd. Ze ervaren het als chantage: Ahold heeft geen koorts, dit bedrijf is echt ziek.

Ook enkele medewerkers op de *sourcing*-afdeling vinden het niet erg ethisch wat er gebeurt. Maar de druk vanuit de Raad van Bestuur op de groep van Van Breen is groot. Er moet snel geld worden verdiend.

Naarmate de tijd verstrijkt worden de dreigementen om spullen uit de schappen te halen harder. Ahold legt nog maar eens aan de leveranciers uit dat ze het groene licht van de regionale dochtermaatschappijen hebben om de centrale regie te voeren en in de genoemde landen spullen uit de schappen te laten. Enkele grote leveranciers kunnen het zich niet voorstellen dat Ahold daadwerkelijk hun spullen zal gaan verwijderen. Ahold heeft *full service*-supermarkten, klanten rekenen erop dat ze hun favoriete merken in hun winkels zullen vinden. Ze wachten af. Op enkele plekken verdwijnen inderdaad sommige producten. In Tsjechië staan op een gegeven moment alleen nog de anderhalveliterflessen van Coca Cola op de schappen. Ahold haalt zelfs Pepsi erbij om de druk op te voeren.

Maar verder lijkt de schade mee te vallen. Het kost de mensen van Van Breen kennelijk grote moeite om de goede lokale mensen te pakken te krijgen en ze te overtuigen mee te werken en spullen uit de schappen te halen. Er is veel weerstand bij de verschillende 'raspaardjes', zoals Albert Heijn of ICA.

De inkopers van ICA-Ahold bijvoorbeeld doen niet erg hun best om hun collega's bij *european sourcing* ter wille te zijn. Ze zijn toch onafhankelijk?! De leveranciers informeren bij hun lokale mensen hoe de contacten daar zijn en krijgen te horen dat ze zich geen zorgen hoeven te maken.

De lokale *category-managers* van Ahold hebben de pest in. Het hoofdkantoor probeert nu centraal afspraken te maken over zaken die tot hun domein horen. Het is bovendien volstrekt onduidelijk wat zij daarvoor terugkrijgen. Wel is duidelijk dat hun eigen baas gewoon 15 procent meer winst moet laten zien aan het einde van het jaar en de druk blijft opvoeren. Het hemd is nader dan de rok, ze kiezen voor het directe lokale belang. Als de leveranciers dat in de gaten krijgen is het spel over. Links en rechts worden nog wat kortingen geïncasseerd, maar die komen niet in de buurt van hetgeen de centrale inkopers hebben gevraagd. Bovendien moet er van alles tegenover worden gezet, zodat er onder de streep bij Ahold veel minder over blijft, dan gehoopt. Ahold heeft de machtsstrijd met de leveranciers verloren.

Autonome groei, dat is nu het toverwoord. Maar hoe autonoom is de in het verleden door Ahold onder dat kopje gepresenteerde groei eigenlijk? Eind februari doen geruchten de ronde dat het bedrijf hiermee sjoemelt. Hans Gobes betich 'sommige instituten' ervan deze 'valse geruchten' voor eigen gewin de wereld in te sturen. Maar hij kan niet voorkomen dat door nieuwe Amerikaanse *corporate* schandalen inmiddels bloednerveus geworden beleggers het aandeel verkopen. De koers daalt met bijna 3 procent.

Gobes heeft inmiddels zelf ook een probleem. Als beschermeling van Cees van der Hoeven had hij jarenlang een onaantastbare positie. Hij kon doen wat hij wilde en maakte overal een mooi, positief, verhaal van. Maar de laatste tijd uiten steeds meer collega's hun kritiek. Het lijkt wel of Gobes niet met slecht nieuws om kan gaan. Hij lijkt het niet te begrijpen dat zich nu, na een jaren durende mooi-weer-show, donkere wolken boven het bedrijf samen pakken. En dat dit andere eisen aan de communicatie stelt: dat Ahold er goed aan zou doen, af en toe hand in eigen boezem te steken bijvoorbeeld.

Aanhoudend slechte berichten over de moeizame integratie van een matig presterend Alliant en vooral ook de tegenvallende prestaties van Superdiplo en Bruno's zorgen ervoor dat het bedrijf sinds het begin van het jaar 17 procent van zijn waarde op de beurs kwijt raakt, zo'n 7 miljard euro is verdampt. In vergelijking met de concurrentie doet Ahold het steeds slechter. Voor een aandeel Carrefour willen beleggers 26 keer de winst per aandeel betalen, voor Ahold 14 keer. Een belangrijke oorzaak is de naar verhouding enorme schuld. De nettoschuld van Ahold is twee keer zo groot als het eigen vermogen, bij Carrefour staat dit cijfer op 1,1.

Tot voor kort maakten beleggers zich niet druk om de schuld. In een periode van economische voorspoed werkt scherpe financiering als een vliegwiel omdat vreemd vermogen goedkoper is dan eigen vermogen. Maar als het economische klimaat omslaat, is het omgekeerde het geval en zorgen hogere financieringslasten voor onzekerheid bij beleggers.

Het is weer gelukt, met de hakken over de sloot, maar toch: exclusief valuta-effecten, bijzondere lasten en de afschrijving van goodwill stijgt de winst per aandeel over 2001 met 16 procent. Inclusief deze effecten daalt hetzelfde cijfer overigens met 17 procent.

Bij de presentatie van de jaarcijfers gaat veel aandacht naar de groeiende problemen in Argentinië. Kort na het afsluiten van 2001 krijgt Zaandam er lucht van dat de Peirano's hun financiën niet op orde hebben. Begin april wordt besloten om de buitenwacht te waarschuwen. Want als gevolg van de regeling die in 1998 met de familie is getroffen heeft Ahold zijn lot aan dat van de joint venture partner gekoppeld. In het jaarverslag zal een passage worden opgenomen waarin voor het eerst melding wordt gemaakt van de plicht om, in het geval de Peirano's hun schulden niet meer kunnen betalen, voor 260.000 dollar per aandeel hun belang te moeten terugkopen. Een veel te hoge prijs.

Ahold legt in totaal maar vast 214 miljoen euro opzij om de gevolgen van de dreigende problemen op te vangen. Hierdoor is de winst over het vierde kwartaal van 2001 gehalveerd. Van der Hoeven: 'Natuurlijk is zo'n grote last niet iets om trots op te zijn. De oorzaken liggen echter buiten de onderneming en voor 80 procent betreft het non-cash.' Vervolgens belooft hij ook voor het lopende jaar een stijging van de winst per aandeel met 15 procent: 'Een uitdagende doelstelling maar we zijn vol vertrouwen dat we dit kunnen halen.'

Meurs erkent dat in het gepresenteerde autonome groei-cijfer ook kleine overnames zijn meegenomen: 'Dat is in de branche gebruikelijk. Zolang de acquisitie niet groter is dan 5 procent van de eenheid waar het bij hoort, maken wij bij de omzetcijfers geen onderscheid.'

Een maand later, bij de presentatie van het jaarverslag is er weer grote onduidelijkheid. Achter in dat jaarverslag staan de cijfers die net naar de Amerikaanse toezichthouder zijn gestuurd. Volgens de Amerikaanse US GAAP-berekening heeft Ahold over 2001 slechts een winst gemaakt van 119,8 miljoen euro, bijna een miljard minder dan de een maand eerder gepresenteerde winst volgens de Nederlandse maatstaven.

Ahold blijkt 137 miljoen te hebben verdiend op de verkoop en terug-huur van onroerend goed. Volgens de Amerikaanse methode moeten der-gelijke verdiensten worden uitgesmeerd over de jaren dat ze worden geno-ten, volgens de Nederlandse methode kunnen ze in een keer bij de winst worden opgeteld. Daarnaast blijkt het in de Nederlandse cijfers voor 133 miljoen te hebben verdiend op transacties met derivaten, zoals valutacon-tracten.

De grootste hap in het verschil wordt verklaard door een dramatische afwaardering van het Argentijnse Disco. Volgens de Amerikaanse metho-de moet een onderneming aan het eind van ieder jaar kijken wat de bezit-tingen waard zijn, eventuele afwaarderingen moeten meteen worden genomen. De interne en externe accountants stellen vast dat de bezittin-gen in totaal voor 728 miljoen euro minder waard zijn, driekwart daarvan komt voor rekening van Disco. Volgens de Nederlandse methode wordt dit bedrag over 20 jaar afgeschreven, in de US GAAP-vergelijking wordt het bedrag in een keer genomen.

Analisten en beleggers zijn verontwaardigd. Waarom heeft Ahold een maand geleden geen duidelijkheid verschaft? Op het Zaanse hoofdkantoor zijn ze verbaasd. De Amerikaanse bijlage bij het jaarverslag, 20-F genoemd, wordt altijd een maand later opgeleverd. Meurs en Verhelst en hun men-sen zijn in februari heel druk geweest met het zo accuraat mogelijk maken van de cijfers volgens het Nederlandse jaarverslag. Ze hebben tot het laatst zitten rekenen om de gevolgen van de ontkoppeling van de Argentijnse peso van de dollar op 8 januari te kunnen waarderen. De munt moet zich dan een nieuwe koers vormen, daarom hebben ze tot het laatst gewacht met de consolidatie van die cijfers. De rekensommen met betrekking tot de Amerikaanse boekhoudmethode zijn ze pas daarna gaan maken. Zoals gebruikelijk.

Maar nu wel met dramatische gevolgen. Analisten stellen hun koopad-viezen naar beneden bij. In twee dagen tijd verliest het aandeel 10 procent van zijn waarde. In de lijn van de groeiende kritiek op de betrouwbaarheid van de Ahold-cijfers is dit olie op het vuur.

Van der Hoeven is teleurgesteld in zijn *cfo*. Hij vindt dat Meurs zich had moeten realiseren dat die waardering van Disco, de zogenaamde *impairment*, tot grote vraagtekens zou leiden en naar voren had moeten worden gehaald. Gecombineerd met het gedoe over de onroerendgoedtransacties en de winst uit derivaten vindt hij dat de cijfers in maart op een knullige wijze zijn gepresenteerd.

Letterlijk alles is nu nieuws en wordt negatief uitgelegd. Het feit dat Ahold de inning van een miljard aan rekeningen heeft uitbesteed aan een incassobureau en zo van de balans heeft gehaald, wordt gerelateerd aan het feit dat dit bij Enron ook gebeurde. De media spreken over een 'liberaal gebruik van de vaderlandse boekhoudregels'.

Michiel Meurs zegt een paar dagen na de presentatie van de cijfers tegen *Het Financieele Dagblad*: 'Ik geloof wel dat we nu een schram hebben opgelopen, maar maandag houden we een *conference call* met analisten waarin we het allemaal nog eens uitleggen. We hebben niets te verbergen.' Hij vindt dat beleggers 'impulsief en intuïtief' hebben gereageerd en begrijpt dat wel: 'Dit jaar lopen de koersen in een horizontale lijn en willen investeerders geen risico nemen. Ze zijn snel nerveus en stappen eerder uit.' Hij laat weten dat Ahold als gevolg van de hele affaire overweegt om helemaal over te stappen op de Amerikaanse methode van boekhouden.

In het weekeinde studeert de Raad van Bestuur op een antwoord voor die ontmoeting met analisten. Van der Hoeven trekt vervolgens het boetekleed aan: 'Je zou kunnen zeggen dat sommige van deze posten meer in detail uitgelegd hadden kunnen worden.' Hij erkent dat Ahold de Amerikaanse cijfers een maand eerder klaar had moeten hebben. Hij belooft beterschap en herhaalt de belofte dat het concern ook over dit jaar de beloofde 15 procent winstgroei zal realiseren. 'We liggen op schema.' De rustige uitleg van de president helpt, aan het eind van de dag staat het aandeel 2,4 procent hoger.

Op 19 februari krijgt Stein Erik Hagen een telefoontje van Jan Andreae. Beiden zijn dan op vakantie. De *chairman* van ICA-Ahold zit op de Bahama's, de baas van Ahold Europa zit in Zwitserland. Andreae laat weten dat hij Hagen dringend moet spreken. Een week later, in restaurant De Hoop op d'Swarte Walvis zegt Andreae tegen Hagen dat de Zweden hem niet langer als voorzitter willen. De Zweden kunnen het niet verkroppen dat een buitenlander en dan ook nog een Noor de baas is van ICA-Ahold. Ze vinden de eigenzinnige miljardair een ondernemer die teveel zijn eigen gang gaat. Andreae benadrukt dat hij Hagen een goede vent vindt, maar dat de situatie zo onwerkbaar is geworden.

Hagen krijgt de indruk dat Ahold af wil van de in 2000 afgesproken verplichting dat het bedrijf al in april 2004 tegen een marktconforme prijs plus een toen ook overeengekomen premie van 50 procent de belangen van de Zweden en de Noren over moet nemen. Een verplichting die niet in het jaarverslag staat. Een heel dure verplichting. Als Hagen zijn belang tegen een schappelijke prijs aan bijvoorbeeld de Zweden verkoopt lijkt dat gevaar afgewend. Maar Hagen heeft Van der Hoeven al horen zeggen dat diens 20-procentsbelang wel eens 1 miljard euro waard zou kunnen zijn. Het 30-procentsbelang van de Zweden zou dan op 1,5 miljard euro uit komen. Waar haalt het concern nu 2,5 miljard euro vandaan?!

Op 4 maart heeft Hagen een ontmoeting met Peter Dettman, de voorzitter van ICA Förbundet, de vertegenwoordiger van de ICA Retailers en aandeelhouder in ICA-Ahold. Hier wordt het hem duidelijk dat de Zweden en de Hollanders inderdaad van hem afwillen. Niet alleen als voorzitter maar ook als aandeelhouder. De Noor vermoedt dat de Zweden en Nederlanders met elkaar een afspraak hebben: samen zorgen ze ervoor dat Hagen voor een lage prijs zijn belang aan de Zweden verkoopt en vervolgens zien de Zweden af van de koopverplichting die Ahold is aangegaan. Bovendien zouden de Zweden dan ook bereid kunnen zijn een oplossing te vinden voor het consolidatievraagstuk.

Hagen maakt Dettman duidelijk dat hij hier weinig voor voelt en in ieder geval tot de volgende bijeenkomst van aandeelhouders in mei is gekozen.

Op 9 april heeft Peter Ruzicka, de baas van Ahold Tsjechië, een etentje met zijn baas, Jan Andreae. Ruzicka is ooit door Hagen aangenomen en werd uiteindelijk zijn rechterhand. Na de fusie met Ahold is hij door de Hollanders gevraagd om de baas van Tsjechië te worden. Ruzicka en Andreae hebben grote meningsverschillen. Andreae vindt dat de winkels in Tsjechië een *upgrade* nodig hebben, richting Albert Heijn. Ruzicka gelooft niet dat de Tsjechen daar klaar voor zijn en wil zich veel meer op een discount-achtige formule richten.

Andreae vindt dat Tsjechië veel winstgevender zou moeten zijn. Maar Ruzicka wijst erop dat hij een jaar eerder de winstgevendheid moest vergroten door onroerend goed te verkopen. Winkels die hij nu moet huren. Die huur zorgt ervoor dat het resultaat onder druk staat.

Tijdens dit etentje komt ook een heel ander onderwerp aan bod: Andreae klaagt over problemen bij ICA. Ruzicka biedt hem aan of hij een boodschap aan Hagen kan geven, die kent hij goed. Dat is precies wat Andreae wil. Hij vraagt Ruzicka om tegen Hagen te zeggen dat de Zweden een bod gaan doen op zijn belang in ICA-Ahold en dat hij dat bod maar beter kan accepteren. En als Hagen niet op het aanbod in gaat, zal Andreae ervoor zorgen dat er een onderzoek wordt ingesteld naar de handel en wandel van de Noor. Andreae vertrouwt een aantal zaken niet. De Noorse miljardair zou onder meer in allerlei schimmige vastgoedtransacties in de Baltische landen zitten. Andreae dreigt dat dit onderzoek Hagens reputatie als zakenman kapot zou maken.

Ruzicka schrikt. Hij vindt dit een vorm van chantage. Hij wijst Andreae er bovendien op dat het niet verstandig is om het aan de stok te krijgen met Hagen. Die ziet er misschien uit als een wat slome lobbes, hij weet dat de eigenzinnige miljardair erg gevaarlijk kan worden. Maar Andreae zegt zich daar geen zorgen over te maken.

Ruzicka brengt Hagen telefonisch van dit gesprek op de hoogte. De Noor is woedend. Op 18 april krijgt hij inderdaad een drieregelig briefje getekend door Dettman, waarin een bod staat van 5,1 miljard Zweedse kronen, ongeveer tien procent onder de waardering van Ahold twee jaar eerder. Hagen is beledigd. Als hij al zou willen verkopen was een bod richting de 7 miljard kronen nodig geweest. Hagen krijgt 24 uur om te besluiten en vraagt om uitstel. Op 25 april laat de Noor weten niet op het aanbod in te gaan.

Vier dagen later krijgt hij een fax uit Zaandam die getekend is door Jan Andreae, zijn baas. Die laat hem weten dat hij de forensische accountants van PriceWaterhouseCoopers heeft gevraagd een onderzoek te doen naar de Haakon Gruppe en de handel en wandel van Hagen. In de aandeelhoudersovereenkomst staat dat de drie partijen bij twijfels zo'n onderzoek mogen laten doen. Volgens Andreae wordt dit onderzoek door Ahold en ICA betaald. De Zweden ontkennen.

Hagen is boos. Hij is ervan overtuigd dat Andreae hem probeert zwart te maken. De accountants onderzoeken van alles. Ze kijken bijvoorbeeld of de zus van Hagen, als hoofd van de salarisadministratie, niet teveel verdient in relatie tot de opleiding die ze heeft genoten. Hagen draait de zaak om. Hij dreigt een onderzoek te laten doen naar de manier waarop de Zweedse ICA-winkeliers elkaar bevoordelen. Hij zegt tegen de accountants van PriceWaterhouseCoopers: prima dat jullie de zaak onderzoeken, maar dan moeten jullie wel het hele bedrijf doorlichten. Vanaf dat moment komt het onderzoek min of meer stil te liggen. Hagen heeft ook al een idee hoe hij Ahold onder druk kan zetten om een hogere prijs te krijgen.

Tijdens de jaarlijkse aandeelhoudersvergadering begin mei laat Ahold de beleggers opnieuw schrikken. Voor het eerst lijkt Van der Hoeven te twijfelen over de haalbaarheid van de 15 procent groei van de winst per aandeel. Hij stelt dat het bereiken ervan afhankelijk is van de ontwikkelingen in Spanje en Argentinië. De situatie in Argentinië noemt hij 'hoogst onzeker'.

Ahold zit volgens Van der Hoeven in het *Algemeen Dagblad* in Spanje met '31 verschillende winkelketens, 15 hoofdkantoren en 35 distributiecentra. Dat moet allemaal worden veranderd in twee winkelformules, twee hoofdkantoren en 12 distributiecentra. Die verandering loopt langzamer dan we hadden verwacht. Dat is ook niet iets dat je vandaag of morgen even doet.'

De operationele winst in Spanje zal in ieder geval een kwart lager uitvallen dan de begrote 100 miljoen euro. Het hele Ibirisch schiereiland kost geld. Het aanhoudende geruzie met de Portugezen zorgt voor lagere omzetten en hogere kosten. Binnen de Raad van Bestuur groeit de kritiek op de strategie van kralen rijgen die na de mislukking van Store 2000 is ingezet. Het is een kruiwagen met kikkers geworden. Er is bovendien teveel geld betaald voor Superdiplo, dat bedrijf blijkt niet de samenbindende kracht te hebben waarop was gehoopt. Zeventien jaar na het Cada Dia-debacle lijkt Spanje voor de tweede keer op een grote mislukking uit te draaien. Ook binnen de Raad van Commissarissen is er kritiek. Sommigen vinden dat Van der Hoeven afscheid moet nemen van Jan Andreae. De 45-jarige Gerard van Breen wordt, na twee jaar de leiding te hebben gegeven aan de centrale inkoop, gevraagd de leiding in Spanje op zich te nemen.

De Dies van Ahold wordt dit jaar gehouden in de tuin van Cor van Zadelhoff in Loenen aan de Vecht. De makelaar heeft een tent neergezet waarin hij zijn eigen partij gaat organiseren en stelt de Ahold-top in de gelegenheid vlak daarvoor van de faciliteit gebruik te maken. Het is een relatief kleine bijeenkomst, een stuk kleiner in ieder geval dan een jaar eerder in Zuid-Limburg. De sfeer is ook duidelijk anders, bijna timide.

Van der Hoeven vraagt aan Peter van Dun of hij wil rouleren langs de tafels en kennis wil maken met de drie mensen die hij als potentiële opvolgers in zijn hoofd heeft. Van der Hoeven respecteert de mensenkennis van

Van Dun en is benieuwd naar diens oordeel over Marc Smith, de *ceo* van Stop & Shop; Kenneth Bengtsson, de bestuursvoorzitter van ICA en Dick Boer, de president-directeur van Albert Heijn. De Ahold-president heeft het idee om deze mannen nog een jaar of twee, drie te testen. Dan zijn ze waarschijnlijk rijp voor de Raad van Bestuur en eventueel wat later voor zijn rol als president. De timing sluit aan bij de afspraken die er dan liggen: Van der Hoeven blijft tot zijn pensioen, in ieder geval tot zijn zestigste. Niet tegen zijn zin, wel tegen zijn principes. De president heeft af en toe het gevoel dat hij er al te lang zit. Maar hij vindt het ook belangrijk om zijn opvolging van binnenuit te regelen. Van Dun is trouwens over geen van drieën enthousiast.

Van der Hoeven overleeft iedereen: ook de 64-jarige Hans Gobes. De sluimerende kritiek is na de slechte communicatie van de afgelopen maanden hard uitgesproken. Ook binnen zijn eigen 25-man sterke club is er veel kritiek. De nieuwe *vice president public relations*, Annemiek Louwers, laat Van der Hoeven al een maand na haar aantreden weten dat ze weer weg wil. Halverwege april spreekt de plaatsvervanger van Gobes haar zorgen uit: het lijkt wel of Gobes helemaal niet wil luisteren. Hij blijft maar in groot, groter, grootst denken. In een gesprek in Hotel Jan Tabak in Bussum spreken Louwers en Van der Hoeven over de noodzaak om goed met slecht nieuws om te gaan. Louwers vindt bovendien dat het bedrijf zich veel te veel op financiële informatie richt en te weinig op de producten en klanten. Ze stoort zich eraan dat op het hoofdkantoor iedereen, gevoed door grote hoeveelheden opties, alleen nog maar bezig lijkt te zijn met de beurskoers.

Van der Hoeven vraagt haar langer te blijven. Hij heeft deze klachten over Gobes de afgelopen tijd te vaak gehoord en besluit om meteen afscheid te nemen van zijn *spin doctor*. Hoewel al duidelijk is dat zijn voormalige buurman binnen een half jaar met pensioen zal gaan, laat Van der Hoeven hem op het laatste moment toch vallen. Natuurlijk krijgt Gobes wel een groots afscheid met veel mooie woorden.

Een sterke dollar helpt bij de cijfers over het eerste kwartaal. Van der Hoeven: 'Het resultaat is lager dan men van ons gewend is, maar komt overeen met onze verwachtingen. Onze kernactiviteiten presteerden wederom uitstekend. Onze Amerikaanse retail- en foodactiviteiten en onze grootste werkmaatschappijen in Europa en Latijns-Amerika vertoonden allen een substantiële omzet- en winstgroei. Omdat andere werkmaat-

schappijen een inhaalslag zullen maken, voorzien we een aanzienlijke verbetering van de resultaten in het tweede halfjaar van 2002.'

Michiel Meurs wordt in diezelfde week uitgeroepen tot de beste financiële man van Nederland. Duizend collega's zijn door het Nipo onder-
vraagd en kiezen hem uit een lijstje met tien namen, waar ook Jan
Hommen, de *cfo* van Philips op staat. Ze vinden hem onder meer qua performance van het bedrijf, public relations en *risk management*, de beste.

Om te laten zien dat de Raad van Bestuur er vertrouwen in heeft kondigt
deze aan zelf ook te zullen investeren in aandelen Ahold. Het helpt: de
koers sluit die dag 5,3 procent hoger op 23 euro. Michiel Meurs en Jan
Andreae kopen als eersten. Na de afgelopen jaren respectievelijk 100.000
en 150.000 aandelen te hebben verkocht (bij de uitoefening van hun opties
besloten ze de aandelen te verzilveren en niet te houden) kopen ze nu allebei 10.000 aandelen. Ook Theo de Raad koopt voor 230.000 euro 10.000
aandelen Ahold. Van der Hoeven die de afgelopen drie jaar voor bijna 6,5
miljoen euro circa 200.000 aandelen verkocht, doet nog niet mee. In totaal
heeft de Raad van Bestuur sinds 1999 zo'n 600.000 opties verzilverd.

Van der Hoeven heeft, naast de ruim 1 miljoen opties die pas vanaf een
koers van bijna 30 euro geld op gaan leveren, op dat moment 1750 aandelen en 16.000 aandelen in het Ahold Vaste Klantenfonds. Hij zegt in een
interview met *FEM/DeWeek* dat hij nog niet weet wanneer hij zelf aandelen gaat kopen. Op de vraag of hij er de laatste tijd niet eens over heeft
gedacht om het bijltje er bij neer te gooien zegt hij: 'In zo'n situatie opstappen? Dan kent u me niet. We zullen ze eens een poepie laten ruiken. Nee,
als alles goed gaat, als alles op de rails staat, zou dat het moment zijn om
daar eens over na te denken.'

In de daarop volgende weken lijkt hij toch even van gedachten te veranderen. De banken van de partners van Ahold in Argentinië, de Peirano's, vallen om en worden van fraude en bedrog beticht. Twee weken houdt Ahold
vol dat de kans dat Velox failliet zal gaan 'hypothetisch' is. Maar kredietbeoordelaars verlagen opnieuw de kredietwaardigheid van Ahold. Voor institutionele beleggers ligt vast welke beoordeling een bedrijf minimaal moet
hebben om er in te mogen blijven zitten: sommige moeten nu verkopen.
De koers keldert met bijna 10 procent. Het slechte beursklimaat, de AEX
verliest soms ook een paar procent per dag, versterkt de koersval van de
voormalige beursieveling.

Van der Hoeven laat verschillende persbureaus op 3 juli weten dat hij geen reden ziet de verwachte 15 procent groei naar beneden bij te stellen want 'onze belangrijkste activiteiten in de VS doen het extreem goed'. Maar 13 dagen later blijft Velox in gebreke en worden drie van de vier Peirano-broers gearresteerd. ABN Amro klopt vrijwel meteen met de door de Peirano's in onderpand gegeven aandelen Ahold in Zaandam op de deur. Ahold moet deze voor die indertijd afgesproken, veel te hoge prijs, kopen. Het debacle kost het bedrijf bijna 500 miljoen euro.

Een dag later geeft Ahold voor het eerst in zijn geschiedenis een winstwaarschuwing af en wordt de verwachte groei van de winst per aandeel naar 5-8 procent teruggebracht. Beleggers reageren opgelucht, de koers stijgt. Eindelijk lijkt het bedrijf enige realisteitszin te tonen.

Een diep teleurgestelde president van Ahold dient zijn ontslag in. Hij heeft altijd gezegd: als er een winstwaarschuwing komt dan stap ik op. De Raad van Commissarissen denkt hier anders over: ze vragen Van der Hoeven te blijven. Het is voor niemand een verrassing dat hij blijft.

Als in de weken erop de balans wordt opgemaakt is er maar één conclusie mogelijk: Ahold heeft gefaald in Argentinië. Het bedrijf investeerde 1,3 miljard euro om daarmee 1,4 miljard euro aan omzet binnen te halen. Van de totale investering is nu 1,1 miljard euro afgeschreven.

Nu Ahold 100 procent van de aandelen heeft en de Peirano's van het toneel zijn verdwenen, voelen allerlei Argentijnen opeens de behoefte om schoon schip te maken. Bij de Interne Accountantsdienst komen begin augustus allerlei verontrustende meldingen binnen, onder meer over omkooppraktijken.

Op 30 juli 2002 tekent George Bush de Sarbanes Oxley-wet. Na de drama's bij Enron, Tyco en Worldcom hebben beleggers het vertrouwen in *corporate* Amerika verloren. Met deze strenge wet hoopt de Amerikaanse president dat weer wat te herstellen. Alle *ceo's* en *cfo's* van in de VS aan de beurs genoteerde bedrijven moeten persoonlijk tekenen voor de opgeleverde cijfers. Als vervolgens blijkt dat er iets niet klopt, moeten ze persoonlijk bloeden, tot aan twintig jaar celstraf toe.

Een maand later oordeelt een Amerikaanse jury dat de accountants van Andersen schuldig zijn aan het belemmeren van de rechtsgang bij het onderzoek naar Enron. De SEC schorst Andersen als accountant voor beursgenoteerde bedrijven. Het 89 jaar oude bedrijf, met 85.000 werknemers, valt om. Over de hele wereld zijn onderdelen van Andersen met andere grote accountantskantoren aan het onderhandelen over een overname. In Nederland neemt Deloitte & Touche de mensen en activiteiten van Arthur Andersen over. Dat is even wennen. Tot voor kort maakten de arrogante accountants van Andersen alleen maar grapjes over de in hun ogen wat suffere toch wat meer op het midden- & kleinbedrijf gerichte collega's van 'Toilette & Douche'. Maar nu maken ze er opeens onderdeel van uit.

Alles wat zich *auditor* noemt, controlerend accountant is, is na Enron bang geworden. Bij alle accountants en zeker ook bij D&T wordt de afdeling *Risk Audit* flink uitgebouwd. Bovendien gaan intern nog nadrukkelijker dan voorheen duidelijke boodschappen rond: bekijk bij alles wat je doet wat de risico's voor D&T zijn. Een tikje paranoia worden ze er wel van: de mensen die bij Deloitte & Touche werken. Alle collega's krijgen een brief waarin wordt gevraagd te onderzoeken of de man of vrouw van de betrokkene misschien ergens op een plek zit waar hij of zij belangrijk genoeg is om over substantiële informatie te beschikken, koersgevoelige informatie. Want als dat zo is en het is een klant van D&T, dan is er een groot probleem. Impliciet stelt het bericht dat er dan maar twee oplossingen zijn: of de partner neemt ontslag bij dit bedrijf of, tsja of: de relatie wordt beëindigd.

Ook richting klanten worden de regels verder aangescherpt. Als er maar een beetje twijfel is wordt de afdeling Risk Audit ingeschakeld. Daar zit een batterij gespecialiseerde accountants ondersteund door advocaten klaar om allerlei kwesties op het risico van claims voor D&T te beoordelen. Want als het gerenommeerde Andersen kan omvallen op een paar collega's die het foute spelletje van Enron meespelen dan kan Deloitte & Touche omvallen als ze eventuele spelletjes van bijvoorbeeld Ahold meespelen...

Ahold heeft nu problemen in bijna alle activiteiten. Azië en Spanje lopen helemaal niet, Zuid-Amerika is een probleem, in Scandinavië en Portugal is er ruzie, de retailbedrijven in Amerika kampen met een teruglopende markt en de controle op US Foodservice blijft een vraagteken.

Na de overnames van PYA Monarch en Alliant is het zicht op de cijfers van de voedseldistributeur er niet beter op geworden. In Zaandam wordt geconstateerd dat de post *promotional allowances* ook dit jaar weer flink oploopt. Omdat tegelijkertijd de omzet van de nieuwe combinatie 7 procent lager uitkomt dan de omzetten van US Foodservice en Alliant apart, informeert Van der Hoeven regelmatig bij Miller wat er aan de hand is.

Miller geeft hetzelfde antwoord: hij legt uit dat de inkoopkortingen groeien vanwege de schaalvoordelen van het bedrijf. Volgens Miller zorgt de toegenomen omvang ervoor dat US Foodservice langzaam maar zeker opschuift naar de 7-8 procent aan kortingen die bij marktleider Sysco worden geboekt. Van der Hoeven bespreekt het onderwerp met Meurs. Ook die kijkt er uitvoerig naar. Ze geloven het verhaal van Miller.

Intern bij Foodservice is er toch sprake van enige paniek. De bedragen die niet binnenkomen groeien met de dag. Ruimte om even pas op de plaats te maken is er niet, Miller voert de druk om onder de streep meer over te houden, alleen maar op. Om die gaten te vullen gaan ze steeds agressiever te keer. Grote leveranciers als Unilever worden benaderd met mooie beloftes maar ook met de keiharde eis dat hun kortingen fors omhoog moeten. Bij Unilever zijn ze gewend in ruil voor allerlei promoties een korting van maximaal zo'n 6-7 procent te geven, nu eisen de inkopers van US Foodservice opeens drie keer zoveel korting. De meeste leveranciers weigeren hieraan mee te doen en gaan op zoek naar een andere distributeur. Ook Unilever doet vanaf dat moment minder zaken met USF.

Er is een lichtpuntje: met Albert Heijn gaat het opmerkelijk goed. Een beetje tot hun eigen verrassing. De combinatie van de in januari geïntroduceerde euro, waar heel Nederland nog aan moet wennen en het in elkaar klappen van de Laurus-ambities met de mislukte Konmar-formule doet wonderen. Opeens groeit zowel marge als marktaandeel van een bedrijf dat steeds vaker als te duur wordt omgeschreven. Dick Boer zegt tegen *Het Financieele Dagblad*: 'Wij horen de verhalen, maar merken het niet in de cijfers. Marktaandeel en marge groeien. Misschien houden de mensen zichzelf een beetje voor de gek. Wel kiezen voor het gemak van onze maaltijdsuggesties, en bij de kassa merken dat je daar ook een prijs voor betaalt.'

Boer heeft zijn team vernieuwd. In het begin van het jaar is de spanning tussen hem en Tom Heidman tot een uitbarsting gekomen. Van der Hoeven heeft nog geprobeerd Heidman te interesseren voor de functie van Hans Gobes. Maar die heeft daar geen zin in. Hij vertrekt. Op zijn plek worden twee mensen neergezet: Arjan Both en Jeroen Smits.

De malaise in Argentinië zorgt ervoor dat Ahold over het tweede kwartaal een nettoverlies van 198 miljoen euro boekt. Voor het eerst in dertig jaar schrijft het bedrijf rode cijfers. Tijdens de persconferentie relativeert Van der Hoeven: 'Gelukkig zijn de oorzaken incidenteel van aard en staan ze vrijwel geheel los van onze normale operationele activiteiten.' Even later trekt hij toch voorzichtig het boetekleed aan. Na het mislukken van de expansie in Azië moet hij nu erkennen: 'Met de kennis van nu hadden we nooit in Argentinië geïnvesteerd.'

Dat is tegen het zere been van Willem Oud, negen jaar lang *senior executive economic research* op het hoofdkantoor. In 1997 waarschuwde hij in een rapportje voor valutarisico's. Hij stelt vast dat de koppeling van de Argentijnse peso aan de Amerikaanse dollar niet stand zal houden, dat een ontkoppeling onontkoombaar is, met alle mogelijke gevolgen van dien. Op het hoofdkantoor halen ze hun schouders op over de kritiek van Oud, zijn scenario was één van de vele. In die tijd, toen de bomen tot in de hemel groeiden, leek het een van de minst waarschijnlijke. Alles wat Ahold aanraakte veranderde in goud, het bedrijf groeide door te ondernemen en vooral niet bang te zijn. Carrefour was toch ook goed bezig in Argentinië?!

Theo de Raad laat weten dat alle Ahold-bestuurders die via Velox Retail het bedrijf zijn binnengekomen zullen worden vervangen. Maar dat geldt niet voor de top. Eduardo Orteu, de baas van DAIH, mag blijven. De Raad zegt tegen *De Telegraaf*: 'Hij is van oudsher een accountant, een bankier, en wat wij van hem weten is dat hij een uitstekende leider is, uitermate integer. Inmiddels is het ook een zeer bekwaam retailer.'

Wel wordt besloten door de Interne Accountantsdienst van Ahold een onderzoek in te laten stellen. Het lijkt erop dat de Argentijnen de afgelopen jaren voor enkele tientallen miljoenen dollars steekpenningen hebben betaald.

Meurs denkt niet dat Ahold de nu afgeschreven 1,1 miljard euro ooit zal terugverdienen. Hij erkent dat de aandeelhouder deze rekening betaalt. De *cfo* houdt vertrouwen en wil dat graag aan de wereld laten zien. Een week na de pijnlijke persconferentie koopt hij aandelen bij. Op 16,89 euro koopt hij 15.000 aandelen Ahold. Opnieuw een investering van een kwart miljoen euro; in combinatie met de 10.000 aandelen die hij eerder kocht heeft Meurs nu voor ruim een half miljoen euro aan aandelen gekocht. Toch ongeveer driekwart van zijn basissalaris. President Van der Hoeven heeft ondanks zijn oproep enkele maanden geleden zelf nog steeds geen aandelen gekocht.

Tot groot verdriet van verschillende Ahold-bestuurders is opeens Annita van der Hoeven in het nieuws. 'Vrouw Ahold-topman promoot de concurrent', kopt *De Telegraaf* begin september. De vrouw van de president gaat met RTL-4 trendwatcher Marcel Dijkman een gesponsord programma over lichaamsverzorging en uiterlijk presenteren. Daarvoor hebben ze samen Advision BV opgericht. In Hilversum presenteert ze zich nadrukkelijk als de vrouw van en wijst erop dat haar man vele deuren kan openen.

Ze gaan in zee met de Kruidvat Groep, een directe concurrent van Ahold-dochter Etos. Op de vraag of het geen probleem is voor de vrouw van een Ahold-topman om met Kruidvat in zee te gaan antwoordt Annita van der Hoeven: 'Voor mijn man misschien wel, maar voor mij niet. Ik werk niet bij Ahold. Dat staat totaal los van de baan van mijn man, ik heb daar ook niet zoveel mee te maken. Ik weet niet wat er speelt bij Etos en ik weet niet wat er speelt bij het Kruidvat.'

In Hilversum zijn ze blij met de vrouw die zegt alle deuren in ondernemersland te kunnen openen. Dijkman legt uit waarom de keuze op Annita van der Hoeven is gevallen: vanwege haar charmante, leuke en relaxte uitstraling en vanwege het feit dat ze zich heel natuurlijk beweegt op het niveau van de mensen die in het programma onder handen zullen worden genomen. Iets te natuurlijk, want de samenwerking loopt al na een paar maanden spaak.

De spanningen tussen Ahold en de leveranciers loopt ondertussen zichtbaar verder op. Ieder jaar zijn er schermutselingen tussen in dit geval Albert Heijn en Unilever. Dit keer liggen de meningen erg ver uiteen. De ruzie met Ahold over het zogenaamd teveel betaalde, heeft de relatie ook geen goed gedaan. Van der Hoeven gaat begin september zelfs nog bij zijn evenknie bij Unilever, Antony Burgmans, op bezoek om te kijken of ze er samen uit kunnen komen. Maar dat gesprek levert niets op. Een week later staan de kranten vol met de ruzie tussen de twee Nederlandse giganten.

Albert Heijn gaat producten als Bertolli-mayonaise, Cif-doekjes en rundvleesragout van Unox uit de schappen halen. Bij Unilever zijn ze stomverbaasd, de jaarlijkse discussies kennen ze, maar dat Albert Heijn het nu via de media speelt zet ze weer aan het denken. Albert Heijn kan het zich volgens hen gewoon niet permitteren om bepaalde A-merken niet te hebben. Albert Heijn moet het juist hebben van de zekerheid dat de spullen die de klant zoekt er ook zijn. Via de media de druk op de onderhandelingen zetten, duidt erop dat het bedrijf echt een acuut probleem heeft. Een cashprobleem kennelijk. Unilever is niet de enige.

Allerlei leveranciers zijn op een ruzieachtige toon met Albert Heijn of de centrale inkoop (*european sourcing*) van Ahold in gesprek. Coca-Cola, Numico, CSM, in sommige gevallen moeten ze twee keer onderhandelen: met de mensen van de centrale inkoop en daarna ook nog een keer met de inkopers van Albert Heijn, of omgekeerd.

Unilever laat het conflict niet hoger oplopen. In ruil voor allerlei toezeggingen van Ahold op de langere termijn, stemmen ze gedeeltelijk in met de op de korte termijn gevraagde kortingen. Op het Rotterdamse hoofdkantoor maken ze zich nu wel ernstige zorgen over de gezondheid van deze zakenpartner.

Jan Andreae, de grote baas van alle retailactiviteiten in Europa waaronder Albert Heijn, wil ook laten zien dat hij er nog vertrouwen in heeft. Vlak voor het losbarsten van de ruzie met Unilever koopt hij voor 572.000 euro 36.000 aandelen Ahold, op een koers van 15,90 euro. Negen dagen na de aanschaf is de koers met 4 euro gedaald en heeft Andreae op zijn in totaal 46.000 aandelen al twee ton verloren.

Van der Hoeven is inmiddels ook in actie gekomen. Maar hij koopt geen aandelen. Als eerste topman van een beursgenoteerd bedrijf doet hij privé-transacties op de optiebeurs. De topman koopt 1000 optiecontracten. Hij speculeert op een stijging van het aandeel. Ahold wil niet zeggen op welke koers Van der Hoeven geld gaat verdienen.

Op 13 september krijgt de Noor Stein Erik Hagen een nieuw bod op zijn aandelen: 5,5 miljard kronen, nog steeds onder de waardering van twee jaar eerder en ver onder zijn eigen ideeën. Weer weigert hij. De relatie met Jan Andreae is dramatisch. Mensen die met deze twee mannen aan een vergadertafel zitten, schrikken van de keiharde, gewetenloze, manier waarop ze met elkaar omgaan. De rillingen lopen ze over de rug.

Hagen is woedend en wil eigenlijk niks meer met die Nederlanders te maken hebben. De Noor heeft inmiddels duidelijk gemaakt dat er met hem niet gesold kan worden. Hij zet Jan Andreae steeds verder onder druk. Als ze niet met een hogere prijs komen zal hij bekend maken dat Ahold in april 2004 de resterende aandelen van de Noor en de Zweden moet kopen tegen een marktprijs plus een forse premie.

Begin oktober laat Hagen aan een Noorse journalist de aandeelhouders-overeenkomst zien, waarin die verplichting staat. Ahold moet de belangen van hem en de Zweden al in april 2004 kopen, mochten die er met elkaar niet uitkomen. Hagen vindt dat Ahold dit duidelijker aan de aandeelhouders had moeten vertellen. Het is bovendien in zijn belang, tot nu is de geboden prijs in zijn beleving veel te laag.

Deze koopverplichting staat niet in het jaarverslag over 2001. Emeritus-hoogleraar accountancy Hans Blokdijk vindt deze omissie 'op Enron lijken'. Tegen *Het Financieele Dagblad* zegt hij: 'Het is toch een risico dat je dit niet meldt. Zo'n bedrag lijkt me materieel genoeg om te vermelden teneinde een getrouw beeld te geven.' Michiel Meurs verdedigt zich: 'Het is algemeen gangbaar dat partners een ontsnappingsclausule overeenkomen.'

Het nieuws slaat weer in als een bom, het aandeel en daarmee het concern, verliest op één dag bijna 10 procent van zijn waarde. Onmiddellijk legt de buitenwacht de link met de veel te dure verplichting die het concern met de Argentijnse partner was aangegaan. Beleggers zijn als de dood dat zich in Scandinavië weer een Disco-achtig scenario ontwikkelt.

Volgens Ahold ten onrechte: de belangen in ICA zullen tegen een geldende marktprijs worden overgenomen. Eventueel wordt een arbitrage-commissie ingesteld om daar uit te komen. Verschillende analisten schatten de prijs van de resterende 50 procent inclusief premie op 2 à 2,5 miljard euro en lijken daarmee dicht in de buurt te komen van de prijs die Stein Erik Hagen voor zijn 20 procent in gedachten heeft.

Maar nog niet heeft gekregen. De boze Noor heeft nog een tweede dreigement geuit: het naar buiten brengen van de tweede *sideletter.* De geheime *comfortletter* waarin staat dat Ahold niet de zeggenschap heeft in de joint venture. Jan Andreae en Michiel Meurs worden hier opnieuw knap nerveus van.

Michiel Meurs heeft nog een extra reden zich ongemakkelijk te voelen over die tweede geheime *sideletter.* Sinds de Amerikaanse Sarbanes Oxley-wet is hij zich er van bewust dat verschillende zaken nog eens goed tegen het licht moeten worden gehouden. Meurs en Van der Hoeven moeten straks in april 2003 als het Amerikaanse jaarverslag wordt opgeleverd een aparte verklaring tekenen. Daarin verklaren zij dat er geen materiële zaken ontbreken en dat ze daarvoor persoonlijk garant staan. Hij heeft Bert Verhelst gevraagd een en ander te inventariseren.

Het is de directeur van de interne accountantsdienst Thijs Smit die eind september in een gesprek met Michiel Meurs en Jan Andreae over die tweede *sideletter* hoort. Meurs heeft kennelijk geen zin meer om nog langer verstoppertje te spelen en Andreae is bang voor Hagen, wil hem voor zijn.

Smit schrikt, hij constateert meteen dat Ahold dus helemaal niet in controle is, niet mag consolideren en de accountant voor de gek heeft gehouden. Meurs haalt zijn schouders op, het ging alleen maar over US GAAP, bovendien was die brief toen nodig om Roland Fahlin, die de eerste controlebrief had getekend, uit de wind te houden. Smit gelooft dit verhaal.

Meurs vraagt de directeur van de Interne Accountantsdienst of dit ernstig is. Smit wijst erop dat voor het bedriegen van de accountant in de nieuwe Amerikaanse wetgeving een 20-jarige gevangenisstraf is gereserveerd. Thijs Smit neemt contact op met de directeur juridische zaken en *compliance officer* Ton van Tielraden. Wat moeten ze doen?!

Meurs praat erover met Van der Hoeven. Maar die vindt het kennelijk een *non issue*. De president maakt duidelijk dat hij niet van plan is ermee naar de Raad van Commissarissen of Deloitte & Touche te stappen. Smit en Van Tielraden schrikken hiervan, ze bespreken met elkaar wat ze zullen doen. Ze zijn ervan overtuigd dat de schade enorm is als dit nieuws zonder medewerking van Ahold naar buiten komt, bijvoorbeeld via Stein Erik Hagen. Dan is het maar beter om het zelf aan te kaarten. Dat is ook erg, maar zal waarschijnlijk toch minder schadelijk zijn. Helemaal in het licht van de strenge Amerikaanse wetgeving.

Ze besluiten dat ze dit niet onder het vloerkleed zullen vegen. Dit is een breekpunt, dit spel willen ze niet meespelen. Halverwege oktober hebben Smit en Van Tielraden een gesprek met Van der Hoeven. Ze confronteren hem met hun besluit. Als de bestuursvoorzitter er niet mee naar de Raad van Commissarissen stapt, zullen zij het doen. Van der Hoeven is ziedend, maar kan geen kant op.

Op maandag 14 oktober bespreekt Meurs de ICA-brieven met een verbaasde Bert Verhelst. Deze neemt zelfs het woord fraude in de mond. Samen gaan ze naar Van der Hoeven, die zit al te wachten. In dat overleg wordt besloten onmiddellijk De Ruiter te waarschuwen.

Als Henny de Ruiter vervolgens van zijn bestuursvoorzitter over de ICA-*sideletters* hoort komt hij meteen in actie. De externe accountant moet onmiddellijk worden geïnformeerd. Een teleurgestelde De Ruiter stelt Van der Hoeven een belangrijke vraag: zijn er nog meer opzetjes gemaakt?! De bestuursvoorzitter ontkent.

Michiel Meurs geeft de tweede ICA-*sideletter,* de *comfortletter*, aan Deloitte & Touche. Hij wijst erop dat het niet echt belangrijk is, omdat Ahold de facto de baas is en dus volgens Nederlandse accountancyregels mag consolideren. Maar de accountants schrikken. Hier lezen ze een getekend contract dat de inhoud van de eerste *sideletter* volledig onderuithaalt. Ahold is dus expliciet niet de baas.

De accountants dringen bij de president-commissaris aan op een onafhankelijk onderzoek. En wijzen hem erop dat hij, als er sprake lijkt te zijn van fraude, verplicht is zo'n onderzoek in te stellen. De Ruiter stemt daarmee in en vraagt professor-jurist Sjoerd Eisma van het Rotterdamse kantoor De Brauw Blackstone & Westbroek dit onderzoek op zich te nemen. Eisma gaat samen met zijn collega Jan Marten van Dijk aan de slag en vraagt professor Jan Klaassen, een accountancy-expert van de Vrije Universiteit van Amsterdam, hen te helpen. Hun opdracht is simpel: staat de inhoud van de tweede brief haaks op de boodschap van de eerste?!

Nadat Meurs ze heeft ingelicht komen de accountants diezelfde avond halverwege oktober bij elkaar op het Rotterdamse hoofdkantoor aan de Admiraliteitskade. Een man of zes: John van den Dries, zijn collega Roger Dassen, de *national director risk* Sjef Evers en nog drie betrokken professionals. De *cfo* van Ahold heeft een document achtergehouden op basis waarvan ze moeten vaststellen dat de consolidatie van ICA Ahold de afgelopen jaren ten onrechte is geweest. Wat moeten ze doen?

De controleopdracht teruggeven is de zwaarste maatregel. Daarmee richten ze heel veel schade aan, daar is op dit moment niemand bij gebaat. Ze moeten bovendien eerst zeker weten dat het kopietje van die geheime *comfort letter* ook in het echt bestaat. Dat echte bewijs moet nog geleverd worden. Ze besluiten het onderzoek van Eisma af te wachten. Unaniem stellen ze vast dat ze hun controlerende werkzaamheden stil leggen. Wat valt er nog te controleren in een omgeving die ze niet meer vertrouwen?! En wat weet Van der Hoeven? Ze kunnen het zich niet voorstellen dat de president van Ahold van niets wist. De accountants vragen daarop aan Van der Hoeven of er nog meer van dit soort dealtjes zijn gemaakt. Hij ontkent.

Feit is dat, op dat moment, de spanning tussen de twee *sideletters* die in Brazilië en Argentinië zijn opgesteld, door de tijd is opgelost. Al in 2000 verkreeg Ahold de resterende 50 procent in Bompreço en afgelopen zomer werd de 100 procent in Disco verkregen. In beide landen is Ahold nu dus echt de baas, ook formeel, en kan de omzet gewoon geconsolideerd worden.

Meurs is geschrokken en ook verbaasd over de enorme ophef. Hij vindt het een storm in een glas water. Volgens de Nederlandse accountantsbenadering is consolidatie toch geen enkel probleem?! Daarbij gaat het er toch om dat Ahold de facto, in de praktijk, de baas is?! En dat is zo. Daar twijfelt niemand aan. Ze kunnen de bestuurders ontslaan, hebben dat al gedaan zelfs, ze sturen ICA iedere dag aan. Dat is toch wat de accountants willen weten? Hij heeft die briefjes alleen maar opgesteld omdat de zwart-wit denkende Amerikaanse accountant van Deloitte & Touche dat zo graag wilde als extra bewijs. Zo heeft hij het tenminste begrepen.

En deconsolideren was gewoon geen optie in 2000. Net zo min als het opstellen van twee aparte jaarverslagen onder twee verschillende regimes, dat had toch niemand begrepen. Meurs vindt het onbegrijpelijk dat Deloitte hier zó zwaar aan tilt dat het nu de rode kaart trekt. Het vooruitzicht dat de twee onder zijn leiding tot stand gekomen jaarverslagen over 2000 en 2001 moeten worden herzien, is dramatisch. Voor de beleggers, voor Ahold en voor de Raad van Bestuur.

De opstelling van Meurs wordt door de accountants niet begrepen. Waar het in hun ogen om gaat is dat hij ze niet volledig heeft geïnformeerd. Ze zijn moedwillig misleid en dat is in hun ogen een doodzonde. En al helemaal voor een accountantsorganisatie waar het nog gonst van de verhalen over Enron en Andersen. Ze hebben een deja vu-gevoel. Als ze dit niet zuiver spelen, lopen ze zelf grote risico's. Ze moeten die rode kaart wel trekken.

Eisma, Van Dijk en Klaassen zijn ondertussen met hun onderzoek begonnen. Ze bekijken alle documenten en reizen naar Scandinavië om daar met de betrokkenen te spreken. Ze denken in januari de conclusies aan de Raad van Commissarissen te kunnen presenteren. Tijdens een bijeenkomst met de commissarissen is inmiddels uitgelegd wat het probleem is. Het hele consolidatievraagstuk is hier nog nooit op tafel geweest, sommigen weten niet eens wat consolidatie is. Ze krijgen het verschil te horen tussen *de jure* en *de facto*, tussen Dutch GAAP en US GAAP.

De verantwoordelijke Deloitte-man voor Ahold, John van den Dries, wordt vervroegd als eindverantwoordelijke van Ahold afgehaald. Hij zou de controle over de cijfers over 2002 nog doen, maar dat ziet hij nu niet meer zitten. De 38-jarige Roger Dassen neemt die verantwoordelijkheid van hem over. Een half jaar eerder dan de bedoeling was. SEC-spelregels schrijven voor dat een accountant niet langer dan zeven jaar op zijn stoel mag zitten. De cijfers van 2002 zouden sowieso de laatste zijn geweest voor Van den Dries. Die is totaal verslagen door de hele gang van zaken. Hij voelt zich niet goed, mist af en toe een vergadering. Hij zit er helemaal doorheen.

Terwijl dit allemaal speelt geeft Van der Hoeven een interview aan *Het Financieele Dagblad*. De journalisten feliciteren hem omdat hij opnieuw ergens is uitgeroepen tot *ceo* van het jaar. Ze constateren dat hij de felicitaties schuchter in ontvangst neemt en vragen zich af of hij verbaasd is. Hij antwoordt: 'Toch wel. De verbazing wordt ieder jaar groter. Er is toch het een en ander gebeurd.'

Van der Hoeven relativeert de recente koersval van het aandeel. 'Ach, we hebben een beetje een ongelukkige opeenstapeling van een aantal incidenten gekend, waardoor een extreme reactie is ontstaan. Dat is cyclisch. De economie zit tegen. Er is onvrede. Dat komt omdat bedrijven en hun *ceo's* op een voetstuk zijn gezet. Dat heeft tot overspannen verwachtingen geleid.' De vraag wat de nieuwe plannen voor 2003 inhouden ontlokt een geprikkelde reactie: 'Het is niet zo dat er niets veranderd is in de wereld. En er gaan nog zeker dingen gebeuren. Er komt een aanscherping van onze strategie, dat is een gegeven. Het is echt niet zo dat Van der Hoeven heeft zitten pitten met het idee dat het vanzelf weer goed komt. Je mag een solide performance verwachten, maar geen gouden bergen. Of we daarna teruggaan naar een 15 procent winstgroei per jaar, dat weet ik niet. Er komt zeker een consistente norm, maar hoe en wanneer en op welk niveau, dat zien we wel.'

Hij vertelt de journalisten trots dat Beppie weer op haar oude plek staat. *FD*-journalist Pieter Couwenbergh had eerder in een column geconstateerd dat het beeldje na een kostbare verbouwing van het hoofdkantoor, de nieuw ingerichte kamer van Van der Hoeven kostte naar verluidt 275.000 gulden, naar de parkeerplaats was verbannen. Dit zorgde in het bedrijf voor de nodige opwinding. Van der Hoeven: 'Ik heb er persoonlijk voor gezorgd dat het beeldje is teruggezet. Zij hoort hier. Klantgerichtheid is de kern van onze cultuur.'

Maar de Ahold-president heeft zijn hoofd er niet meer helemaal bij. Tijdens een lunch met bankiers van Salomon Smith Barney in New York laat Van der Hoeven zich ontvallen dat de omzetcijfers in de VS tegenvallen. Opnieuw schrikt de financiële wereld, dit soort zaken moeten in een persbericht naar buiten worden gebracht. Een paar dagen later doet Ahold dat ook, maar dan zit er al een nieuwe deuk in het vertrouwen.

Verschillende analisten in Londen en New York beginnen nu openlijk om het aftreden van Van der Hoeven te vragen. Ze herkennen hem niet meer, betrouwbaarheid heeft plaatsgemaakt voor onbetrouwbaarheid. Ze constateren dat hij goed was in overnames, maar dat hij niet goed is in het op de winkel passen. 'We hebben een echte kruidenier nodig', roepen ze in koor. Ze rekenen op een tweede winstwaarschuwing en houden rekening met slechtere rapportcijfers van de Amerikaanse kredietbeoordelaars.

Langzaam maar zeker begint in de Raad van Bestuur het besef te groeien dat het allemaal te hard is gegaan. In november schrijft Van der Hoeven een kritisch rapport over de te snelle groei. Hij stelt voor Zuid-Amerika te verkopen.

Controller Bert Verhelst is inmiddels druk aan het rekenen. Aan alle kanten kost de dit jaar zo dramatisch gedaalde beurskoers het bedrijf geld. Beleggers zullen geen genoegen meer nemen met dividend dat uitgekeerd wordt in aandelen. Ze zullen cash willen zien. Over 2000 werd voor 585 miljoen euro aan dividend in aandelen betaald en 126 miljoen euro cash, vorig jaar was de verdeling ongeveer 50-50. Sinds 2001 is cash uitgekeerde dividend ook niet meer belast. Voor dit jaar verwacht de controller dat de totale cash-betaling aan aandeelhouders op 600-700 miljoen euro uit zal komen. Voor 2003 komt er ook nog een flinke klapper aan. Dan moet Ahold 1,4 miljard aflossen op leningen, waaronder 678 miljoen euro op een converteerbare obligatielening. Aangezien het converteren voor die investeerders pas interessant is vanaf een koers van 27,02 euro, zal die ook gewoon cash moeten worden afgerekend.

Op 19 november geeft Ahold voor de tweede keer een winstwaarschuwing. Het resultaat zal niet meer groeien maar dalen, met 6 tot 8 procent. Van der Hoeven benadrukt: 'Het is belangrijk te begrijpen dat onze problemen zich op een beperkt aantal plaatsen voordoen. Behalve Zuid-Amerika was de enige echte tegenvaller Spanje.'

Hij presenteert een 'veelomvattend en ambitieus initiatief'. 'Onze missie, visie, waarden en principes blijven van kracht. Het plan is gericht op autonome omzetgroei, kostenvermindering, efficiënte aanwending van kapitaal en een kritische beoordeling van de portfolio en desinvesteringen.' Mooie woorden maar geen concrete doelstellingen. Van der Hoeven is tot een heel nieuw inzicht gekomen: 'Geloofwaardigheid heeft weinig te maken met beloften en alles met het leveren van resultaten. Daarom moeten niet de doelen maar het resultaat ons succes bepalen.'

Een beetje concreter wordt het als hij uitlegt hoe het personeel zal worden beloond. Ahold geeft 6 miljoen aandelen aan circa 1500 mensen als het bedrijf tussen 2003 en 2005 33 procent beter presteert dan de belangrijkste concurrenten. Als dat cijfer op 50 procent uitkomt, krijgen ze 9 miljoen aandelen: bij de huidige beurskoers nog geen 70.000 euro per persoon. Van der Hoeven belooft op 5 maart 2003, bij de presentatie van de cijfers over 2002, meer duidelijkheid te verschaffen.

Hij draagt een bijna verontschuldigende glimlach op zijn gezicht als hij voor de camera's van het NOS-journaal laat weten dat de commissarissen hem hebben gevraagd tot zijn pensioen te blijven. De Ruiter legt aan *NRC Handelsblad* uit dat de meeste commissarissen 'dit duidelijke statement' niet nodig vonden, maar hij wel: 'Cees doet het goed. Hij heeft de volledige steun van de Raad van Commissarissen, de Raad van Bestuur en het personeel. Gistermiddag hield hij een presentatie voor het personeel. Toen hij bekendmaakte dat hij nog minimaal vijf jaar zou blijven, kreeg hij spontaan een staande ovatie. Die steun had hij wel nodig. Die kritiek van analisten op hem, dat vind ik zo'n gezeik.'

Het enige kritiekpunt van de president-commissaris betreft Zuid-Amerika: 'Daar hadden ze een beetje beter moeten oppassen. De Raad van Bestuur had beter moeten kijken naar de potentiële risico's van die regio. Ze hadden iets voorzichtiger bedrijven moeten overnemen. Voor die fout moeten ze nu boeten.'

Theo de Raad maakt een paar dagen later bekend dat er 500 tot 1000 mensen uitgaan in Zuid-Amerika. Een deel van de Disco-winkels zal worden omgebouwd tot discountwinkels, om zo tegemoet te komen aan de hevige recessie.

Het onderzoek van de Interne Accountantsdienst naar de wijze waarop zij daar de afgelopen jaren hebben gehandeld, heeft vastgesteld dat daar voor ongeveer 30 à 35 miljoen dollar is besteed aan steekpenningen en het omkopen van allerlei mensen.

De directeur van de Interne Accountantsdienst, Thijs Smit, zit hiermee in zijn maag en stelt aan Theo de Raad, de baas van Zuid-Amerika, voor onverwacht een inval te doen bij Disco om uit te zoeken waar dat geld naar toe is gegaan. Misschien heeft het management er zelf van geprofiteerd, zijn er *kickbacks* betaald? Disco is nu een 100 procent dochter van Ahold, Ahold is dus ook voor 100 procent verantwoordelijk.

Smit zit al in Argentinië als duidelijk wordt dat Cees van der Hoeven niet akkoord gaat met zijn plan voor een onverwachte inval. Smit is na alle gedoe over de *sideletters* niet erg onder de indruk meer van de woorden van Van der Hoeven, zijn tolerantiegrens is laag. Hij dreigt zelf met zijn verzoek naar het *audit committee* van de Raad van Commissarissen te stappen. De Raad bemiddelt en legt aan Smit uit dat Van der Hoeven er zo mee zit omdat hij het zittende management van Disco niet wil schofferen.

De Raad laat Smit vervolgens weten dat hij de opdracht heeft gekregen om Eduardo Orteu te waarschuwen en dat hij dat net tien minuten daarvoor heeft gedaan. De Raad geeft Smit dan het groene licht om meteen naar Disco te gaan. Hij vindt een schat aan informatie. Van der Hoeven is boos, hij vindt dat Smit de Zuid-Amerikaanse verhoudingen niet goed aanvoelt met dit soort acties.

In de week dat Smit zijn inval doet is zijn collega Ton van Tielraden toevallig ook in Argentinië. De directeur Juridische Zaken is uitgenodigd om een presentatie te geven over de nieuwe *business principles* van Ahold. Hij legt de Argentijnen onder meer uit dat het absoluut verboden is om als Ahold-medewerker anderen om te kopen.

Orteu mag trouwens blijven zitten. Van der Hoeven laat de Raad van Commissarissen weten dat hij de baas van de Argentijnse operatie stevig aan de tand heeft gevoeld over de omkooppraktijken, maar dat hij heeft vastgesteld dat de baas van Disco schone handen heeft en aan kan blijven. Toch wordt besloten om in aanvulling op het onderzoek van de Interne Accountantsdienst nog een extern onderzoek door Deloitte & Touche te laten verrichten.

Andere forensic accountants, die van PWC, zijn dan klaar met het Scandinavische onderzoek naar de handel een wandel van Stein Erik Hagen. Daar is niets onoirbaars uitgegeven. De Noor, die inmiddels Eisma en Klaassen op bezoek heeft gehad, is diep teleurgesteld in Ahold, hij zou de Nederlanders het liefst uit willen kopen.

Op 5 december doet Ahold de zevende overname in de voedseldistributie. Na US Foodservice, PYA Monarch, Parkway, Mutual, Alliant en Lady Baltimore wordt nu Allen Foods overgenomen en geïntegreerd. Volgens een woordvoerder om in Kansas City en St. Louis 'een flinke voet aan de grond te krijgen'. Opgeteld wordt via 300.000 klanten een omzet van 18,5 miljard euro gerealiseerd. US Foodservice is in drie jaar tijd uitgegroeid tot verreweg de grootste dochter van het Ahold-concern.

Niemand wordt hier nog blij van. De sfeer op het hoofdkantoor is om te snijden. Mensen als Smit en Van Tielraden weten duidelijk meer, maar kunnen niet praten. Dat voelt de rest van de staf in de wekelijkse vergaderingen en tijdens de lunch, die bijeenkomsten zijn wel eens een stuk openhartiger geweest. Wat is hier allemaal aan de hand?

Van der Hoeven probeert de mensen wat op te fleuren. Hij deelt mee dat personeelsman Arthur Brouwer aan het onderzoeken is of de looptijd van de opties die straks waardeloos aflopen, niet verlengd kan worden. Hij heeft het al met de Amerikaanse collega's overlegd en die zijn razend enthousiast.

Bij Albert Heijn is de stemming inmiddels ook flink gedraaid. Anderhalf jaar heeft Dick Boer de wind mee gehad maar nu wordt toch duidelijk dat Albert Heijn te duur is geworden. Albert Heijn verliest marktaandeel, met procenten tegelijk. FHV BBDO, het reclamebureau sinds 1980 dat nu al zeven directies heeft overleefd, stelt vast dat de prijzen 16 procent hoger liggen dan die bij Dirk van den Broek. Dat is teveel. De reclamemensen geven een presentatie met als thema: 'herhaling van het feestje van 1981'. Ze stellen voor de prijzen structureel te verlagen.

Arjan Both vraagt ze een campagne te maken. Een dag voor kerst zetten de reclamemensen de borden met nieuwe slogans erop op een rijtje op de grond. Dick Boer komt binnen om ze te bekijken. Met zijn handen in zijn zakken trapt hij alle borden om waar over flinke prijsverlagingen wordt gerept. Het is een buitengewoon onplezierige bijeenkomst en de mensen van FHV BBDO vragen zich af of er dan misschien toch een einde komt aan dit 20 jaar oude huwelijk.

Boer kan ook niet zoveel anders. Hoewel er van alle kanten mensen zijn die Albert Heijn nadrukkelijk waarschuwen voor de recessie en de oprukkende concurrentie van de discounters, krijgt het bedrijf de ruimte nu niet om het marktaandeel te verdedigen. Het hoofdkantoor heeft geld nodig, veel geld om de beloftes aan aandeelhouders overeind te kunnen houden. En dus blijft de boodschap de afgelopen jaren hetzelfde: de beloofde 15 procent meer winst leveren.

Een paar dagen voor de kerst kondigt Van der Hoeven aan dat hij zich in 2003 terugtrekt als commissaris bij KPN en ABN Amro. Hij wil zich volledig op Ahold kunnen richten. Beleggers zijn er blij mee en laten de koers met 3 procent stijgen naar 12 euro. Over 2002 heeft het aandeel het 40 procent slechter gedaan dan de vergelijkbare concurrentie.

Begin januari komen er in Zaandam voor Van der Hoeven, Meurs en De Ruiter een anonieme brief en een anonieme mail binnen. In de mail staat iets over de onrustbarende hoeveelheid voorraden die door inkopers van US Foodservice worden ingekocht. Het lijkt erop dat ze proberen met extra inkopen, de op papier al ingeboekte inkoopkortingen alsnog te realiseren.

In de brief wordt uitgelegd hoe US Foodservice *special purpose entities,* een soort bv's die op afstand van het bedrijf staan, gebruikt om richting klanten de prijzen te manipuleren. Niet per se illegaal, maar wel op het randje. De leiding in Zaandam stuurt de brieven bezorgd door naar Miller en zijn accountants. Bij Enron werden ook volop *spe's* ingezet.

Tijdens de wekelijkse woensdagochtendbijeenkomst met zijn staf vertelt Michiel Meurs dat zich een paar grote afnemers bij US Foodservice hebben gemeld, maar dat die alleen via de kostprijs-plusmethode willen betalen. Ze vragen dus om inzicht in de boeken van USF. Verhelst vindt dit geen goed idee. Er is een flinke discussie.

Van Solt zegt die Amerikanen niet te vertrouwen. Hij refereert aan afgelopen zomer toen Van der Hoeven de werkmaatschappijen na de winstwaarschuwing opriep met nog betere resultaten te komen. Jim Miller kwam binnen een week terug met het bericht dat hij 100 miljoen dollar meer winst kon leveren over 2002. Dat bericht werd toen omarmd door Van der Hoeven, Miller werd weer als voorbeeld gesteld. Maar veel operationele managers vonden en vinden het maar vreemd: of Miller heeft in het budget de boel belazerd, of... ja of wat eigenlijk?!

In januari presenteren Eisma en Klaassen hun rapport. Hun conclusie is onduddelzinnig: de twee ICA-brieven zijn strijdig met elkaar. De accountants zijn misleid. Ze stellen vast dat de drie aandeelhouders van ICA indertijd afspraken dat Ahold de resultaten zou gaan consolideren maar dat de benodigde controle om dat onder US GAAP te mogen doen, niet is geregeld in de aandeelhoudersovereenkomst. Als gevolg van de twee brieven, de *control* brief en de *comfort* brief is consolidatie zowel onder US GAAP als Dutch GAAP in ieder geval niet mogelijk. Door die tweede brief, waarin de inhoud van de eerste brief teniet wordt gedaan en de andere aandeelhouders macht krijgen op belangrijke strategische onderwerpen, is consolidatie sowieso uit den boze. Juist het feit dat er twee tegenstrijdige brieven liggen, richt grote schade aan. In de ruzie tussen Meurs en de accountants van Deloitte & Touche kiezen ze voor de laatste. Ahold heeft met die twee brieven in zijn eigen voet geschoten.

Van der Hoeven neemt desondanks een belangrijk besluit: we gaan voor die consolidatie. Net als Meurs is hij er in zijn hart van overtuigd dat Ahold de baas is in Scandinavië. Hij gaat in discussie met de accountants van Deloitte & Touche. Die werken niet mee. Ze vinden dat Eisma en zijn team duidelijk zijn geweest en laten Van der Hoeven weten pas met de consolidatie van de ICA-cijfers over 2002 akkoord te gaan als hij kan aantonen dat hij daar de doorslaggevende stem heeft in de besluitvorming. Ze wijzen erop dat in dat geval het consolidatieprobleem voor de jaren 2000 en 2001 nog steeds op tafel ligt. Verder terug willen de accountants niet gaan omdat oudere jaarverslagen in hun beleving geen actualiteitswaarde meer hebben.

Keer op keer komt Van der Hoeven met nieuwe voorstellen om toch de cijfers van ICA te kunnen consolideren. Samen met Jan Andreae reist hij eind januari af naar Stockholm. Op het Arlanda-vliegveld ontmoeten ze de twee andere aandeelhouders in ICA Ahold: Stein Erik Hagen en Peter Dettman. De Nederlanders leggen het probleem uit. Ze willen veranderingen aanbrengen in de Aandeelhoudersovereenkomst. Daar hebben de Scandinaviërs niet veel trek in. Er wordt veel druk uitgeoefend. Ze gaan akkoord met een wijziging in de trant van: Ahold kan alleen de knoop doorhakken als het dat doet in het belang van het bedrijf en de aandeelhouders. Maar terug in Zaandam zijn de accountants niet onder de indruk.

Een week voor de 76ste verjaardag van Ab Heijn krijgen Ab en Monique Heijn in hun huis in Bloemendaal bezoek van Cees van der Hoeven. Hij maakt een gespannen indruk en klaagt over de nieuwe verlaging van de kredietwaardigheid van Ahold door Moody's. Nog twee van zulke *downgrades* en Ahold is *below investment grade,* een beoordeling die opnieuw voor een grote vlucht uit het aandeel zal zorgen. Tijdens het kopje koffie bij de Heijnen, die eigenlijk niet begrijpen waarom hij langs komt, wordt de topman constant gestoord door zijn mobiele telefoon, het gaat over Scandinavië.

Er is dan toch opeens vertrouwen dat het gaat lukken. Ook de accountants zien dat Ahold in relatie tot de andere ICA-Ahold-aandeelhouders steeds nadrukkelijker de controle zwart op wit op papier krijgt. Het lijkt er in ieder geval op dat de cijfers over 2002 wel geconsolideerd zouden kunnen worden. Voor begin februari zijn verschillende bijeenkomsten gepland om hier over door te praten. De jaarcijfers moeten op 5 maart gepresenteerd worden.

Michiel Meurs en Van der Hoeven spreken herhaaldelijk over de positie van de *cfo*. Voor Van der Hoeven is de uitkomst duidelijk: de positie van Michiel Meurs is onhoudbaar geworden. Ook De Ruiter is het daarmee eens. De president-commissaris vindt het sneu, hij vindt Meurs een aardige rechtschapen figuur die vooral heel onhandig heeft geopereerd, maar hij is het met Van der Hoeven eens.

Meurs begrijpt het niet. Hij vindt de hele consolidatieruzie nog steeds een storm in een glas water. Maar hij legt zich bij zijn ontslag neer. Eind januari maakt hij intern in kleine kring bekend dat hij ontslag neemt. Hij voelt zich verantwoordelijk voor de problemen en hoopt zo de weg vrij te maken voor een oplossing.

De eerst week van februari zit Bert Verhelst in Amerika. Hij praat met Alan Kesler, de accountant van Deloitte & Touche die de cijfers van US Foodservice controleert en Michael Resnick, de financieel directeur van USF. Kesler vertelt dat hij tevreden is over het confirmatiesysteem. In de maanden oktober en november heeft Deloitte naar bijna 90 procent van alle leveranciers een brief gestuurd waarin wordt gevraagd de hoogte van de in de boeken van Foodservice als nog te ontvangen inkoopkorting te bevestigen. Kesler en Resnick hebben de afgelopen weken van flink wat leveranciers een bevestiging gekregen. Het ziet ernaar uit dat de bedragen die in de boeken staan kloppen, dat het jaar straks netjes kan worden afgesloten.

Maar vlak nadat Verhelst weg is, gaat het mis. Er komen twee telefoontjes binnen bij Kesler. Telefoontjes van leveranciers die melden dat de eerder door een vertegenwoordiger verstuurde bevestiging niet klopt. Die vertegenwoordigers hadden niet eens de bevoegdheid om hiervoor te tekenen. Ze zijn US Foodservice het genoemde bedrag aan kortingen en bonussen niet schuldig. Het gaat nog om kleine bedragen. Maar de accountant ruikt onraad. Zijn de brieven wel naar de juiste personen gestuurd?! Nu blijkt dus dat er een gat zit tussen de vertegenwoordiger in het veld en de boeken van het hoofdkantoor van deze leveranciers. Zouden Lee, Kaiser en Miller achter de rug van de accountant om hun contacten hebben gevraagd tegen de accountant te liegen over de hoogte van de uitstaande kortingen?! De accountants gaan aan de slag en gaan de leveranciers af. Ze weten niet wat hun overkomt, het gat tussen de beweringen van US Foodservice en de feitelijke toezeggingen loopt snel op. Kesler schat het na een paar dagen onderzoek op 50-200 miljoen dollar.

De accountant maakt een afspraak met Jim Miller voor woensdag 12 februari in de ochtend. Na de drama's in Azië, Argentinië, Spanje en Scandinavië staat het grootste Ahold-schandaal op het punt om uit te breken.

12

REDDING??

(24 februari 2003-januari 2004)

'U wilt bloed zien, Barbertje moet hangen', reageert Karel Vuursteen verontwaardigd als een aandeelhouder vraagt waarom niet alle verantwoordelijke commissarissen opstappen.

Het is maandag 24 februari half negen 's ochtends: de Oostenrijkse bergen rondom Kaprun zijn wit, de lucht is strak blauw. Arjan Both, marketingdirecteur van Albert Heijn, heeft er zin in: dit belooft een perfecte dag te worden om te skiën. Als hij de skilift instapt gaat zijn telefoon.

Het is Dick Boer. Zijn baas zit een half uur rijden bij hem vandaan in Hinterglem. In hoog tempo vertelt de president van Albert Heijn over het net door moeder Ahold gepubliceerde nieuws, Boer moet nog meer mensen bellen. Zaterdag kreeg hij de opdracht van het Ahold-bestuur zijn directieleden pas op maandag te informeren.

Het vertrek van Van der Hoeven en Meurs, de fraude bij US Foodservice, de misleiding van de accountant, het noodkrediet. Alle ellende passeert de revue. Even hebben ze het erover of ze niet terug moeten naar Nederland. Maar de Albert Heijn-directeuren vinden dit toch duidelijk een probleem van Ahold. Het zoveelste probleem. In november leek het er toch ook al op dat Van der Hoeven op zou stappen? Nee, dit raakt Albert Heijn niet. Ze besluiten van hun vakantie te gaan genieten.

Dat valt tegen. In een stralende zon staat Both vrijwel de hele dag op de skipiste... te bellen. Veel mensen hebben vragen en maken zich zorgen. Die worden gevoed door het geweld waarmee de Nederlandse media het nieuws brengen dat Ahold op omvallen staat. Nieuws dat op de vreedzame witte Oostenrijkse bergtoppen zo ver weg lijkt. Lijkt, want talloze Ahold-medewerkers, bankiers, accountants, advocaten en beleggers komen die maandag nauwelijks aan skiën toe.

Langzaam maar zeker groeit bij de 44-jarige Both het besef dat Albert Heijn toch wel eens last zou kunnen krijgen van dit 'Ahold-probleem'. In de beleving van veel mensen, klanten, zijn moeder en dochter één. Als hij die avond naar het journaal kijkt, dringt het pas goed tot hem door. Hij besluit zijn mensen in Nederland daar meteen onderzoek naar te laten doen. Dinsdag belt hij met Jacq Kuyf, directeur van het reclamebureau FHV BBDO, en vraagt hem een uiting te bedenken. Een tekst voor in de kranten die aan het grote publiek uitlegt dat het drama dat zich bij Ahold voltrekt niet betekent dat de winkels van Albert Heijn in gevaar komen. Het Nederlandse publiek snakt naar zo'n geruststelling over hun oude vertrouwde Appie Heijn. Het onderzoek van Both maakt dit al snel ondubbelzinnig duidelijk.

Boer en Both besluiten dinsdagavond hun vakantie af te breken, woensdag vliegen ze samen terug vanuit Salzburg. Heel Nederland weet dan al dat Cees van der Hoeven, de voormalige Ahold-president, wel probeert te genieten van het mooie Oostenrijkse skiweer. Een fotograaf van De Telegraaf die vooral op zoek is naar de koningin, legt Van der Hoeven in skisferen in Lech vast. De foto komt op de voorpagina en maakt veel verontwaardiging los.

Als Boer en Both op het Albert Heijn-hoofdkantoor goed op de hoogte zijn gebracht van de laatste stand van zaken bij Ahold, realiseren ze zich voor het eerst dat de hele onderneming op de rand van de afgrond balanceert. De koers is gedecimeerd tot onder de 3 euro. Het vertrouwen in de onderneming is weg. Wat kunnen ze doen om de klanten van Albert Heijn gerust te stellen? Kuyf heeft een tekst gemaakt en ook een ander reclamebureau heeft ongevraagd een voorstel gedaan. Ze krijgen allebei geen kans. Henny de Ruiter laat weten dat op last van advocaten het bedrijf geen berichten naar buiten kan sturen. De Albert Heijn-directie besluit toch een gebaar te maken: die zaterdag zullen een miljoen pakken Perla-koffie worden uitgedeeld. Gratis.

De beurskoers is het laatste waar interim-president De Ruiter zich druk over maakt. Hij moet in eerste instantie maar voor één ding zorgen: cash. Hij is zich rot geschrokken: er blijkt maar 80 miljoen euro in de kas te zitten. Daar kan dit bedrijf de rekeningen van één dag niet eens van betalen. Zonder voldoende cash valt het bedrijf om, valt ieder bedrijf om. Ahold moet aan zijn verplichtingen blijven voldoen. Zullen de leveranciers erop vertrouwen dat Ahold de rekeningen zal blijven betalen?

Dag in dag uit rapporteren de media in chocoladeletters over de enorme problemen waarmee het bedrijf kampt. Die lijken steeds groter te worden, vooral omdat Ahold geen uitleg geeft. Het ontbreken van verklaringen voedt speculaties dat het helemaal fout zit. Bankiers en (Amerikaanse) advocaten houden min of meer kantoor bij Ahold. Ze willen alles zien. De Amerikaanse advocaten waarschuwen constant voor de lopende procedures, iedere verklaring die Ahold geeft kan tegen het bedrijf gebruikt worden. Geen bericht kan naar buiten zonder hun goedkeuring. Ze zorgen vaak voor grote vertragingen. Omdat zoveel verschillende versies door zoveel verschillende handen gaan, gaat het regelmatig mis en moeten rekensommen worden rechtgezet. De Canadese Sharon Christians, de opvolger van Hans Gobes, heeft het zwaar. Ze begrijpt de Nederlandse taal niet en dacht dat ze in oktober 2002 bij een succesvolle onderneming in dienst trad, zo had Cees van der Hoeven het haar voorgespiegeld. Nu moet ze haar mensen de opdracht geven vooral hun mond te houden.

Het episch centrum van de onderhandelingen met de banken is verplaatst van Zaandam naar de relatieve rust van het kantoor van Allen & Overy, de advocaat van ABN Amro, aan de Apollolaan in Amsterdam-Zuid. Hier werken zo'n 25 man stug door. De genoemde bankiers: Meuter, Feenstra, Zegering Hadders, Ten Cate en Meertens hebben de leiding bij de banken. Vanuit Ahold worden de onderhandelingen nu geleid door Henny de Ruiter en zijn rechterhand: De Brauw-advocaat Peter Wakkie. Ze worden, zoals met de banken is afgesproken, intensief ondersteund door Michiel Meurs. Dag en nacht wordt er door geakkerd. Enorme bergen papier worden verzameld die de hardheid van de onderpanden moeten garanderen.

Daarbij is een groot probleem dat veel dochterondernemingen ook zelf nog kredieten, in totaal zo'n 130 stuks, zijn aangegaan waar allerlei voorwaarden aan zijn verbonden. Die kredietlijnen gaan nu snel op slot. Ook deze banken zijn geschrokken van de wel heel negatieve reactie op de markten. In de ogen van Standard & Poors is de kredietwaardigheid van Ahold tot een *junk*-status afgezakt.

Steeds moet worden bekeken in hoeverre het bedrijf voor al deze 130 leningen in onderpand kan worden gegeven. Een secuur werkje. In al die leningen wordt de zogenaamde beschikbare ruimte opgezocht. En dat kost tijd. Zoveel tijd dat verschillende grote leveranciers die Ahold-dochters op krediet leveren in de loop van de week in problemen dreigen te komen. Zij hebben het leverancierskrediet dat Ahold van ze krijgt, verzekerd en verschillende van die verzekeraars dreigen nu met het opzeggen ervan. Dat kan dramatische gevolgen hebben. Zonder verzekering geen leveranciers-krediet, zonder krediet geen goederen, zonder goederen geen klanten. Ahold kan binnen een paar dagen kapot zijn.

De Ruiter en Wakkie proberen het hoofd koel te houden en spannen zich tot het uiterste in om deze verzekeraars ervan te overtuigen dat het reddingskrediet er echt gaat komen. Die geloven het, voorlopig. Naarmate de dagen verstrijken groeit het zelfvertrouwen aan de kant van Ahold. Het bedrijf staat nog. De koers is weliswaar in elkaar geklapt, maar de klanten blijven komen. De leveranciers blijven leveren. De Ruiter durft voorzichtig te gaan geloven dat Ahold een tweede leven krijgt.

De bankiers hebben meteen last van het groeiende zelfvertrouwen van Ahold. Ahold-managers maken steeds duidelijker dat ze het gevoel hebben door de banken te worden geplukt. De banken verhogen de eerder afgesproken rente op de lening omdat de beoordeling van de kredietwaardigheid met 'junk' lager is dan ze hadden verwacht. De rekening voor het organiseren van het krediet gaat bovendien over de 80 miljoen euro heen.

Om duidelijk te maken dat ze nog steeds *in charge* zijn laten verschillende bankiers weten dat er ook een plan B moet worden opgesteld. Een plan waarin de mogelijke liquidatie van Ahold op papier wordt gezet. Ze vinden dat er zo'n 'terugvalscenario' moet liggen, in geval het toch mis gaat. Ze willen de mogelijkheden van een *break up* duidelijk op papier hebben.

Meurs, De Ruiter en Wakkie schrikken van de agressiviteit van de banken. Weer moeten ze praten als Brugman om te voorkomen dat zo'n plan B wordt opgesteld. Ze zijn als de dood dat als zo'n inventarisatie eenmaal is gemaakt, de aantrekkelijkheid ervan wel eens tot andere, meer drastische gedachten kan leiden. Plan A kan dan zomaar worden vervangen door plan B. Ahold krijgt opnieuw voorzichtige ondersteuning van de Nederlandse bankiers van met name ABN Amro en ING. Het *old boys network* lijkt hier zijn voordelen te hebben. Het Oranjeboven-gevoel voorkomt uiteindelijk dat zo'n liquidatiescenario wordt opgesteld.

Maandagochtend 3 maart om 03.00 uur zijn ze eruit. Het uiteindelijke document beslaat 115 pagina's, die worden aangevuld met dozen vol informatie over de verschafte zekerheden. Vanaf nu tot in februari 2004, als de overeenkomst vervalt, zullen er per bank zo'n 15-25 medewerkers *full time* met Ahold bezig zijn. De banken zullen de cashflow van dag tot dag monitoren. Ze houden alles in de gaten. En Ahold moet iedere twee weken de rente betalen over het geleende bedrag.

Als ze die maandag bij elkaar zitten om de contracten te tekenen leest de notaris de namen van de ondertekenaars van het krediet voor: Hendrikus de Ruiter, geboren in 's Gravenhage op 3 maart 1934... Slechts één aanwezige constateert dat het vandaag 3 maart is, niemand reageert verder. Henny de Ruiter is jarig, hij is 69 geworden, maar er wordt niet gezongen.

Op het hoofdkantoor wisselen verslagenheid en woede elkaar af. De emoties richten zich vooral op Cees van der Hoeven en Michiel Meurs. Jarenlang leken ze zo overtuigend *in charge*. Steeds weer werden twijfels weg gewimpeld en nu blijken ze de boel stelselmatig voor de gek te hebben gehouden, in ieder geval helemaal niet onder controle te hebben gehad. In allerlei kamertjes worden reconstructies gemaakt. De waarschuwende woorden van Ernie Smith, oude discussies met de accountants over de verschillen tussen US GAAP en Dutch GAAP. Als het toch goed was gegaan met Carrefour of Tesco, als we toch iets minder hard waren gegaan, waarom moesten we van 10 naar 15 procent winstgroei? Velen gaan bij zichzelf te rade, hadden ze niet eerder en harder moeten protesteren?! Langzaam maar zeker breekt het besef door dat het structureel mis zat, op veel fronten.

De 'moedwillige misleiding' van de accountant blijkt zich niet te beperken tot de brieven in Scandinavië. Op verzoek van Deloitte & Touche vraagt Henny de Ruiter aan Eisma en zijn team om de geschiedenis van de overige *sideletters* ook in kaart te brengen. Zij stellen snel vast dat ook de in Zuid- en Midden-Amerika opgestelde *comfort letters* ten onrechte niet aan de Raad van Commissarissen en accountant zijn getoond. Opvallend is ook dat ook de cijfers van Jerónimo Martins vanaf 2000 zullen worden gedeconsolideerd. De accountants van Deloitte & Touche stellen vast dat de feitelijke macht niet meer bij Ahold ligt, iets wat Ahold in de tien jaar daarvoor kennelijk wel aannemelijk heeft weten te maken en waar de accountants nooit echt een probleem van hebben gemaakt.

Op het hoofdkantoor constateren ze verbaasd dat de *sideletters* zonder inbreng van de juridische afdeling van Ahold zijn opgesteld. Ze kunnen het zich niet voorstellen dat de brave, volgzame Meurs, die altijd tegen Van der Hoeven opkeek, dit in zijn eentje zou hebben gedaan. Verschillende experts, waaronder Wakkie, hebben zich inmiddels over de drieregelige briefjes gebogen. Ze zijn vooral verbaasd over de grote onhandigheid waarmee ze zijn geformuleerd, het gebrek aan enige nuance. De briefjes zijn te kort door de bocht. In de tweede brief, de *comfort letter*, wordt de boodschap van de eerste brief veel te hard onderuit gehaald met termen als *we do not agree*. Terwijl het vooral de bedoeling was om de families gerust te stellen dat hun resterende belang van 50 procent niet in waarde zou dalen. Slimme juristen hadden dit toch kunnen oplossen? Van der Hoeven ontkent dat hij iets met de *sideletters* te maken heeft gehad, er iets vanaf wist. Volgens Michiel Meurs heeft hij er wel met hem over gesproken. Maar het was toen zo'n non-issue, het is misschien niet blijven hangen.

Gaat het in Zaandam over de toekomst van Ahold en Albert Heijn, in de rest van de wereld maken Ahold-werknemers zich vooral zorgen over hun eigen bedrijf. Ahold zegt ze niet zoveel, maar wat betekent dit voor hun Stop&Shop, ICA, of Pingo Doce? Overal gaan stemmen op de doodzieke moeder de rug toe te keren, de toekomst weer in eigen hand te nemen en die gekke Hollanders in hun sop te laten gaarkoken.

Vooral in Zweden is de woede groot. Op het ICA-hoofdkantoor vlakbij Stockholm zit Peter Dettman zich te verbijten. Hij voelt zich verraden. Op donderdag 20 februari heeft de voorzitter van de ICA-coöperatie met Cees van der Hoeven aan de telefoon gezeten. Jan Andreae was bij hem in Stockholm. Van der Hoeven deed een uiterste poging de Zweed te bewegen die zo gewenste consolidatie van de ICA-cijfers toch mogelijk te maken. Hij hamerde op de noodzaak van een stevige formulering waarin de door-slaggevende stem bij Ahold komt te liggen en Deloitte & Touche akkoord zou gaan. Van der Hoeven zette alle middelen in. Hij stelde zelfs dat Dettman de werkgelegenheid van 400.000 mensen in gevaar bracht als hij niet instemde met de laatste voorstellen.

De geïntimideerde Zweed liet zich vermurwen. Maar in dat telefoonge-sprek werd met geen woord gerept over de problemen in Amerika. En nu dit: hoezo zou Dettman het bedrijf in gevaar brengen... het vertrouwen in de Hollandse partner is weg in Zweden.

Bankiers ruiken kansen. Er is veel onzekerheid. Op vele plekken worden rekensommen gemaakt en aan (voormalige) bestuurders voorgehouden. Verschillende *investment bankers* bellen Bob Tobin. Ze weten dat hij er alles aan zal willen doen om zijn 'kindje' Stop & Shop overeind te houden en suggereren een uitkoop door het management eventueel in combinatie met Giant Landover. Maar Tobin wil zich nu richten op het overeind houden van Ahold. Hij voelt zich schuldig. Tweeënveertig jaar is hij onomstreden een zeer succesvolle retailer geweest, hij heeft alle prijzen gewonnen. En nu, in zijn functie als commissaris van Ahold, dreigt die hele reputatie naar de filistijnen te gaan. Hij heeft tenslotte met veel enthousiasme US Foodservice binnen Ahold gebracht.

Vervolgens dringen verschillende zakenbankiers bij de interim-baas van US Foodservice aan op een heel andere oplossing: de uitkoop van US Foodservice. Ze vinden dat dit bedrijf nu flink wordt ondergewaardeerd door alle ellende. Het is toch de nummer twee van de Verenigde Staten in een groeiende markt. Ze zijn bereid om 2,5 tot 3 miljard op tafel te leggen voor het bedrijf waar Ahold de afgelopen drie jaar opgeteld zo'n 8 miljard dollar voor heeft betaald. Weer weigert Tobin hier op in te gaan. Hij vindt zo'n uitverkoop niet goed voor Ahold. Laat het bedrijf eerst maar weer gezond worden, dan kan een eventuele verkoop minstens het dubbele opleveren. Daar hebben de aandeelhouders van Ahold veel meer aan.

Als Jan Andreae hoort over de Amerikaanse bewegingen gaat hij ook op onderzoek uit voor wat betreft het veiligstellen van Albert Heijn. Hij wil de Amerikanen als het even kan voor zijn. Ook hier zijn allerlei partijen die vinden dat de marktleider in Nederland uit het zieke Ahold zou moeten worden gesneden. Maar ook hier leiden deze gedachten voorlopig tot niks.

Analisten opperen dat Ahold een ideale partij is voor Carrefour. Maar Daniel Bernard laat weten niet geïnteresseerd te zijn in de overname van het hele bedrijf. Er zijn nog teveel onzekerheden.

De Ahold-droom is kapot, het drama compleet. Wat blijft er over als het stof is gaan liggen? En hoe levensvatbaar is dat? Op die vragen zal een nieuwe leiding antwoord moeten gaan geven. Maar wie gaat dat doen? Het *old boys network* draait op volle toeren. De Ruiter heeft meteen een nieuwe *cfo* nodig. Iemand waar de banken vertrouwen in hebben. Zijn vriend Dudley Eustace wordt door *executive searcher* Egon Zehnder benaderd. De 67-jarige Brit, voormalig financieel directeur van Philips, heeft respect voor De Ruiter, en zegt ja. Hij kan meteen aan de slag, op 12 maart geeft de Raad van Commissarissen de accountants van PriceWaterhouseCoopers de opdracht tot een onderzoek bij 17 dochterbedrijven naar mogelijke onregelmatigheden in de boekhouding.

Een paar dagen eerder, op vrijdag 7 maart, heeft Cees van der Hoeven zijn ontslagaanzegging thuis gestuurd gekregen. Het is de eerste formele reactie die hij krijgt sinds het telefoontje met Henny de Ruiter vanuit het huis van Karel Vuursteen. Hij krijgt zijn salaris, inclusief extra's en niet opgenomen vakantiedagen, doorbetaald tot en met juli omdat in zijn in 1985 opgestelde arbeidscontract voor beide partijen een opzegtermijn van drie maanden is opgenomen.

Vlak na die brief heeft Van der Hoeven nog een ontmoeting met de Raad van Commissarissen van Ahold. In 'De Hoop op d'Swarte Walvisch' komen ze zo'n anderhalf uur bij elkaar. De ontslagen president heeft grote behoefte om ze nog één keer te spreken. Om te getuigen van zijn liefde voor Ahold en de mensen die er werken. Om duidelijk te maken dat hij veel zelfkritischer is dan veel van die mensen nu denken. Het is een emotionele bijeenkomst: Van der Hoeven houdt het niet droog.

Natuurlijk is hij bij zichzelf te rade gegaan. Hij legt zijn commissarissen uit dat hij te goed van vertrouwen is geweest. Dat hij te optimistisch is geweest. Dat hij nou eenmaal geen geweldige antenne heeft voor mensen die de boel oplichten omdat hij dat niet begrijpt, omdat hij zelf de boel nooit zou oplichten. En dat hij daardoor teveel ruimte heeft gecreëerd voor mensen met slechte bedoelingen. Daar is hij schuldig aan.

Hij erkent dat hij in zeker opzicht naïef is geweest. En te dominant. Nu begrijpt hij dat de drempel naar zijn kantoor hoog is geweest, te hoog. Dat hij collega's te weinig heeft uitgenodigd om hun kritiek te spuien. Dat de arrogantie waar hij steeds maar weer van wordt beschuldigd ervoor heeft gezorgd dat critici niet snel tegen hem zullen zeggen dat hij het verkeerd heeft. Maar hij legt ook uit dat die arrogantie het gevolg is van ingebouwde introvertie. Van angst om gekwetst te worden. Angst die hem dwingt om afstand te houden. Afstand die maakt dat hij arrogant overkomt.

Henny de Ruiter is niet bij deze mea culpa. Hij heeft er geen zin in. Als Van der Hoeven met zijn tijdelijke opvolger wil praten dan belt hij maar.

Jim Miller vecht ondertussen voor zijn eigen hachje en distantieert zich van de problemen in Zaandam. In een brief aan zijn klanten laat hij weten geen enkele verantwoordelijkheid te dragen voor de gaten in de accounting. 'Tot mijn grote verrassing en teleurstelling, ben ik op de hoogte gebracht van het feit dat een paar "trusted" werknemers buiten onze geaccepteerde accounting-procedures om hebben gewerkt en het bedrijf schade hebben berokkend. De accountants van het bedrijf Deloitte & Touche', zo voegt Miller hier aan toe, hebben hem herhaaldelijk laten weten dat de accounts in orde waren. Miller, de man met veel persoonlijke contacten met grote klanten, de man die het bedrijf als een eenmanszaak leek te runnen, zegt nu dat hij ook belazerd is.

Toch is de fraude niet van gisteren. Een eerste inventarisatie maakt duidelijk dat US Foodservice al zeker acht jaar op een zeer agressieve wijze zaken doet. Bij de overname van Rykoff-Sexton in 1998 hebben accountants van beide partijen al discussie over deze manier van zakendoen. Het bedrijf boekte toen al kortingen die met langjarige contracten samenhingen in het eerste jaar als nettowinst. Er kon bijvoorbeeld worden afgesproken dat de komende drie jaar steeds 1 miljoen kratten frisdrank zouden worden verkocht en dat daarvoor bijvoorbeeld 1 dollar korting per krat zou worden ontvangen. US Foodservice boekte dan 3 miljoen dollar alvast als winst. Als in het eerste jaar maar een half miljoen kratten waren weggezet, werd dit cijfer niet gecorrigeerd maar ging het bedrijf ervan uit dat er in de resterende twee jaar 2,5 miljoen kratten zouden worden verkocht. Als de leverancier vervolgens een brief van de accountant kreeg waarin om een bevestiging van de korting werd gevraagd, was er natuurlijk een probleem. In ruil voor het tekenen van die brief beloofde een manager van US Foodservice dan bijvoorbeeld dat ze er een andere leverancier uit zouden gooien om zo toch op die 3 of misschien zelfs wel 4 miljoen kratten uit te kunnen komen. Voor veel vertegenwoordigers van leveranciers was dit geloofwaardig omdat US Foodservice de nummer twee in het land is. Wel of geen zaken met hen doen is toch het verschil tussen een beetje meedoen of een goede boterham verdienen.

Bij US Foodservice zorgde dit 'spel' ervoor dat ambitieuze doelen werden 'gehaald' en bonussen geïncasseerd. Met op de achtergrond de overtuiging dat als het bedrijf maar hard genoeg zou groeien, die ingeboekte leverancierskortingen uiteindelijk vanzelf zouden worden gerealiseerd, en afgerekend.

Als dit soort ontdekkingen ergens pijn doet, dan is het bij Ab Heijn. Tegen het NOS-Journaal heeft hij al vanuit zijn hart gesproken: 'Ik voel me verneukt.' De 76-jarige Heijn is diep geraak door de ellende. Hij beschouwt Ahold als zijn levenswerk. Heijn zoekt verklaringen en hoopt op een gesprek met de hoofdrolspelers. Om die reden stemt hij in met het verzoek van Cees van der Hoeven om naar de Lauswolt-bijeenkomst te mogen komen. Het is de laatste keer dat Ab Heijn eraan meedoet, daarom komt dit exclusieve gezelschap op 9 april bij hem thuis op Pudleston Court bij elkaar.

Naast Van der Hoeven zijn ook Dick Boer en Jan Andreae erbij. Het is een bizarre bijeenkomst, tot een gesprek komt het niet. Alledrie geven ze Ab Heijn een handje, verder wordt er geen woord gewisseld. Tijdens het diner vraagt een gast aan Monique Heijn wat zij nou van de hele situatie vindt. Ze wijst erop dat de nieuwe garde jarenlang op de Heijnen heeft afgegeven, dat ze te traag waren... Het wordt geen gezellige avond.

Ondertussen worden de eerste gesprekken met kandidaten voor de definitieve opvolging van Van der Hoeven gevoerd. Twee commissarissen: Michael Perry en Karel Vuursteen hebben zich hierop gestort. Zij vormen samen met Henny de Ruiter de benoemingscommissie, maar die laatste is zo druk met het overeind houden van Ahold dat vooral dit tweetal de selectie doet.

Via Karel Vuursteen heeft Joost van Heijningen Nanninga van Egon Zehnder, de opdracht gekregen om met voorstellen te komen. In korte tijd presenteert hij een lijstje met kandidaten. Eén van de belangrijkste criteria is: directe beschikbaarheid. Bovenaan prijken de voormalige Ikea-*ceo* Anders Moberg en de voormalige baas van Sara Lee/DE, de Belg Frank Meysman.

Met beiden worden gesprekken gevoerd. De 51-jarige Meysman is als *executive vice president* nooit echt de baas geweest en dat vinden ze een nadeel. De Ruiter praat één keer met Moberg. De boerenzoon uit het Zweedse Smaland heeft, onder supervisie van oprichter Ingvar Kamprad, jarenlang leiding gegeven aan de wereldwijde expansie van Ikea. Bij American Home Depot ging het vervolgens mis; Moberg zit ruim een jaar zonder werk, maar hij maakt duidelijk dat dit niet zijn schuld is. De commissarissen zijn enthousiast over de Zweed, hij heeft goede ideeën en maakt een stevige indruk. Het is bovendien fijn dat het geen Nederlander of Amerikaan is, een Zweed staat boven deze partijen.

Over de hoogte van de beloning is nauwelijks discussie. Een consultant heeft een pakket voorgesteld op basis van beloningen in soortgelijke situaties. Het voorstel van de twee commissarissen wordt overgenomen. Karel Vuursteen zet zijn handtekening onder het arbeidscontract met de nieuwe *ceo*. Op vrijdag 2 mei wordt bekendgemaakt dat de 53-jarige Anders Moberg zal worden voorgedragen als de nieuwe president, hij begint de maandag erop.

Beleggers reageren enthousiast: de koers stijgt bijna met een kwart en sluit op 4,82 euro. Dat komt ook omdat Deloitte op dezelfde dag laat weten voor wat betreft de cijfers van Albert Heijn en Stop & Shop de controlerende werkzaamheden weer te hervatten. De banken hebben geëist dat er voor eind mei een goedkeurende verklaring onder de cijfers van deze belangrijke onderpanden staat. De man die zes jaar de cijfers van Ahold goedkeurde doet daar niet meer aan mee, John van den Dries heeft zich ziek gemeld. Hij heeft dringend een *time-out* nodig.

Moberg is drie dagen bezig als de onderzoekers de totale omvang van de US Foodservice-fraude hebben geïnventariseerd: 880 miljoen dollar aan opgevoerde winst blijkt niet te bestaan. De positie van Jim Miller wordt nu helemaal moeilijk. Mensen die met hem hebben gewerkt zijn ervan overtuigd dat hij van de hoed en de rand wist. Maar Eustace legt aan *NRC Handelsblad* uit dat het om twee inkoopmanagers lijkt te gaan die stelselmatig de cijfers manipuleerden. Wellicht om hun doelstellingen te halen en zo hun bonussen te innen. De interim-*cfo* bevestigt wel dat het spel al werd gespeeld toen Ahold het bedrijf overnam: 'Het programma werd in april 2000 al gerund door die twee kerels. Helaas zal een groot gedeelte nooit binnenkomen, omdat het er eenvoudigweg nooit was. Circa 700 miljoen dollar aan vorderingen zal nooit geïnd worden.'

Op de aandeelhoudersvergadering van 13 mei erkent De Ruiter dat al bij de overname van Foodservice, begin 2000, vragen zijn gerezen over de kwaliteit en betrouwbaarheid van de controle. En dat deze vragen steeds terugkwamen, maar dat Jim Miller ook steeds weer met een acceptabele verklaring kwam. Hij maakt bekend dat Miller het bedrijf verlaten heeft. Hetzelfde geldt voor de opvolger van klokkenluider Ernie Smith: Michael Resnick. In totaal zullen 5-10 mensen direct aan de fraude worden gelinkt en ontslagen. Op aanraden van de onderzoekers worden in totaal enkele tientallen mensen binnen Foodservice vervangen.

Commissaris Tobin, notabene de man die US Foodservice binnenbracht, krijgt het verzoek om het bedrijf ad interim te gaan leiden. Zijn advocaat adviseert hem dit niet te doen, maar hij voelt zich verantwoordelijk. Snel trekt Tobin boven tafel dat tussen november en januari voor 400 miljoen dollar aan spullen is gekocht in de hoop daarmee de gaten in de leverancierskortingen te vullen. Die spullen zijn geparkeerd bij de via anonieme berichten al in januari bij de Ahold-top aangekaarte *special purpose entities (spe's)*. Aparte bv's die ervoor moeten zorgen dat ze buiten de balans van US Foodservice blijven. Tobin ruimt ze op.

De aandeelhouders zijn woedend. Henny de Ruiter biedt de aanwezigen namens de overige bestuurders zijn 'welgemeende verontschuldigingen' aan. De zaal is gevuld met beleggers die nog druk bezig zijn hun wonden te likken, ze willen weten of het bedrijf het overleeft. En daarvoor zijn in de eerste plaats goedgekeurde cijfers over 2002 nodig. De Ruiter belooft dat die goedgekeurde cijfers er halverwege augustus zullen liggen: 'Als dat niet zo is, dan is er wat aan de hand en zorg ik voor een nieuwe vergadering.'

Deloitte & Touche moet dan wel weer met de controle van de concern-cijfers gaan beginnen. In afwachting van de uitkomsten van de verschillende onderzoeken liggen die nu een half jaar stil.

Op het hoofdkantoor gaan stemmen op om Deloitte te vervangen door een andere accountant. Maar in de Raad van Bestuur wordt vastgesteld dat een nieuwe partij nog meer tijd nodig zal hebben om tot een goedkeurende verklaring te komen. Die kennen het bedrijf niet en zullen ook geen enkel risico willen lopen. Er zit niets anders op dan af te wachten tot de accountants van PWC hun werk hebben gedaan.

Die hebben in ieder geval het onderzoek naar de verdachte transacties bij Disco afgerond. In Argentinië zijn fictieve facturen gebruikt om betalingen te verzwijgen of onjuist te rubriceren. Sommige van deze betalingen die als kosten hadden moeten worden opgevoerd zijn ten onrechte geactiveerd. De accountants stellen glashard vast dat ook de interne controle bij Disco niet deugde.

In Bloemendaal geeft een door de aandeelhoudersvergadering hevig geëmotioneerde Ab Heijn een interview aan *De Telegraaf* waarin hij zegt dat Van der Hoeven de erfenis van zijn grootouders heeft verkwanseld. Van der Hoeven belt Heijn op, hij is woedend. Hij vindt dat Heijn ten onrechte de suggestie wekt dat hij met zijn handen in de kas heeft gezeten, alsof hij een dief is. Ab nodigt Van der Hoeven uit om langs te komen en erover te praten. Maar de voormalige Ahold-president blijft boos. De toon van het gesprek wordt grimmig. Ab Heijn kan er niet meer tegen, woedend slingert hij de telefoon door de kamer; voordat deze door een ruit gaat vangt Monique hem net op tijd op.

Van der Hoeven is niet alleen in Bloemendaal een *persona non grata* geworden. Het *old boys network* keert zich snel nog verder van hem af. Op openbare gelegenheden keren bekenden hem demonstratief de rug toe. Op het 250-jarige verjaardagsfeest van SaraLee/DE bijvoorbeeld. De halve avond staat Cees van der Hoeven alleen. Alleen Bram Peper stapt op hem af en spreekt zijn medeleven uit: 'Ik weet hoe je je voelt.' Hij biedt Van der Hoeven aan hem te adviseren, hij wil hem wel uitleggen hoe hij het beste met al deze aantijgingen en negatieve publiciteit om kan gaan. Van der Hoeven gaat niet op het aanbod in.

Op 1 juli zijn alle forensische onderzoeken afgerond. In totaal zijn 470 boekhoudkundige onregelmatigheden ontdekt. Boven op de 856 miljoen die bij US Foodservice ontbreekt is voor nog eens 73 miljoen euro aan 'bewuste boekhoudkundige onregelmatigheden ontdekt' met betrekking tot de verwerking van acquisities. Bij Tops ontbreekt ook voor 29 miljoen euro. Al met al lijkt er dus voor 970 miljoen euro te zijn gefraudeerd. Een bedrag dat angstig dicht in de buurt komt van de hele nettowinst over 2001, de winst volgens de Nederlandse rekenmethode om precies te zijn.

De accountants van PriceWaterhouseCoopers relateren meer dan 275 gevonden onregelmatigheden aan een zwakke financiële controle. Ze constateren door het hele bedrijf heen een groot gebrek aan kennis van regelgeving en Dutch GAAP en US GAAP.

Op verschillende niveaus wordt er snel werk van gemaakt om de kwaliteit van de financiële controle op peil te brengen. Dat is een eerste vereiste. Deloitte & Touche dat nu de controlerende werkzaamheden voor het hele concern weer hervat, eist daarvoor eerst het vertrek van Bert Verhelst. Die wordt vervangen door de controller van Albert Heijn de 39-jarige Joost Sliepenbeek. Hij gaat rapporteren aan de nieuwe door Egon Zehnder gevonden *chief financial officer*: Hannu Ryöppönen. Een lange zoektocht kan dat niet zijn geweest; de 51 jarige Fin was dertien jaar lang vice-president financiën bij Ikea in de tijd dat Moberg daar de *ceo* was. Verschillende bankiers reageren bezorgd op deze benoeming: opnieuw een bestuurder die nauwelijks ervaring heeft met beursgenoteerde bedrijven. Ook binnen de Raad van Bestuur zelf zijn er twijfels: een goede relatie met beleggers is essentieel voor de toekomst van Ahold, begrijpen deze Scandinaviërs die relatie wel?!

Ahold-commissaris en *cfo* van Philips, Jan Hommen, wordt benoemd tot voorzitter van het audit committee. Hij vervangt Henny de Ruiter. De lijn Hommen, Ryopponen en Sliepenbeek moet ervoor zorgen dat de cijfers voortaan kloppen.

Op 6 juli doet justitie met dertig fiscale en economische opsporingsambtenaren een inval bij Ahold en Deloitte & Touche, maar die zijn al op de hoogte gebracht en doen dus netjes de deur open. De accountants worden door justitie in dit strafrechtelijke onderzoek niet als verdachte maar als getuige aangemerkt. Het onderzoek staat onder leiding van het Functioneel Parket, dat speciaal is opgericht voor financieel-economische delicten en bijzondere opsporingsdiensten als de Economische Controle Dienst en de Fiod aanstuurt.

Het gaat justitie vooral om de vermeende valsheid in geschrifte met de *sideletters*. Ahold laat weten in alle opzichten mee te werken en uit eigen beweging alle relevante informatie over de *sideletters* te hebben overhandigd.

Van alle kanten komen rechtszaken en claims op het bedrijf en de (voormalige) leidinggevenden af. Daarom vraagt Moberg aan Peter Wakkie om lid te worden van de Raad van Bestuur. De 55-jarige Wakkie vindt vooral het gevecht met de Amerikaanse justitie een mooie uitdaging. Die strenge regelgeving komt toch ook steeds meer de Nederlandse kant op. Er is nog een andere reden voor zijn benoeming: in 2003 spendeert Ahold ruim 100 miljoen euro aan adviezen van accountants en advocaten. Hopelijk kan Wakkie hier wat aan doen. De directeur juridische zaken Ton van Tielraden hoort een dag van tevoren dat Wakkie zal worden benoemd. Hij meldt zich ziek en zal niet bij Ahold terugkeren.

Op 8 augustus vraagt en krijgt Ahold opnieuw uitstel van de banken, nu tot 30 september. Een belangrijke oorzaak voor het nieuwe uitstel is de eindeloze discussie tussen de accountants van PriceWaterhouseCoopers en Deloitte & Touche. Over ieder punt van kritiek wordt gesteggeld. Soms gaat het om heel kleine bedragen. Het is voor de controlerende accountants ook van belang dat de concurrenten van PWC niet op alle slakken zout leggen. Ze zijn bang voor te scherpe standpunten. Dan ontstaat het beeld dat Deloitte zijn werk al die jaren bij Ahold niet erg secuur heeft gedaan. Er zijn half augustus in ieder geval geen cijfers en dus besluit De Ruiter dat er ook geen aandeelhoudersvergadering komt.

Onder leiding van Peter Paul de Vries eist de Vereniging van Effecten Bezitters dat De Ruiter zijn belofte nakomt. Maar die zegt dat er geen reden voor een nieuwe vergadering is, omdat er niets aan de hand is. De Vries, die op vakantie is in Toscane, belt met De Ruiter en vraagt niet meteen om een nieuwe vergadering. Maar als de media hem bellen herhaalt hij zijn eis: de beloofde vergadering moet er komen. De Ruiter stemt toe.

Op donderdagochtend 4 september stroomt het Circustheater in Scheveningen vol met boze aandeelhouders. Ze wachten nu al een halfjaar op cijfers, op antwoorden en verklaringen. Dat hun Ahold met van alles bezig is, lezen ze in de krant. De dag ervoor nog werd bekend gemaakt dat Albert Heijn 440 banen schrapt.

Na een korte herhaling van zetten waarbij De Ruiter tegen de aandeelhouders moet vertellen dat er helaas nog geen cijfers zijn en dat hij in afwachting daarvan nog niets kan zeggen, blijft het enige resterende agendapunt over: de voordracht van Anders Moberg. In het kader van zo groot mogelijke transparantie wordt het beloningspakket op een sheet gezet. Een groot blauw scherm van drie bij drie meter toont de vele miljoenen die de kant van de Zweed op zullen gaan.

De aandeelhouders weten niet wat ze zien. Moberg verdient de komende twee jaar minimaal 6 miljoen euro. Hij krijgt een bonus die kan oplopen tot tweeëneenhalf keer zijn jaarsalaris en hij heeft al een pakket aandelen en opties ontvangen. Daarnaast is er een ontslagvergoeding van 9 miljoen euro. Peter Paul de Vries gaat in de aanval en de zaal volgt hem. Hij vraagt iedereen die de beloning van de nieuwe topman Anders Moberg buitensporig vindt, de hand op te steken. Meer dan 95 procent is het met hem eens. Ook aandeelhouder Ab Heijn steekt zijn hand op.

De zes microfoons in de zaal zijn constant bezet. Steeds weer vragen aandeelhouders om een aanpassing van het contract met de nieuwe man. Hoezo een gegarandeerde bonus, waarom een zak geld als hij mislukt? Steeds weer klinkt het antwoord van De Ruiter: Nee, ik ben niet van plan iets te wijzigen. En hij legt uit dat kwaliteit nou eenmaal geld kost. Een aandeelhouder raakt De Ruiter midscheeps: U zegt dat u de beste man op deze plek wil hebben en dat aan de beste man dit prijskaartje hangt. Maar acht maanden geleden had u het ook over de beste man voor die plek: Cees van der Hoeven. U liet weten dat hij tot zijn pensioen zou moeten blijven. Mijnheer De Ruiter, bent u wel gekwalificeerd om te bepalen wie de beste man is?!'

De volgende aandeelhoudster laat weten in februari door haar zoon te zijn gebeld: 'Pap, mam kom maar terug van de wintersport want jullie kunnen het hotel niet meer betalen. De aandelen Ahold zijn 60 procent in waarde gedaald. En nu dit, wat moeten die mensen die nu bij Albert Heijn worden ontslagen hier van denken. Schaamt u zich niet.'

De woede zwelt aan. Ook de grote pensioenfondsen, normaal niet erg zichtbaar op dit soort bijeenkomsten, spreken hun afkeuring hardop uit.

De Ruiter probeert te voorkomen dat Moberg zelf antwoord moet geven op de vragen over zijn salaris. Maar na lang aandringen drukt de Zweed zijn microfoontje aan en maakt mompelend duidelijk dat hij niet van plan is zijn beloning te wijzigen en als de zaal daar problemen mee heeft, stapt hij op.

Moberg is woedend. Hij begrijpt er niets van. Zoveel verdient hij niet in vergelijking met anderen. De relatie tussen zijn salaris en de reorganisatie bij Albert Heijn, toch maar een van de Ahold-dochters, begrijpt hij ook niet. De woede gaat nu naar een kookpunt. Mensen vragen zich af wat Moberg hier dan komt doen, of hij wel hart voor de zaak heeft of alleen maar voor zijn eigen portemonnee. Als een aandeelhoudster vraagt wat het eigenlijk kost om het gemaakte contract met Moberg nu meteen te ontbinden, stelt De Ruiter voor de vergadering even te schorsen: ik heb het contract niet voor mij liggen... Tijdens de schorsing vraagt De Ruiter aan Anders Moberg of hij toch niet beter op een of twee puntjes een concessie kan doen. De Zweed weigert. Hij wil er het liefst meteen mee ophouden, dreigt daar even mee, maar blijft zitten.

Steeds meer pijlen gaan naar de president-commissaris. De Ruiter krijgt de volle laag; in nette en minder nette bewoordingen uiten aandeelhouders hun frustratie. Een aandeelhouder vraagt of er over het functioneren van De Ruiter kan worden gestemd. Of er misschien een jurist in de zaal is die dit kan organiseren. De Ruiter meldt koeltjes dat dit onderwerp nu niet op de agenda staat. Ze constateren dat de honderden onregelmatigheden die door PriceWaterhouse zijn gevonden en er nu de aanleiding voor zijn dat de cijfers over 2002 weer op zich laten wachten, allemaal onder het toezicht van De Ruiter hebben plaatsgevonden. Ze vinden dat hij niet deugt, dat hij consequenties moet trekken. Ze noemen de vertoning een poppenkast en een wassen neus. Iedere nieuwe aantijging wordt gevolgd door applaus.

De chaos is compleet en de opwinding groot. Eindelijk, eindelijk zijn de beleggers aan het woord. 'Wij zijn de eigenaren, u bent maar gewoon een werknemer. Dus als u denkt dat u ons de mond kan snoeren dan heeft u het mis. U moet al onze vragen aanhoren.' Henny de Ruiter moet de hele beker leegdrinken. Hij verliest het overzicht over de bijeenkomst en zichzelf. Mechanisch en verslagen roept hij de nummers van de microfoons af waar steeds weer nieuwe boze aandeelhouders zich melden: microfoon zes, microfoon drie, microfoon één, etc, etc. De verwijten klinken als zweepslagen. Niet eerder werd een president-commissaris van een grote beursgenoteerde onderneming publiekelijk zo aangepakt. De man die vanwege de zwaarte van zijn commissariaten drie jaar eerder was uitgeroepen tot machtigste man van Nederland, wordt verbaal gelyncht.

In de dagen erna steekt een storm van verontwaardiging op over het inkomen van Moberg. Minister Brinkhorst van Economische Zaken haalt vernietigend uit op televisie en in de kranten. 'Voor de geloofwaardigheid van een topman van een onderneming is het van groot belang hoe hij door zijn eigen werknemers gezien wordt. Als ik zou binnenkomen, zou ik het niet leuk vinden als mensen vooral naar mij kijken: hoeveel eurotekens heeft hij op het voorhoofd staan, laat hij in de eerste plaats de kassa voor zichzelf rinkelen, voordat hij de kassa bij Ahold laat rinkelen?'

Vrijdag 12 september maakt de *ceo* van Albert Heijn zijn agenda vrijwel leeg. Dick Boer moet boze klanten gaan bellen. Woedende klanten. 'Liever 440 vakkenvullers dan 1 zakkenvuller', concludeert de Socialistische Partij en ze begint een actie. Honderden klanten protesteren, er wordt opgeroepen tot een kopersstaking voor vrijdag 19 september.

Twee dagen daarvoor kondigt een moegestreden De Ruiter aan dat hij vervroegd zal aftreden en wordt opgevolgd door Karel Vuursteen. Anders Moberg maakt ook een gebaar. Hij schrijft in een brief die vooral aan zijn klanten lijkt te zijn gericht, dat hij afstand zal doen van de gegarandeerde bonus.

De valse start van Moberg blijkt voor Albert Heijn een geluk bij een ongeluk. Juist die publieke woede en de daaruit voortvloeiende omzetdaling geven Dick Boer de munitie om aan de Raad van Bestuur duidelijk te maken dat de gevraagde winststijging van 15 procent door dit onhandige optreden uitgesloten is. Binnen de Raad van Bestuur hebben ze al vastgesteld dat 2003 een verloren jaar is.

Ook Boer hoeft niet te leveren en kan dus eindelijk gaan doen, waar intern al zo lang op wordt aangedrongen: forse prijsverlagingen. Net als twintig jaar geleden gaat Albert Heijn mee ademen met de portemonnee van de klanten. Laten zien dat je er in de eerste plaats voor hen bent. De prijzen van meer dan 1000 artikelen worden blijvend in prijs verlaagd.

Op 2 oktober worden de cijfers over 2002 gepresenteerd. Er is een verlies geleden van 1,2 miljard euro. Het eerste verlies over een heel jaar in de 116 jaar oude geschiedenis van het bedrijf.

De gecorrigeerde omzet komt uit op 62,6 miljard, een stijging van 15 procent omdat de overnames van Bruno's en Alliant nu helemaal meetellen. Volgens de Amerikaanse rekenmethode waarbij de betaalde goodwill over US Foodservice nog is geactiveerd, komt het verlies uit op 4,5 miljard, juist als gevolg van een afwaardering van de waarde van US Foodservice met 2,7 miljard euro. De Spaanse activiteiten zijn met 900 miljoen euro afgewaardeerd. Op de persconferentie wordt bekendgemaakt dat Ahold behalve van Azië en Zuid-Amerika ook afscheid gaat nemen van de 628 winkels in Spanje.

Het eigen vermogen naar Nederlandse maatstaven is gekrompen tot 2,6 miljard, een kleine tien procent van het balanstotaal. Er zal een beroep op de aandeelhouders worden gedaan om dit te versterken.

Eigenlijk worden drie compleet nieuwe jaarverslagen gepresenteerd. De omzet van 2000 was onder Van der Hoeven nog 51,5 miljard maar is nu teruggebracht naar 40,8 miljard. Over 2001 is de omzet met 12,3 miljard verlaagd naar 54,2 miljard euro. Onder Van der Hoeven en Meurs werden over 2000 en 2001 bedrijfsresultaten gerealiseerd van 2,3 en 2,7 miljard, daar is nog 1,6 en 1,9 miljard van over. Onder verwijzing naar alle lopende rechtszaken worden vragen over wat er nou toch is mis gegaan weer afgewimpeld.

Twee weken later legt Ahold via een 300 pagina's dikke 20 F-verklaring verantwoording af in de VS. In zestien pagina's wordt aan de belegger uitgelegd welke risico's er op Ahold afkomen. Het is een lange waslijst van grote onzekerheden en problemen. Kan Ahold de schuld van ruim 12 miljard op tijd naar beneden krijgen? Zal het lukken de interne krakkemikkige controle op orde te krijgen? Zal het lukken om US Foodservice weer op de rails te krijgen? Houdt het bedrijf de goede mensen vast en kan het nieuwe mensen vinden? Zal de recessie de resultaten niet dusdanig drukken dat de renteverplichtingen in gevaar komen? En als de kredietbeoordelaars als Standard & Poors en Moody's negatiever worden over de kredietwaardigheid van het bedrijf gaat de rente op de leningen automatisch omhoog? Etc, etc, etc. De redding van Ahold is eigenlijk pas net begonnen.

Om de goedkeuring van de aandeelhouders te kunnen krijgen voor de emissie van ruim 600 miljoen nieuwe aandelen is er eind november nog een aandeelhoudersvergadering. De laatste onder leiding van Henny de Ruiter. Ab Heijn is er voor het eerst niet bij. Hij kan het niet meer opbrengen. Zijn vrouw Monique en hun vriend en woordvoerder Erik Muller zullen voor zijn aandelen de stemmen uitbrengen.

De cijfers over 2002 en de eerste drie kwartalen over 2003 worden gepresenteerd. Vooral de tegenvallende resultaten in de Verenigde Staten zorgen voor enige opschudding. Het gaat duidelijk nog lang niet goed met het bedrijf. Heel Ahold boekte over de eerste drie kwartalen een verlies van 62 miljoen euro, tegenover een winst van 17 miljoen een jaar eerder.

US Foodservice is nog doodziek. Het bedrijfsresultaat (zonder afschrijving en bijzondere lasten) daalde over de eerste negen maanden van het jaar met bijna 400 miljoen dollar naar een verlies van 209 miljoen dollar. Alle hoop is op de nieuwe topman, de van NutraSweet Company afkomstige Larry Benjamin, gevestigd.

Naast de emissie wil Ahold voor het einde van 2005 voor minimaal 2,5 miljard aan bedrijfsonderdelen hebben verkocht. Op veel plekken wordt pijnlijk duidelijk dat de vorige leiding op een weinig professionele manier bedrijven heeft overgenomen. Er was zoveel haast, en zoveel optimisme, dat de contracten soms bijna amateuristisch aan doen. Dat vergemakkelijkt de verkoop nu vaak niet. In Azië zijn weinig lucratieve contracten met de joint venture-partners gemaakt, de overeenkomst met de Peirano's is voor de Argentijnen een loterij zonder nieten en voor Ahold onwaarschijnlijk kostbaar. De voormalige eigenaar van Bompreço, João Carlos Paes Mendonça, kreeg niet alleen een overnamesom maar ook een heel aantrekkelijk huurtarief op de panden die in zijn bezit blijven, voor de komende 20 jaar.

Scandinavië blijft een groot vraagteken. Moberg wil graag samen door. Maar in een bijeenkomst van de aandeelhouders en de verantwoordelijke man Jan Andreae in september stellen de Scandinaviërs vast dat de naam Ahold een liability is geworden, ze willen ervan af. Ze krijgen steeds meer bezorgde klanten en leveranciers die zich afvragen of ICA ook op omvallen staat. Ahold reserveert 720 miljoen euro om in april 2004 het belang van Stein Erik Hagen te kunnen kopen. Maar ook de Noor is niet van plan te verkopen. Sterker nog: hij denkt samen met de Zweden voor maximaal 1,2 miljard gulden de 50 procent van Ahold terug te kunnen kopen.

Financieel directeur Hannu Ryöppönen herhaalt een eerdere voorspelling dat Ahold over 2003 winst zou maken, niet. Ahold moet in ieder geval eind 2005 weer als 'investeringswaardig' worden gekenmerkt. Dan moet voor

2,5 miljard aan obligatieleningen worden afgelost, in 2008 wacht weer zo'n verplichting.

Moberg wil een mentaliteitsverandering bewerkstelligen, maar kan niet uitleggen wat er nou precies veranderd moet worden. De 'financiele holding' moet een 'operationele holding' worden. Het bedrijf moet één geheel worden, hangt nu teveel als los zand aan elkaar. Hij hamert erop dat Ahold zich weer op de klant gaat richten, supermarkten moeten de kernactiviteit worden. Moberg verwacht door een intensievere samenwerking in 'geografische arena's' door de verschillende bedrijven en een optimalisering van de inkoop bij leveranciers alles bij elkaar vanaf 2006 zo'n 600 miljoen euro per jaar te kunnen besparen. 'Ahold wil de leidende partij worden in de markten waarin het wil opereren': aldus luidt de nieuwe *mission statement*.

Moberg probeert de beleggers zo te enthousiasmeren voor de emissie. Maar zelf stopt hij het grootste deel van zijn spaarcenten in Clas Ohlston, een rommelige maar succesvolle Zweedse winkelketen waar vooral veel bouten, hamers en telefoons worden verkocht. Voor miljoenen euro's koopt hij eind september bijna 2 procent van de aandelen en neemt zitting in de RvC.

Henny de Ruiter maakt tijdens deze aandeelhoudersvergadering, eind november, duidelijk dat de commissarissen net als de vernieuwde Raad van Bestuur nu nog maar één ding willen: vooruit kijken en praten over de toekomst. Maar de aandeelhouders zijn nog helemaal niet zover. Die weten nog zo weinig. 'U moet geen beroep willen doen op een vertrouwen dat nu nog ontbreekt', roept iemand in de zaal. Lange lijsten vragen worden opgedreund. Verschillende aandeelhouders vinden dat de hele Raad van Commissarissen op moet stappen.

'U wilt bloed zien, Barbertje moet hangen', reageert Karel Vuursteen verontwaardigd. Hij wijst op het belang van continuïteit, waar haalt hij de kennis en ervaring van een Sir Michael Perry zomaar vandaan en de goede softe invalshoek van mevrouw Schneider?! Het wantrouwen in de zaal is groot. Volgens Pieter Lakeman van de Stichting Onderzoek Bedrijfsinformatie wordt de Raad van Commissarissen nu niet in zijn geheel vervangen omdat een nieuwe Raad zou kunnen besluiten om de accountant Deloitte & Touche aansprakelijk te stellen, waarop de accountants op hun beurt de voormalige Raad van Commissarissen aansprakelijk zullen stellen. En dat willen ze natuurlijk allemaal voorkomen.

De aandeelhouders willen de zekerheid dat het niet weer kan gebeuren. Die zekerheid krijgen ze niet. Driekwart jaar na het bijna omvallen van

Ahold kunnen ze het eigenlijk nog steeds niet geloven. Sommigen lijken zelfs terug te verlangen naar de mooie verhalen van Cees van der Hoeven. Aan het eind van de bijeenkomst somt een aandeelhouder de overwinningen allemaal nog eens op: BI-LO, Tops, Stop & Shop, Giant... Hij heeft behoefte Cees van der Hoeven nog een keer te bedanken voor die mooie tijden. Tijden waarin ze met elkaar glimmend van trots in de zaal zaten te luisteren. Zaten te genieten.

Henny de Ruiter luistert gelaten. Hij was erbij. Hij zat ook te genieten. Toen. En de schaarse momenten dat hij kritiek had of vragen stelde werd er nauwelijks naar hem geluisterd. Eigenlijk heeft hij het veel meer naar zijn zin als commissaris bij kleinere bedrijven: daar luisteren ze wel.

De Ruiter bedankt Dudley Eustace en Peter Wakkie en de leden van de RvC. Hij spreekt zijn vertrouwen uit in de toekomst van Ahold onder Anders Moberg. Hij klinkt aangeslagen: 'Het afscheid valt mij zwaar, er is nog zoveel te doen en ik mag daar niet meer bij zijn. Maar ik ben ervan overtuigd dat Ahold er beter uitkomt. Ik neem afscheid in het vertrouwen dat de onderneming straks opnieuw tot de allerbeste zal behoren.'

Hij heeft het ze niet gevraagd maar wel gehoopt dat andere commissarissen samen met hem op zouden stappen. Enkelen hebben met de gedachte gespeeld, ze hebben geen zin meer in dit bedrijf dat ook hun reputatie bezoedelt. Maar hun advocaten hebben het ze afgeraden: nu opstappen zou straks als een schuldbekentenis kunnen worden uitgelegd.

De nieuwe president-commissaris Karel Vuursteen krijgt het laatste woord en richt dit tot De Ruiter: het is zo oneerlijk, je hebt acht mooie jaren in de Raad van Commissarissen gehad... en je wordt afgerekend op die laatste tien zware maanden... het heeft je persoonlijk diep getroffen... het was een desastreuze situatie... je bent onmiddellijk in de rol van bestuursvoorzitter gestapt... er liepen meer bankiers en advocaten dan Ahold-medewerkers op het hoofdkantoor... dit verdient ons aller respect... je hebt op meer dan voortreffelijke wijze leiding gegeven... je hebt de onderneming gered. De Ruiter kijkt half verontschuldigend de zaal in. Die is dan al bijna leeg. De resterende aandeelhouders geven de twee *old boys*, die handenschuddend met een bos bloemen op het podium voor hen staan, een nauwelijks hoorbaar applaus.

Op het hoofdkantoor in Zaandam verbazen ze zich ondertussen over de werkwijze van de Raad van Bestuur. Hooguit één keer per maand komen ze bij elkaar. Het is duidelijk nog geen team. En het moet een team worden, want als Ahold in 2004 niet fier overeind staat, heeft het geen toekomst.

Moberg doet veel samen met zijn *cfo* Ryöppönen en lijkt er niet in te slagen om van de Raad van Bestuur een eenheid te smeden. In eerste instantie wilde de Zweed de banen van De Raad, Andreae en Grize tot een plek in de Raad van Bestuur smeden. Dat stuitte op zoveel weerstand dat hij dit plan terug moest draaien. Het is de sfeer niet ten goede gekomen. De drie oudgedienden worden zo tegen hun zin in naar een vervroegd pensioen gedirigeerd. Maar dit betekent wel dat alle retailkennis in de top min of meer aan de zijlijn staat.

Veel aandacht gaat naar Peter Wakkie. Veel zal afhangen van zijn inspanningen om de financiële en imago schade voor Ahold als gevolg van de trits rechtszaken, te beperken. De Amerikaanse, Nederlandse en Argentijnse justitie doen onderzoek naar fraude, misleiding, valsheid in geschrifte en tal van andere zaken. De toezichthoudende instanties als de SEC, de AFM en de Euronext zijn met onderzoeken bezig. Ahold heeft geen voorziening genomen voor eventuele claims en andere kosten. Wakkie gaat ervan uit dat Ahold ergens zal moeten betalen. De Amerikaanse *class action*-zaak waarin de belangen van de gedupeerde aandeelhouders zijn gebundeld kan veel geld kosten. Beleggers kunnen er terecht op wijzen dat ze vanaf 1 januari 2000 gedurende drie jaar voor de gek zijn gehouden. Mensen die in die periode hebben gehandeld en zich benadeeld voelen kunnen meeclaimen. De meeste claims worden geschikt. Het is moeilijk in te schatten wat Ahold hieraan kwijt zal zijn. Over de afgelopen jaren is gemiddeld 4 procent uitgekeerd van wat gevraagd is. Er is vijf keer meer dan 500 miljoen dollar uitgekeerd, het hoogste bedrag is 2,2 miljard dollar.

Een andere onzekere factor is de Amerikaanse SEC, de beurswaakhond. Hoe hard zal die Ahold gaan aanpakken? De Amerikaanse druk om een Europees voorbeeld te stellen, tegenover alle Enron-ellende, is groot. En Ahold heeft niet de contacten om dit te voorkomen, het bedrijf is daar een *soft target*.

Ahold gaat ervan uit dat het misleiden van de accountant door de Nederlandse justitie zal worden vervolgd. Op het opzettelijk openbaar maken van onware jaarstukken staat een gevangenisstraf van maximaal één jaar. Als justitie constateert dat hier sprake is van valsheid in geschrifte kan een gevangenisstraf van maximaal zes jaar worden geëist. Verwacht wordt dat de mensen die handtekeningen onder de *comfort letters* hebben gezet, vervolgd worden.

Cees van der Hoeven maakt zich geen zorgen. Hij laat overal weten dat hij zich verantwoordelijk voelt, maar niet schuldig is. Dat zijn handtekening onder een Braziliaanse *sideletter* staat, komt omdat een *ceo* heel veel moet tekenen. Iedere dag opnieuw.

Hij heeft geen zin om om te kijken in wrok, daarvoor vindt hij het leven te kort. Van der Hoeven is al weer druk bezig met nieuwe activiteiten. Hij wil zijn *processing power,* zijn kennis van financiële markten, verhuren aan vermogende particulieren of instellingen. Hij moet wel, want zo optimistisch als hij was voor de financiële positie van Ahold, zo optimistisch was hij voor zijn eigen financiën. Van der Hoeven lijkt in die zin weinig aan zijn Ahold-jaren te hebben overgehouden.

In afwachting van strafvervolging heeft Michiel Meurs laten weten aanspraak te willen maken op de exit-regeling die eerder met hem is getroffen. Maar die afspraken werden gemaakt op het moment dat de Zuid-Amerikaanse *sideletters* nog niet boven tafel waren gekomen. Voorlopig krijgt hij nul op rekest. Een week voor kerst maakt Van der Hoeven bekend dat ook hij geld wil zien van Ahold. Onder voorzitterschap van oud-bankier Harry Langman gaat een arbitragecommissie die claim onderzoeken.

Op 6 januari van het nieuwe jaar maakt de Vereniging van Effectenbezitters bekend dat het bij de Ondernemingskamer een verzoek gaat indienen om een onderzoek in te stellen naar wanbeleid, een zogenoemde enquête. De VEB is absoluut niet tevreden met de wijze waarop Ahold verantwoording heeft afgelegd. In het jaarverslag 2002 legt Ahold volgens de VEB de nadruk op de cijfermatige correcties die – als gevolg van de uitkomsten van de (forensische) onderzoeken – moeten worden doorgevoerd. Directeur Peter Paul de Vries vindt dat er nog veel te veel vragen onbeantwoord zijn gebleven. Hij wil duidelijkheid over wat er is misgegaan, hoe het heeft kunnen gebeuren en wie hier verantwoordelijk voor zijn? Hij windt zich er ook over op dat van de voormalige en zittende bestuursleden nog steeds niet is geëist dat ze de teveel betaalde bonussen terugbetalen.

In de Raad van Bestuur van Ahold hadden ze al rekening gehouden met deze stap. Toch reageert Zaandam verbolgen: in grote krantenadvertenties roept Anders Moberg beleggers op deze acties niet te honoreren. Peter Wakkie legt uit dat het nieuwe Ahold probeert waarde te creëren voor de aandeelhouders en dat deze eigenaren van het bedrijf van nieuwe onderzoeken en rechtszaken niet wijzer worden. Die zullen Ahold weer een hoop geld kosten en veel negatieve publiciteit met zich meebrengen.

Het maakt kennelijk toch wat los in Zaandam. Een week later maakt het concern bekend dat Bob Tobin, Billy Grize, Theo de Raad en Jan Andreae een deel van de bonussen die ze op basis van de opgeklopte cijfers over 2000 en 2001 hebben ontvangen, zullen terugbetalen.

De dag daarop versturen Michiel Meurs en Cees van der Hoeven een persbericht waarin ze laten weten: 'het juist te vinden dat wij ten aanzien van de bonussen op dezelfde manier worden behandeld als onze voormalige Nederlandse collega's in de Raad van Bestuur van Koninklijke Ahold'.

EPILOOG
(februari 2004)

Clean as a baby: Ahold is op dit moment waarschijnlijk het meest opge-ruimde bedrijf ter wereld. In een honderd miljoen euro kostende schoon-maak draaiden accountants en advocaten ieder dubbeltje en ieder papier-tje drie keer om. Een schone lei dus. Maar betekent dat ook dat het bedrijf weer een toekomst heeft?

Van de droom die Ahold heette is weinig meer over. Het overgrote deel van de activiteiten buiten de Verenigde Staten en Nederland is verkocht of wordt verkocht. De wedstrijd met Wal-Mart en Carrefour is verloren. Het grootste deel van het vertrouwen dat beleggers en werknemers in het bedrijf hadden is weg.

In de ambitie om snel de grootste te willen worden veranderde een met passie voor kruidenierszaken gebouwd familiebedrijf in een door de beurs-koers gestuurde onderneming. Om vaart te kunnen maken, sloopten financiële *dealmakers* alles wat op een rem leek uit het bedrijf. Gevoed door een grenzeloos optimisme werd het gaspedaal steeds verder inge-drukt. De Raad van Bestuur had daarbij gezelschap van honderden van opties voorziene managers en honderdduizenden beleggers die het alle-maal ook, heel lang, prachtig vonden. Iedereen wilde snel rijk worden.

Maar ze realiseerden zich niet dat een hoge koers niet betekent dat een bedrijf gezond is en een gezonde strategie volgt. Ahold vloog uit de bocht en crashte. Gelukkig is niet alles kapot. Verschillende onderdelen kunnen zonder meer aan een tweede leven beginnen. Verschillende 'raspaarden' zijn overeind gebleven. Bedrijven als Albert Heijn, Stop & Shop, ICA, BI-LO en Giant zullen hun klanten nog vele jaren bedienen. Maar waarom zou-den deze ondernemingen onder een Ahold-paraplu bij elkaar blijven? Wat hebben ze elkaar daar te bieden? Ze willen af van die zieke door talloze rechtszaken bedreigde moeder. De naam Ahold is besmet, de naam Ahold kost ze geld.

Het nieuwe bestuur moet nu aan werknemers, leveranciers, klanten en beleggers duidelijk maken dat er een nieuw perspectief gloort voor een nieuw Ahold. Alleen een inspirerend plan en dito leiderschap kunnen voorkomen dat Ahold de komende tijd uit elkaar valt. Dat zal moeten komen uit de nieuwe Raad van Bestuur, Raad van Commissarissen en de mensen daar om heen.

Alleen heel grote leiders kunnen met hun hoofd in de wolken lopen, en beide voeten op de grond houden. Die zijn dun gezaaid. Daarom is het belangrijk dat de nieuwe top van het bedrijf door stevige *checkes & balances* wordt omgeven.

Een krachtige ambitieuze *ceo* heeft als tegenvoeter een even krachtige *cfo* nodig. Eentje die af en toe meedenkt met zijn baas maar vooral zijn voet in de buurt van de rem houdt en dwars tegen zijn baas in durft te gaan als deze te grote risico's dreigt te nemen. Een *cfo* die ervoor zorgt dat hij wordt ondersteund door een stevige concerncontroller. Een controller die er op toeziet dat door het hele bedrijf heen de strenge eisen gedisciplineerd en op transparante wijze worden nageleefd. Die er samen met de interne accountant voor zorgt dat alle procedures constant bijgewerkt zijn en de benodigde kennis en vaardigheden voor een goede controle overal op peil zijn.

Ze staan daarbij open voor een kritische externe accountant, die het commerciële belang van deze opdracht ondergeschikt maakt aan de kwaliteit van een optimale onafhankelijke controle. De ruimte voor deze externe accountant om zijn twijfels te uiten moet optimaal zijn en in het hoogste gremium van het bedrijf, de Raad van Commissarissen, stelselmatig gehoord worden.

Maar daar moeten dan wel mensen zitten die over voldoende financieel technische kennis beschikken om iets met die kritiek te kunnen doen. Commissarissen die voldoende afstand hebben van de bestuurders om ze kritisch te kunnen benaderen en voldoende tijd nemen om die kritische houding degelijk uit te kunnen voeren. Het is een kleine pleister op de wonde, maar hier lijkt het Ahold-drama al een bijdrage te leveren. Terwijl het zich ontrolde stelde een commissie onder leiding van voormalig Unilever-president Morris Tabaksblat versneld een *code of conduct* op. Het *old boys network* wordt aangepakt, commissarissen moeten serieus aan de slag.

Voor al deze mensen geldt dat de kwaliteit van wat ze doen staat of valt bij de mate waarin ze hun eigen rol en kwaliteiten kunnen relativeren. Zodra iemand niet meer in staat is om zijn functie van zijn persoon te scheiden gaat het mis. Ze missen dan vaak ook de juiste timing om op te stappen, zien niet dat hun rol aan het roer na verloop van maximaal zes of zeven jaar op natuurlijke wijze is uitgespeeld.

Het gaat sowieso mis als leidinggevenden niet in staat blijken de schaduwzijden van hun eigen handelen onder ogen te zien. Zolang alles goed gaat lijkt dit niet nodig en kan de *succesformule* worden vervolgd. Als dit langer duurt wordt de neiging groot vooral mensen om zich heen te verzamelen die op eenzelfde leest zijn geschoeid en applaudisserend langs de kantlijn staan. Een gebrek aan zelfkennis, mensenkennis, brengt grote risico's met zich mee.

Het is juist de kunst voor een grote leider niet alleen te weten wat hij of zij goed kan, maar juist ook waar de eigen tekortkomingen zitten. En vervolgens mensen aan te nemen die de kwaliteit hebben om deze blinde vlekken in te vullen. Op het moment dat het minder goed gaat en de organisatie een bocht moet nemen zorgen zij ervoor dat de nodige vaardigheden en flexibiliteit zijn ingebouwd om op tijd een andere koers te kunnen varen.

Hiervoor is, vooral in tijden dat het goed gaat, dat alles wat het bedrijf aanraakt in goud lijkt te veranderen, kritische distantie nodig. De mogelijkheden voor een leider om zijn eigen functioneren te beoordelen zijn beperkt. Als het om het topmanagement gaat is dat een taak voor de Raad van Commissarissen, voor wat betreft de financiële controle ondersteund door een externe accountant.

Alleen zij kunnen ervoor zorgen, daarbij gesteund en gecontroleerd door assertieve beleggers, dat de verantwoordelijken met beide benen op de grond blijven.

Ahold vloog uit de bocht en crashte. En dat is niet alleen de schuld van de voormalige leiding van het bedrijf. Al die analisten, bankiers, beleggers en journalisten die juichend langs de kantlijn stonden, hebben een steentje bijgedragen aan dit echec.

Met z'n allen verklaarden ze het gelijk van de financiële markten heilig. Juist dat in de jaren negentig zo snel gegroeide enthousiasme voor de beurs stimuleerde het bedrijf om na het vertrek van de Heijnen de leiding van het bedrijf steeds meer in handen van slimme financiers te geven. Mensen die niet voor Albert Heijn gingen werken, maar voor het beursgenoteerde Ahold. Mensen die zich helemaal geen kruidenier voelden maar slimme *dealmakers*.

Juist omdat ze zo weinig met de kwaliteit van het product en het primaire proces hebben, streven deze managers vooral kwantitatief meetbare doelen na. Ze willen de grootste worden.

Bedrijven kunnen daarom beter geleid worden door mensen met passie voor het vak en de klant. Want die willen voor alles de beste worden. En weten dat ze, als ze daar lang hard aan werken, misschien wel een keer de grootste zullen worden.

GERAADPLEEGDE BRONNEN

Naast de interviews zijn de jaarverslagen, SEC-filings, speeches en persberichten van Ahold van de afgelopen dertig jaar belangrijk geweest bij de reconstructie, evenals publicaties uit: Het Financieele Dagblad, FEM/ DeWeek (nu FEM Business), Vrij Nederland, HP/DeTijd, NRC Handelsblad, Het Parool, de Volkskrant, Trouw, Algemeen Dagblad, De Telegraaf, Adformatie, BeleggersBelangen, Quote, Distrifood, Business Week, Fortune, Wallstreet Journal, Financial Times, CFO, Mass Market Retailers, uittreksels uit de Kamer van Koophandel, televisiefragmenten van NOVA, Het Journaal en Reporter.

Ook heb ik verschillende boeken geraadpleegd: 50 jaar zelfbediening in Nederland (G. Rutte, J. Koning), Arm en Rijk kunnen bij mij hun inkopen doen (J.L de Jager), Albert Heijn, de memoires van een optimist (J.L de Jager), Ondernemingen en hun aandeelhouders sinds de VOC (Paul Frentrop), The Synergy Trap (Marc L. Sirower), Enron, anatomy of greed (Brian Cruver), Inside Arthur Andersen (shifting values, unexpected consequences) Susan E Squires, William R Yeack, evenals verschillende analistenrapporten van HSBC, ABN Amro en Citigroup.

INDEX OP PERSONEN